Jochen Mai, Daniel Rettig

ICH DENKE, ALSO SPINN ICH

Warum wir uns
oft anders verhalten,
als wir wollen

Deutscher Taschenbuch Verlag

Von Jochen Mai
ist im Deutschen Taschenbuch Verlag bereits erschienen:
Die Karriere-Bibel (dtv premium 24651)
Die Büro-Alltags-Bibel (dtv premium 24762)

Für uns alle

Ausführliche Informationen
über unsere Autoren und Bücher
finden Sie auf unserer Website
www.dtv.de

MIX
Papier aus verantwortungsvollen Quellen
FSC® C019821

Ungekürzte Ausgabe 2012
Deutscher Taschenbuch Verlag GmbH & Co. KG,
München
www.dtv.de

Umschlagkonzept: Balk & Brumshagen
Satz: Greiner & Reichel, Köln
Druck und Bindung: Druckerei C. H. Beck, Nördlingen
Gedruckt auf säurefreiem, chlorfrei gebleichtem Papier
Printed in Germany · ISBN 978-3-423-34763-1

INHALTSVERZEICHNIS

Kopf und Kragen

Wie wir fühlen

Fleisch und Blut

Wie wir lieben

Brot und Spiele

Wie wir konsumieren

Fix und fertig

Wie wir entscheiden

Ort und Stelle

Wie wir arbeiten

Einzig und artig
Wie wir kooperieren

Rang und Namen

Wie wir gewinnen

Schloss und Gitter

Wie uns Medien beeinflussen

VORWORT

Unfrei willig

Je näher man dem Ziel kommt, desto mehr strengt man sich an. Freiwillig. Egal, wie sehr man sich vorher schon verausgabt hat; egal, wie viele Energiereserven schon verbraucht sind – auf dem letzten Meter macht keiner mehr schlapp. Aufgeben? Niemals! Da gibt jeder noch mal alles. Bis zum Finale. Wie beim Sex.

Was Sexualwissenschaftler an dieser Stelle relativ gelangweilt als klassische Klimax abtun würden, kennen Psychologen eher unter dem etwas sperrigen Anglizismus des Goal-Gradient-Effekt. Entdeckt hat den der Verhaltensforscher Clark Hull – und das bereits 1932. Dabei handelt es sich um eines dieser typischen Alltagsphänomene, die uns ständig begegnen, ohne dass wir es ahnen, geschweige denn selbige benennen könnten. Ob bewusst oder nicht, die Wirkungsweise machen sich zahlreiche unserer Mitmenschen zunutze: Chefs etwa, indem sie ihren Mitarbeitern kürzere Deadlines setzen und sie so zusätzlich anspornen. Fitnesstrainer, die uns anfeuern: »Komm, einmal geht noch!« Oder raffinierte Verkäufer, die uns nach einer zähen Verhandlung plötzlich einen besseren Preis machen, weil sie merken, dass wir längst an ihrem Haken zappeln.

Es kommt sogar noch besser. Vor Kurzem entlarvte ein Forscherteam um Ran Kivetz von der amerikanischen Columbia-Universität eine noch perfidere Masche, wonach wir uns sogar in diesen Zustand der Endzeit-Euphorie versetzen lassen, selbst wenn es sich dabei um eine Illusion handelt.

Bei einem dieser Experimente verteilten die Wissenschaftler sogenannte Bonus- oder Treuekarten an ihre Probanden, wie man sie heute von Sandwich-Ketten oder anderen Schnellrestaurants kennt. In diesem Fall stammten sie von einem Coffeeshop in der Nachbarschaft. Das Angebot wie immer: »Kauf zehn, und du bekommst einen Kaffee umsonst.« Nur war der Trick diesmal, dass die Hälfte der Teilnehmer eine leere Karte erhielt, auf der man zehn Treuepunkte sammeln musste. Die andere Hälfte musste theoretisch zwölf Kaffee kaufen, um an das Treuegeschenk zu gelangen – allerdings klebten schon zwei Bonuspunkte auf der Karte. Wie erwartet, bemühten sich die Probanden in beiden Fällen mit jedem weiteren Kaffee zügiger um den Bonus, was den eingangs erwähnten Effekt bestätigte. Nun aber offenbarte sich die ganze psychologische Wucht der Zwölferkarte: Ihre Besitzer griffen noch gieriger zu, um möglichst schnell den versprochenen Gratisbecher zu erhalten. Obwohl die Differenz bei beiden Karten exakt zehn Punkte ausmachte, wirkten die beiden geschenkten Treuepunkte wie ein Verkaufsturbo.

Die traurige Wahrheit ist: Wir Menschen sind so. Manipulierbar bis in die Haarspitzen, vielfach ferngesteuert oder schon ganz auf Autopilot. Zum Beispiel, wenn wir einfach mitgähnen, sobald wir einen Kollegen dabei beobachten; wenn wir uns die Hände waschen, sobald wir eine schwere Entscheidung treffen; oder wenn wir glauben, Dinge zu hören, die längst nicht mehr da sind.

Als wir mit den Recherchen zu diesem Buch begannen, waren wir überrascht, wie viele dieser Effekte existieren. Wir nehmen an, den Domino-Effekt, den Jo-Jo-Effekt und den Placebo-Effekt kennen Sie. Aber haben Sie schon einmal vom Decoy-Effekt gehört? Vom Bystander-Effekt vielleicht? Oder vom Halo-Effekt? Eben. Es gibt weit über 200 dieser Effekte – wobei Defekte zuweilen passender wäre –, deren Herkunft, Entdeckungsgeschichte oder Namen kaum einer kennt.

Schade eigentlich. Denn sie beschreiben und erklären nicht nur zahlreiche Alltagsphänomene und Ursache-Wirkungs-Prinzipien. Sie beinhalten auch viele wichtige Erkenntnisse aus der Psychologie oder Soziologie, die bis heute nichts von ihrer Gültigkeit eingebüßt haben und die uns in sämtlichen Stationen unseres Lebens begegnen: als Schüler oder Student, als Arbeitnehmer oder als Chef, als Single oder als Ehepartner. Sowie in sämtlichen Lebenslagen: beim Denken und Entscheiden, beim Arbeiten und Abschalten, beim Gewinnen und Verlieren.

Entsprechend haben wir auch dieses Buch aufgebaut: Die elf Hauptkapitel behandeln die wichtigsten Bereiche unseres Lebens und Alltags – vom Fühlen und Lieben bis zum Konsumieren und Kooperieren. Wissenswertes drum herum, ergänzende Studien oder Umfragen haben wir in die Kästen am Rand gepackt. Dazugestellt haben wir einige Tests, mit denen Sie manche der Effekte gleich selbst erproben können.

Natürlich gibt es auch einige Effekte, die sich nicht eindeutig abgrenzen ließen. Ihre Wirkung reicht in zahlreiche Lebenslagen hinein. Andere überschneiden sich oder heben sich gar gegenseitig auf. Aber so ist das im Leben eben: Der Mensch ist keine Maschine, mal ticken wir so, mal so. Es sind die Umstände und die Tagesform, die dann den Ausschlag geben. Gleichwohl: Beeinflusst werden wir trotzdem – so oder so.

Unter den zahlreichen Fundstücken, die uns haben hochschnellen lassen wie eine Scheibe Toast, waren freilich auch einige Kuriositäten wie etwa der Butterfly- oder Schmetterlings-Effekt, bei dem es sich eher um eine Theorie handelt. Danach kann der Flügelschlag eines einzigen Schmetterlings einen Wirbelsturm auf der anderen Erdhalbkugel auslösen. Theoretisch jedenfalls. Ob Sie es glauben oder nicht: Seit den Sechzigerjahren bildet dieser Effekt die Grundlage für das Wissen um dynamische und chaotische Systeme. Er ist Teil der sogenannten Chaos-Theorie. Doch auch wenn das Schreiben dieses Buchs zugegebenermaßen zu einem temporären Chaos auf unserem Schreibtisch geführt hat, bezweifeln wir stark, dass etwa das Begießen der Veröffentlichung ein neues Rhein-Hochwasser auslösen wird. Falls doch: sorry!

Gewiss, solche skurrilen Wirkungsketten lassen sich noch abtun als halbwissenschaftliche Spinnerei. Die überwiegende Mehrheit der Effekte dieses Buchs aber enthält allerlei Denkwürdiges, wenn nicht gar Beängstigendes. Ein Beispiel: Angenommen, wir würden Ihnen zehn Euro anbieten. Einfach so.

Oder ein Lotterielos mit einer Fifty-fifty-Chance auf einen Gewinn im Wert von 20 Euro. Wofür würden Sie sich entscheiden? Nun, vermutlich würden Sie eher die zehn Euro nehmen – lieber den Spatz in der Hand als die Taube auf dem Dach ... Aber nun stellen Sie sich bitte vor, unsere reizende Assistentin (Leserinnen stellen sich an dieser Stelle bitte den Mann aus der Colalight-Werbung vor) würde Sie kurz vorher sanft an der Schulter berühren. Welche Option fänden Sie jetzt attraktiver? Gut, in der Theorie und bei der Lektüre dieser Zeilen dürfte die Vorstellung keinerlei Unterschied machen. Aber in der Realität sehr wohl! Jonathan Levav von der Columbia-Universität hat diesen Versuch unter Realbedingungen durchgeführt, Resultat: Die Probanden entschieden sich signifikant häufiger für die Risiko- beziehungsweise Los-Variante, um genau zu sein: 6,47 Mal häufiger als die Unberührten.

Das mag ein noch relativ belangloser Zusammenhang sein, aber es gab auch andere Experimente dazu. Bei einem bekamen die Versuchspersonen fünf kanadische Dollar und konnten diese wahlweise in eine vergleichsweise sichere Anlageform mit vier Prozent Zinsen investieren oder in eine riskante Aktien-Alternative mit hohem Risiko auf Totalverlust. Wieder wurde ein Teil der Probanden scheinbar zufällig vorher an der Schulter berührt, eine zweite Gruppe wurde mit Handschlag begrüßt, die dritte Kontrollgruppe hatte keinerlei Hautkontakt. Sie ahnen bereits, was passierte: Wer berührt wurde, vor allem an der Schulter, investierte bis zu vier Dollar in Aktien. Und jetzt übertragen Sie dieses Wissen bitte auf einen Manager mit hoher Budgetverantwortung, der eine für das Unternehmen dramatische Investition abwägen soll und kurz zuvor von seiner reizenden Assistentin einen Stups bekommt! Es ist nur eine kleine Geste für ihn, aber eine große Folge für die Belegschaft ...

All die Studien, all die Effekte und psychosozialen Gesetzmäßigkeiten, die wir zusammengetragen haben, nähren erheblichen Zweifel daran, dass der Mensch tatsächlich so etwas wie ein rationales Wesen ist, das seine Entscheidungen stets bewusst und im Einklang mit seinem Gewissen fällt. Stattdessen deuten die über Jahre hinweg dokumentierten Wirkungsweisen auf einen fundamentalen Einfluss unseres Unterbewusstseins sowie unterschwelliger Reize hin, die unser Handeln mehr steuern als unser Verstand. Kurz: Es geht um die heimliche Macht der Effekte. Oder wie es Arthur Schopenhauer einmal auf den Punkt brachte: »Der Mensch ist frei zu tun, was immer er will. Aber er ist nicht frei darin, zu wählen, was er will.«

Nitin Nohria, Dekan der Harvard Business School, beschäftigt sich ebenfalls seit vielen Jahren damit, was Menschen antreibt. Er wiederum geht davon aus, dass vier Grundbedürfnisse das menschliche Handeln steuern: der Wunsch, etwas zu besitzen, sich zu binden, Errungenes zu verteidigen, und – das Bedürfnis, die Welt um uns herum zu verstehen. Besonders Letzteres fällt uns in einer immer komplexeren, hektischeren Welt zunehmend schwer. Wie oft erleben wir Situationen, die vermeintlich keinen Sinn ergeben? Die uns ratlos und frustriert zurücklassen. Und die zu Zweifeln führen – an uns, an unseren Mitmenschen, ach was: am ganzen Kosmos. Mit diesem Buch, das versprechen wir Ihnen, werden Sie der Erfüllung des vierten Nohria-Bedürfnisses erheblich näherkommen. Wir können zwar nicht garantieren, dass das Buch zu mehr Toleranz führt – aber Sie werden hinterher ganz sicher Ihre Mitmenschen, deren Motive und sich selbst besser verstehen. Und sich künftig seltener manipulieren lassen.

Bei unseren Recherchen hatten wir diesbezüglich jedenfalls viele Aha-Effekte – und die wünschen wir Ihnen bei der Lektüre der folgenden Seiten ebenfalls. Sind Sie bereit? Dann los …

FREUD UND LEID

– Wie wir leben –

Eigentlich sind Katzen zu beneiden – jedenfalls wenn man dem Sprichwort Glauben schenkt. Demzufolge haben die possierlichen Tierchen stolze sieben Leben. Man stelle sich das mal vor – sieben Chancen, all seine Vorhaben zu verwirklichen: Träumen nachzueifern, Berufe auszuüben, Länder zu bereisen, Kulturen kennenzulernen, Menschen zu treffen, sich zu verlieben. Aufs immer Neue. Herrlich! Eigentlich. Denn womöglich ist das Leben genau deshalb so spannend und kostbar, weil wir doch nur jeweils eine Chance zu alledem haben. Weil es im Leben eben keine Rückgängig-Taste gibt wie auf unseren Computern. Weil Momente, so wunderschön sie auch sind, nicht wiederkommen. Schicksalsschläge aber auch nicht. Das beraubt uns zwar einerseits der Chance, wie in der Hollywood-Komödie ›Und täglich grüßt das Murmeltier‹ so lange an unseren Ausrutschern zu laborieren, bis endlich der perfekte Tag gelingt. Andererseits zeigt der Film aber genau das: die wundervolle Erlösung aus der Zeitschleife, zurück ins einmalige, imperfekte Leben, hinein ins tägliche Stolpern, Torkeln, Fallen und Wiederaufstehen. Und das wiederum gibt uns die Gelegenheit, all die Skurrilitäten und Abenteuer viel mehr zu genießen, die das Hier und Heute so bereithält, weil das Morgen schon wieder ein ganz anderes sein wird. Bis auf die wenigen Ausnahmen freilich, die die sprichwörtliche Regel bestätigen. Dazu zählen zum Beispiel die denkwürdigen Effekte der folgenden Seiten. Sie sorgen unter anderem dafür, dass wir Leidende begaffen, mit unserem Leben Roulette spielen und aus dem Strandurlaub auch intellektuell cremig zurückkehren. Immer wieder. Und in nur einem Leben. Ein Katzenjammer, eigentlich.

48 Prozent der Deutschen meinen, dass man das Leben einfach genießen sollte.

33 Prozent der 16- bis 29-Jährigen fürchten, dass sich ihr Leben verschlechtern wird.

20 Prozent der Deutschen würden gegen eine Million Euro ein Lebensjahr eintauschen.

DER BYSTANDER-EFFEKT

Nichts hören, nichts sehen, nichts tun

Als sich Catherine Genovese entschied, ohne ihre Familie in New York zu leben, war sie gerade einmal 19 Jahre jung. Erst ein paar Tage zuvor war ihre Mutter Zeugin eines brutalen Mordes geworden – mitten am Tag und mitten in Queens, in der Nähe ihres Wohnhauses in Kew Gardens. Der Schock war so groß, dass die Familie beschloss, in das beschaulichere Connecticut umzuziehen. Doch Kitty, wie ihre Freunde sie auch nannten, wollte lieber mit ihrer Partnerin Mary Ann Zielonko zusammenziehen und in der turbulenten Stadt bleiben. Es gab darüber einigen Streit in der Familie, am Ende aber stimmten ihre Eltern widerwillig zu – was sie Jahre später bitter bereuen sollten.

Es war kalt am Morgen des 13. März 1964. Kitty, inzwischen 28 Jahre, groß, schlank, dunkle, kurze Haare, von denen sie sich ein paar Strähnen frech in die Stirn kämmte, kam gerade von ihrer Schicht in »Ev's 11th Hour Sports Bar« nach Hause. Sie arbeitete dort als Managerin und war ebenso beliebt wie zuverlässig. Gegen 3.15 Uhr erreichte sie den Parkplatz, der etwa 30 Meter von ihrer Wohnungstür entfernt lag. Abgespannt und müde stieg sie aus dem Auto, als sich ihr Winston Moseley von hinten näherte und sofort auf die junge Frau einstach. Kitty schrie um Hilfe, flehte um ihr Leben. Zahlreiche Nachbarn hörten es. Vereinzelt gingen Lichter in den Häusern an. Einige öffneten die Fenster, Passanten blieben stehen und sahen zu. Doch erst, als einer von ihnen Moseley anherrschte, ließ dieser von Genovese ab. Blutüberströmt schleppte sich die Schwerverletzte zu ihrer Wohnung. Allein. Keiner kam ihr zu Hilfe. Mehr noch: Als sie außer Sichtweite der Nachbarschaft war, kehrte Moseley zurück. Eiskalt folgte er ihrer Blutspur und stöberte sie kurz vor ihrem Apartment auf. Obwohl die junge Frau kaum noch bei Bewusstsein war, hielt den wahnsinnigen Täter nichts davon ab, sie nun auch noch zu vergewaltigen und auszurauben. Eine halbe Stunde lang dauerte Kittys Martyrium. Dann erlag sie den Folgen des brutalen Angriffs.

Wie sich später herausstellte, war ihr Mörder ein geisteskranker Serientäter. Er konnte gefasst werden und wurde zum Tode verurteilt. Als die Behörden den Fall jedoch weiter untersuchten, offenbarte sich das ganze Ausmaß des Verbrechens, über das die ›New York Times‹ am 27. März 1964 schrieb: »Mehr als eine halbe Stunde lang schauten 38 achtbare, gesetzestreue Bürger in Queens zu, wie ein Mörder eine Frau in Kew Gardens belästigte und auf sie einstach.«

Die Menschen verhielten sich wie die drei Affen Mizaru, Kikazaru und Iwazaru: nichts hören, nichts sehen, nichts tun – keiner eilte Kitty Genovese zu Hilfe, niemand alarmierte die Polizei. Manch einer der Passanten gab später gar zu Protokoll, er habe gedacht, es handele sich lediglich um einen Beziehungsstreit.

Immer wieder ereignen sich solch verstörende Verbrechen – und damit meinen wir nicht den Mord, sondern vielmehr die Unbarmherzigkeit und Tatenlosigkeit von Passanten. 1983 etwa wurde in Bedford, Massachusetts, eine Frau in einer Bar von mehreren jungen Männern stundenlang vergewaltigt, ohne dass einer der anderen Besucher eingeschritten wäre. Der skandalöse Fall schlug solche Wellen, dass er 1988 mit Jodie Foster in der Hauptrolle unter dem Titel ›Angeklagt‹ verfilmt wurde. Und erst im Oktober 2009 sahen ganze 20 Zeugen zu, wie ein 15-jähriges Mädchen in Richmond, Kalifornien, auf offener Straße überfallen und sexuell missbraucht wurde. Statt dem Mädchen zu helfen oder die Polizei zu rufen, lachten einige der Passanten noch dazu oder machten Fotos mit ihren Handykameras. Nicht minder präsent sind uns die Bilder von Dominik Brunner. Jenem Helden, der 2009 an einer Münchner S-Bahn-Haltestelle drangsalierten Kindern beherzt zu Hilfe eilte und dafür selbst mit dem Leben bezahlte. Auch hier zeigten die Mitanwesenden weder Zivilcourage, noch leisteten sie Brunner oder den Kindern Beistand.

Die unerklärliche Untätigkeit der Umstehenden wurde inzwischen mehrfach psychologisch untersucht und gab dem Phänomen den Namen, der bis heute einen schier unglaublichen sozialen Defekt von uns Menschen beschreibt – den Bystander-Effekt, auch Zuschauer-Effekt oder Genovese-Syndrom genannt. Kurz gesagt bedeutet er: Bei jedem Notfall nimmt die Wahrscheinlichkeit, dass einem geholfen wird, mit steigender Anzahl der Umstehenden ab.

Eingehend untersucht haben das zum Beispiel die Sozialpsychologen Bibb Latané und John Darley und daraus einen Fünf-Stufen-Prozess abgeleitet, den jeder Passant durchmacht, bevor er einem Unfallopfer hilft. Der Haken: Auf jeder dieser Stufen bilden andere Menschen ein zunehmendes Hindernis. So muss jemand, bevor er hilft, den Notfall als solchen überhaupt erst einmal erkennen. Je mehr Menschen aber anwesend sind, desto weniger bedrohlich wirkt die Situation. Wie Psychologen um David McMillen 1977 nachwiesen, kann selbst die eigene Laune enorm beeinflussen, ob man die Situation als bedrohlich und einschreitenswert beurteilt oder nicht. Konkret: Gut Gelaunte helfen eher als Miesepeter.

Auch das Verhalten der Umstehenden beeinträchtigt unser Verantwortungsempfinden enorm. Je mehr Passanten das Geschehen »übersehen«, desto eher kommt es zur sogenannten Gruppenignoranz. Nicht selten warten alle nur darauf, dass ein anderer (!) eingreift und den ersten Schritt wagt. Womöglich glaubt der Einzelne auch, die anderen seien zur Hilfe besser geeignet – etwa, weil sie kräftiger oder kompetenter sind. *Verantwortungsdiffusion* heißt wiederum dieses Phänomen im Fachjargon. Was es aber auch nicht besser macht.

Was sich gegen so viel soziale Ignoranz tun lässt? Wenig. Die Polizei empfiehlt Opfern, ihren Hilferuf nicht an die Allgemeinheit zu richten, sondern ganz gezielt eine Person herauszupicken und an diese zu appellieren: »Sie da! Helfen Sie mir!« So wird die Verantwortungsdiffusion aufgebrochen. Ein anderer Weg ist, Bücher und insbesondere Geschichten wie diese zu lesen. Versuchspersonen, die zum Beispiel von Latanés und Darleys Forschungen wussten, halfen in Notfällen fast doppelt so oft wie andere.

DER PELTZMAN-EFFEKT

Warum immer wieder Unfälle passieren

Etwa 2,4 Millionen Unfälle im Straßenverkehr registrierte die Polizei 2010 in Deutschland, knapp vier Prozent mehr als im Vorjahr. 1997 waren es 2,2 Millionen Unfälle, 1990 gar nur zwei Millionen. Logisch, denken jetzt viele, heute fahren ja auch viel mehr Autos auf den Straßen! Stimmt. Wahr ist aber ebenfalls: Die Autos sind heute viel sicherer als vor einigen Jahren noch, dafür sorgen unter anderem ABS, Airbag und Einparkhilfe. Und das führt wiederum dazu, dass auf Deutschlands Straßen so wenig Menschen ums Leben kommen wie noch nie. Ebenfalls 2010 zählte das Statistische Bundesamt nur etwa 3600 Todesopfer – 13,5 Prozent weniger als im Vorjahr.

Mehr Unfälle zwar, dafür weniger Tote. Wenigstens etwas. Dem technischen Fortschritt sei's gedankt. Aber ist für die Crash-Zunahme wirklich nur die steigende Verkehrsdichte verantwortlich? Nein, behauptet der US-Ökonom Sam Peltzman. Vielmehr ist er davon überzeugt, dass gerade der technische Fortschritt und die zunehmenden Sicherheitsvorschriften nicht für weniger Unfälle sorgen, sondern für mehr. Klingt völlig absurd, nicht wahr? Auf den ersten Blick ist der sogenannte Peltzman-Effekt das auch. Doch sehen wir uns Peltzmans Argumente einmal genauer an: Seit 1925 fahren Autos auf amerikanischen Straßen. Als die Zahl der Todesfälle im Straßenverkehr 1960 aber schon auf rund 3,5 Prozent angestiegen war, erließ die Regierung um US-Präsident Lyndon B. Johnson den »National Traffic and Motor Vehicle Safety Act«: Ab sofort waren Anschnallgurte Pflicht. Rund 15 Jahre später wertete Peltzman in einer viel beachteten Studie aus, welche Konsequenzen die neuen Sicherheitsvorschriften gehabt hatten. Das überraschende Resultat: Die Zahl der Unfälle war gestiegen.

Peltzman erklärte den Effekt folgendermaßen: Zwar kamen die Fahrer und Beifahrer durch die neuen Sicherheitsvorschriften bei einem Unfall nun wesentlich glimpflicher davon – was sich in der sinkenden Zahl der Verkehrstoten äußerte. Gleichzeitig aber führten die Vorschriften zu einem riskanteren Fahrstil. Die Fahrer fühlten sich sicherer, was durch die Versprechungen der Industrie verstärkt wurde. Derart eingelullt nahmen Umsicht und Aufmerksamkeit bei den Fahrern kontinuierlich ab. Dieselbe Haltung lässt sich auch heute in zahlreichen Ge-

DAS KOSTET DRÄNGELN

Bei Geschwindigkeiten über 80 km/h, mit weniger als
- 50 Prozent des Mindestabstands: 75 Euro, 1 Punkt
- 40 Prozent des Mindestabstands: 100 Euro, 2 Punkte

Bei Geschwindigkeiten über 100 km/h, mit weniger als
- 30 Prozent des Mindestabstands: 160 Euro, 3 Punkte, 1 Monat Fahrverbot
- 20 Prozent des Mindestabstands: 240 Euro, 4 Punkte, 2 Monate Fahrverbot
- 10 Prozent des Mindestabstands: 320 Euro, 4 Punkte, 3 Monate Fahrverbot

Bei Geschwindigkeiten über 130 km/h, mit weniger als
- 50 Prozent des Mindestabstands: 100 Euro, 2 Punkte
- 40 Prozent des Mindestabstands: 180 Euro, 3 Punkte
- 30 Prozent des Mindestabstands: 240 Euro, 4 Punkte, 1 Monat Fahrverbot
- 20 Prozent des Mindestabstands: 320 Euro, 4 Punkte, 2 Monate Fahrverbot
- 10 Prozent des Mindestabstands: 400 Euro, 4 Punkte, 3 Monate Fahrverbot

Quelle: Bußgeldkatalog, Stand: Januar 2010

sprächen mit Autofahrern heraushören: Sie schwärmen von den technischen Raffinessen ihrer Fahrzeuge, von Nachtsichtbildschirmen, von Abstandsradar und aktiven Bremssystemen. Alles nicht schlecht, gewiss. Aber im Straßenverkehr ist man eben nie allein. Was nutzt einem die hochgerüstetste Karosse, wenn der schnarchige Vordermann abrupt und scheinbar völlig grundlos abbremst oder das Steuer verreißt? Nicht umsonst ist Drängeln und dichtes Auffahren heute ein teures Verkehrsdelikt, das mit bis zu vier Punkten, Fahrverbot und 400 Euro Bußgeld belegt wird (siehe Kasten S. 27). Nur weil sich die Leute in ihren dicken und gedämpften Blechschiffen so sicher fühlen, fahren sie selbst bei 180 Sachen noch so dicht auf den Vordermann auf, dass sie nicht einmal mehr das Kennzeichen lesen können.

Schon vor über 30 Jahren war es für den Wirtschaftswissenschaftler Peltzman deshalb das trügerische Sicherheitsgefühl, das zahlreiche Unfälle verursachte – trotz immer neuer Sicherheitserlasse. Der Blick auf die Daten des Statistischen Bundesamts scheint seine These zu stützen: Zwischen 1990 und 2008 nahm zwar die Zahl der Unfälle mit Personenschaden von 340 000 auf 320 000 ab. Ohne Frage ein Verdienst der Sicherheitstechnik. Im gleichen Zeitraum aber stieg die Zahl der Unfälle mit Blechschaden von etwa 1,7 Millionen auf fast zwei Millionen. Und das ist ein starkes Argument für den Peltzman-Effekt. Fahren Sie also bitte vorsichtig und umsichtig!

DIE PENDLER-AMNESIE

Warum Pendeln krank macht

Wenn einem das Leben nicht gefällt, hat das meist Gründe. Stau ist einer davon. Und der ereilt zahlreiche Menschen nahezu täglich – beim Pendeln ins Büro. Etwa 16 Millionen Berufspendler gibt es in Deutschland. Die Mehrheit bevorzugt trotz diverser Appelle ans Umweltbewusstsein weiterhin das Auto. 2008 fuhren damit knapp 60 Prozent aller Pendler zur Arbeitsstätte, nur 13 Prozent nahmen Busse oder Bahnen. Rund 44 Prozent der Arbeitnehmer würden für ihren Traumjob gar eine tägliche Fahrtzeit von über einer Stunde in Kauf nehmen, zwölf Prozent führen auch mehr als zwei Stunden, kam 2009 bei einer Umfrage der Online-Stellenbörse Stepstone heraus.

Doch statt dieses selbstgewählte Schicksal geduldig auf sich zu nehmen, verlagert die kollektive Fahrgemeinschaft jeden Morgen die Mundwinkel auf Asphaltniveau. Nach aufreibenden Manövern durch zäh fließenden Verkehr, überquellende Zubringer und schier endlos scheinende Stop-and-Gos sind sie nur noch genervt vom Pendeln, das sie im Schnitt ganze 44 Minuten tägliche Lebenszeit kostet. Was, nebenbei bemerkt, ein Quickie ist: Amerikaner brauchen für den Weg zur Arbeit im Schnitt 51 Minuten, in Japan sind es 90. Getoppt werden sie alle aber von den Einwohnern Bangkoks: Die zuckeln allein schon für eine Strecke satte zwei Stunden durch überfüllte Straßen.

Sagen wir es, wie es ist: Pendeln macht krank. Aber nicht wegen der Abgase. Der britische Stressforscher David Lewis von der Universität von Sussex zeichnete fünf Jahre lang den Blutdruck und die Herzfrequenz von 800 Autofahrern auf. Danach verglich er deren Werte mit denen von Polizisten und Jetpiloten. Dabei bemerkte Lewis, dass das Stressniveau der Pendler mit dem von Kampfpiloten ver-

> Studien des Psychologen Dwight Hennessy vom Buffalo State College zeigten: Vor allem Männer lassen ihre im Berufsverkehr angestauten Aggressionen später an Kollegen aus. Die einen beschimpften Kollegen, andere bemoserten oder behinderten deren Arbeit. Offenbar hatten die Männer während der Berufspendelei bereits ihre gesamte Frustrationstoleranz aufgebraucht. Kam es im Büro später zu Konflikten, fehlte ihnen schlicht die Kraft, neuen Ärger und ihre aufkochenden Emotionen im Zaum zu halten.

gleichbar war. Außerdem konnten sich viele Versuchspersonen aufgrund der Anspannung an weite Teile der täglichen Strecke gar nicht mehr erinnern. Lewis nannte dieses Phänomen die Pendler-Amnesie. Wer jeden Tag anderthalb Stunden pendelt, verliert pro Woche einen ganzen Arbeitstag aus dem Bewusstsein. Erschreckend, oder?

Dabei ist es nicht einmal so sehr das Pendeln an sich, das uns unglücklich macht. Vielmehr ist es der Umstand, dass wir dadurch auf vieles verzichten: auf körperliche Betätigung etwa oder das Pflegen sozialer Kontakte. Robert Putnam von der Harvard-Universität beschäftigte sich 2001 in seinem Buch ›Bowling Alone‹ mit der Erosion der amerikanischen Gesellschaft. Er ist fest davon überzeugt, dass das Pendeln maßgeblich seinen Beitrag dazu geleistet hat – als einer der größten Verursacher sozialer Isolation: »Zehn Minuten Pendeln resultiert in zehn Prozent weniger sozialen Verbindungen«, rechnet Putnam vor. Schließlich habe kaum jemand morgens im Zug Lust, Leute kennenzulernen. Nur wenige teilten sich den Weg zur Arbeit mit guten Freunden – und wirklich entspannt ist die Stimmung in Bussen und Bahnen weder morgens noch abends. Wer Auto fährt, ist ohnehin meist mit sich und dem Radio allein.

Vielen schlägt das offenbar kräftig aufs Gemüt. Als das Münchner Dienstleistungsunternehmen Regus 2009 rund 11 000 Arbeitnehmer in 13 Ländern nach ihren größten Frustverursachern befragte, gab jeder Fünfte zu Protokoll, dass er schon einmal darüber nachgedacht habe, wegen der ständigen Pendelei den Job aufzugeben. »Der ganze Stress lohnt sich nicht«, befindet daher auch der Schweizer Ökonom Bruno Frey. Sogar buchstäblich. Als er und sein Kollege Alois Stutzer sich vor einigen Jahren des Themas Berufspendeln annahmen, gelangten sie zur Überzeugung: Wer allein für eine Strecke eine Stunde lang auf der Piste ist, müsste im Vergleich zu einem Nichtpendler 40 Prozent mehr verdienen, um genauso glücklich zu sein. Frey und Stutzer vergleichen Pendeln daher mit Rauchen: Beides ist unvernünftig, ungesund und teuer – trotzdem könne das Heer der Gehinderten und Gebremsten nicht davon lassen. Dabei würde schon ein kleiner Umzug dafür sorgen, dass einem das Leben jeden Tag ein bisschen besser gefällt.

DER GUMMIBAND-EFFEKT

Warum am Wochenende der Schnupfen kommt

Wer kommt schon auf die Idee, dass die Beobachtung von sich trimmenden Senioren helfen kann, erholter aus dem Wochenende zurückzukehren? Wir versuchen es trotzdem. Richten Sie Ihr geistiges Augenmerk dazu bitte auf das typische Gummiband, an dem die Gymnastikeleven regelmäßig die Leiber recken und strecken. Egal, wie sehr die Aktivsportgruppe daran zerrt, es wird sich jedes Mal wieder in seine ursprüngliche Form zurückziehen. Nur wer es überdehnt, riskiert, dass das Gummi reißt und ihm eine oder gar beide Hälften des Bandes um die Ohren peitschen.

Die meisten Menschen erleben nach einer anstrengenden und stressigen Woche genau dasselbe wie ein Gummiband: Sie fahren rapide herunter und hoffen auf eine Blitzerholung. Oder aber sie überdehnen ihre körperliche Schaffenskraft, obwohl Symptome wie Schlafstörungen, Konzentrationsausfälle oder Kopfschmerzen sie längst vor einem baldigen Bandriss warnen. Beides ist töricht. Im zweiten Fall ist die Sache noch relativ klar, aber auch im ersten redet man vom Gummiband-Effekt. Denn in der schlagartigen Ruhe nach vorheriger Überdehnung lauert die Krankheit. Unser Immunsystem mag so etwas gar nicht und kracht dadurch regelrecht zusammen. Das liegt vor allem am Hormon Cortisol. Solange wir Stress haben, ein Projekt abschließen, eine Präsentation halten oder eine Prüfung bestehen müssen, schüttet es unser Körper unentwegt aus. Das stärkt die Abwehrkräfte und wir halten wacker durch. Warum der menschliche Organismus das über einen längeren Zeitraum verträgt, ist medizinisch zwar nicht geklärt. Sicher weiß man aber: Der Hormoncocktail laugt uns aus, schwächt auf Dauer das Immunsystem und lässt es beim ersten Anzeichen einer Entspannungsphase kollabieren. Bei den einen geschieht dies pünktlich mit dem ersten freien Tag, bei anderen zieht es sich noch eine Weile – etwa über das gesamte Wochenende. Was die typischen Montagskrankschreibungen erklären kann. Aber freilich nicht alle!

Eine Lösung, dem Gummiband-Effekt zu entgehen, sind regelmäßige kurze Pausen unter der Woche – und bitte nicht erst dann, wenn Sie draußen rosa Elefanten durch die Luft fliegen sehen und Ihnen drinnen die brennende Giraffe einen Kaffee anbietet. Kleine Kurzpausen sorgen dafür, dass sich die Cortisol-Kaskade gar nicht erst so weit aufschaukelt. Kurze Pausen wiederum deshalb, weil der Erholungseffekt nicht linear steigt. Oder anders ausgedrückt: Sie erholen sich vor allem im ersten Drittel einer Pause, danach aber kaum noch. Statt einer 45-minütigen Unterbrechung ist es wesentlich erfrischender, über den Tag verteilt drei Mal 15 Minuten abzuschalten.

Die zweite Lösung ist, seinen Rhythmus nicht gleich am ersten freien Tag rigoros zu ändern. Schlafen Sie nicht bis in die Puppen – das bestraft der Körper in der Regel mit Kopfschmerzen. Schalten Sie lieber allmählich zurück. Frühstücken Sie gesund, mit viel Obst, und sorgen Sie anfangs für leichte Belastung, durch etwas Sport, beispielsweise eine halbe Stunde Jogging vor dem Frühstück. So schalten Sie nicht von hundert auf null in zehn Sekunden und ersparen sich so obendrein die Entspannungs-Peitsche.

DER FERIEN-EFFEKT

Weshalb zu lange Auszeiten doof machen

Wohl auf nichts freuen sich Schüler mehr als auf die Ferien. Manch Erwachsenem geht das mit seinem Jahresurlaub genauso: Endlich raus aus dem muffigen Büro, raus aus dem Alltagstrott, abschalten, verreisen, ab auf die Insel und rein in die Sonne!

Vielleicht lesen Sie dieses Buch ja im Schatten einer Kokospalme, die sich trotzig gegen den Horizont lehnt, akustisch umrahmt von sanften Wogen, die an den flachen Sandstrand branden, und einer leichten Brise, die über die schon erbleichten Härchen auf der Haut flimmert und zart an den Buchseiten zerrt. Bravo! Sie machen alles richtig. Nicht, weil Sie an einem Ort verweilen, an dem auch wir jetzt gerne wären – mit der wertvollen Lektüre tun Sie etwas Entscheidendes gegen die drohende Urlaubsverblödung, bei Insidern bekannt als Ferien-Effekt.

Tatsächlich ist es so, dass Ferien und langer Urlaub latent dumm machen. Lehrer kennen das: Immer wieder berichten sie von einem erheblichen Lernverlust ihrer Schüler nach den Sommerferien. Eine Metastudie, bei der Harris Cooper von der Universität von Missouri in Columbia 1996 insgesamt 39 wissenschaftliche Untersuchungen über die Wirkung von Sommerferien auf Schüler

Drei von vier Deutschen verreisen jedes Jahr mindestens fünf Tage oder länger – macht insgesamt 64 Millionen Urlaubsreisen. Davon 49,4 Millionen zur Hauptsaison im Sommer, der Rest sind Zweit- oder gar Dritturlaube. Wo es die Deutschen dabei hinzieht, ermittelt regelmäßig die Forschungsgemeinschaft Urlaub und Reisen (FUR). Demnach waren die Top-5-Reiseziele der Deutschen:

Deutschland	30,1 %
Spanien	14,1 %
Italien	8,0 %
Türkei	6,3 %
Österreich	4,5 %

auswertete, zeigte: Gerade die mathematischen Fähigkeiten litten unter der Auszeit. Noch schlimmer war es allerdings um die Rechtschreibkompetenzen bestellt. Schon nach vier Wochen Ferien waren die Schüler wieder auf dem geistigen Niveau des Frühjahrs. Das eigentlich Erschreckende an Coopers Untersuchungen aber war: Der negative Effekt schien sich von Klassenstufe zu Klassenstufe zu verstärken, woraus man ableiten

DREI FAKTEN, DIE SIE ÜBER DEN URLAUB WISSEN SOLLTEN:

- **Entspannen braucht Zeit.** Peter Totterdell von der Universität von Sheffield fand 1995 heraus, dass der Grad der Erholung proportional zur Länge der Ferien steigt – zumindest bei den 61 untersuchten Krankenschwestern.

- **Zu viel Kultur schadet.** Wer ein fremdes Land bereist, sollte sich vor zu vielen kulturellen Eindrücken hüten, rät die italienische Ärztin Graziella Magherini. Als Leiterin der psychologischen Abteilung eines Krankenhauses in Florenz fielen ihr 1979 Krankheitsfälle ausländischer Touristen auf, die von der Fülle der dortigen Kunstwerke überreizt waren. Das Phänomen taufte sie »Stendhal-Syndrom« – in Anlehnung an die Reiseberichte des französischen Schriftstellers.

- **Erholungseffekt hält maximal acht Wochen.** Wissenschaftler um Jeroen Nawijn von der Erasmus-Universität in Rotterdam werteten für eine Untersuchung die Fragebögen von 1530 Niederländern aus. Dabei zeigte sich: Der Erholungseffekt verpuffte schon kurz nach der Rückkehr. Nur wer eine besonders entspannende Reise hinter sich hatte, konnte das Glücksgefühl noch etwa zwei Wochen erhalten. Spätestens nach acht Wochen waren die Urlauber auf dem Stand wie vor den Ferien.

könnte: Kurz vor dem Abitur sollten Schüler nun wirklich keine Ferien mehr machen.

Die Sache ist allerdings nicht unumstritten. 2004 untersuchten Wissenschaftler des Max-Planck-Instituts für Bildungsforschung den Ferien-Effekt ebenfalls. Auch sie wollten wissen, ob es in Deutschland und speziell im Grundschulbereich so etwas wie ein kognitives Sommerloch gibt, das die Kinder nach den Ferien wieder bei null anfangen lässt. Die Max-Planck-Forscher kamen damals zu dem Fazit: Nein, der Effekt lasse sich so nicht feststellen. Vielleicht hatten sie aber kurz zuvor Urlaub gemacht. Denn nur wenig später konnte ein Forschungsprojekt der Universität Siegen (»Schichtspezifisches Lernen außerhalb vom Unterricht«) zumindest sozialmilieuspezifische Unterschiede ausmachen.

Auch der Erlanger Gedächtnisforscher Siegfried Lehrl konnte vor einiger Zeit nachweisen, dass der Intelligenzquotient eines Erwachsenen nach nur drei Wochen Nichtstun um 20 Punkte sinkt – ein größerer Verlust als der Abstand zwischen dem durchschnittlichen Studenten-IQ und dem Durchschnitts-IQ der Bevölkerung. Doch bevor Sie jetzt gleich Dr. Kawashima anrufen, um mit ihm eine Runde durch das Gehirn zu joggen – nach zwei, drei Tagen gewohnter geistiger Beschäftigung wird das alte Level schon wieder erreicht. Das heißt aber auch: Wer nach zwei Wochen Faulenzen am Strand in sein Großraumbüro zurückkehrt, muss sich nicht nur körperlich, sondern auch geistig akklimatisieren. Die Faustregel dazu: So lange es gedauert hat, die Hektik des Alltags abzustreifen, so lange dauert es auch, um intellektuell wieder auf Touren zu kommen. Es sei denn, Sie lesen jetzt schnell weiter.

DER COCKTAILPARTY-EFFEKT

Warum wir auch bei größtem Lärm anderen zuhören können

Es lässt sich leider nicht mehr ermitteln, ob der britische Kognitionsforscher Edward Colin Cherry ein besonders wilder Partylöwe war oder eine Vorliebe speziell für Cocktailpartys hatte. Cherry ist seit über 30 Jahren tot. Trotzdem ist er uns gut im Gedächtnis geblieben, denn er hat uns eine besonders alltagstaugliche Erkenntnis hinterlassen: den Cocktailparty-Effekt.

Wir beide waren in unserem Leben – nicht nur berufsbedingt – schon unzählige Male auf einer Party eingeladen. Als Kölner leben wir zudem in einer Region, die dafür bekannt ist, dass deren Eingeborene keinen konkreten Anlass benötigen, um ihre Geselligkeit auszuleben. Für Kölner ist Feiern kein Zeitvertreib, sondern ein Lebensgefühl. Und nicht selten geht es dabei hoch her und laut zu – jede Menge gute Musik, lustige Geschichten und Anekdoten, die darum wetteifern, erzählt zu werden, Gelächter überall, Stimmung bis spät in die Nacht. Nicht nur an Karneval! Das Faszinierende daran ist: Egal, wie viele Geräusche unser Gehör dabei aufnimmt – wir können uns trotzdem problemlos auf unseren Gesprächspartner und seine Stimme konzentrieren.

Cherry hatte dieses Phänomen 1953 als Erster nachgewiesen. Auf die Idee dazu brachten ihn zwei Experimente. Beim ersten lauschten die Versuchsteilnehmer über Kopfhörer gleichzeitig zwei verschiedenen Botschaften desselben Sprechers. Eine der beiden Botschaften sollten sie herausfiltern und später niederschreiben. Um die Aufgabe zu meistern, schlossen fast alle Probanden ihre Augen, strengten sich enorm an, konzentrierten sich intensiv auf einen der beiden Texte – dann schafften sie es gerade so mit Müh und Not.

Den eigentlichen Aha-Moment erlebte Cherry jedoch beim zweiten Versuch: Wieder spielte der Psychologe zwei Botschaften gleichzeitig ab, doch diesmal für beide Ohren getrennt. Also links den einen Text, rechts den anderen. Kompliziert? Mitnichten! Die Teilnehmer fühlten sich regelrecht unterfordert. Zu ihrer eigenen Überraschung konnten sie die beiden Botschaften ohne Probleme auseinanderhalten – ohne die Augen zu schließen oder die Stirn zu runzeln. Exakt dasselbe Phänomen erleben wir auf Partys: Unser rechtes Ohr hört andere Dinge als unser linkes, doch beide Geräusche kann unser Gehirn problemlos voneinander trennen. Wir müssen dem anderen eben nur eines unserer beiden Ohren hinhalten.

Zugegeben, der Effekt hat Grenzen. Wenn es zu laut wird, etwa in einem Nachtclub, hilft nur noch Schreien. Dann heben wir automatisch unsere Stimme – je lauter die Umgebung, desto höher der Ton. Auch dieses Phänomen trägt einen Namen: Lombard-Effekt, nach seinem Entdecker, dem französischen Wissenschaftler Étienne Lombard. Und selbst damit ist es irgendwann vorbei. Dann spürt man nur noch das Wummern der Bässe auf der Brust, den Luftzug des schreienden Gegenübers im Ohr und am nächsten Tag den Tinnitus.

Falls Sie ein regelmäßiger Partygänger sind, möchten wir Ihnen an dieser Stelle noch einen Tipp mit auf den Weg geben: Falls Sie Ihr Gegenüber um etwas bitten möchten – Feuer, einen Drink, die Telefonnummer –, sprechen Sie unbedingt ins rechte Ohr! Diese eigentümliche Empfehlung geht auf Luca Tommasi und Daniele Marzoli von der Universität in Chieti zurück. Die wollten wissen, in welches Ohr Menschen in erster Linie reden, wenn sie sich in Nachtclubs begegnen. Dabei fiel ihnen auf, dass sich 72 Prozent der knapp 300 Discobesucher hauptsächlich über das rechte Ohr ansprachen. Das erregte ihre Neugier. Und schon bald stellten sie fest: Auch im Alltag quatschen sich die Menschen mehrheitlich von rechts an, wenn sie etwas von dem anderen wollen. Also machten Tommasi und Marzoli das, was Wissenschaftler an dieser Stelle üblicherweise tun: Experimente. Die beiden besuchten gleichfalls Nachtclubs und brabbelten zunächst unverständliche Worte beliebigen Besuchern ins Gesicht. Die mussten sich schon sehr anstrengen, um überhaupt etwas zu verstehen. Hier waren es vor allem die Frauen, die den Forschern vorwiegend ihr rechtes Ohr schenkten. Im zweiten Versuch sprach das Hörtest-Duo die Besucher wahllos mal von rechts und von links an, um eine Zigarette zu schnorren. Resultat: Wer die Gäste von rechts anbaggerte, hatte hernach deutlich mehr zu rauchen. Ihre Erklärung dazu: Das rechte Ohr hat den direkteren Draht zur linken Gehirnhälfte und die verarbeitet Aufforderungen besser. Bei Tieren ist das übrigens genauso.

DER GÄHN-EFFEKT

Warum der Reflex so ansteckend ist

Der dreißigjährige Mann, der im Sommer 1978 in Olivier Walusinskis Praxis im französischen Kleinstädtchen Brou kommt, ist nicht müde. Aber er gähnt. Nicht einmal. Nicht zweimal. Er gähnt unentwegt. Jede Minute mindestens einmal. Walusinski erkennt sofort die verzweifelte Lage, in der der Mann steckt. Er ist verstört, kann kaum sprechen, essen oder arbeiten. Er wagt sich kaum noch unter Menschen wegen seines Leidens. Er hat nackte Angst. Also hört sich der Arzt um, fragt Kollegen, forscht in der Literatur, was es dort über das Gähnen gibt. Doch dort findet er: nichts. Es gibt ein paar wissenschaftliche Aufsätze, wenige empirische Arbeiten, etwas Theorie. Mehr nicht. Unglaublich! Obwohl der Mensch rund eine Viertelmillion Mal in seinem Leben gähnt, ist der Reflex in der Wissenschaft so gut wie unerforscht.

Bis heute ist das wenig besser geworden. Immerhin: Walusinski gilt mittlerweile als der weltweit führende Experte auf dem Gebiet der Gähnforschung. Er hat, rund 30 Jahre nach der Begegnung mit seinem Patienten, über 1000 Artikel dazu verfasst, Anfang 2010 einen Sammelband herausgegeben (›The Mystery of Yawning‹) und Ende Juni 2010 in Paris die erste internationale Gähnkonferenz organisiert. Man weiß nun, dass ein Mensch im Schnitt etwa acht Mal am Tag für eine Dauer von jeweils fünf bis zehn Sekunden gähnt. Männer und Frauen in etwa gleich oft. Auch kann man als gesichert betrachten, dass wir besonders häufig morgens gähnen. Ebenso bei monotonen Arbeiten oder bei der Lektüre langweiliger Texte (gähnen Sie etwa gerade?). Manche Menschen gähnen auch, um Stress abzubauen: Olympioniken tun dies zum Beispiel, kurz bevor die Pistole knallt. Ebenso gilt als unstrittig, dass nicht nur die Krone der Schöpfung gähnt, sondern zahlreiche Lebewesen gleich mit. Unser nächster Verwandter, der Affe, gähnt etwa genauso oft wie wir. Doch auch Pferde, Hunde, Katzen, Ratten, Vögel, Krokodile, Schlangen und sogar Fische gähnen. Der Juwelen-Riffbarsch zum Beispiel verteidigt sein Revier, indem er Eindringlinge mehrfach angähnt. Es ist nicht bekannt, ob Barsche Mundgeruch haben. Aber abschreckend hässlich sieht das auf jeden Fall aus. »Alle gähnen«, sagt der Schweizer Neurologe Adrian Guggisberg. Nur wisse bis heute keiner, warum.

Als widerlegt gilt zumindest schon mal die Theorie, dass die spontane Gähnattacke das Gehirn mit Sauerstoff versorge. »Unfug!«, monierte der US-Psychologe Robert Provine bereits 1987. Ein einzelner tiefer Atemzug rettet das ermattete Denkorgan sicher nicht vor dem Vernunftausfall. Da hätte der Urheber dieser Theorie besser etwas häufiger gähnen sollen. Andere vermuten, der Reflex könnte mit dem Zuckergehalt im Blut zusammenhängen: Wenig Zucker gleich mehr Gähnen. Genau wissen die Wissenschaftler das aber nicht.

Deshalb konzentrieren wir uns lieber auf eine andere, nicht weniger spannende Frage: Warum wirkt Gähnen so ansteckend?

Es gibt nur wenige Erklärungsversuche. Neuropsychologen halten das menschliche Reflexgähnen für eine Art soziale Reaktion und bedienen sich dazu zahlreicher Analogien aus dem Tierreich: Löwen zum Beispiel gähnen sich gegenseitig an, bevor sie zur gemeinsamen Jagd aufbrechen. Bei den Affen wiederum ist es vor allem das dominante Männchen, das seine Horde gut sichtbar angähnt, um ihr zu signalisieren: Zeit, schlafen zu gehen! Bei Makaken beobachtete der Verhaltensforscher Bertrand Deputte von der Universität Rennes, dass das Alpha-Tier am meisten gähnte. Und das, obwohl der Faulpelz am wenigsten zu tun hatte. Interessant ist in dem Zusammenhang auch, dass sich zwar Hunde untereinander kaum vom Gähnen anstecken lassen – wohl aber von ihrem Herrchen oder Frauchen. Gähnt ihr Besitzer, machen sie das in 70 Prozent aller Fälle nach. Die Forscher vermuten daher, dass auch wir uns aus einer Art Unterordnung oder Herdentrieb anstecken lassen. Ein weiteres Indiz: Schon der Gedanke daran kann einen Gähnimpuls auslösen.

Als der Psychologe Andrew Gallup von der Universität Albany wiederum untersuchte, ob und wie man sich vor der Ansteckungsgefahr effektiv schützen könne, stellte er fest: Wer ausschließlich durch die Nase atmet oder sich einen kühlen Wickel von vier Grad Celsius an die Stirn klatscht, wird nahezu immun dagegen. Gallup folgerte daraus, dass das Gähnen vor allem der Kühlung der grauen Zellen diene. Diese Theorie wurde in Paris zwar stark bezweifelt – dennoch finden wir sie sehr sympathisch. Denn falls Sie gerade gähnen, hieße das eben nicht, dass dieser Text langweilig ist, sondern Sie vielmehr so sehr angeregt hat, dass Ihr Oberstübchen gerade heiß läuft, woraufhin Ihr Körper die biologische Klimaanlage anwirft. Schmeichelhaft – und eine gute Überleitung zum nächsten Effekt ...

DER BARNUM-EFFEKT

Wieso Horoskope und andere Quacksalbereien funktionieren

Bevor ein Buch wie dieses veröffentlicht wird, fragt irgendein Mitarbeiter des Verlages so gut wie immer nach der Zielgruppe: Wer soll das hinterher kaufen und lesen? Wer könnte sich dafür interessieren? Wer wird es weiterempfehlen? Und wie groß ist diese Gruppe überhaupt? Auch ein Buch ist schließlich ein Produkt wie Vollkornbrot oder Katzenstreu, für das es einen Markt geben muss, sonst lohnt es sich nicht, so etwas zu verlegen. Also haben wir zu unserem Verlag gesagt: »Wir kennen unsere Leser ganz genau. Es sind Tausende, ach was, Millionen! Da staunen Sie, Madame?« »So?«, hat die nette Frau vom Verlag gesagt. Das sei ja reizend. So etwas höre sie gerne. Aber woher wollten wir das bitte schön so genau wissen? Da könnte ja jeder kommen. Verlage sind manchmal sehr hartnäckig.

Da haben wir zu ihr gesagt, wir könnten das sogar beweisen. Schließlich sei sie auch eine potenzielle Leserin, wahrscheinlich sogar die erste, und deshalb würden wir sie jetzt einfach ein bisschen charakterisieren: Sie habe gewiss oft gute Laune, manchmal sei sie aber auch ganz schön zornig. Am anderen Ende der Leitung wurde es still. Sie sei überdies grundsätzlich bodenständig, könne aber gelegentlich auch ganz gut – Verzeihung – die Sau rauslassen. Außerdem könne sie sehr selbstbewusst wirken, zweifle aber ab und an, ob sie sich in einer bestimmten Situation richtig verhalten habe. Wir haben von der netten Frau nichts mehr gehört. So für gefühlte zwei Minuten. Dann hat sie gemeint, dass das ja wohl auf fast jeden zutrifft. »Aber Madame«, haben wir ihr da mit einem triumphalen Unterton entgegnet, »genau das meinten wir, als wir sagten, das Buch ist für alle interessant.«

Natürlich ist das alles an den Haaren herbeigezogen. Wir kennen unsere Leser bei Weitem nicht alle. Wie auch? Trotzdem dürfte sich so ziemlich jeder bei der obigen Beschreibung getroffen fühlen oder zumindest kurz geschmunzelt haben. Das ist ganz normal. Und typisch für den Barnum-Effekt, mit dem wir da gespielt haben.

Phineas Taylor Barnum war ein amerikanischer Zirkuspionier des 19. Jahrhunderts – und ein wahres Marketinggenie. Er tingelte mit verschiedenen Wanderzirkussen durch die USA und legte dabei besonderen Wert auf Vielfalt: Es gab eine Ausstellung mit ausgestopften Vögeln und Mumien, einen Bauchredner, Zwerge und Riesen sowie Schlangen, Hunde und Affen. Jedem Besucher wollte Barnum etwas Passendes bieten. Keiner sollte hinterher sagen können, dass der Zirkus seinen Geschmack nicht getroffen hätte. Und mit diesem Konzept war er außerordentlich erfolgreich. Den Begriff Barnum-Effekt prägte dann aber ein paar Dekaden später, in den Fünfzigerjahren, der amerikanische Psychologe Paul Meehl. Zuvor trug das Phänomen den Namen Forer-Effekt – nach dem gleichnamigen Psychologie-Professor Bertram R. Forer. Dieser gaukelte seinen Studenten 1948 vor, sie nähmen an einem Persönlichkeitstest teil. Nachdem alle seine Fragen beantwortet hatten, legte er ihnen eine angebliche Auswertung vor, deren Wahrheitsgehalt sie von 0 (überhaupt nicht zutreffend) bis 5 (sehr zutreffend) bewerten sollten. Was die Studenten nicht wussten: Forer hatte allen ein und denselben Text gegeben. Darin enthalten: allerlei Allgemeinplätze wie »Sie sind tendenziell selbstkritisch«, »Sie überprüfen die Aussagen von anderen, bevor Sie sie glauben« oder »Einige Ihrer Ziele sind eher unrealistisch«. Ergebnis: Im Schnitt vergaben Forers Studenten über vier Punkte.

Seltsam? Nein, gar nicht, resümierte Forer – und nach ihm zahlreiche weitere Psychologen, die das Experiment wiederholten. Wir Menschen neigen nämlich dazu, allgemeingültige Aussagen auf uns zu beziehen. Wir suchen sozusagen nach unserer eigenen Nadel im Heuhaufen der Charaktereigenschaften. Dieses Prinzip lässt sich ständig im Alltag beobachten. Denken Sie nur an die vielen Horoskope, die täglich in Zeitungen und Zeitschriften abgedruckt werden (siehe auch Hindsight-Bias, Seite 173). Was steht da nicht alles drin?

In finanzieller Hinsicht haben Sie in der letzten Zeit einige kleine Rückschläge verkraften müssen, keine Angst, es geht bald wieder bergauf. Harmonische Stunden zu zweit sind genau das Richtige für Ihre Beziehung, die Liebessterne stehen gut dafür. Spielen Sie im Beruf etwas mehr Ihre wahren Stärken aus, und lassen Sie sich nicht zu leicht von Ihren Zielen abbringen, das könnte Probleme verursachen. Ihre Gesundheit sollten Sie in der nächsten Zeit etwas mehr schonen, Sie brauchen Ihre Power. Gesunde Ernährung, viel Ruhe und möglichst viel Schlaf sind jetzt wichtig, um weiterhin fit zu bleiben.

Na? Könnten Sie sofort sagen, ob dies ein Horoskop für Jungfrauen, Löwen, Stiere oder Wassermänner ist? Oder trifft das zufällig auch auf Ihre Lebenssituation zu? So zufällig wäre das gar nicht. Es ist vielmehr das trickreiche Spiel mit dem Barnum-Effekt, der Leichtgläubigkeit der Menschen und ihrer Sehnsucht, etwas Passendes über sich zu erfahren. Jedes Mal, wenn man Ihnen solche Allgemeinplätze serviert, sollten Sie lieber skeptisch werden und dem spontanen Zustimmungsreiz widerstehen. Wie wenn Ihnen die Verkäuferin sagt: »Also *Sie* können das tragen!«

DER WALKMAN-EFFEKT

Warum wir Musik so gerne über Kopfhörer hören

Es lässt sich nicht genau sagen. Beim besten Willen nicht. Bis heute hüllt sich der Nebel der Ungewissheit um die offenbar kaum gestellte Frage, wer eigentlich die ersten Kopfhörer erfunden hat. Jedenfalls gibt es die Dinger, seit es Telefone und Radios gibt. Im Grunde hat man zu Beginn der Radioepoche sogar nur über Kopfhörer den Sendern gelauscht, weshalb einige Leute heute davon ausgehen, dass der Amerikaner Nathaniel Baldwin der Erfinder der Schallwandler ist, wie Kopfhörer in der Fachsprache heißen. Baldwin besaß seinerzeit eine Radio Company in Salt Lake City und brachte 1910 seine »Baldy Phones« auf den Markt. Die wollte zunächst keiner haben. Erst nachdem die US-Armee zum Ende des Ersten Weltkriegs 100 Stück davon geordert hatte, schoss die Nachfrage in die Höhe. Der Mormone Baldwin verdiente mit seiner Erfindung schon bald Millionen, 1922 gab es bereits über 200 000 Bestellungen für seine Kopfhörer. Allerdings hielt der Erfolg nicht lange an: 1924 ging Baldwin bankrott.

Den eigentlichen Durchbruch erlebten die Kopfhörer ohnehin erst gut ein halbes Jahrhundert später. Es war um das Jahr 1979, als Akio Morita, der damalige Chef der Sony Corporation, gegen den Widerstand nahezu aller Fachleute seines Konzerns ein handliches Musikabspielgerät für Kassetten entwickeln und in Rekordzeit zur Serienreife bringen ließ: den Walkman. Mit einem Mal konnte man Musik überall mit hinnehmen und dank der kleinen, leichten Kopfhörer auch noch laut anhören, ohne seine Umwelt dabei über die Maßen zu stören. Im ersten Jahr wurden 60 000 Stück produziert – 1989 lag der Absatz schon bei 50 Millionen. Ob Jogger im Park, Fahrradkuriere in den Straßen oder Berufspendler in Bussen und Bahnen – überall begegneten einem auf einmal Menschen mit den Kopfklammern, abgeschirmt von der akustischen Außenwelt und eingehüllt in den Kokon ihrer Intimsphäre. Als der ›Spiegel‹ am 8. Juni 1981 unter der Überschrift »High und fidel« über den Walkman-Boom berichtete, versäumte der Autor bei aller Euphorie nicht, auf ein paar Tücken des Geräts hinzuweisen: Besonders auf Straßen und Skipisten drohten Gefahren, wenn die Verkehrsteilnehmer akustische Warnsignale nicht mehr wahrnähmen, und sogar auf die Seele hätte der Minikassettenspieler einen schlechten Einfluss – Psychologen befürchteten, dass dadurch »auch die letzten Reste zwischenmenschlicher Kommunikation absterben könnten«, ließ der Verfasser durchblicken.

Nun, ganz so schlimm ist es nicht gekommen. Dennoch eröffnete der Walkman einen Massenmarkt und veränderte seitdem gewaltig die Art, wie wir Musik hören – auch wenn er inzwischen längst von einem anderen Hersteller und Produkt beerbt wurde: durch Apples iPod und iPhone.

Was aber macht diese Faszination eigentlich aus? Oder anders gefragt: Warum nur hören die Leute so wahnsinnig gerne in der Öffentlichkeit Musik, die aber bitte schön kein anderer mithören soll?

Der japanische Geisteswissenschaftler Shuhei Hosokawa ist diesem weltweiten Phänomen schon 1984 nachgegangen und hat dazu einen vielbeachteten Aufsatz veröffentlicht, in dem er dem Phänomen der modernen Kopfhörermanie einen recht einprägsamen Namen gab: Walkman-Effekt. Hosokawa verglich das Szenario mit einem Theaterstück. Der Walkman-Hörer sei letztlich ein Schauspieler, die Anwesenden seine Zuschauer. Der Reiz des Spiels bestehe darin, dass geheim bliebe, was der Schauspieler höre. Und genau dieses Rätsel wecke in uns die natürli-

Zwar sind Menschen unterschiedlich anfällig für **Ohrwürmer**, aber jeder hatte schon mal einen, wie James Kellaris von der Universität von Cincinnati nachwies. Das *Klebelied*, wie es die Amerikaner und Spanier nennen (Brasilianer: *Ohrkaugummi*, Franzosen: *Ohrenbohrer*), ist lästig und anhänglicher als Kaugummi an der Schuhsohle. Philip Beaman und Tim Williams von der School of Psychology and Clinical Language Sciences befragten deshalb 103 Probanden im Alter zwischen 15 und 57 Jahren, wie man Ohrwürmer wieder loswird. Einige hörten sich dazu gezielt ein anderes Lied an, andere lenkten sich mit Arbeit ab, und zwei versuchten es mit Alkohol. Das Resultat war jedoch stets dasselbe: Es wurde nur noch schlimmer. Einzig hilfreich, so das Forscher-Duo: nichts tun, den Ohrwurm passiv ertragen und stoisch ignorieren. Dann geht er von ganz alleine wieder weg.

che Neugierde, dieses Geheimnis zu lüften, und mache den Kopfhörerhörer so faszinierend. Der Walkman bilde durch die Kombination aus Sehen (Umwelt) und Hören (eigene Musik) eine für den Betroffenen völlig neue urbane Wirklichkeit. Oder wie es Hosokawas Kollege, Christian Thomsen, in seinem Aufsatz über den Effekt zum Ausdruck brachte: »Der Walkman verwandelt die Außenwelt in ein Palimpsest übereinandergeschriebener Bedeutungsschichten, [dieser] Zusammenklang von Bild und Musik eröffnet eine scheinbar unendliche, variable und niemals identische Form von Bild-Musik-Räumen.« Könnte so sein. Womöglich ist die Erklärung aber auch viel simpler: Die Betroffenen haben einen Ohrwurm und werden den nicht mehr los.

DER DALAI-LAMA-EFFEKT

Nach seinem Besuch leidet die Wirtschaft

Kaum jemand ist in der westlichen Welt so beliebt wie Tendzin Gyatsho – besser bekannt als Dalai Lama. Die meisten Staats- und Regierungschefs empfangen das Oberhaupt der Tibeter gerne mit offenen Armen, doch das schadet häufig der Exportwirtschaft. Jedenfalls behaupteten das die beiden Ökonomen Andreas Fuchs und Nils-Hendrik Klann von der Universität Göttingen. Bei einer internationalen Studie stellten sie 2010 fest: Nachdem ein Land den Dalai Lama empfangen hatte, sanken seine Ausfuhren nach China in der Folgezeit um durchschnittlich 13 Prozent. Jede Zusammenkunft mit dem Tibeter betrachtete die chinesische Regierung als Affront – und schränkte den Handel mit den gastfreundlichen Ländern ein. Fuchs und Klann nannten das den Dalai-Lama-Effekt. Sie fanden jedoch auch heraus: Nach zwei Jahren war der Effekt in der Regel wieder verpufft.

DER GORE-EFFEKT

Kaum beginnt der Urlaub, wird das Wetter schlecht

Ein Pessimist würde damit rechnen. Der Optimist kriegt schlechte Laune. Kaum geht es in den Urlaub, schlägt das Wetter um. Auf der Autofahrt regnet es Katzen und Hunde, über dem Ferienort nisten sich Gewitterfronten ein, im Gebirge gibt es unerwartet Blitzeis, und wer segeln wollte, hat eine Woche lang nur Flaute. Zufall? Gewiss. Und doch hat das Phänomen einen Namen: Gore-Effekt.

Der Begriff geht auf den ehemaligen US-Vizepräsidenten und Klimaschützer Al Gore zurück. Denn überall, wo der auftaucht, um vor den Folgen der globalen Erderwärmung zu warnen, fallen die Temperaturen ins Bodenlose – es schneit, regnet und stürmt. Aus vormals heiterem Himmel. Ein paar Beispiele gefällig?

- Im Januar 2004 sollte Gore in New York eine Rede zur Erderwärmung halten – Mutter Natur begleitete seinen Auftritt mit einem neuen Kälterekord in der Geschichte der Metropole.
- Im selben Jahr zog Gore auch gen Boston, um dort zu sprechen. Das Thermometer registrierte den kältesten Tag seit mehr als 40 Jahren.
- Als Gore im März 2006 zu einer Senatsanhörung über die globale Erwärmung erscheinen sollte, musste das Treffen wegen eines Schneesturms abgesagt werden. Als er im Januar 2009 erneut zu einer solchen Anhörung kam, wurde sie von Eisregen begleitet.
- Im November 2006 reiste Gore nach Australien und Neuseeland und warb unter anderem in Brisbane für den Klimaschutz. Die Demonstrationen wurden überschattet von Schneegestöber – mitten im australischen Frühsommer!
- Gores Vortrag an der Harvard-Universität im Oktober 2008 fiel mit einem Temperatursturz zusammen, den man dort seit über 125 Jahren nicht mehr beobachtet hatte.

- Mitte Dezember 2008 bereiste Gore Norditalien. Es ging nach Mailand zu einer Klimakonferenz. Dass es dort schneite, ist um diese Jahreszeit nicht ungewöhnlich. Gleichzeitig meldeten die Wetterdienste aber auch Schneefälle in Rom, Neapel und Palermo. Sehr ungewöhnlich!
- Der vorläufige Höhepunkt: Im April 2010 meldete Gore über den Online-Dienst Twitter, der Monat weise die geringste Schneemenge in den USA seit Menschengedenken auf. Zwei Tage später gab es in Colorado und Wyoming derart dramatische Schneefälle, dass Blogger Gore dafür verantwortlich machten. Wenn auch satirisch.

Seitdem dichten Spötter dem Multimillionär und Nobelpreisträger immer wieder allerlei magische Wetterwirkungen an oder deuten gar seine Körpersprache als böses Klima-Voodoo. Für den ›Zeit‹-Kolumnisten Harald Martenstein könnte es aber auch schlicht ein Beweis dafür sein, »dass die Natur, möglicherweise sogar Gott, über Humor verfügt«. Wie dem auch sei: Mit Magie hat das wenig zu tun. Auch nicht in Ihrem persönlichen Fall. Eher handelt es sich dabei ganz klassisch um selektive Wahrnehmung. Oder noch simpler: um Pech. Falls Sie aber doch auf Nummer sicher gehen wollen: Machen Sie das nächste Mal lieber dort Urlaub, wo Gore garantiert nicht erscheint!

DER ÜBERRASCHUNGS-EFFEKT

Erstens kommt es anders und zweitens als man denkt

Vermutlich haben Sie gedacht, hier eine längere Erläuterung zum Überraschungs-Effekt zu finden – Überraschung!

FÜR SCHNELLE AHA-EFFEKTE:

BYSTANDER-EFFEKT
Die Wahrscheinlichkeit, dass einem geholfen wird, nimmt mit steigender Anzahl der Umstehenden ab.

PELTZMAN-EFFEKT
Technischer Fortschritt und vermehrte Sicherheitsvorschriften sorgen nicht für weniger Unfälle, sondern für mehr, denn sie führen zu einem riskanteren Fahrstil, weil sie den Fahrer in Sicherheit wiegen.

PENDLER-AMNESIE
Wer jeden Tag anderthalb Stunden pendelt, verliert pro Woche einen ganzen Arbeitstag aus dem Bewusstsein.

GUMMIBAND-EFFEKT
Wer zu rasant versucht, am Wochenende oder im Urlaub zu entspannen, bekommt genauso prompt die Quittung: Konzentrationsausfälle, Kopfschmerzen, Erkältung.

FERIEN-EFFEKT
Zu langer Urlaub macht doof. Nach nur drei Wochen Nichtstun sinkt der Intelligenzquotient eines Erwachsenen um 20 Punkte.

COCKTAILPARTY-EFFEKT
Selbst wenn der Lärm um uns herum groß ist: auf die Stimme unseres Gesprächspartners können wir uns trotzdem konzentrieren.

GÄHN-EFFEKT
Gähnen ist weniger Ausdruck von Müdigkeit, sondern eher eine Art Kühlprozess fürs Hirn. Mitgegähnt wird hingegen vor allem aus sozialer Verbundenheit.

BARNUM-EFFEKT
Menschen neigen dazu, allgemeingültige Aussagen auf sich zu beziehen und im Heuhaufen der Binsen nach der Nadel ihrer eigenen Charaktereigenschaften zu suchen. Deshalb glauben auch so viele an Horoskope.

WALKMAN-EFFEKT

Der Reiz daran, in der Öffentlichkeit Musik über Kopfhörer zu hören, liegt in purer Geheimniskrämerei – auf dramaturgisch hohem Niveau.

DALAI-LAMA-EFFEKT

Länder, die das tibetische Oberhaupt einladen, müssen mit einem Außenhandelsrückgang von 13 Prozent rechnen – jedoch nur für zwei Jahre.

GORE-EFFEKT

Überall, wo der Nobelpreisträger Al Gore auftaucht, um vor der Klimaerwärmung zu warnen, stürzen die Temperaturen in den Keller.

ÜBERRASCHUNGS-EFFEKT

Sosehr sich der Mensch auch bemüht, mit dem Unberechenbaren zu rechnen – es kommt bisweilen anders. Manchmal sogar besser, als man denkt.

KOPF UND KRAGEN

– Wie wir fühlen –

Fühlen wir uns gut, sprudeln wir nur so vor Energie und Ideen. Haben wir dagegen Wut im Bauch, sind wir nicht einmal mehr in der Lage, kluge Entscheidungen zu treffen. Eine ärgerliche E-Mail, in Rage beantwortet, kann enorm zerstörerische Konsequenzen nach sich ziehen. Eine hitzige Debatte, in der ein Wort das andere gibt, mündet womöglich in einem bösen Schlagabtausch – sogar sprichwörtlich. Der Wüterich – er kostet meist nur kurz seinen Triumph, aber die Folgen seiner Eruption bedauert er vielleicht ein Leben lang. Nichts bestimmt unser Leben so sehr wie unsere Emotionen. Nach Meinung des US-Psychologen Carroll Izard von der Universität von Delaware gibt es zehn maßgebliche Emotionen, die auf der ganzen Welt vorkommen: Freude, Furcht, Interesse, Leid, Scham, Schuldgefühl, Überraschung, Verachtung, Widerwillen und Zorn. Im Optimalfall treiben uns die Frühlingsgefühle Schmetterlinge in den Bauch, im Worst Case nagen die Schuldgefühle an uns. Und dazwischen? Eine ganze Menge emotionaler Spielraum, von himmelhoch jauchzend bis zu Tode betrübt. Und auf den hat auch unsere Umwelt Einfluss. Gefühle sind immer mit von der Partie – selbst wenn wir die eigenen Emotionen oder die unserer Mitmenschen nicht immer verstehen. Wir können gar nicht anders, als darauf zu reagieren – auf das, was um uns herum passiert, was uns widerfährt, was wir anrichten oder andere uns antun. Dabei bleibt es selten bei der intellektuellen Bewertung. Auch unser Körper spiegelt, was in uns vorgeht – bisweilen sogar heftig: Wenn uns etwas enorm berührt, dann keuchen, röcheln, stöhnen, schwitzen, starren, verkrampfen, weinen oder zittern wir. Ganz so extrem wird Ihre Reaktion auf die nächsten Seiten hoffentlich nicht ausfallen. Das wäre uns wirklich unangenehm.

37 **Prozent der Deutschen können die Gefühle anderer nicht verstehen.**

54 **Prozent der Deutschen treffen Entscheidungen lieber nach Gefühl.**

37 **Prozent der Deutschen haben das Gefühl, zu wenig Zeit zu haben.**

DER KATHARSIS-EFFEKT

Warum wir weinen

> *»Nabelschnur durchgeschnitten,*
> *Fotos gemacht,*
> *Familie angerufen,*
> *geheult.«*
> Lukas Podolski, Fußballspieler

Die Gründe, warum Menschen weinen, sind so vielschichtig wie eine Zwiebel. Die einen trauern über den Verlust eines Angehörigen oder nahen Freundes, andere schluchzen wegen einer zerbrochenen Beziehung, wieder andere heulen Rotz und Wasser, weil sie einen traurigen Film angeschaut haben, oder weil sie gerade eine Zwiebel um einige Schichten erleichtern. Und natürlich kann uns auch Musik zu Tränen rühren. Überhaupt hat das Tränenvergießen in den vergangenen Jahrzehnten zahlreiche Interpreten zu manchem Evergreen, oder besser gesagt *Everblues* inspiriert (siehe Liste).

DIE ZEHN BEKANNTESTEN SONGS ZUM HEULEN

– Don't cry for me Argentina	(Julie Covington)
– No woman, no cry	(Bob Marley)
– Cry me a river	(Justin Timberlake)
– Don't cry	(Guns N' Roses)
– Tears in heaven	(Eric Clapton)
– Cry no more	(Chris Brown)
– Weinst du	(Echt)
– Tränen lügen nicht	(Michael Holm)
– Weine nicht	(Die Flippers)
– Es geht eine Träne auf Reisen	(Salvatore Adamo)

»Eine Träne ist die Sprache der Seele und die Stimme des Gefühls«, säuselte der italienische Dichter Filippo Pananti im 18. Jahrhundert. Fast genauso lange versuchen Wissenschaftler herauszufinden, warum Menschen weinen. Eine Theorie findet derzeit den größten Konsens: Ihr zufolge weinen wir, um unsere Seele sprichwörtlich von Ballast zu befreien. Oder von diversen Gefühlswallungen. Insbesondere Frauen konnten dem niederländischen Psychologen Ad Vingerhoets von der Universität Brabant gleich vier oder mehr Emotionen nennen, die sie während eines Weinkrampfs empfanden. Als wiederum dessen Kollegen von der niederländischen Universität Tilburg vor rund vier Jahren 3000 Tränenflüsse untersuchten, zeigte sich bei nahezu allen Betroffenen hernach eine deutliche Besserung des Gemütszustands, lediglich jeder Zehnte fühlte sich hinterher schlechter als davor.

Tränen als Erleichterung der Seele – eine ähnliche Idee hatte schon der griechische Urarzt Hippokrates. Er glaubte, dass vor allem vier Körperflüssigkeiten– Blut, Schleim sowie schwarze und gelbe Galle – über die Gesundheit des Menschen entscheiden. Wenn diese ins Ungleichgewicht geraten, so der antike Mediziner, werden wir krank und benötigen eine Reinigung – oder wie Hippokrates es nannte: eine Katharsis. Biologen fanden inzwischen heraus, dass Menschen beim Weinen tatsächlich zahlreiche Stoffe absondern. Der amerikanische Biochemiker William Frey ließ dazu seine Probanden wahlweise Zwiebelduft einatmen oder sentimentale Filme ansehen. Danach untersuchte er ihre Tränen: Allesamt enthielten sie diverse Hormone, Kalium und Mangan – die der TV-Schluchzer zusätzlich noch fast ein Viertel mehr Eiweiß. Frey kam zu der Überzeugung, dass Heulen praktisch en passant »Abfälle und schädliche Substanzen« ausschwemmt. In der Wissenschaft wird dies inzwischen jedoch heftig bezweifelt. Wer sich mit dem Hammer auf den Daumen schlägt oder beim Laufen einen Schuhabsatz abbricht, muss deswegen nicht zwangsläufig Bioschadstoffe loswerden.

Dennoch sprechen zumindest Psychologen heute noch vom Katharsis-Effekt, wenn sie raten, sich bei Kummer, Ärger, Sorgen oder Frust so richtig auszuheulen. Denn das tue uns psychisch wie physisch gut.

Nur stimmt auch das leider so nicht ganz. Richtig ist zwar, dass wir beim Weinen starken Gefühlen Ausdruck verleihen und sie irgendwie kanalisieren. Der Katharsis-Effekt nimmt aber ab, sobald mehrere Personen unserem Gefühlsausbruch beiwohnen. Davon jedenfalls ist Jonathan Rottenberg von der Universität von South Florida überzeugt. In einer Studie im Dezember 2009 befragte er gemeinsam mit zwei Kollegen über 5000 Menschen in 35 Ländern nach ihren Erinnerungen an den letzten Weinkrampf. Etwa 30 Prozent erinnerten sich, dass ihre Umgebung nicht durchweg positiv darauf reagierte. Tränen lügen in der Regel zwar nicht – aber wer das vor allzu großem Publikum tut, riskiert, dass sein Kummer für eine strategische Flennerei gehalten wird. Zum Beispiel, um Beißhemmungen zu provozieren oder einen Beschützerinstinkt zu wecken. Besser also, man heult sich nur an einer Schulter aus. Dann können Tränen sogar menschliche Bindungen stärken, wie der israelische Biologe Oren Hasson herausfand.

DAS FEEL-GOOD-DO-GOOD-PHÄNOMEN

Warum gute Laune hilfsbereiter macht

Wer Gutes tut, der fühlt sich hinterher besser. Das weiß, wer schon einmal einem Freund beim Umzug geholfen hat. Oder (s)einer Freundin die Haare aus dem Gesicht gehalten hat, während sich diese den zuvor einverleibten Alkohol noch einmal durch den Kopf gehen ließ. In solchen Momenten blickt der Herrgott mit einem Lächeln auf den Samariter herab und das Leben fühlt sich anschließend erhabener und edler an. Was nicht zuletzt auch an ein paar biochemischen Prozessen liegt, die sich die Evolution ausgedacht hat, um spontanes Gutmenschentum zu belohnen. Die Wissenschaft ist jedenfalls nicht arm an Beispielen, die zeigen, dass etwa Ehrenamtliche, die lediglich zwei Stunden pro Woche irgendwo aufopferungsvoll mithelfen, nachhaltig ihre Gesundheit verbessern und damit selbst das Risiko psychischer Erkrankungen senken können.

Nun kann man einwenden, dass dieses Phänomen weder neu ist, noch kurzfristig aufflammende Glücksgefühle einen anhaltenden Effekt hätten. Ersteres stimmt, Letzteres nicht.

Nehmen wir Carolyn Schwartz, Wissenschaftlerin an der Medical School der Universität von Massachusetts. Sie untersuchte vor einiger Zeit, welche positiven Effekte regelmäßige Seelsorge auf Patienten mit Multipler Sklerose hat. Wenig überraschend tat es den Erkrankten gut, wenn andere sich regelmäßig nach ihrem Befinden erkundigten und ihnen ein offenes Ohr schenkten. Doch Schwartz machte eine noch viel erstaunlichere Entdeckung: Der gesundheitliche Effekt war bei den Helfern ungleich größer. Ihr körperlicher wie seelischer Zustand verbesserte sich durch die gute Tat enorm. Das fachte Schwartz' Wissensdurst erst recht an, woraufhin sie rund 2000 Mitglieder einer presbyterianischen Gemeinde genauer unter die Lupe nahm. Und auch hier: Wer regelmäßig ehrenamtlich half, war signifikant glücklicher und gesünder als der Rest der Gemeinde. Das passt auch zu Untersuchungen an der Universität von Michigan. Hier stellte man fest, dass ältere Menschen, die anderen helfen – entweder ehrenamtlich oder indem sie einfach nur gute Nachbarn sind –, im Vergleich zu selbstsüchtigen Altersgenossen ein um 60 Prozent geringeres Risiko haben, vor dem Erreichen der durchschnittlichen Lebenserwartung zu sterben.

Lebensfreude – ausgelöst etwa durch gute Taten – kann indirekt sogar zu beruflichem Erfolg führen. Untersuchungen von Alice Isen zufolge, einer Psychologie-Professorin an der Cornell-Universität in New York, sind Gutgelaunte in zahlreichen Unternehmen populärer, werden von ihren Vorgesetzten besser bewertet und erzielen am Ende auch höhere Einkommen.

Bevor Sie das Buch zur Seite legen, ein strahlendes Lächeln aufsetzen und Karriere machen: Der unglaublichste Effekt folgt erst jetzt. Ganz offenbar besteht der kausale Zusammenhang von Hilfsbereitschaft und psychischem wie physischem Wohlbefinden auch in entgegengesetzter Richtung. So stellten Soziologen fest, dass begeisterte und motivierte Menschen eher zum Samaritertum neigen als normal oder gar schlecht gelaunte. In der anglophonen Sprache der Wissenschaft ist dieser Zusammenhang als Feel-Good-Do-Good-Phänomen bekannt.

»Wir haben in diversen Studien festgestellt, dass glückliche Menschen hilfsbereiter sind«, sagt etwa David Myers, Sozialpsychologe am Hope College und Autor des Buchs ›The Pursuit of Happiness‹. Hinter der scheinbar lapidaren Aussage stecken durchaus amüsante Experimente. Eines davon ging zum Beispiel so: Die Forscher präparierten Münzfächer von Telefonzellen mit Vierteldollar-Stücken. Bis auf wenige unverbesserliche Griesgrame freuten sich die meisten zufälligen Zellenbesucher über den plötzlichen Geldsegen. In unmittelbarer Umgebung der Fernsprecher hatten die Wissenschaftler zuvor Bettler postiert, die um ein Almosen baten. Und tatsächlich: Wer durch die scheinbare Gunst des Schicksals zu etwas Geld gekommen war, gab davon bereitwillig ab – und zwar deutlich häufiger als jene Passanten, die nur so an der Szenerie vorbeispazierten. »Je zufriedener jemand mit seinem Leben ist, desto empathischer ist er«, sagt auch der Sozialwissenschaftler Ruut Veenhoven von der Erasmus-Universität in Rotterdam. Und desto mehr lasse er seine direkte Umwelt daran teilhaben.

Auch hierfür lassen sich einige Belege aus ganz unterschiedlichen Bereichen anführen:

- Wissenschaftler der Erasmus-Universität haben auch herausgefunden, dass gut gelaunte Personaler Bewerber bei Jobinterviews besser bewerten als ihre miesepetrigen Kollegen.

- Eine schon etwas ältere Studie der Yale-Universität konnte zeigen, dass sich respektvolles Verhalten im Büro auf die Umsatzentwicklung des gesamten Unternehmens auswirken kann. Jeder Prozentpunkt, um den sich das Arbeitsklima verbesserte, brachte ein halbes Prozent mehr Umsatzerlöse.
- Laut einer Erhebung des Ifak-Instituts bringen gut gelaunte Mitarbeiter im Schnitt 17,5 Verbesserungsvorschläge und gute Ideen pro Jahr in ihr Unternehmen ein, wohingegen Miesepeter nur schlappe 8,4 Ideen haben.

Nach so viel wissenschaftlich untermauerter Edelsüße wollen wir den praktischen Aspekt der Feel-Good-Do-Good-Kausalität freilich nicht unterschlagen: Falls Sie demnächst einen Freund oder eine Freundin bitten wollen, Ihnen entweder beim Tragen der Umzugskisten unter die Arme oder beim Erleichtern des Magentraktes in die Haare zu greifen, sorgen Sie vorher für einen kurzen Glücksmoment! Ihre Erfolgschancen steigen dadurch deutlich – und den Herrgott freut's auch.

DAS LÄCHELMASKEN-SYNDROM

Warum zu viel Lachen schadet

Man kann es mit allem übertreiben – oder wie Paracelsus einst sagte: »Die Dosis macht das Gift.« Das geht schon beim Alkohol los. In Maßen genossen ist er gesund und kann Herzerkrankungen vorbeugen. Die schlechte Nachricht: Die Obergrenze für den noch unbedenklichen Konsum taxiert die Weltgesundheitsorganisation auf gerade einmal 30 Gramm pro Tag für Männer und 20 Gramm für Frauen. Letzteres entspricht in etwa einem Viertel Liter Wein oder einem halben Liter Bier. Und manche Ärzte halten selbst diesen Wert noch für zu hoch. Cheers!

Ähnlich verhält es sich mit dem Sport. Regelmäßig zu joggen, kann ein wunderbarer Ausgleich gegen das lange Sitzen im Büro sein. Es baut Stress ab und hilft dabei, Herz, Kreislauf und Immunsystem zu stärken. Nicht umsonst ist Laufen eine der beliebtesten Sportarten weltweit. Doch wer es mit der Rennerei übertreibt, riskiert Gelenkschäden und stellt insbesondere seine Knie auf eine Härteprobe. Vor allem Übergewichtige sollten mit dieser Sportart aufpassen: Bei erhöhtem Körpergewicht müssen Knorpel, Sehnen und Bänder bei jedem Schritt mit dem Fünffachen der üblichen Belastung fertig werden. Walken oder Schwimmen sind für sie deshalb in der Regel die besseren Fitness-Alternativen.

In die Kategorie der Wohltaten mit gefährlichen Risiken und Nebenwirkungen gehört allerdings auch eine bislang völlig unverdächtige Tugend: das Lächeln. Als Zeichen der Fortune und der Freude wird dem spontanen Lippenaufschwung allerlei Positives nachgesagt. Obendrein ist Lächeln nicht einmal kompliziert: Gerade einmal dreizehn Gesichtsmuskeln sind nötig, um unserem Antlitz ein liebenswürdiges Strahlen zu verleihen. Und auch die Forschung beglückt uns mit allerlei positiven Wirkungen des Lächelns:

- **Lächeln macht gute Laune** – und zwar unabhängig davon, ob es echt oder gekünstelt ist. Der Würzburger Psychologe Fritz Strack hat dazu in den Achtzigerjahren ein Experiment gemacht, bei dem seine Probanden einen Bleistift quer in den Mund nehmen mussten, während sie einen Fragebogen ausfüllten. In Wahrheit aber interessierte ihn das so erzwungene Lächeln. Und tatsächlich: Wer so zum Grinsen manipuliert wurde, hatte hinterher bessere Laune und war gelöster als Mitglieder einer Kontrollgruppe. Unserem Gehirn ist es folglich egal, warum wir lächeln. So oder so werden am Ende Glückshormone ausgeschüttet.
- **Lächeln fördert die Karriere.** Zu dem Schluss kommt Chris Robert, Psychologe und Management-Professor an der Univer-

sität von Missouri-Columbia. Er beschäftigt sich seit Jahren mit Humor am Arbeitsplatz und hat festgestellt: Lustige Menschen, die ab und an einen Witz erzählen oder Optimismus im Job verbreiten, werden öfter weiterempfohlen als andere.
- **Lachen hilft beim Lernen.** Kristy Nielson und Mark Powless vom Psychology/Integrative Neuroscience Research Center der Marquette-Universität in Wisconsin fanden heraus: Wird 30 Minuten nach einem Lernvorgang gelacht, können die Wissbegierigen das Gelernte besser behalten.
- **Lächeln verlängert das Leben.** Ernest Abel und Michael Kruger von der Wayne State Universität in Michigan werteten die Autogrammkarten von 230 Baseball-Spielern aus dem Jahr 1952 aus. Die einen lächelten sanft, die anderen zeigten breit grinsend ihre Zähne, wieder andere lächelten gar nicht. Dann verglichen die Wissenschaftler ihre Ergebnisse mit den Lebensläufen der 150 Spieler, die bereits verstorben waren. Verblüffend: Baseballer ohne Lächeln auf den Lippen hatten im Schnitt 72,9 Jahre gelebt, die sanften Lächler brachten es schon auf 75 Jahre, die breiten Grinser jedoch auf stolze 79,9 Jahre.

Aber Vorsicht – wer es damit übertreibt, könnte schon bald am sogenannten Lächelmasken-Syndrom leiden. Dabei handelt es sich um ein krampfhaftes Permagrinsen – wie man es zum Beispiel von Stewardessen oder Schlagersängern kennt. Und das kann zu Depressionen führen. Davor jedenfalls warnt der Psychologe Makoto Natsume von der japanischen Universität Osaka. Und er muss es wissen: Im Land des Lächelns werden nicht nur Peinlichkeiten traditionell weggekichert – Dauergrinsen gehört hier zum Standardrepertoire der gesamten Dienstleistungsbranche. Computerspiele bringen schon Nippons Kindern bei, wie man auch dann noch grient, wenn einem eigentlich zum Heulen zumute wäre. Nicht gut! Ein 90-sekündiges Lächeln reicht völlig aus, um sich unmittelbar besser zu fühlen. Es sei denn, Sie wollen aussehen wie ein Honigkuchenpferd.

DER MACBETH-EFFEKT

Warum Händewaschen das Gewissen erleichtert

Lady Macbeth hätte sich vieles ersparen können. Ihr Machtdrang war stärker. Selber schuld. In William Shakespeares Drama stachelt die Lady ihren Mann dazu an, den König von Schottland zu ermorden, um danach selbst den Thron zu besteigen. Als das sinistre Werk vollbracht und König Duncan tot ist, überkommt Lady Macbeth jedoch das schlechte Gewissen – und sie wäscht sich die Hände. Immer und immer wieder: »Wie, wollen diese Hände nimmer rein werden? [...] Das riecht immer noch nach Blut; alle Gewürze von Arabien können diese kleine Hand nicht anders riechen machen«, lässt sie Shakespeare rubbelnd verzweifeln und beweist gleich zweierlei: Er kannte nicht nur die Bibel recht gut, sondern auch die menschliche Psyche.

Schon im Buch der Bücher schildert Matthäus in seinem Evangelium eine ähnliche Situation bei der Verurteilung von Jesus durch den römischen Statthalter Pontius Pilatus. Der hatte darüber abstimmen lassen, ob die Zuschauer lieber Barabbas oder Jesus freilassen wollten – obwohl er wusste, dass man Letzteren vor allem aus niederen Motiven ausgeliefert hatte. Wie jeder weiß, forderte die Menge, den schuldigen Barabbas freizulassen und den unschuldigen Jesus zu kreuzigen. Pilatus ließ sich daraufhin eine Schüssel mit Wasser bringen und wusch sich vor der anwesenden Volksmenge die Hände in sprichwörtlicher Unschuld mit den Worten: »Ich bin unschuldig am Blut dieses Menschen. Das ist eure Sache!«

Wissenschaftler haben inzwischen herausgefunden: Das Verhalten von Lady Macbeth und Pilatus ist keinesfalls zwanghaft oder ein feiges Alibi – es könnte ihnen tatsächlich eine Prise innerer Erleichterung gebracht haben. Nach Ansicht der US-Psychologen Spike Lee und Norbert Schwarz von der Universität von Michigan ist Händewaschen nicht nur ein Akt der Hygiene. Mit etwas Seife lassen sich sogar Entscheidungszweifel wegspülen.

Für ihr Experiment gaben die Forscher Probanden 30 CDs, aus denen sie sich eine Top-10-Liste erstellen sollten. Als Dankeschön durften sie entweder die CD von Platz 5 oder Platz 6 ihrer eigenen Hitliste behalten. Danach bauten Lee und Schwarz ein kleines Ablenkungsmanöver ein: Die Teilnehmer sollten eine neue Flüssigseife bewerten. Die einen kommentierten nur deren Verpackung, während die anderen die Seife per Händewaschen auch physisch testen sollten. Nun durften alle Probanden die Top 10 noch einmal neu sortieren. Und siehe da: Wer nur die Seifenverpackung bewertet hatte, änderte die Reihenfolge erheblich. Manche Alben wurden höher eingestuft, andere niedriger. Ganz anders die Einschätzung derer, die sich die Hände gewaschen hatten: Sie bewerteten die CDs genau so wie beim ersten Mal. Das Händewaschen hatte dazu geführt, dass der Rechtfertigungsdrang ebenfalls im Abfluss verschwand – und nicht nur der.

2008 stellte die Psychologin Simone Schnall von der Universität von Plymouth fest, dass schon die bloße Assoziation von Reinheit milder stimmt. Sie ließ 40 Studenten moralische Dilemmata bewerten, etwa das Einstecken einer gefundenen Brieftasche. Vorher allerdings wurden sie gebeten, Wortpaare zu bilden – die einen arbeiteten mit neutralen Begriffen, die anderen mit Wörtern rund um das Thema Sauberkeit, Seife und Waschen. Fazit: Die zweite Gruppe fand das moralische Vergehen gar nicht so schlimm.

Wie das kommt? Nach jeder bewusst getroffenen Entscheidung hat der Mensch das mehr oder minder dringende Bedürfnis, diese vor sich selbst zu rechtfertigen. Ein Entschluss beinhaltet ja nicht selten, sich für die eine und gegen die andere Alternative entschieden zu haben. Oft sind Freunde oder Partner involviert, was zu veritablen Gewissensbissen führen kann. Das Händewaschen lindert diesen Rechtfertigungsschmerz. Demnach gilt nach schweren Entscheidungen: ab ans Waschbecken!

DAS IMPOSTOR-SYNDROM

Warum sich manche keinen Erfolg gönnen

Zweifel kennt jeder. Insbesondere, wenn es um Alles-oder-nichts-Phasen geht, erleben die meisten Menschen einen kurzen Angstmoment, begleitet von der Furcht vor der eigenen Chuzpe und der klammen Frage: »Was mache ich hier überhaupt?« Auf der Bühne nennt man das Lampenfieber, im Hörsaal Prüfungsangst und im Job Meeting – nur, dass bei Letzterem meist die Angst fehlt.

Es gibt Menschen, die selbst nach einer glücklich überstandenen Klausur oder Präsentation unfähig sind, an ihre eigene Leistung zu glauben. Vielmehr sind sie davon überzeugt, ihre Erfolge durch Charme, durch Beziehungen oder durch Glück erreicht zu haben, nicht aber dank ihrer Fähigkeiten. Sie halten sich – völlig zu Unrecht – für Hochstapler und fürchten, ihr vermeintlicher Bluff könnte schon bald auffliegen. Impostor-Syndrom (vom englischen Wort für »Betrüger«) wird das in der Fachsprache genannt. Die Psychologinnen Pauline Clance und Suzanne Imes identifizierten es erstmals 1978. Auslöser für das Syndrom ist nicht selten die Suche nach Perfektion, die Betroffenen setzen sich selbst zu hohe Ziele. Gewiss, Kompromisslosigkeit und der Wille, immer der Beste zu sein, können enorm motivieren. Häufiger aber führen sie in eine Abwärtsspirale. Egal, was man erreicht, es reicht nicht.

Impostoren ahnen das – und suchen trotzdem noch das Haar in der Suppe, während andere schon beim Nachtisch sind. Es ist wie bei einem Experten, der von seinem Kollegen um Rat gebeten wird. Schon während seiner Analyse oder Empfehlung denkt er: »Es gibt garantiert eine bessere Antwort.« Oder: »Wahrscheinlich wird er gleich merken, dass ich keine Ahnung habe!« Die US-Schauspielerin Jennifer Aniston aus der TV-Serie ›Friends‹ gestand einmal der amerikanischen ›Vogue‹: »In der Nacht vor einem Fotoshooting denke ich oft: Warum solltest ausgerechnet du in einem Magazin zu sehen sein? Ich bekomme dann regelrecht Panik.« Das klingt schon stark nach Impostor. Entsprechend leben solche Menschen in ständiger Sorge vor Enttarnung und Bloßstellung. Allerdings wohlgemerkt: nur eingebildet.

Interessanterweise sind davon vor allem Frauen betroffen sowie Menschen, die überdurchschnittliche Leistungen erbringen. Etwa als Fachkraft oder im Topmanagement. »Manche Manager sind nach einer gewissen Zeit an der Unternehmensspitze derart verunsichert und desillusioniert, dass sie unbewusst das Desaster suchen«, stellte zum Beispiel der niederländische Psychoanalytiker und Management-Professor Manfred Kets de Vries Anfang 2008 in einem Interview im ›Manager Magazin‹ fest. Die Betroffenen »riskieren einen Skandal, sie kaufen Firmen ohne vernünftige Prüfung der Bilanz, sie fordern das Schicksal heraus«.

Birgit Spinath, Professorin für Pädagogische Psychologie an der Universität Heidelberg, ist eine der wenigen Forscherinnen in Deutschland, die sich intensiv mit dem Impostor-Phänomen auseinandergesetzt haben. Sie ist heute davon überzeugt, dass die Betroffenen nur schwer von alleine wieder aus ihrem inneren Kreislauf herausfinden. Weil sie glauben, die geforderten Fähigkeiten nicht zu besitzen, bereiten sie sich zwar besonders intensiv auf ihre Herausforderung vor. Falls sie den Test dann trotzdem nicht bestehen, fühlen sie sich in ihrer vermeintlichen Hochstapelei noch mehr bestätigt – und wenn sie brillieren, war es eben erschummelt oder allein Folge der Vorbereitung und nicht des eigenen Könnens.

Einige Wissenschaftler sind sich sicher, dass hinter dem Syndrom negative Kindheitserfahrungen stecken. Diese Menschen haben zum Beispiel im Elternhaus gelernt, dass sie nur geliebt werden, wenn sie permanent bestimmte Leistungen erzielen. Entsprechend schwach ist ihr Selbstvertrauen ausgeprägt. Typisch für Impostoren sind allerdings auch diese drei Komponenten:

- Eine überdimensionierte Vorstellung von Kompetenz.
- Eine komplexe Meinung zu Erfolg.
- Eine große Furcht vor negativer Kritik.

In schweren Fällen kann sich das Impostor-Syndrom selbst verstärken und in Essstörungen oder Depressionen münden. Solche starken Prägungen lassen sich in der Regel nur mithilfe eines Experten aufarbeiten. Darüber hinaus aber empfehlen Psychologen folgende Gegenmaßnahmen:

- Führen Sie ein Tagebuch, in dem Sie sich notieren, was Sie bereits geschafft haben. Halten Sie sich vor Augen, dass Sie Erfolge wiederholen können – und damit grundsätzlich das Talent dazu besitzen.
- Unterscheiden Sie genau zwischen Gefühlen und Fakten. Wir alle fühlen uns mal unfähig oder dumm. Aber nur, weil man sich so fühlt, heißt das nicht, dass es auch der Wahrheit entspricht.
- Durchbrechen Sie die Schweigemauer und sprechen Sie mit Freunden über Ihre Angst und Scham. Sich Hilfe zu suchen, ist keine Schande. Allein schon der eingebildeten Schwindelei einen Namen zu geben, kann nützlich sein, sich davon zu befreien.
- Machen Sie das, was professionelle Sportler auch tun: Visualisieren Sie Ihren Erfolg vorab. Stellen Sie sich vor, wie Sie die Präsentation halten und die Leute hinterher applaudieren. Imaginieren Sie, wie Sie im Bewerbungsgespräch auf alle Fragen eine kluge Antwort wissen. Und dass Sie genau die richtige Person für diesen Job sind – weil Sie ihn können und kompetent sind.
- Entwickeln Sie ein besseres Verhältnis zu Fehlern und stellen Sie vor allem realistischere Anforderungen an sich selbst. Nobody is perfect. Und Zweifel kennt jeder.

DER SPOTLIGHT-EFFEKT

Warum Ausrutscher egal sind

Schätzungen zufolge leidet in Deutschland jeder Zehnte an Gelotophobie. So nennen Psychologen Menschen, die permanent Angst davor haben, von anderen ausgelacht zu werden. Diesen bemitleidenswerten Zeitgenossen reicht bereits das Glucksen von Passanten, um es auf sich zu beziehen. Dabei sind kleinere Missgeschicke, wie sie jedem von uns mal passieren, halb so

FÜNF LEGENDÄRE PROMI-AUSRASTER

- Nach einem Rundgang über die Expo 2000 verspürt der Welfenprinz Ernst August von Hannover spontanen Harndrang und erleichtert sich an der Fassade des türkischen Pavillons. Das Ganze geht als »Pinkel-Skandal« in die Geschichte ein.
- Tennisprofi Serena Williams ist bei den US-Open 2009 mit einem Urteil der Linienrichterin derart unzufrieden, dass sie diese anpöbelt. Resultat: ein Extra-Strafpunkt. Dummerweise ist das der Punkt, den ihre Gegnerin braucht, um das Match zu gewinnen.
- Als Hugh Grant beim Joggen von einem Paparazzo fotografiert wird, rastet er aus: Erst jagt er den Knipser durch die Stadt, dann tritt er ihm mehrfach gegen die Beine, wirft ihm eine Dose Bohnen an den Kopf und brüllt: »Ich hoffe, Sie sterben an Krebs!«
- An Bord einer British-Airways-Maschine nach Los Angeles verliert Naomi Campbell 2008 drei Handgepäckstücke. Da flippt das Supermodel aus, schlägt laut ›Sun‹ mit Fäusten um sich und bespuckt das Personal. Folge: Festnahme.
- Auf der Jahreshauptversammlung von Bayern München moniert ein Fan 2007 die schlechte Stimmung in der Allianz-Arena. Uli Hoeneß blafft sofort zurück: »Eure Scheiß-Stimmung, da seid ihr doch dafür verantwortlich und nicht wir!«

wild. Solche Fauxpas interessieren unsere Umwelt nicht ansatzweise so sehr, wie wir vielleicht denken.

Warum wir überhaupt auf eine solche Idee kommen? Die Anwesenheit anderer Menschen wirkt wie ein emotionaler Verstärker. Die gelungene Präsentation finden wir mindestens doppelt so gut, wenn Kollegen zugeguckt haben (und sie klasse fanden). Genauso stark grämen wir uns allerdings auch über den öffentlichen Lapsus – eben weil wir fest davon ausgehen, dass alles, was wir tun, von unserer Umwelt immer bewusst wahrgenommen wird. Aber wussten Sie, dass beispielsweise das Erröten, was viele von uns so fürchten, allenfalls eine Minute dauert und nach 15 Sekunden bereits seinen Höhepunkt erreicht hat? Vor lauter Konzentration auf das Leben im Rampenlicht vergessen wir meist eine nicht unerhebliche Kleinigkeit: Andere Menschen interessiert das womöglich so sehr, wie wenn in Mexiko ein Sack Mais umfällt. Kurz: Wir erliegen dem Spotlight-Effekt.

Den Ausdruck prägte der amerikanische Psychologe Thomas Gilovich von der Cornell-Universität. In verschiedenen Experimenten fand er heraus: Wir überschätzen regelmäßig die Wirkung, die unsere Aktionen bei anderen hinterlassen. In einem der Versuche ließ er 109 Studenten ein, nun ja, gewagtes T-Shirt tragen. Darauf abgebildet war das Konterfei des Popsängers Barry Manilow (»Mandy«). Der gilt heute als in etwa so cool wie ein Bausparvertrag. Die Aufgabe der Studenten bestand nun darin, mit dem T-Shirt einen Raum voller Kommilitonen zu betreten. Nach einigen Minuten sollten sie wieder herauskommen und schätzen, wie viele sich über ihr T-Shirt lustig gemacht hatten. Im Schnitt vermuteten die Testpersonen, dass etwa die Hälfte der Anwesenden das Manilow-Shirt bemerkt und sich darüber negativ geäußert hätte. Doch das war falsch. Nicht einmal ein Viertel der Studenten hatte davon überhaupt Notiz genommen. Dieselbe Beobachtung machte Gilovich allerdings auch, als er seine Probanden einer deutlich angenehmeren Situation aussetzte. Nun sollten sie sich an einer Diskussion beteiligen. Wieder überschätzten alle maßlos, wie sehr die Anwesenden von ihren Argumenten beeindruckt waren.

Mal fällt man auf, mal fällt man nur. »Shit happens«, sagt der Angelsachse gelassen und fragt sich sogleich: »So what?!« Na und? Was soll's! Und das ist enorm erleichternd (siehe auch Pratfall-Effekt im Anschluss). Denn die Haltung befreit vom Zwang, perfekt sein zu müssen. Oder wie das deutsche Popgirlie Lucilectric einst sang: »Isses nich, isses nich schön, du bist peinlich und jeder hat's geseh'n.«

DER PRATFALL-EFFEKT

Warum Missgeschicke attraktiv machen

Niemand mag Menschen, die vollkommen sind. Fehlerfreiheit wird allenfalls Göttern zugestanden. An Menschen indes mutet sie fabelhaft an. Jedoch im Wortsinn. Klar, wer kompetent und intelligent ist (oder zumindest für eine Weile so tut), wirkt attraktiv. Wer aber seine Makellosigkeit allzu offensichtlich zur Schau stellt, schürt nur Minderwertigkeitsgefühle, Neid und Intrigen. Schon 1966 stellten Wissenschaftler fest, kompetente Menschen sind nur dann sympathisch, wenn sie auch ein paar Flecken auf der sonst blütenweißen Weste besitzen. Perfektion ist eben alles andere als perfekt.

Elliot Aronson, ein amerikanischer Psychologe und emeritierter Professor der Universität von Kalifornien in Santa Cruz, hat sich in seiner beruflichen Laufbahn vor allem mit sogenannten kognitiven Dissonanzen beschäftigt. Das sind in der Regel als unangenehm empfundene Gefühlszustände, die dadurch entstehen, dass zwei gegensätzliche Wahrnehmungen, Meinungen oder Wünsche aufeinanderprallen: *Ich möchte diese Schokolade jetzt essen, aber ich möchte auch abnehmen. Ich würde gerne mit dieser Frau flirten, aber daheim wartet meine Partnerin. Ich hätte eigentlich was anderes zu tun, aber ich möchte unbedingt wissen, wie diese Geschichte ausgeht.* Unter Psychologen ist Aronson so etwas wie eine Legende. In der 120-jährigen Geschichte der American Psychological Association gelang ihm bisher als Einzigem das Kunststück, alle drei großen Auszeichnungen einzuheimsen: 1973 den für hervorragendes Schreiben, 1980 den für hervorragende Lehre und 1999 den Preis für hervorragende Forschung – so was wie der Nobelpreis für Psychologen. Das ist schon sehr nahe an Perfektion. Aronson machte klugerweise trotzdem nie sonderlich viel Aufhebens darum. Er wusste es aus seinen eigenen Experimenten schließlich besser. So spielte er seinen Probanden einmal Tonbänder vor, auf denen verschiedene Personen Quizfragen beantworteten. Gelegentlich war deutlich zu hören, wie die Kandidaten einen Becher Kaffee verschütteten. Ergebnis: Wem dieses Missgeschick widerfuhr, wurde von den Probanden durchweg sympathischer eingeschätzt – allerdings nur dann, wenn er viele der Fragen auch korrekt beantwortete. Wer hingegen in dem Quiz versagte und zu allem Überfluss auch noch seine Tasse umschmiss, fiel in der Bewertung deutlich zurück. Aronson schloss daraus, dass die Attraktivität einer als kompetent eingeschätzten Person steigt, wenn sie einen kleinen Fehler offenbart. Dieses Phänomen taufte der Psychologe Pratfall-Effekt (Pratfall heißt so viel wie »Reinfall«).

Damit Sie die so gewonnenen Sympathien allerdings nicht gleich wieder verspielen, kommt es auf den richtigen Umgang mit dem Fauxpas an. Komplett verkehrt wäre es beispielsweise, Souveränität zu simulieren oder in Hektik zu verfallen. Sätze wie »Oh nein, wie peinlich!« oder »War ich das? Kann nicht sein« gehören auf den geistigen Index. Matthias Nöllke, Autor des Buchs ›Peinliche Situationen meistern‹, hat uns auf Rückfrage stattdessen zu folgenden Reaktionen geraten:

1. **Schweigen.** Sagen Sie jetzt nichts. Nicht einmal, wenn der andere tobt, weil Sie ihn brüskiert haben. Jede Rechtfertigung

erhöht nur die Peinlichkeit. Gewinnen Sie lieber die Souveränität zurück. Auch wenn Sie dumm gefallen sind, machen Sie sich nicht zum Clown – Selbstironie im Übermaß lässt Sie nur wie eine Witzfigur aussehen. Zunächst gilt es, die erste Welle der Peinlichkeit abebben zu lassen.

2. **Entschuldigen.** Der Trick mit dem Loch im Erdboden funktioniert nur in unseren Wunschträumen. Daher sollten Sie ruhig zugeben, dass Ihnen Ihr Missgeschick peinlich ist, und sich dafür entschuldigen. Ohne viel Blabla drum herum.
3. **Wiedergutmachen.** Haben Sie beim Einparken einen Kratzer in einem anderen Auto hinterlassen? Ihrem Sitznachbarn im Zug Kaffee über die Hose geschüttet? Dann bieten Sie nach der Entschuldigung an, die Schäden via Versicherung zu begleichen oder die Reinigung zu übernehmen.

Nicht zuletzt kann man es auch so sehen: Wer einen ausgemachten Vollkommenheitsfimmel pflegt, sieht die Welt am Ende nur noch in Schwarz und Weiß. Wie eintönig! Dabei lässt sich gerade in den Grauzonen, wo kleinere Mängel gedeihen, wunderbar lernen und wachsen. Denn oft ist es ja so, dass unsere Fehler uns die besten Lektionen erteilen.

DER UNDERDOG-EFFEKT

Warum unser Herz für Außenseiter schlägt

Fußballfans sind leidensfähig, sehr sogar. Die Anhänger des 1. FC Köln wissen das nur allzu gut. Über 30 Jahre ist es her, dass der Verein Deutscher Meister wurde. Zwischenzeitlich ist der Club gar zur Fahrstuhlmannschaft avanciert: erste Liga, zweite Liga, erste Liga, zweite Liga. Ein ständiges Auf und Ab – auch emotional. Nun wäre es ein Leichtes, sich zumindest mental nach Barcelona, Mailand oder Manchester zu verabschieden. Es ist wesentlich unterhaltsamer und auch weniger nervenaufreibend, eine Mannschaft mit gewissermaßen eingebautem Sieger-Gen anzufeuern. Sollte man meinen. Stimmt aber nicht.

Gar nicht selten drücken wir viel lieber einem vermeintlichen Verlierer die Daumen – und das nicht nur im Sport, sondern etwa auch bei politischen Wahlen. Psychologen sprechen dabei vom Underdog-Effekt. Beim *David-Goliath-Effekt* wiederum handelt es sich eher um eine Art Abwehrreaktion gegenüber einer allzu penetranten Werbung oder einem allzu aufdringlichen Verkäufer. Sobald der versucht, uns zu beeinflussen, indem er die Konkurrenzprodukte besonders schlechtmacht, werden diese für viele Menschen erst recht attraktiv. Die Verbraucher entscheiden sich dann aus Trotz, aus Solidarität oder einer Art Schutzinstinkt heraus lieber für den kleinen David, statt für den mit schlecht inszenierter und reichlich manipulativer Verkaufsmasche aufgedrängten Goliath. Beim Underdog-Effekt liegt die Sache etwas anders. Der hat eher etwas mit Kalkül als mit Trotz zu tun.

1992 veröffentlichte Edward Hirt von der Indiana-Universität eine inzwischen berühmte Studie dazu. Für seine Experimente hatte er 167 basketballbegeisterte Studenten gewonnen. Zunächst schien alles wie üblich. War ihre bevorzugte Mannschaft siegreich, steigerte das ihr Selbstwertgefühl und Selbstbewusstsein, mehr noch: Die Betroffenen glaubten sogar, auf das andere Geschlecht attraktiver zu wirken. Wenn ihr Lieblingsteam jedoch verlor, waren die Probanden emotional am Boden – und irgendwo in der Lache aus Bier, Tränen und Frust trieb auch ihr Selbstwertgefühl in den Rinnstein.

Genau das ist das Dilemma, in dem jeder steckt, der auf Favoriten setzt: Im Erfolgsfall kann man zwar jubilieren und triumphieren, geht die Sache aber schlecht aus, ist es aus mit der Herrlichkeit und der Seelenfriede rauscht vom Olymp in den Hades.

Wer dagegen für den Außenseiter und vermeintlichen Verlierer, eben den Underdog, fiebert, hat die Niederlage praktisch schon einkalkuliert. Deshalb kann man mit der Lusche nur gewinnen: Jeder Sieg ist eine gewaltige Überraschung, die das Ego aufpumpt wie einen Heißluftballon. Und zum Beispiel bei Pferdewetten gibt es für Außenseiter sogar noch die besseren Quoten. Auf Underdogs zu setzen, kann sich lohnen!

Erstaunlicherweise verhalten sich mehr Menschen so, als man gemeinhin annehmen würde. Allenfalls besonders mutige und selbstbewusste Zeitgenossen scheinen gegen den Effekt immun. Als zum Beispiel Jimmy Frazier und Eldon Snyder von der Bowling-Green-State-Universität 1991 rund 100 Studenten für einen entsprechenden Versuch anwarben, sollten die sich entscheiden, ob sie lieber zu Mannschaft A oder B halten wollten. Team A wurde von den Wissenschaftlern als eindeutig überlegen angepriesen. Einmal dürfen Sie raten, für wen sich die Studenten entschieden ... Richtig! 81 Prozent drückten Team B die Daumen. Dann begannen die Spiele, und wenig später wurde den Studenten erzählt, Team B hätte es irgendwie geschafft, sich die ersten drei Runden zu behaupten. Was denken Sie, passierte nun? Falsch! Rund die Hälfte derjenigen, die zunächst Team B die Treue geschworen hatten, wechselte nun zu Team A. Und zwar nur, weil diese Mannschaft jetzt der Außenseiter war. Es ist ein bisschen so wie bei Rocky Balboa: Irgendwie wünscht man dem armen Kerl mit dem Hundeblick und dem blauen Auge, dass er sich wieder aufrappelt und den Fight zu seinen Gunsten herumreißt.

Und auch das macht Underdogs so attraktiv: Sie haben vielleicht nicht die Stärke, die Klasse und die Intelligenz eines Favoriten – aber sie haben Herz und Leidenschaft. Und das zieht uns alle magisch in den Bann. Geschätzte 99 Prozent der Hollywood-Epen basieren auf diesem Prinzip: Ob ›Kill Bill‹, ›Gladiator‹ oder ›Braveheart‹ – am Anfang sieht es reichlich übel aus für die Protagonisten und sie müssen mächtig Dresche einstecken. Doch deswegen aufgeben? Niemals! Sie bleiben zäh und kämpfen sich nach oben durch. Gut, in den beiden letztgenannten Filmen sterben sie dafür – aber hey: Was für ein Abgang!

Natürlich ist das nur Kino. Seifenschaum. Im echten Leben

strengen sich Underdogs leider nicht immer so an. Und sie gewinnen auch weitaus seltener. Aber wir wünschen uns dann zumindest, es wäre so. Weil wir vielleicht irgendwann auch einmal der Außenseiter sind. Oder waren. Und weil wie bei jedem Spiel immer auch ein wenig der Wunsch nach Ausgleich und Harmonie mit von der Partie ist. Wo bliebe da sonst die Gerechtigkeit?

DER LUZIFER-EFFEKT

Das Böse steckt in jedem von uns

1971 war der Campus der kalifornischen Eliteuniversität Stanford ein kleines, feines Studentenparadies. Siebzigerjahrecharme überall. Und von Autorität keine Spur. Die Studenten demonstrierten gegen die Bombardierung kambodschanischer Dörfer durch die amerikanischen Truppen, diskutierten über die Emanzipation der Frauen, die jungen Frauen rissen sich die BHs vom Leib und agitierten gegen die Polizei. Es hätte noch lange so weitergehen können, wenn nicht Philip Zimbardo irgendwann Flyer an der Uni verteilt hätte.

Der Psychologe suchte damals Freiwillige für ein Experiment, das Geschichte schreiben sollte (was er freilich nicht ahnte). Nicht wenige Studenten meldeten sich bei Zimbardo – auch, weil sie hofften, durch ihre Teilnahme ein paar Dollar zu verdienen. Die Siebziger brachten zwar die Befreiung von so manchem, aber auf den schnöden Mammon waren die Studenten weiterhin angewiesen. Zimbardo wählte seine Probanden gründlich aus, testete ihre Persönlichkeit, Intelligenz und emotionale Stabilität. Dann pickte er sich 24 heraus und stiefelte mit ihnen in den Keller der Universität. In einem eigens für den Versuch angemieteten Untergeschoss hatte Zimbardo seiner Phantasie freien Lauf gelassen und einen Gefängnisbau rekonstruiert –

mit Einzelzellen, Gitterstäben und Gemeinschaftsduschen für die Insassen sowie Berufskleidung, Schlagstöcken und phänotypischen Sonnenbrillen für die Wärter. Der Psychologe teilte die Teilnehmer nach dem Zufallsprinzip in zwei Gruppen ein – Aufseher und Gefangene. Erstere bekamen schicke Uniformen, die anderen schlichte weiße Kittel, Ketten an die Füße und einen Nylonstrumpf über den Kopf. Zimbardo spielte den Gefängnisdirektor und verzog sich hinter die Kulissen, von wo aus er das Geschehen heimlich filmte. Was dann passierte, ist so unglaublich wie beängstigend zugleich.

Bereits nach zwei Tagen begannen die Wärter aus sadistischer Freude den Schlaf der Gefangenen zu stören. Sie nahmen ihnen das Essen weg und beleidigten sie. Die Insassen blockierten ihrerseits die Türen, woraufhin die Aufseher mit Feuerlöschern eisiges Kohlendioxid in die Zellen sprühten. Schließlich nahmen sie den Gefangenen die Kleidung und ihre Betten weg und verweigerten ihnen nach 22 Uhr den Gang zur Toilette. Man kann sagen, sie labten sich regelrecht an ihrer grausamen Schikane und kannten kaum noch Grenzen, sodass Zimbardo das Experiment nach wenigen Tagen abbrechen musste.

Zimbardo, der heute ebenso wie sein »Stanford Prison Experiment« eine Psychologie-Legende ist, fasste seine Erlebnisse und Beobachtungen 2007 in einem Buch zusammen. Der Titel: ›Der Luzifer-Effekt‹. Wissenschaftlich nüchtern, aber nicht frei von Emotionen beschreibt der Sozialpsychologe den wohl heimtückischsten Defekt der menschlichen Seele: Das Böse steckt in jedem von uns – es liegt an unserer Umgebung, an der Macht, die uns zuteil wird, ob es ans Tageslicht kommt oder nicht. Wie leicht es ist, dass bislang unbescholtene Bürger zu kaltblütigen Vollstreckern mutieren, die selbst vor Gräueltaten nicht zurückschrecken, hat die Geschichte immer wieder gezeigt. Sei es in besonders perfidem Ausmaß in der deutschen NS-Vergangenheit oder erst jüngst bei den Entgleisungen in dem inzwischen berüchtigten Abu-Ghraib-Gefängnis in Bagdad, in dem US-Soldaten ihre irakischen Gefangenen auf sadistische Weise quäl-

DER KEKSTEST

Das Sprichwort *Gib einem Menschen Macht, und du erkennst seinen wahren Charakter* stimmt, unterschlägt aber die zweite Wahrheit: Macht kann nicht nur manchen Schokobezug von Persönlichkeiten abblättern lassen, sondern Menschen regelrecht mies machen. Die US-Psychologin Deborah Gruenfeld von der Stanford-Universität forscht bereits seit einigen Jahren auf diesem Feld und fand unter anderem heraus, dass drei Dinge passieren, wenn Menschen mächtig werden: Viele fokussieren sich a) mehr auf die Befriedigung eigener Bedürfnisse; sie kümmern sich b) weniger um die Bedürfnisse ihrer Untergebenen, und sie halten sich c) selbst immer weniger an die Regeln, deren Einhaltung sie von allen anderen erwarten. Sobald jemand Macht über andere bekommt, fängt er oder sie an, später zum Meeting zu kommen, andere zu unterbrechen und bei Tisch laut zu schmatzen.

Eines der entlarvendsten Experimente Gruenfelds ist der sogenannte Kekstest. Für den Versuch bildete die Wissenschaftlerin mehrere Gruppen zu je drei Studenten, die über kontroverse Themen diskutieren sollten. Einer der Probanden wurde per Los dazu bestimmt, die Argumente der Kommilitonen hinterher zu beurteilen. Man könnte auch sagen, er bekam einen Fetzen Macht zugespielt. Was passierte, beeindruckte selbst die abgeklärte Psychologin: Als das Trio zur Abschlussrunde wie zufällig einen Teller mit fünf Keksen gereicht bekam, griffen die zuvor Ermächtigten häufiger und ungenierter zu, kauten mit offenem Mund und hatten nicht einmal Skrupel, den Tisch zu bekrümeln. Schon das kleine bisschen Macht reichte aus, um sie ihre Manieren vergessen zu lassen und sich wie selbstverständlich einen größeren Anteil zu nehmen, der ihnen als Machtperson vermeintlich zustand. Man könnte auch sagen: Sie mutierten zu sprichwörtlichen Krümelmonstern.

ten. Dem Luzifer-Effekt zu entgehen, ist nicht leicht. Aber eine Methode ist zumindest, sich dessen Existenz stets bewusst zu machen und niemals zu vergessen, dass Macht nur geliehen ist und die Würde des Menschen unantastbar.

DER JO-JO-EFFEKT

Warum wir nach einer Diät wieder zunehmen

Zum Beispiel Reiner »Calli« Calmund. Der schwergewichtige Ex-Manager des Fußballvereins Bayer Leverkusen fasste sich im Jahr 2008 ein Herz und beschloss, ein paar Pfunde zu verlieren. Genauer gesagt, 30 Kilo in zwölf Monaten. Nicht wenige könnten sich hinter einem Bambus verstecken, wenn sie so viel abnähmen. Der gebürtige Brühler Fußballfunktionär aber wog zu dem Zeitpunkt 163 Kilo. Doch schon im Mai 2009 hatte er es geschafft, die Pfunde purzelten, und Calmund lief sogar einen Halbmarathon. Sein neues Gewicht konnte er bis heute einigermaßen halten.

Einem anderen prominenten Marathonläufer ist das weniger gut gelungen. Der ehemalige Bundesaußenminister Joschka Fischer vollzog während seiner Amtszeit eine Metamorphose vom »wandelnden Fass« zum laufenden Asketen. Mit Hilfe des Trainers Herbert Steffny nahm er 40 Kilo ab und lief erfolgreich bei drei Marathonläufen mit. Seine Erfahrungen fasste Fischer im Jahr 2000 in dem Bestseller ›Mein langer Lauf zu mir selbst‹ zusammen. Zwei Jahre später allerdings stellte er seine sportlichen Ambitionen wegen zunehmender Beanspruchung schon wieder ein – und nahm genauso prompt wie sichtbar wieder zu. Typisch für den Jo-Jo-Effekt.

Jeder, der schon einmal eine Diät versucht und auch geschafft hat, kennt das Phänomen: Kaum sind die Kilos runter, kommen sie auch schon wieder. Genau so wie ein Jo-Jo eben. Das allerdings ist nicht nur äußerst lästig, sondern sogar gefährlich – und zwar für Körper und Seele. Eine Studie vom Deutschen Institut für Ernährungsforschung aus dem Jahr 2005 mit mehr als 27 000 Teilnehmern ergab: Opfer des Jo-Jo-Effekts litten nicht nur öfter unter zu hohem Blutdruck als solche mit stabilem Gewicht, sondern auch stärker als jene, die zuvor in kleinen, aber feinen Schritten abgenommen hatten.

Überdies ist der Jo-Jo-Effekt Gift für das Selbstbewusstsein. Die Betroffenen erleben einen Kontrollverlust, werden von Versagensängsten geplagt und manche werden darüber sogar depressiv. Was sich dagegen tun lässt? Leider enthält die einschlägige Literatur neben viel Blabla nur einen sinnvollen Rat, der aber schrecklich nach Binsenweisheit klingt: Finger weg von Nulldiäten! Wer abnehmen will, sollte dies moderat angehen, sich konstant und gesund ernähren und regelmäßig bewegen. Es müssen ja nicht gleich 30 Kilo in zwölf Monaten sein.

DER ROSETO-EFFEKT

Wie wir unser Leben verlängern können

Stewart Wolf traute seinen Ohren nicht. Die Geschichte klang zu seltsam, um wahr zu sein. Ende der Fünfzigerjahre hielt der Mediziner von der Universität von Oklahoma einen Vortrag in der Nähe seines Sommersitzes in Pennsylvania. Eine Ärztevereinigung hatte ihn dorthin eingeladen, nach seinem Vortrag ging er noch mit ein paar Kollegen essen. Und einer davon erzählte ihm folgende Geschichte: Seit 17 Jahren praktiziere er schon in der Gegend, in einem kleinen Dorf namens Roseto. Doch kaum einer der Bewohner unter 65 leide an einer Herzerkrankung. Alle kerngesund. Nicht mal ein arhythmisches Zucken im Muskel.

Nun muss man wissen, dass Herzleiden zu der Zeit eine Volkskrankheit waren – die häufigste Todesursache bei Männern unter 65. Dass in einem ganzen Dorf keiner daran erkrankte, schien Stewart Wolf mehr als ungewöhnlich, wenn nicht gar frei erfunden. Also entschied er sich dazu, sich das wundersame Dörfchen Roseto einmal näher anzusehen. 1961 machte er sich gemeinsam mit Studenten und Kollegen auf den Weg und studierte zunächst die Totenscheine der Bewohner. Voller Akribie werteten er und sein Team die Archive örtlicher Arztpraxen aus, sie rekonstruierten Familienstammbäume und luden die gesamte Bevölkerung von Roseto zu Untersuchungen ein. Das Ergebnis war verblüffend: Kaum jemand unter 55 war dort je an einem Herzinfarkt gestorben oder wies Anzeichen einer Herzerkrankung auf. Bei Männern über 65 lag die Zahl der tödlichen Koronarerkrankungen um die Hälfte niedriger als im Rest des Landes. Mehr noch: Die Todesrate sämtlicher untersuchter Krankheiten war in Roseto bis zu 35 Prozent niedriger als im amerikanischen Landesdurchschnitt. Es gab keine Selbstmorde, keinen Alkoholismus, keine Drogenabhängigkeit, kaum Verbrechen, keine Sozialhilfe, keine Magengeschwüre. Es schien, als seien die Einwohner Rosetos nicht von dieser Welt, ausgestattet mit übernatürlichen Kräften. Was war ihr Geheimnis?

Stewart Wolf suchte nach der Nadel im Heuhaufen. Doch weder ernährten sich die Einwohner besonders gesund (im Gegenteil), noch verschmähten sie Zigaretten (viele waren sogar starke Raucher). Und einen optimalen Body-Mass-Index hatten sie schon gar nicht (das Gros hatte Übergewicht). Worauf also gründete sich ihre rätselhafte Gesundheit? Nirgends fand Wolf Hinweise. Bis er eines Tages auf die Idee kam, ihr Sozialverhalten zu beobachten. Und – bingo! – das war es: Die Menschen in Roseto lebten in großer Harmonie. Oft wohnten bis zu drei Generationen unter einem Dach, die Einwohner engagierten sich in verschiedenen Vereinen, sie spielten zusammen, feierten gemeinsam, unterhielten sich auf der Straße und beim Essen angeregt miteinander – frei von Missgunst und Materialismus.

Genau diese spezielle Form des Zusammenlebens bildete den Ursprung ihrer Vitalenergie und Widerstandskraft gegen das Alter.

Wolf hat seine Forschungsergebnisse über den sogenannten Roseto-Effekt seitdem in mehreren Aufsätzen und Büchern zusammengefasst – und damit zugleich den Grundstein gelegt für die Arbeiten des amerikanischen Abenteurers und Autors Dan Buettner. Den treibt vor allem eine Frage an: Wie werde ich über 100 Jahre alt?

So absurd sich die Frage anhören mag – Buettner ist davon überzeugt, dass wir unsere Lebenserwartung zu einem Gutteil selbst in der Hand halten. Er hat in den vergangenen Jahren vier sogenannte Blaue Zonen ausfindig gemacht – Gegenden, in denen der Anteil von über 100-Jährigen außergewöhnlich hoch ist. Diese Zonen sind: ein Dorf auf Sardinien, ein Viertel auf der japanischen Halbinsel Okinawa, das kalifornische Städtchen Loma Linda und die costa-ricanische Halbinsel Nicoya. Und natürlich hat Buettner bei seinen diversen Besuchen vor Ort mittlerweile einige Faktoren zusammengetragen, die seiner Meinung nach für ein längeres Leben sorgen:

1. **Viel bewegen.** Also beispielsweise die Treppe statt des Aufzugs nehmen, das Fahrrad statt des Autos.
2. **Weniger essen.** Die Bewohner in Okinawa hören auf zu essen, wenn ihr Magen noch nicht ganz voll ist. Kleinere Teller und Schüsseln helfen.
3. **Obst essen.** Sowie Nüsse und Gemüse.
4. **Rotwein trinken.** Allerdings nur in Maßen, maximal zwei Gläser am Tag.
5. **Ziele haben.** Wer weiß, was er will, ist zufriedener. Damit man sein Ziel nicht aus den Augen verliert, empfiehlt Buettner, die persönliche Mission schriftlich festzuhalten – und sich immer wieder neuen Herausforderungen zu stellen.
6. **Regelmäßig entspannen.** Sich Pausen gönnen. Und weniger fernsehen.

7. **Dran glauben.** Die Zugehörigkeit zu einer spirituellen oder religiösen Gemeinschaft sei ebenfalls von Vorteil.
8. **Freundschaften pflegen.** Wie sich schon in Roseto zeigte, haben familiäre und freundschaftliche Bindungen einen enormen gesundheitlichen Effekt. Pflegen lassen sich diese Bande auch mittels fester Rituale wie Spieleabende oder sonntägliche Abendessen.
9. **Gleichgesinnte suchen.** Auch die Wahl der richtigen Freunde, und zwar solcher, die ähnliche Werte haben (am besten die der Punkte 1 bis 8), ist laut Buettner essenziell.

Natürlich sind diese Erkenntnisse allesamt trivial. Wer einigermaßen bei klarem Verstand ist, braucht keinen durchgeknallten Abenteurer, um derlei Weisheiten zu destillieren. Andererseits gibt einem die Tatsache, dass Buettner nur vier solcher Zonen auf der ganzen Welt gefunden hat, doch zu denken. Davon zu wissen, bedeutet eben noch lange nicht, danach zu leben. Wer diese Erkenntnis jedoch offenbar sofort in die Tat umgesetzt hat, ist der Entdecker des Roseto-Effekts: Stewart Wolf starb im Jahr 2005 – im Alter von 91 Jahren.

FÜR SCHNELLE AHA-EFFEKTE:

KATHARSIS-EFFEKT
Wir weinen, um unsere Seele von Ballast zu befreien – und stärken damit zugleich zwischenmenschliche Bindungen.

FEEL-GOOD-DO-GOOD-PHÄNOMEN
Je zufriedener jemand mit seinem Leben ist, desto empathischer ist er – und desto hilfsbereiter.

LÄCHELMASKEN-SYNDROM
Wer es mit dem Lächeln übertreibt, riskiert Depressionen.

MACBETH-EFFEKT
Mit Seife lassen sich Entscheidungszweifel und Rechtfertigungsdrang wegspülen.

IMPOSTOR-SYNDROM
Trotz bestandener Prüfung glauben manche an ihr Unvermögen und schreiben den Erfolg lieber Glück und Beziehungen zu.

SPOTLIGHT-EFFEKT
Die Anwesenheit anderer Menschen macht Missgeschicke doppelt so peinlich. Dabei nehmen die in Wahrheit kaum davon Notiz.

PRATFALL-EFFEKT
Die Sympathien für eine als kompetent eingestufte Person steigen, wenn diese ab und an in einen Fettnapf tritt.

UNDERDOG-EFFEKT
Wir fiebern lieber mit vermeintlichen Außenseitern und Verlierern, um im Fall einer tatsächlichen Niederlage nicht allzu sehr enttäuscht zu sein.

LUZIFER-EFFEKT
Das Böse steckt in jedem von uns – es braucht nur etwas Macht und die richtige Umgebung, damit es herauskommt.

JO-JO-EFFEKT
Kaum sind die Kilos runter, kommen sie auch schon wieder.

ROSETO-EFFEKT
Weder gesunde Ernährung noch viel Sport oder Geld verlängern das Leben. Was wirklich wirkt, ist Harmonie mit unseren Mitmenschen.

FLEISCH UND BLUT

– Wie wir lieben –

All you need is love. Am Ende dreht sich im Leben doch alles immer nur um das eine. Rund 100 000 Küsse verschenkt ein Mensch während eines 70-jährigen Lebens, haben Statistiker errechnet. Das klingt auf den ersten Blick ordentlich, entspricht aber umgerechnet allenfalls vier Bussis pro Tag. Angesichts einer solchen Ausbeute betreiben wir vergleichsweise viel Aufwand. Überhaupt: Warum verlieben wir uns eigentlich? Macht Liebe wirklich blind? Und was sorgt für eine glückliche Beziehung? Solche Fragen begleiten uns ein Leben lang – vom ersten »Willst du mit mir gehen?«-Zettel in der Grundschule über hormonelles Störfeuer in der Pubertät bis hin zur ersten großen Liebe, der Traumhochzeit und der Albtraum-Scheidung. Für die meisten Deutschen gehört eine stabile Ehe oder Partnerschaft zum ultimativen Lebensglück – mehr noch als Erfolg im Job, ein prall gefülltes Bankkonto oder ein schnittiger Sportwagen in der Garage. Egal, welcher Kultur und Religion jemand angehört: Unter einem Traumpartner stellen sich alle jemanden vor, der vor allem treu und fürsorglich ist. Oder wie der französische Schriftsteller Victor Hugo einst sinnierte: »Es gibt nichts Schöneres, als geliebt zu werden, geliebt um seiner selbst willen oder vielmehr trotz seiner selbst.« Doch damit tun wir uns immer schwerer. Die Zahl der Eheschließungen ist in den vergangenen Jahren stark zurückgegangen, gleichzeitig hat sich die Zahl der Scheidungen fast verdreifacht. Lieben und geliebt werden – das wollen wir alle. Doch beherrschen die Kunst nur wenige. Dafür liefern die nächsten Seiten einiges an Aufklärung.

1 Prozent der Deutschen wartet mit dem ersten Mal bis zur Hochzeit.

23 Monate dauert die Phase der ersten Verliebtheit.

90 Prozent heiraten jemanden, der aus einem Umkreis von 30 Kilometern, um ihren Geburtsort stammt.

DER MICHELANGELO-EFFEKT

Warum Partner die bessernde Hälfte sind

Mögen Sie sich? Also so, wie Sie sind? Den meisten von uns – Narzissten mal ausgeschlossen – wird eine uneingeschränkt positive Antwort nicht leichtfallen. Die eine wäre gerne schlanker, der andere lieber muskulöser. Der eine ist unzufrieden, weil er keinen Partner hat, die andere ist unzufrieden, weil sie diesen Partner hat. Kein Leben ist eben perfekt. Wir alle haben unsere unerfüllten Ziele, Wünsche, Träume. Oder zumindest eine grobe Vorstellung davon, in welche Richtung wir uns gerne entwickeln würden. Frei nach dem Motto des Schriftstellers Ödön von Horváth: »Eigentlich bin ich ganz anders – ich komm bloß so selten dazu.«

An dieser Stelle könnte die Unterstützung und Inspiration eines Partners helfen. Der US-Psychologe Stephen Drigotas zum Beispiel vergleicht Liebespaare gerne mit Künstlern. Er ist davon überzeugt, dass Partner füreinander wie Bildhauer wirken: In geduldiger Kleinstarbeit formen sie aus ihrem Lebensgefährten jene Dinge heraus, die dessen Idealbild entsprechen. Und das sogar unabhängig davon, ob sich der andere darum mitbemüht oder nicht. Drigotas taufte dieses Phänomen den Michelangelo-Effekt, in Anlehnung an den berühmten italienischen Bildhauer.

Schon der beschrieb seinerzeit die Bildhauerei als einen Prozess, in dem ein Künstler eine Idealfigur aus einem Steinblock regelrecht befreit, die darin schlummert und nur darauf wartet, das Tageslicht zu erblicken. Glaubt man Drigotas, dann lässt sich diese Metapher auch auf Menschen übertragen. Jedem fällt sicher etwas ein, das er gerne an sich ändern würde; eine Fähigkeit, die er gerne beherrschen würde; ein Charakterzug, den er gerne besäße. Nun kann man versuchen, sich diesem Ideal alleine zu nähern. Oder mithilfe guter Freunde. Womöglich sind auch Kollegen dabei ganz nützlich. Doch haben Psychologen, darunter auch Eli Finkel von der amerikanischen Northwestern-

Universität, herausgefunden: Die mit weitem Abstand beste Hilfe zur Selbsthilfe bietet uns unser Partner.

Wohlgemerkt: Es geht dabei nicht darum, dass wir versuchen den Partner in *unser* Idealbild zu verwandeln! Vielmehr gilt es, das Beste im anderen herauszukitzeln, von dem, was bereits in ihm steckt. Und solange wir zu unserem Partner volles Vertrauen haben und der Prozess als Akt der Liebe erkennbar bleibt, lassen wir uns – bildhaft gesprochen – gerne auch mal schleifen, glätten und behauen. Mehr noch: Wie Finkels 2009 erstellte Metastudie aus sieben Untersuchungen zum Michelangelo-Effekt zeigte, sind Paare, die sich gegenseitig fordern und fördern, besonders glücklich.

DER WESTERMARCK-EFFEKT

Warum alte Freunde als Partner ausscheiden

Schon der französische Philosoph Jean-Paul Sartre wusste: Die Erinnerung ist das einzige Paradies, aus dem wir nicht vertrieben werden können. Entsprechend verklären wir nur allzu gerne die gute alte Zeit, erinnern uns an Omas köstliche Kuchen, Sommerferien auf Sylt oder die große Freiheit im ersten eigenen Auto. Schön war's! Aber all das ist nichts im Vergleich zu der unauslöschlichen Reminiszenz an unsere allererste große Liebe. Die ersten zärtlichen Berührungen. Den ersten Kuss.

64 % der Deutschen glauben an die große Liebe (Allensbach).
59 % der Deutschen glauben an Liebe auf den ersten Blick (TNS Emnid).
51 % der Frauen sind mit ihrem Liebesleben zufrieden, aber nur 41 % der Männer (Durex).

Meist kam er oder sie aus der unmittelbaren

Nachbarschaft. Man fand sich im Sandkasten, im Kindergarten oder später in der Schule. Und wenn die Eltern nicht allzu mobil waren in ihrem Leben, dann kommt es bei Festen im Elternhaus häufig sogar zur neuerlichen Begegnung mit dem Freund oder der Freundin von damals. Selbst wenn die Erinnerungen an die womöglich heimlich verbrachten Stunden langsam verblassen – die Eltern frischen das Gedächtnis gerne wieder auf: »Ihr beiden wart damals so süß.« Oder peinlicher: »Dass aus euch kein Paar geworden ist – ein Jammer!«

Von wegen Jammer! Das ist ganz gut so, wie Edvard Westermarck weiß. Der finnische Soziologe und Ethnologe veröffentlichte 1921 ein Buch mit dem Titel ›The History of Human Marriage‹. Darin trug Westermarck Hunderte von Erkenntnissen anderer Kollegen zusammen, die die weltweite Entwicklung von eheähnlichen Beziehungen erforscht hatten. Also warum beispielsweise manche Kulturen Monogamie predigen, während andere der Polygamie frönen. Die revolutionärste Erkenntnis des Buchs aber war eine andere: »Menschen, die seit ihrer Kindheit zusammen aufwachsen, weisen eine erstaunliche Abwesenheit erotischer Gefühle zueinander auf«, schrieb Westermarck. Der Grund: Diese würden sich gegenseitig wie Verwandte ansehen – und damit seien sexuelle Gelüste später ausgeschlossen.

Die Jugendliebe – zum Scheitern verurteilt? Es scheint fast so. Als zum Beispiel Joseph Shepher von der Haifa-Universität für seine Doktorarbeit 1971 die Beziehungsstrukturen in israelischen Kibbuzim untersuchte, stellte er Ähnliches fest. In diesen landestypischen Siedlungen leben die Bewohner in einer Art Kommune zusammen. Sie teilen ihr Eigentum, Entscheidungen werden gemeinsam gefällt. In so einer Umgebung wäre es nur logisch, wenn Menschen, die sich bereits seit ihrer Kindheit kennen, irgendwann auch als Erwachsene ein Paar werden. Shepher befragte dazu insgesamt 2769 Ehepaare und fand heraus, dass keines aus ein und demselben Kibbuz kam, mehr noch: Niemand hatte je sexuellen Kontakt mit jemandem aus demselben Kibbuz.

Noch größeren Aufwand betrieb Arthur Wolf von der Universität Stanford. Er untersuchte sogenannte »Minor Marriages« in Taiwan. Dabei adoptiert ein Ehepaar ein weibliches Baby mit dem Ziel, das Mädchen später mit einem seiner Söhne zu verheiraten. Das zukünftige Brautpaar verbringt also bereits einen Großteil seiner Kindheit zusammen. Wolf analysierte über 14000 solcher innerfamiliärer Ehen aus den Jahren 1957 bis 1995. Ergebnis: Diese lang geplanten Ehen scheiterten drei Mal häufiger als normale Partnerschaften, die Planbindungen zeugten 40 Prozent weniger Kinder, und die Frauen gingen mit drei Mal höherer Wahrscheinlichkeit fremd.

Allerdings bemerkte Wolf einen kleinen, aber entscheidenden Unterschied: Für den Westermarck-Effekt sind offenbar nur die ersten 30 Monate unseres Lebens ausschlaggebend. Je mehr Zeit die beiden künftigen Partner in diesem jungen Alter miteinander verbrachten, desto sicherer scheiterte ihre Ehe. War das Mädchen bei der Adoption jedoch älter als 30 Monate, ergaben sich später keine spezifischen Eheprobleme oder signifikanten Unterschiede zu anderen Paaren. Für die erste Sandkastenliebe stehen die Zukunftschancen also weiterhin schlecht, für die Jugendliebe aber nicht. Immerhin.

DER VALINS-EFFEKT

Männliche Erregung ist Ansichtssache

Mitte der Neunzigerjahre tauchte in der deutschen Öffentlichkeit ein neues Berufsbild auf: das Playmate. Eine der bekanntesten Vertreterinnen ist wohl zweifellos Anna Nicole Smith. Das texanische Nacktmodel wurde hierzulande durch zwei Dinge bekannt: durch ihre Hochzeit mit dem 89-jährigen Milliardär J. Howard Marshall (sie selbst war damals erst 26) – und eine Hennes & Mauritz-Plakatwerbung im Jahr 1993. Damals ließ der schwedische Textilhersteller an so ziemlich jeder Bushaltestelle in Deutschland Dessous-Bilder der drallen Blondine aufstellen. Mal räkelte sich die damals noch 25-Jährige in einer schwarzen Korsage auf dem Rücken, die bestrapsten Beine keck in den Himmel gestreckt; mal saß sie im weißen Spitzen-BH samt Miederhöschen auf der Seite und strich sich lasziv über die Beine. Die Kampagne sorgte für allerlei öffentliche Erregung. Zudem kam es in dem Jahr laut Polizeistatistik zu einem ungewöhnlichen Anstieg von Plakatdiebstählen, insbesondere an Bushaltestellen. Gleichzeitig nahm die Verkehrsunfalldichte im Sichtbereich der Wäschewerbung auf erklärliche Weise zu: typisch Mann am Steuer. Psychologen würden auch sagen: typisch Valins-Effekt.

Schon ein Jahr bevor Anna Nicole Smith geboren wurde, also 1966, ging der Psychologe Stuart Valins einer interessanten Frage nach: Welche Faktoren beeinflussen, wie wir Bilder bewerten? Ist es das Motiv selbst oder spielen vielleicht auch unsere Emotionen und unsere Erregung dabei eine Rolle?

Um das herauszufinden, startete Valins ein für damalige Verhältnisse reichlich unzüchtiges Experiment. Er zeigte seinen männlichen Probanden Bilder attraktiver, halb nackter Frauen. Das heißt, um die Wahrheit zu sagen: Er zeigte ihnen Bilder aus dem ›Playboy‹ – immerhin im Dienste der Wissenschaft. Gleichzeitig zeichnete er den Pulsschlag der Männer auf und spielte ihnen die Herzfrequenz über einen Kopfhörer wieder ein. Dachten die Männer jedenfalls. Tatsächlich kam die akustische Rückmeldung von einem Tonband. Nur bei der Kontrollgruppe handelte es sich wirklich um die eigene Pulsrate – der Rest bekam entweder verlangsamte oder beschleunigte Herztöne zu hören. Valins ging es darum, seine Probanden über ihren Erregungszustand zu täuschen. Anschließend sollten sie die betrachteten Fotos bewerten und eines auswählen, das sie behalten wollten. Das Ergebnis ist ein weiteres Dokument für den dezentralen Aufbau männlicher Denkorgane: Am besten schnitten jene Bilder ab, bei denen Valins' Probanden dachten, sie seien besonders erregt gewesen – obwohl ihnen die Forscher den rasenden Herzrhythmus lediglich simuliert hatten.

Dem Valins-Effekt ähnelt ein Phänomen, das Psychologen »Fehlattribution« nennen. Ein inzwischen legendäres Experiment dazu stammt aus dem Jahr 1974 und wurde von den beiden Psychologen Donald Dutton und Arthur Aron initiiert. Genauer gesagt fand es in Kanada an der Capilano Suspension Bridge statt. Die wackelige Hängebrücke gehört zu den eindrucksvollsten ihrer Art und führt auf 136 Metern geradewegs über eine 70 Meter tiefe Schlucht. Dutton und Aron forderten damals ein paar ausgewählte Männer auf, über den Abgrund zu schreiten. Auf der anderen Seite der Brücke wartete eine attraktive Studentin auf sie, die sie nach der Überquerung ansprach. Angeblich recherchierte sie einen Artikel über die Gegend und die Sehenswürdigkeiten – ob sie ihnen dazu ein paar Fragen stellen könnte? Das alles war jedoch Kulisse für das eigentliche Experiment, das nun folgte.

Die Studentin gab den Männern freiwillig ihre Telefonnummer, ihr Vorwand: Falls die noch Fragen zu dem Artikel oder Erscheinungstermin hätten, könnten sie sich gerne bei ihr melden. Klar, die meisten Männer ließen nicht viel Zeit verstreichen und riefen bei der jungen Frau an – auch, um sich mit ihr zu verabreden. Allerdings – und das ist der interessantere Teil – wurde das Experiment noch einmal wiederholt. Diesmal ohne Brücken-Mutprobe, sondern irgendwo an einer langweiligen Straßenecke. Nun klingelten deutlich weniger Männer bei der Studentin an. Das Ergebnis spricht für sich: Obwohl der Adrenalinkick vom heroischen Erlebnis der Brückenüberquerung kam, dachten die Probanden, die hübsche Frau hätte ihnen weiche Knie und Herzklopfen bereitet. Emotional völlig berauscht, wollten sie sie anschließend wiedersehen.

Aus beiden Effekten kann man gleich mehrere Dinge lernen: Das nächste Mal etwa, wenn Sie jemanden zu einem Rendezvous einladen und einen bleibenden Eindruck hinterlassen wollen, treffen Sie sich besser nicht an einem langweiligen Ort. Es muss ja nicht gleich eine morsche Hängebrücke sein, über die Sie Ihre Verabredung lotsen, aber etwas mehr Pep als eine lauschige Restaurantecke darf der Treffpunkt schon haben – und Ihr Gegenüber wird Sie prompt viel aufregender finden.

Die zweite Erkenntnis: Männliche Erregung ist reine Ansichtssache. Es reicht schon aus, zu denken »Wow, diese Wäsche macht mich irre scharf!«, um diesen Verdacht tatsächlich zu erhärten. Oder um seinem Vordermann in die Knautschzone zu brettern.

DER ROMEO-UND-JULIA-EFFEKT

Warum das Gras nebenan immer grüner ist

Es ist eine Liebe, die nicht sein darf. Thomas ist schließlich verheiratet. Dennoch schlägt sein Herz seit Kurzem für eine andere: die Schwester seiner Frau. Oder Emma: Anfangs war sie unsterblich in ihren Freund Martin verliebt, dann lernte sie seinen besten Kumpel kennen – und würde seitdem lieber mit ihm zusammen sein. Oder noch simpler: Auf der Straße, im Urlaub, am Strand begegnen wir einem wildfremden Menschen – und geraten binnen Sekunden in einen hormonellen Feuersturm. Dabei wartet daheim der Partner, den wir kennen, den wir lieben, der uns vertraut. Ist das nicht schon Verrat?

Auf jeden Fall ist es ein Klassiker. In der Literatur ebenso wie in der Musik. Von diesem Dilemma singt zum Beispiel die Hamburger Hip-Hop-Band Fettes Brot in dem Hit »Jein«. Und natürlich basieren viele gedruckte und verfilmte Eifersuchtsdramen und Tragödien auf solch unseligen Dreiecksbeziehungen. Welche Person dabei die heimliche Hauptrolle spielt, ist gar nicht mal entscheidend. Viel mächtiger wirkt auf die Beteiligten das, was Psychologen den Romeo-und-Julia-Effekt nennen: Ausgerechnet das, was wir nicht haben können, wollen wir umso mehr. Oder wie der Volksmund sagt: Nebenan ist das Gras immer viel grüner.

In Shakespeares Drama geht die Sache für die Liebenden nicht gut aus. Zwar lässt das Verbot ihrer Liaison die Liebesflammen zwischen Romeo und Julia nur noch heißer lodern, doch wissen die beiden irgendwann aus lauter Verzweiflung keinen anderen Ausweg mehr als Selbstmord: Erst vergiftet sich Romeo, dann erdolcht sich Julia.

Ganz so dramatisch endet das – zum Glück – nicht bei allen. Dennoch kennen unzählige Liebespaare das Hard-to-get-Phänomen, wie es auch genannt wird, aus ihrem Leben: Je mehr die Eltern gegen die Partnerwahl opponieren, desto mehr schweißt es die Verliebten zusammen. Was Otto Normal vielleicht noch als typische Trotzreaktion beschreiben würde, erklären Wissenschaftler mit der sogenannten Reaktanztheorie, wobei das Verhalten bei jedem Menschen unterschiedlich stark ausgeprägt ist. Bei einigen aber sorgt diese komplexe Abwehrreaktion für heftige Widerstände. Sobald ihre Freiheiten von außen eingeschränkt werden, sei es durch Verbote, Kontrollen oder Zensur, stemmen sie sich leidenschaftlich dagegen. »Warum soll man hier nur 30 fahren? Das ist doch Schwachsinn!«, motzen diese Leute beispielsweise – und brausen extra zügig durch die verkehrsberuhigte Zone. Andere legen sich erst recht auf die umfriedete Parkwiese (»Das ist ein freies Land!«) oder besorgen sich auf technischen Umwegen die Raubkopie des neuesten Kino-Blockbusters aus dem Internet (»Weil ich es kann!«). Zugegebenermaßen kennen auch wir das Phänomen aus unserem Journalistenalltag: Jedes Mal, wenn eine Pressestelle auffällig mauert und Informationen zurückhalten will, weckt das unseren Jagdtrieb (»Das wollen wir doch mal sehen!«).

Keine Frage, beim Romeo-und-Julia-Effekt handelt es sich um eine dieser irrationalen Verhaltensweisen, die uns manipulieren, ohne dass wir das merken. Allerdings lässt sich dieser Effekt durchaus positiv in der Liebe nutzen: »Abwesenheit lässt das Herz höher schlagen«, sinnierte schon die Großmutter weise.

Und es stimmt ja auch: Partner, die sich zeitweise rarmachen, gewinnen an Attraktivität. Ein paar Hindernisse auf dem Weg zum ersten Rendezvous oder dem nächsten Wiedersehen können die Motivation und Leidenschaft enorm erhöhen. Wer will schon, was leicht zu haben ist? Wenn also die Wiese nebenan grüner schimmert, nur weil jemand einen Zaun drumherum gezogen hat, wie viel hübscher kann da selbst der langjährige Partner werden, wenn er oder sie für gelegentlichen Entzug sorgt?

DER WEIHNACHTS-EFFEKT

Warum die Liebe auf Distanz so schwierig ist

Jeder will das: Erfolg im Beruf und in der Partnerschaft bitte auch. Leicht ist das nicht. Vor allem, wenn beide Partner berufstätig sind und nicht in derselben Stadt arbeiten. Heraus kommen dabei dann sogenannte Fernbeziehungen – er hier, sie dort. Glaubt man den Statistiken, so haben sich hierzulande rund vier Millionen Paare für diese Liebe auf Distanz entschieden. Bei Akademikern führt sogar jedes vierte Paar – zumindest für einige Jahre – eine Wochenendbeziehung. Dabei sind diese Lieben zunächst einmal nicht brüchiger als bei Paaren, die sich jeden Tag sehen. Das hat der US-Psychologe Gregory Guldner von der Purdue-Universität untersucht und seine Erkenntnisse in dem Buch ›Long Distance Relationship – The Complete Guide‹ zusammengefasst. Er verglich Paare, die durchschnittlich 500 Kilometer auseinander lebten, mit Paaren in Nahbeziehungen. Fazit: 40 Prozent trennten sich spätestens nach drei Jahren – in beiden Gruppen. Das verflixte dritte Jahr war der Scheitelpunkt der Fernbeziehung: Danach zogen die Partner entweder zusammen oder endgültig auseinander.

Die berühmte Ausnahme von der Regel bildet Peter Wendl.

Er selbst führte acht Jahre lang eine Distanzbeziehung. Aus der Not und seinen Erfahrungen machte er schließlich eine Tugend. Heute ist er ein erfolgreicher Paartherapeut, Spezialgebiet: Fernbeziehungen. Über 1000 Paare hat er seitdem gecoacht. Zu seiner Popularität beigetragen hat sicher auch ein Ausdruck, den er geprägt hat und der seitdem in so ziemlich jedem Artikel über Fernbeziehungen auftaucht: der Weihnachts-Effekt. Darunter fasst Wendl alle Probleme zusammen, die in Fernbeziehungen gemeinhin auftauchen: Nach einer langen, anstrengenden Arbeitswoche sind einerseits beide ausgelaugt, andererseits wollen sie die kurze gemeinsame Zeit möglichst intensiv und harmonisch genießen. Am besten so wie das Weihnachtsfest. Doch wie das eben so ist: je höher die Erwartungen, desto größer die Gefahr, enttäuscht zu werden. Nicht selten avanciert das Wochenende stattdessen zur Kompromissbereitschafts- und Belastungsprobe, weil beide unter der Woche Pläne für die Zweisamkeit geschmiedet haben – jedoch völlig unterschiedliche.

Um die Beziehung vor dem Weihnachts-Effekt beziehungsweise dem drohenden Zoff zu schützen, rät Wendl vor allem zu verstärkter Kommunikation – damit der eine Partner immer Bescheid weiß, was den anderen gerade bewegt. Das ist, zugegeben, etwas binsig, deswegen aber nicht weniger richtig. Im Gegenteil: Im Grunde gilt das für alle Beziehungen. Und an gemeinsamen Weihnachtsabenden sogar noch ein bisschen mehr.

DER COOLIDGE-EFFEKT

Warum Männer fremdgehen

Sex im Tierreich hat bisweilen wenig mit sinnlichem Vergnügen zu tun. Eher mit Dramen der Lust: Es gibt dort Pornografie, vorgetäuschte Orgasmen und sogar Keuschheitsgürtel, wie Tobias

Niemann in seinem amüsanten Buch ›Kamasutra kopfüber‹ berichtet. Der gemeine Rüsselkäfer zum Beispiel hat das Problem, dass sich Männchen und Weibchen ziemlich ähnlich sehen. Um die leider etwas tumben Männchen zu animieren, spielen die Weibchen diesen daher zunächst einen Lesbenporno vor und besteigen sich gegenseitig. Erst so merkt *Diaprepes abbreviatus*, dass paarungswillige Weibchen in der Nähe sind, und kommt endlich selbst zur Sache. Das Weibchen der europäischen Forelle wiederum öffnet, bevor es laicht, üblicherweise weit sein Maul und stellt die Rückenflossen hoch. Um ihre Kinderväter aber vorzuselektieren und deren Qualitäten besser beurteilen zu können, spielt die flotte Forelle den Männchen ihren Höhepunkt auch gerne mal nur so vor. Und der europäische Maulwurf ist die Eifersucht im Dreckmantel. Um sicherzustellen, dass das Weibchen auch wirklich seine Jungen austrägt und nicht die eines Nebenbuhlers, verstopft das Männchen nach einer reiflich aggressiven Paarung die Vagina des Weibchens mit einem klebrigen Harzpfropfen. Tierliebe ist eben kein Ponyhof.

Derlei Eskapaden spielen sich freilich auch bei Menschen ab. Vielleicht nicht unbedingt die Nummer mit dem Harzpfropfen, aber Zweifel an der Treue des Partners plagen doch so einige. Aus gutem Grund: Immer wieder leben Prominente vor, dass selbst Menschen, von denen man es eigentlich nicht erwarten würde, zum Fremdgehen neigen. Oder wie im Falle von Tiger Woods sogar zum 19-fachen. Bis zum Bekanntwerden seiner zahllosen Affären hatte der Golfprofi so ziemlich alles, was sich andere erträumen: Erfolg, Ruhm, Reichtum, zwei gesunde Kinder und mit dem schwedischen Ex-Model Elin Nordegren auch noch eine wunderschöne Ehefrau. Dennoch betrog er sie bis zum Dezember 2009 mit zahlreichen Gespielinnen, darunter Barkeeperinnen, Pornodarstellerinnen und eine Nachtclubmanagerin.

Überhaupt ist die Vergangenheit nicht arm an hochnotpeinlichen Seitensprüngen. So erinnern wir uns gut daran, wie der britische Schauspieler Hugh Grant 1995 in den USA mit einer Prostituierten erwischt wurde. Damals war er noch mit dem

Model Liz Hurley liiert. Auch der Fall von Bill Clinton und seiner Praktikantin Monica Lewinsky dürfte vielen noch präsent sein. Ebenso das kurze Techtelmechtel zwischen Boris Becker und Angela Ermakova in der inzwischen berühmten Besenkammer, die gar keine war. Nur: Warum riskierten diese Männer so viel für einen kurzen Kick? Um darauf eine Antwort zu geben, müssen wir in der Zeit rund 90 Jahre zurückreisen – und zwar in die Zwanzigerjahre.

Für die meisten beginnt Untreue spätestens beim Sex. 39% der Frauen zählen laut einer Emnid-Umfrage allerdings auch schon Küssen dazu (nur 33% der Männer). Beim Flirten wiederum ist bei 11% Schluss mit Treue, 7% der Frauen denken so auch über heimliche SMS. Doch wie sieht es aus mit der Vergebung?

Wann Frauen einen Seitensprung verzeihen:

– Wenn er den Seitensprung beichtet	50%
– Wenn es ein einmaliger Ausrutscher ist	43%
– Wenn er während einer Krise fremdgeht	17%
– Wenn er eine Prostituierte besucht	12%
– Wenn er sie mit einer Arbeitskollegin betrügt	10%

Quelle: Forsa

Es war ein warmer, aber nicht zu heißer Sommertag, an dem der damalige US-Präsident Calvin Coolidge zusammen mit seiner Ehefrau eine Hühnerfarm besuchte. Die First Lady fragte den Farmer neugierig, wie es denn möglich sei, mit so wenig Hähnen so viele Eier zu produzieren. Der Farmer, eher ein Mann der groben Worte, erklärte ihr daraufhin, dass die Hähne pro Tag Dutzende Male »ran« müssten, worauf die Präsidentengattin schlagfertig erwiderte: »Sagen Sie das mal meinem Mann!« Doch das war gar nicht nötig, der hatte die spitze Bemerkung seiner Frau mitbekommen und holte nun zum Gegenschlag aus: »Treibt es denn ein Hahn jedes Mal mit derselben Henne?«, wollte

Coolidge wissen. »Nein«, antwortete der Farmer, »jedem Hahn stehen mehrere Hennen zur Verfügung.« Darauf der US-Präsident: »Vielleicht sagen Sie das mal meiner Frau!«

Die Anekdote sprach sich schnell herum und gab schließlich dem Coolidge-Effekt seinen Namen. Der besagt: Die sexuelle Lust von Männern wird neu angefacht, wenn sie hin und wieder zu neuen Partnerinnen wechseln. Oder anders formuliert: Ein paar Bettgeschichten ab und an bringen den Hormonhaushalt eines Mannes wieder ins Lot. Gewiss, das klingt nach einer reichlich faulen Ausrede fürs Fremdgehen und einer billigen Rechtfertigung für partnerschaftliche Untreue. Das soll es aber gar nicht sein. Hinter dem Coolidge-Effekt steckt vielmehr eine biochemische Erklärung.

Ursache für den Seitensprung ist, so die Vertreter dieser Theorie, vor allem das Hormon Dopamin. Wann immer wir eine angenehme Erfahrung machen, schütten die Zellen im Lustzentrum des Gehirns diesen Botenstoff aus. Dopamin gilt deswegen auch als Glückshormon. Seine Wirkung entfaltet es beim Genuss von Schokolade ebenso wie beim Konsum von Drogen – oder eben beim Geschlechtsverkehr. Der Psychologe Dennis Fiorino von der Universität von British Columbia in Vancouver wollte das noch etwas genauer wissen und maß dazu den Dopaminspiegel männlicher Ratten, die sich mit einem Weibchen vergnügen durften. Bei allen Männchen beobachtete Fiorino dasselbe: Nach einer Weile sackte ihr Dopaminwert ab. Sie verloren die Lust und infolgedessen auch ihre Libido. Dann schickte Fiorino eine neue weibliche Ratte in den Käfig. Und siehe da: Die Newcomerin machte die müden Ratten wieder munter – und die gerade noch erschlafften Männchen waren plötzlich wieder, nun ja, rattenscharf.

Bislang haben die Forscher noch kein Mittel gefunden, das ein Absinken des Dopaminniveaus künstlich bremsen könnte. Viagra hilft jedenfalls nicht. Der Muntermacher wirkt nur, wenn bereits eine sexuelle Erregung vorhanden, nicht aber, wenn sie schon erlahmt ist. Konnte Tiger Woods also im Endeffekt gar nichts dafür? Schuld war nur akuter Dopaminmangel? Von wegen! So einfach ist es auch nicht. Der Coolidge-Effekt raubt niemandem den Verstand. Er liefert ein biochemisches Motiv für außereheliche Techtelmechtel, aber das macht die Seitensprünge noch nicht zum Affekt, geschweige denn besser.

Aber wo wir schon einmal dabei sind, möchten wir Ihnen auch eine andere, äußerst unterhaltsame Erklärung für männliche Untreue nicht vorenthalten: den Intelligenzquotienten. Daran jedenfalls glaubt der englische Evolutionspsychologe Satoshi Kanazawa von der London School of Economics. In einer im März 2010 publizierten Studie resümiert er: Je höher der IQ eines Mannes, desto eher sei er seiner Partnerin treu. Kanazawa wertete eine amerikanische Langzeitstudie aus, in der einerseits der IQ der 15 000 Teilnehmer ermittelt wurde und diese andererseits Angaben über ihre Treue machten. Der Evolutionspsychologe erklärt sich das Ergebnis, dass kluge Männer treuer sind, wie folgt: Höhere Intelligenz führe zu bestimmten Idealen, wozu häufig auch sexuelle Treue gehöre. Das ist doch was! Ach so: Bei Frauen fand Kanazawa den Zusammenhang zwischen Monogamie und Intelligenz übrigens nicht.

FÜR SCHNELLE AHA-EFFEKTE:

MICHELANGELO-EFFEKT
Um dem Idealbild von uns näherzukommen, sollten wir uns einen festen Partner suchen. Der verstärkt unsere positiven Eigenschaften.

WESTERMARCK-EFFEKT
Menschen, die von Kindesbeinen an zusammen aufwachsen, entwickeln nur selten erotische Gefühle füreinander. Deswegen scheitern Ehen von früh einander Versprochenen häufiger.

VALINS-EFFEKT
Wer jemanden kennenlernen und einen bleibenden Eindruck hinterlassen will, sollte einen aufregenden Treffpunkt wählen – und über seine Erregung dabei nachdenken.

ROMEO-UND-JULIA-EFFEKT
Je aussichtsloser die Romanze, desto mehr entfacht sie unsere Leidenschaft – und die Beziehung, die wir nicht haben können, wollen wir umso mehr.

WEIHNACHTS-EFFEKT
Weil Liebende in Fernbeziehungen nur wenig Zeit miteinander verbringen, haben beide überhöhte Erwartungen und ein entsprechend großes Risiko potenzieller Enttäuschungen.

COOLIDGE-EFFEKT
Männer entwickeln größere sexuelle Energie, wenn sie ab und an zu neuen Partnerinnen wechseln. Schuld daran: das Hormon Dopamin.

BROT UND SPIELE

– Wie wir konsumieren –

Jedes Mal dasselbe: Eigentlich wissen wir genau, was wir einkaufen müssen. Also schnell in den Supermarkt, den Einkaufswagen gekonnt durch die Gänge navigiert, nur das Notwendige eingeladen, zahlen, gehen. So jedenfalls der Plan. Der Haken: In der Realität klappt das nie. Um den Lebensbedarf zu decken, braucht eine Familie statistisch etwa 150 Produkte. In einem durchschnittlichen Supermarkt gibt es jedoch 40 000. Die Masse macht's – und so fallen uns unterwegs immer noch Dinge ein und auf, die wir zwar nicht brauchen, aber trotzdem kaufen. Chips? Gehen immer. Schokolade? Warum eigentlich nicht. Kaugummi an der Kasse? Kostet ja kaum was! Und mit einem Mal ist die Rechnung doppelt so hoch wie avisiert. Das ist ebenso ärgerlich wie menschlich. Zugegeben, in den Aldis, Rewes und Lidls von Flensburg bis Garmisch-Partenkirchen geht es meist um kleinere Summen. Bloß: Manipulieren lassen wir uns auch bei größeren, teureren Anschaffungen – von A wie Auto über K wie Küche bis Z wie Zweirad. Ständig und überall sind wir den Tipps und Tricks der Verkäufer ausgesetzt, die uns das Geld aus der Tasche ziehen, ohne dass wir es merken. Erschwerend kommt hinzu: Wir betuppen uns dabei sogar selbst. Nicht nur, dass wir uns den Bedarf von Dingen einreden, die so nötig sind wie Zahnschmerzen. Manchmal reicht schon eine kurze Berührung, und wir sind Feuer und Flamme für ein Produkt, über dessen Eigenschaften wir ähnlich übertrieben denken wie über intelligentes Leben auf diesem Planeten. Schluss damit! Die nächsten Seiten entlarven nicht nur die wichtigsten dieser sublimen Tricks und Gedächtnisfallen – die Lektüre wird Ihnen auch beim nächsten Einkaufsbummel bares Geld sparen helfen.

6,2 Millionen Deutsche haben Schulden – im Schnitt 8382 Euro.

108 798 Deutsche mussten 2010 Privatinsolvenz anmelden.

500 000 Deutsche leiden an Kaufsucht.

DER ANKER-EFFEKT

Wie Verkäufer Sie über den Tisch ziehen

Wir geben es freimütig zu: Auch wir rechnen Preise manchmal noch in Mark und Pfennig um. Schließlich haben wir uns irgendwann einmal eingeprägt: Eine Tafel Schokolade kostet rund eine Mark, eine Boulevard-Zeitung 50 Pfennig, und im Restaurant kann man für 20 Mark richtig gut essen. Jedenfalls war das vor gut einer Dekade noch so. Dass der »Teuro« sich nicht sofort bemerkbar gemacht hat, weil die Preise nominell in etwa so geblieben sind, der Euro aber doppelt so viel wert war wie die Mark, liegt schlicht und ergreifend am sogenannten Anker-Effekt. Der stammt aus der Giftküche der Verkäuferpsychologie und ist ein ganz fieser Trick, dem wir Kunden regelmäßig auf den Leim gehen. Denn wir Menschen verhalten uns beim Einkaufen leider alles andere als rational.

Dan Ariely ist ein renommierter Verhaltensökonom und forscht am ebenso renommierten Massachusetts Institute of Technology (MIT) in den USA. Von ihm stammen einige bemerkenswerte Experimente, die die Macht des Anker-Effekts eindrucksvoll aufzeigen. Bei einem dieser Versuche versteigerte Ariely Weinflaschen.

Apropos: Was würden Sie für einen mittelprächtigen Wein ausgeben? Acht Euro? Zehn Euro? 15 Euro? Die amerikanischen Probanden dachten sicher ähnlich. Das ist ein typischer Preis-Anker. Nun aber ließ Ariely seine Testpersonen kurz vor der Auktion die letzten beiden Ziffern ihrer Sozialversicherungsnummer auf einen Zettel schreiben. Anschließend fragte er sie, ob sie bereit wären, den Wein zu diesem Preis zu kaufen (oder falls nicht, zu welchem Alternativ-Preis). Man sollte meinen, dass diese völlig willkürliche Zahl keinerlei Effekt haben würde. Hatte sie aber: Teilnehmer mit einer kleinen Endziffer waren bereit, im Schnitt 8,64 Dollar für den Rebensaft zu bezahlen; wer hingegen zuvor eine große Zahl notiert hatte, gab für den Wein

DAS RUSKIN'SCHE GESETZ

»Es gibt kaum etwas auf dieser Welt, das nicht irgendjemand ein wenig schlechter machen und etwas billiger verkaufen könnte, und die Menschen, die sich nur am Preis orientieren, werden die gerechte Beute solcher Machenschaften. Es ist unklug, zu viel zu bezahlen, aber es ist noch schlechter, zu wenig zu bezahlen. Wenn Sie zu viel bezahlen, verlieren Sie etwas Geld. Das ist alles. Wenn Sie dagegen zu wenig bezahlen, verlieren Sie manchmal alles, da der gekaufte Gegenstand die ihm zugedachte Aufgabe nicht erfüllen kann.«

John Ruskin, englischer Sozialphilosoph

im Schnitt 27,91 Dollar aus. Die beiden Psychologen Clayton Critcher und Thomas Gilovich notierten gar, dass Gäste eines Restaurants mit dem Namen »Studio 97« durchschnittlich acht Dollar mehr ausgaben als Gäste des Restaurants »Studio 17«. Voilà, der Anker-Effekt!

Psychologisch lässt sich das so erklären: Um den Wert einer Sache bemessen zu können, sucht unser Gehirn nach Vergleichswerten. Findet es keine, reicht ihm zur Not auch eine aus der Luft gegriffene Zahl als Bezugspunkt. Schlaue Verkäufer überlassen dies nicht dem Zufall – sie stoßen uns subtil darauf.

Bevorzugt tun dies zum Beispiel Immobilienmakler. Sie dürfen davon ausgehen, dass das erste Haus oder die erste Wohnung, die Sie gezeigt bekommen, für Sie nie infrage kommt. In der Regel werden beide phantastisch eingerichtet sein, in Traumlage stehen, jedoch viel zu teuer sein. Der Makler weiß das, dennoch ist dieser Besuch keine Zeitverschwendung. Er ankert damit Ihre Preisvorstellungen – und zwar deutlich höher, als es gerechtfertigt wäre. Zeigt er anschließend eine zwar deutlich günstigere, aber letztlich immer noch überteuerte Immobilie, werden das viele Menschen kaum noch bemerken. Wundern Sie sich also bitte nicht, wenn Sie in einen Laden gehen und Ihnen der Verkäufer zunächst immer sein Spitzenmodell zeigt, um Sie vermeintlich etwas schwelgen zu lassen. Es ist pure Manipulation!

Statt weiterhin Opfer des Anker-Effekts zu bleiben, können Sie ihn freilich ebenso gut selbst nutzen. Wenn Sie zum Beispiel das nächste Mal mit Ihrem Boss um eine Gehaltserhöhung (oder mit Ihren Kunden um einen Preis) feilschen, dann verankern Sie kurz vorher einen möglichst hohen Betrag – etwa, indem Sie *zufällig* von Ihrem jüngsten Projekt erzählen, bei dem Sie den Gewinn um 20 *Prozent* steigern konnten. Wir sind uns ziemlich sicher, dass Ihr Gehaltsplus dadurch üppiger ausfällt als ohne dieses Manöver – es sei denn, Ihr Chef hat dieses Buch ebenfalls gelesen. Das wäre allerdings auch nicht weiter schlimm. In diesem Fall hält er Sie zumindest für ein ganz ausgebufftes Schlitzohr.

»JE GRÖSSER DIE ZAHL, DESTO GRÖSSER IHR EINFLUSS«

Interview mit Dan Ariely

Herr Ariely, sind Sie inzwischen immun gegen den Anker-Effekt?
Nein, leider nicht. Die meisten dieser Effekte beeinflussen jeden von uns. Der einzige Vorteil ist vielleicht, dass Experten früher erkennen, wann ein Effekt auftritt – und rechtzeitig reagieren können.

In welchen Situationen fallen wir dem Anker-Effekt denn besonders gern zum Opfer?
Am größten ist der Effekt, wenn es um Entscheidungen geht, die wir mehrmals im Leben treffen – beispielsweise beim Einkaufen. Dann erinnern wir uns daran, wie wir uns in der Vergangenheit entschieden haben – und lassen uns davon manipulieren.

Reicht zum Ankern wirklich jede x-beliebige Zahl?
Sagen wir so: Jede Zahl kann uns beeinflussen. Je größer die Zahl, desto größer der Einfluss und umgekehrt. Aber es gibt natürlich Grenzen. Die Zahl muss realistisch sein. Ist sie völlig überdimensioniert, manipuliert sie uns nicht mehr. Wenn ich Sie beispielsweise frage, ob Sie für eine Tasse Kaffee eine Billion Dollar bezahlen, dann ist das eine irrelevante, weil vollkommen utopische Zahl, die auf Ihre Zahlungsbereitschaft keine Wirkung haben wird.

Lässt sich diese psychologische Schwäche auch zum Vorteil nutzen?
Absolut. Wir treffen unsere Entscheidungen ja nicht allein, sondern aufgrund früherer Erfahrungen – mit allen Vor- und Nachteilen …

… und wie setzen Sie den Anker-Effekt für sich ein?
Ich will natürlich nicht zu viel verraten, daher nur ein Beispiel. Am Ende jedes Semesters sollen die Studenten immer die Kurse und Professoren bewerten. Einmal habe ich sie vorher gebeten, 15 Wege aufzuschreiben, wie meine Vorlesung besser werden könnte. 15 ist freilich viel zu viel verlangt, so viele Verbesserungsvorschläge fallen niemandem ein. Also denken sich die Studenten: Wenn mir noch nicht mal 15 Ideen einfallen, kann diese Vorlesung ja nicht so schlecht gewesen sein – und geben mir bessere Noten.

DAS KONTRASTPRINZIP

Wie schlechte Nachrichten sofort besser wirken

Mein geliebter Ehemann!

Ich sende dir diesen kleinen Gruß aus meinem Kurzurlaub, den du mir zum Geburtstag geschenkt hast. Paris ist phantastisch! Schon

am ersten Tag habe ich eine neue Freundin gefunden – Julie. Sie kann unglaublich gut küssen. Ganz anders als ein Mann. Am selben Abend noch sind wir zusammen in einen wahnsinnig aufregenden Club gegangen. Julie hat mir so ein Pulver angeboten, das man durch die Nase einatmet. Danach haben wir mit ihren Freunden – Antoine, Romain, Baptiste und Hugo – getanzt und gefeiert. Diese jungen Franzosen! Auch als wir danach noch alle zusammen zu Julie gefahren sind, waren die vier très charmant zu mir. Ich kann mich zwar nicht mehr genau erinnern, wie die Nacht endete, ich war wohl etwas zu beschwipst, aber am nächsten Morgen hat mir Julie ein paar hundert Euro geschenkt und gesagt, sie hätte noch nie ein solches Naturtalent erlebt, und ich könnte sie jederzeit wieder besuchen.
Bevor ich es vergesse: Es gibt übrigens gar keine Julie, keine Drogen, keine vier Franzosen ... Aber ich habe mir gestern in der Rue Jean-Jacques Rousseau diese sündhaft teuren Schuhe von Christian Louboutin gekauft, und ich möchte nur, dass du das im richtigen Verhältnis siehst, wenn ich wieder zu dir zurückkehre ...
1000 Küsse!
Helena

Alles ist relativ. Davon war schon Universalgenie Albert Einstein überzeugt. Er selbst meinte damit zwar vor allem Zeit, Masse und Raum. Doch das Prinzip lässt sich ohne Weiteres auch auf unsere Bewertungsmuster übertragen. Es ist wie in dem obigen Brief: Wenn uns zwei starke Reize unmittelbar hintereinander dargeboten werden, wirft das unsere Wahrnehmung kräftig aus der Bahn, und wir reagieren kaum noch objektiv. Wenn Sie zum Beispiel aus einer 90 Grad heißen Finnensauna hinausstürzen und sich in den Schnee werfen, kommt Ihnen der zunächst gar nicht mal so kalt vor. Vorläufig jedenfalls. Wenn Sie wiederum im Fitnessstudio eine halbe Stunde lang 60 Kilo gestemmt haben, wird Ihnen die Flasche Wasser danach unendlich leicht vorkommen. Und wenn Sie Ihrem Partner eine schlechte Nachricht so raffiniert wie oben zusammen mit einer guten präsentieren, wirkt die schlechte nur noch halb so schlimm auf ihn. Falls Ihr Partner den Spaß leider nicht versteht und Ihnen anschließend eine Szene macht, nennt man das: Kollateralschaden. Die Wirkung zweier stark entgegengesetzter Reize hingegen nennt man Kontrastprinzip.

Kinder machen sich die Macht dieses Psychoeffekts regelmäßig zunutze: »Papa, ich hab dich ja sooooooo lieb ... übrigens: In Mathe gab's heute eine Vier.« Cleverer kleiner Balg! Ebenso greifen pfiffige Verkäufer immer wieder auf die Masche zurück: Eine ausgebuffte Textilfachverkäuferin wird ihre Kundin erst in ein Schnäppchenkleid stecken, in dem die Arglose latent fett aussieht – nur, um kurz darauf das exklusive Designerstück hervorzuwühlen, das natürlich eine Modelfigur zaubert – jedoch das Vierfache kostet.

Diverse Verkaufsprofis raten bei Gehaltsverhandlungen zu einer Variante dieses Tricks, wenn es darum geht, das eigene Gehalt zu erhöhen. »Argumentieren Sie stets über Ihre Leistung!«, heißt es in entsprechenden Ratgebern. Das stimmt auch. Gemeint ist aber, dass Sie Ihrem Chef zunächst verklickern, wie viel mehr Umsatz und Gewinn er durch Ihre bisherigen Leistungen erzielt hat. Denn daraufhin wird Ihr Ansinnen, künftig zehn Prozent mehr zu bekommen, nur noch wie Peanuts aussehen. Was sind schon 500 Euro mehr im Monat, wenn der Boss mit Ihrer Hilfe eine Million Umsatz im Jahr erwirtschaftet?

Auch zahlreiche optische Täuschungen beruhen auf dem Kontrastprinzip, wie Sie zum Beispiel hier links bei der sogenannten Munker-White-Täuschung erkennen können: Vermutlich haben auch Sie den Eindruck, der rechte Balken mit grauen Streifen sei dunkler. Ist er aber nicht! Beide Grauflächen sind völlig identisch. Wenn Sie die Buchseite ein wenig falten und die Balken übereinanderlegen, sehen Sie das. Die starken Kontraste aus schwarzen und weißen Linien dazwischen aber vernebeln unseren Sehsinn. Seien Sie also das nächste Mal auf der Hut, wenn man Ihnen zwei völlig konträre Reize oder Angebote gegenüberstellt. Womöglich handelt es sich dabei um nichts weiter als den Versuch, Ihre Wahrnehmung zu lenken – oder Ihnen ein paar sündhaft teure High Heels unterzujubeln.

DER REAKTANZ-EFFEKT

Je begehrter etwas ist, desto mehr wollen wir es

Es gibt verschiedene Arten, Konsumenten in die Läden zu locken. Besonders subtil ging die Baumarktkette Praktiker bei einer ihrer populärsten Aktionen vor. Sie kombinierte Sonderangebote (»20 Prozent auf alles«) am liebsten mit Hinweisen auf üblicherweise baumarktfremde Produkte (»außer Tiernahrung«). Das hat rein gar nichts damit zu tun, dass Tiernahrung wirklich teurer wäre. Erst im Kontrast entfaltet der Slogan seine virale Wirkung. 20 Prozent auf alles wäre ja auch ziemlicher Quatsch, dann kann man die Preise gleich senken.

So viel Kreativität ist zwar löblich, aber unnötig. Denn um uns zum Kauf von Produkten zu verleiten, reicht es im Grunde schon aus, uns deren Knappheit vor Augen zu führen. Man kennt das: Da geht man in die Stadt zum Shoppen, und weil man klug war, hat man sich vorher eine Liste gemacht. Diesmal bloß nichts Unnötiges kaufen! Nicht schon wieder auf die vermeintlichen Schnäppchen hereinfallen! Nur die Liste abarbeiten und dann wieder heim ... Denkste! Denn dann entdecken wir eine Hose, eine Bluse, ein Paar Schuhe, die uns auf Anhieb gefallen. Doch –

leider, leider – es ist nur noch dieses eine Paar in unserer Größe da, was der clevere Verkäufer natürlich ganz elegant nebenbei erwähnt. Und, zack, auf einmal meldet sich diese eine Stimme im Kopf: »Wenn du sie jetzt nicht mitnimmst, sind sie morgen bestimmt weg – und du wirst dich noch Wochen darüber ärgern und ihnen hinterhertrauern.« Klar, was jetzt passiert: Die wenigsten können diesem kleinen gemeinen Gnom im Ohr widerstehen und zücken ihr Portemonnaie.

Ob Sie es glauben oder nicht: Schon Kinder verhalten sich so. Die beiden US-Psychologinnen Sharon Brehm and Marsha Weintraub zum Beispiel ließen 1977 für ein Experiment zweijährige Kinder auf zwei Spielzeuge los, die von einer Plexiglaswand abgeschirmt waren. Im einen Fall war die Wand niedrig genug, dass die Kinder das Spielzeug gerade noch mit den Händen erreichen konnten. Im anderen Fall mussten die Kinder mit Mühe drum herum laufen, um an das Spielzeug zu gelangen. Was glauben Sie, passierte? Das zunächst unerreichbare Spielzeug hinter der hohen Scheibe war viel attraktiver. Jedes Mal liefen die Versuchskinder lieber um die Wand herum, nur um sofort dieses Spielzeug an sich zu reißen. Als Brehm und Weintraub die Wand in einem zweiten Versuch wieder absenkten, wurde das Spielzeug sogleich uninteressanter.

Ärgerlicherweise legen wir dieses Verhalten ein Leben lang nicht mehr ab – es wird eher noch schlimmer. Warum wohl finden Kinder Cola, Chips und Süßigkeiten so verlockend? Warum bleiben Teenager abends länger weg, als sie dürfen? Warum versuchen so viele Kollegen im Meeting Redezeit zu ergattern, auch wenn sie nur wiederholen, was schon fünf Mal gesagt wurde? Weil sie nicht beliebig darüber verfügen können!

Raritäten ziehen uns magisch an. Psychologen sprechen hierbei vom Reaktanz-Effekt. Entdeckt hat das Phänomen der Verhaltensforscher Jack Brehm bereits 1966. In seinem Experiment ließ er von zwei Probandengruppen vier Musikalben bewerten. Als Belohnung versprach er der einen Gruppe eine dieser Schallplatten zur freien Wahl. Den anderen bot er lediglich an, ihnen eine der Platten zu schenken. Am letzten Versuchstag bekamen beide Teams jedoch mitgeteilt, dass zwei der vier Alben bereits vergeben seien. Prompt ging ein Raunen durch die Gruppe jener Teilnehmer, die ihren Preis hätte selbst aussuchen können. Auf einmal waren es genau die vergriffenen Scheiben, die sie am liebsten gehabt hätten. Übrigens ist das ein klassischer Fall von kognitiver Dissonanz – von virtuellen Verlustgefühlen. Oder wie wir Ökonomen sagen würden: Je knapper das Gut, desto höher bewerten wir es.

Vereinfacht gesagt läuft dann bei uns jedes Mal folgender Prozess ab: Sobald irgendein Gut knapp wird (Schuhe, Sportwagen, Technik-Gadgets) oder eine Handlung moralisch eingeschränkt ist (während der Arbeit private Telefonate führen, schneller fahren als erlaubt, fremdgehen), bewirkt das in uns eine Art Trotzreaktion, nach dem Motto: »Jetzt erst recht!« Kurz: Es ist der Reiz des Verbotenen, der auf uns eine ungemeine Faszination ausübt. Und das übrigens schon seit Anbeginn der Zeit. Warum sonst hätte Eva damals in die Frucht vom Baum der Erkenntnis gebissen?

DAS KÖNNEN SIE GEGEN IMPULSKÄUFE TUN:

Bevor Sie sich von einer vermeintlichen Rarität in den Bann ziehen lassen, stellen Sie sich wenigstens diese fünf Fragen. Meist ist der erste Reaktanz-Impuls dann schon verflogen, und Sie können neutraler bewerten, ob Sie das Produkt kaufen wollen oder besser nicht.

- Warum will ich das überhaupt haben – etwa aus Frust?
- Brauche ich das wirklich?
- Kann ich mir das derzeit leisten?
- Ist das Angebot tatsächlich so einmalig?
- Welche Anschaffungen stehen diesen Monat noch an?

DER FRAMING-EFFEKT

Warum Gewinn oder Verlust Ansichtssache ist

Die Streitfrage, ob das Glas halb voll oder halb leer ist, hat schon zahlreiche Philosophen beschäftigt. Sie gilt bis dato als weltanschauliches Indiz für eine optimistische beziehungsweise pessimistische Lebenshaltung. Es soll sogar Psychologen geben, die sich gefragt haben, ob die jeweilige Interpretation nicht allein durch traumatische Kindheitserlebnisse begründet sein könnte. Wir halten es da eher mit der pragmatischen Sichtweise eines deutschen Ingenieurs: »Das Glas ist doppelt so groß, wie es sein müsste.«

Überhaupt ist die Füllmenge des Glases völlig uninteressant. Wesentlich spannender ist, was die jeweilige Sicht mit uns macht und wie sie unsere anschließenden Entscheidungen beeinflusst. Je nachdem, ob uns das Glas als »halb voll« oder »halb leer« präsentiert wird, verbucht unser Gehirn das als Gewinn oder als Verlust – und handelt danach.

Das hört sich noch etwas abstrakt an. Lassen Sie uns diesen sogenannten Framing-Effekt deshalb an ein paar Beispielen veranschaulichen: Es gibt Studien, die zeigen, dass Konsumenten lieber Fleisch kaufen, das zu 75 Prozent aus Magerfleisch besteht, als eine andere Sorte, die 25 Prozent Fett enthält. Studenten wiederum haben vor Klausuren mehr Angst, wenn man ihnen sagt, dass bei der Prüfung üblicherweise 65 Prozent durchfallen, als wenn sie erfahren, dass regelmäßig 35 Prozent ihrer Kommilitonen den Test bestehen. Rund 90 Prozent der Studenten nutzen beim Sex umso lieber ein Kondom, wenn man ihnen erzählt, dass es zu 95 Prozent vor Aids schützt. Sagt man ihnen aber, das Kondom besitze noch einen Risikofaktor von fünf Prozent, nutzen das Gummi nur noch 40 Prozent der Hochschüler.

Schon irre: Obwohl die Aussagen inhaltlich stets gleich sind, hat die entsprechende Betonung von »halb leer« oder »halb voll« enorme Auswirkungen. Die dabei entstehenden Frames prägen den gesamten Abwägungsprozess, in der Regel unbewusst und viel stärker, als uns lieb sein dürfte. Raffinierte Kaufleute führen uns mit diesem Framing-Effekt regelmäßig hinters Licht: Nachweislich machen Händler, die eine Ware zum Schein von 9,99 auf 4,99 Euro herabsetzen und als Sonderangebot deklarieren, mehr Umsatz als jene, die den Tinnef sofort für 4,99 Euro raushauen. Zur Ehrenrettung der Frames muss man allerdings auch erwähnen, dass sie nicht durchweg schlecht sind: Sie verringern Komplexität und übernehmen eine Art Filterfunktion – so wie Faustregeln. Auch die helfen, trotz unzureichender Informationen zu einem halbwegs sinnvollen Urteil zu gelangen oder zumindest zügiger Risiken abzuwägen. Das Ergebnis muss deshalb nicht unbedingt rational, geschweige denn vernünftig sein. Ob Gewinn oder Verlust, ist eben oft nicht viel mehr als reine Ansichtssache.

DER ZERO-PRICE-EFFEKT

Vorsicht bei Lockvogelangeboten

Nein, appetitlich ist Gelatine wirklich nicht. Dabei handelt es sich genau genommen um denaturiertes Kollagen aus Tierknochen. Das klingt schon so, als müsse man sich sofort die Zähne putzen. Trotzdem erfreut sich das Produkt großer Beliebtheit beim Backen und Kochen, es macht Kinder froh und Erwachsene ebenso. Dabei begann der Siegeszug des Glibbers mit einem Flop: 1897 kaufte das Ehepaar Pearle und May Wait aus Le Roy im Bundesstaat New York das Patent dafür. Die Waits waren eigentlich Hustensiruphersteller und wollten mit der Vermarktung der Gelatine in den Geschmacksrichtungen Erdbeer, Himbeer oder Orange ihren großen Coup landen. Daraus wurde allerdings nichts, die Hausfrauen wussten mit »Jell-O«, wie die

Gelatine damals hieß, nichts anzufangen. Nach nur zwei Jahren verkauften die Waits das lausige Geschäft an ihren Nachbarn Orator Francis Woodward – für 450 US-Dollar.

Der jedoch erkannte das Potenzial des in Pulverform verkauften Instantglibbers, wusste aber auch um die Vorbehalte der Hausfrauen. Also wendete Woodward einen ziemlich ausgebufften Trick an: Er behauptete keck, Jell-O sei die »berühmteste Nachspeise Amerikas«, und ließ Promotionteams von Haustür zu Haustür wandern, die kostenlose Kochbücher an die Hausfrauen verteilten. Darin enthalten: jede Menge schmackhafte Rezepte für Speisen mit Gelatine. Natürlich hatte das den beabsichtigten Effekt: Die derart inspirierten Frauen fragten das Jell-O auf einmal nach – schließlich wollten sie nicht die Letzten sein, die derart populäre Gerichte auf den Tisch brachten. Innerhalb weniger Jahre wurde daraus ein Millionengeschäft.

Die Kochbücher waren ein klassisches Lockvogelangebot. Ein Gratisgeschenk, das zum Kauf des eigentlichen Produkts animieren sollte. Und dieser Trick funktioniert erstaunlich gut, so gut, dass er schon so manchen Händler reich gemacht hat. Denken Sie nur an den Erfinder King Gillette, der Anfang des 20. Jahrhunderts einen Rasierer mit auswechselbaren Klingen entwickelte. Zunächst wollte keiner die Wegwerfrasierer haben, doch dann fing Gillette an, seine Barttrimmer zu verschenken – an Soldaten der US-Army oder als Dreingabe beim Kauf von Kaffee, Tee oder Gewürzen. Wieder passierte das Gleiche: Die Leute nahmen die Gratis-Rasierer mit, probierten sie aus, gewöhnten sich daran, bis die Klinge irgendwann abstumpfte. Nun mussten sie eine neue kaufen, immer wieder – und Gillette verdient daran bis heute ein Vermögen.

Zero-Price-Effekt heißt dieser manipulative Mitnahme-Effekt im Fachjargon, und er ist heute als Geschäftsmodell nicht mehr aus unserer Wirtschaft wegzudenken: Einen erstklassigen Tintenstrahldrucker bekommen Sie inzwischen ab 50 Euro, aber die Tinte dafür ist teurer als Chanel Nr. 5. Die neuesten Handys gibt's schon für einen Euro oder gar gratis – vorausgesetzt,

Sie binden sich gleichzeitig für mindestens 24 Monate an den Provider. Auch All-you-can-eat-Mittagsangebote funktionieren nach diesem Muster. Selbst der Online-Händler Amazon hat mit Gratis-Dreingaben schon gute Geschäfte gemacht: Ab einem bestimmten Bestellwert ist der Warenversand dort umsonst. Also ordern die Leute ganz häufig mehr (oder teurere) Produkte, als sie eigentlich wollen – nur um Portokosten zu sparen.

»There is no such thing as a free lunch.« – »Nichts auf der Welt ist umsonst, selbst der Tod kostet das Leben«, lauten zwei bekannte Bonmots. Immer wenn Ihnen etwas kostenlos angeboten wird, sollten Sie hellhörig und sich fragen, was Ihnen im Schlepptau mitverkauft werden soll. Und selbst wenn Ihnen nicht gleich etwas angedreht wird, setzt der Anbieter höchstwahrscheinlich auf einen anderen Effekt: die Reziprozitätsfalle. Die erklären wir gleich im Anschluss.

DER REZIPROZITÄTS-EFFEKT

Warum wir uns einem Schenker verpflichtet fühlen

Vielleicht könnten wir uns leichter gegen diesen Effekt wehren, wenn er nicht mit so vielen positiven Attributen versetzt wäre: Geben ist seliger als Nehmen; Geben macht glücklich; Geben ist selbstlos und edel; kleine Geschenke erhalten die Freundschaft. Abgesehen davon, dass Freundschaften, die gegenseitiger Geschenke bedürfen, generell in einem zweifelhaften Licht erscheinen, bewirken solche Dreingaben noch weitaus mehr: Sie nötigen uns.

Der Psychologe Dennis Regan gilt als ein Pionier auf dem Gebiet der Spendierforschung. 1971 organisierte er ein hintersinniges Experiment dazu. Einige der Teilnehmer bekamen damals vom Versuchsleiter zu Beginn eine Coladose geschenkt, andere gingen leer aus. Dann wurde zum Schein ein wenig geplaudert und am Ende des Gesprächs bot der Versuchsleiter allen Probanden Tombolalose zum Preis von je 25 Cent an. Gewiss, das alles klingt eher nach Tupperparty als nach Wissenschaft. Doch wer zuvor eine Coladose spendiert bekommen hatte, kaufte deutlich mehr Lose.

Psychologen nennen dies den Reziprozitäts-Effekt. Zu Deutsch: Wie du mir, so ich dir. Wer uns etwas gibt, dem fühlen wir uns anschließend seltsam verpflichtet. Den Begriff der Reziprozität kannte schon Homer. Der griechische Dichter beschrieb das Leben in der Polis, dem antiken Stadtstaat, als Aufeinandertreffen *reziproker* Handlungen. Auch der römische Redner Cicero wusste: »Keine Pflicht ist unabkömmlicher als die, einer Gefälligkeit nachzukommen. Ein Nichterwidern des Verhältnisses hätte unweigerlich den Vertrauensverlust zur Folge.«

Das Problem daran ist nur: Das Prinzip lässt sich missbrauchen – wir Menschen tappen allzu leicht in die Reziprozitätsfalle. Selbst die in dieser Hinsicht eigentlich unverdächtigen Wohltätigkeitsorganisationen machen sich diesen Hebel schon mal zunutze. Die Organisation amerikanischer Kriegsversehrter hat einmal ausgerechnet, dass im Normalfall jeder fünfte Spendenaufruf Erfolg hat. Liegt dem Brief jedoch ein kleines Geschenk bei, öffnet bereits jeder Dritte Herz und Portmonnaie.

Chris Anderson, Chefredakteur des US-Magazins ›Wired‹ und Autor des Bestsellers ›Free‹ verweist in seinem Buch beispielsweise auf den Erfolg der Musikgruppe Radiohead. Mit dem Album »In Rainbows« veröffentlichten sie ihre kommerziell erfolgreichste Platte – und das, obwohl sie das Album ausschließlich im Internet anboten, noch dazu zu einem legendären Preis: Jeder Kunde durfte selbst entscheiden, wie viel er dafür bezahlen wollte. Natürlich luden sich damals auch einige Nassauer die Songs runter, ohne einen Cent dafür zu bezahlen. Die Mehrheit aber überwies einen durchschnittlichen Betrag von sechs Dollar, manche gaben dafür sogar mehr als 20 Dollar aus. Am Ende wurde das Album weltweit insgesamt über drei Millionen Mal verkauft. Es fällt nicht schwer, sich auszurechnen, wie viel Geld sich mit derlei »Gratis«-Angeboten verdienen lässt.

Nun ist die Sache mit der kostenlosen Probe, die uns zum Kauf von einem ganzen Paket verführen soll (siehe auch Zero-Price-Effekt) einigen schon recht bekannt. Sie ahnen, dass sie das Geschenk nur manipulieren soll, und lehnen dankend ab. Zur Reziprozitätsfalle gehört aber noch eine andere Masche, die weitaus weniger bekannt ist, aber mindestens genauso perfide wirkt: die sogenannte *Tür-ins-Gesicht-Technik*.

Wir können Sie beruhigen, es handelt sich hierbei nicht um eine brutale Überzeugungspraktik bandenmäßig organisierter Drückerkolonnen. Einer der Urheber ist vielmehr der renommierte US-Verhaltenspsychologe Robert Cialdini. Der testete die Masche zum ersten Mal 1975 auf seinem Campus. Damals wollte er Studenten dazu bewegen, zwei Stunden mit problematischen Jugendlichen im Zoo zu verbringen – wohlgemerkt ohne Bezahlung. Dazu sprach er wahllos Studenten auf dem Unigelände an, das Echo hielt sich in überschaubaren Grenzen: Gerade einmal 17 Prozent der Befragten kamen der Bitte nach. Nun variierte Cialdini seinen Versuch. Wieder ging er auf willkürlich ausgewählte Studenten zu – allerdings bat er nun um einen viel größeren Gefallen. Er sei gerade dabei, ehrenamtliche Helfer für ein Jugendgefängnis zu rekrutieren. Ob sie nicht Lust hätten, mindestens zwei Jahre lang zwei Stunden wöchentlich dort zu arbeiten? Sie können sich denken, dass die Begeisterung hierfür noch nicht einmal ansatzweise erkennbar war.

Doch das machte nichts, im Gegenteil: Cialdini hatte fest damit gerechnet, er hatte sich die sprichwörtliche Tür ganz bewusst vor der Nase zuschlagen lassen (daher auch der Name der Technik). Denn nun konterte er mit einer Alternative: ob die Studenten dann nicht wenigstens Lust hätten, zwei Stunden mit problematischen Jugendlichen im Zoo zu verbringen? Und jetzt waren es auf einmal 51 Prozent, die sich zu dem gemeinnützigen Ausflug bereit erklärten.

Warum das so gut wie immer funktioniert? Schuld daran ist

wieder die Reziprozität. Wir haben ja bereits gesehen, dass wir zu Menschen tendenziell nett sind, wenn diese zuvor zu uns nett waren. Cialdini hatte im zweiten Teil des Experiments die große Bitte (ehrenamtliche Arbeit im Jugendknast) zurückgenommen und stattdessen eine vergleichsweise kleine geäußert – einen läppischen Zoobesuch. Unbewusst wollten die Studenten diese vermeintlich freundliche Geste und das Zugeständnis an sie erwidern und stimmten prompt dem Zoobesuch zu. So gesehen müssen Sie nicht einmal etwas geben, um von anderen zu bekommen, was Sie wollen. Sie müssen nur zuerst besonders unverschämt sein, um dann freundliches Entgegenkommen zu simulieren. Mag sein, dass Geben seliger ist als Nehmen, aber es ist mitunter auch eine ziemlich linke Sache.

DER ENDOWMENT-EFFEKT

Was uns gehört, bewerten wir sofort höher

Die Heimspiele der Basketballmannschaft der traditionsreichen US-Universität Duke gehören zu den beliebtesten des ganzen Landes – was nicht zuletzt an der relativ kleinen Halle liegt. Gerade einmal 9314 Zuschauer passen hinein. Entsprechend heiß begehrt sind die Karten. So sehr, dass die Hochschule längst dazu übergangen ist, die Karten bei jedem Heimspiel zu verlosen. Allerdings hat dies ebenfalls dazu geführt, dass ein veritabler Schwarzmarkthandel entstanden ist.

In der Welt des Sports ist das nichts Neues. Schwarzmarktkarten gibt es zu fast allen größeren Events. Die beiden Ökonomen Dan Ariely und Ziv Carmon interessierte daher etwas anderes: der Preis. Eines Tages mischten sie sich unter die Studenten der Duke-Universität und gaben sich als Schwarzmarkthändler aus. Sie wollten herausfinden, was jene Studenten, die keine Karte mehr ergattert hatten, maximal für ein Ticket ausgeben wollten. Im Schnitt lag die Zahlungsbereitschaft bei 170 Dollar. Ein relativ normaler Schwarzmarktpreis. Dann aber befragten Ariely und Carmon auch diejenigen Studenten, die per Los an eine Karte gekommen waren. Diesmal wollten sie den Betrag wissen, für den diese ihre Karte wieder verkaufen würden. Ergebnis: Im Schnitt wollten die Studenten ganze 2400 Dollar dafür haben. Wer ein Ticket gewonnen hatte, sah dessen Wert also vierzehn Mal höher an als jene, die leer ausgegangen waren.

Verrückt? Sicher. Unerklärlich? Mitnichten. Dahinter steckt der Endowment- oder auch Besitztums-Effekt, der auf den amerikanischen Ökonomen Richard Thaler und den Psychologen Daniel Kahneman zurückgeht. Auch sie kamen dem Phänomen mit einigen Experimenten auf die Schliche. Im Jahr 1990 drückten sie dazu etwa Versuchspersonen Kaffeebecher in die Hand und teilten ihnen mit, dass diese von nun an ihnen gehörten. Dann sollten die Teilnehmer aufschreiben, für wie viel Geld sie den Becher wieder verscherbeln würden. Anschließend fragten die Forscher eine zweite Gruppe, wie viel Geld sie für den Becher zu zahlen bereit wären. Ergebnis: Die Besitzer verlangten im Schnitt 7,12 Dollar – die potenziellen Käufer wollten nur 2,86 Dollar zahlen.

Sobald wir einen Gegenstand besitzen, steigt in unseren Augen dessen Wert. Verkaufen wir ihn, wollen wir plötzlich viel mehr dafür haben, als wir selbst je bereit gewesen wären, dafür zu bezahlen. Das ist für sich genommen schon grotesk genug. Wie Wissenschaftler der Ohio-State-Universität herausgefunden haben, ist der tatsächliche Besitz jedoch gar nicht mal vonnöten, um den Endowment-Effekt auszulösen. Es reicht schon, wenn wir ein Produkt nur anfassen, damit unsere Begehrlichkeit steigt. Bei dem besagten Versuch hielten die Teilnehmer einen billigen Kaffeebecher in den Händen. Die einen berührten ihn zehn Sekunden lang, die anderen 30 Sekunden. Danach konnten sie den Becher kaufen. Es kam, was bis dahin keiner erwartet hatte: Wer den Pott länger in Händen gehalten hatte, wollte tatsächlich mehr dafür zahlen. Falls Sie also beim nächsten Einkaufsbummel nicht mehr ausgeben wollen als geplant, lassen Sie die Hände in den Taschen und beherzigen Sie den Rat, den Ihnen vielleicht schon Ihre Eltern als Kleinkind gaben: »Nichts anfassen!«

DER NAME-LETTER-EFFEKT

Warum wir Dinge bevorzugen, die Buchstaben unseres Namens enthalten

Fangen wir bei uns an: Jochen ist Journalist. Früher hat er gerne mit dem Jo-Jo gespielt. Heute liebt er Jazz. Daniel liebt Datteln, Duschen, und er arbeitet in Düsseldorf. Zufall?

Nein.

Die Welt ist furchtbar komplex. Pro Tag treffen wir etwa 20 000 Entscheidungen, hat der Hirnforscher Ernst Pöppel einmal errechnet. Zu viele. Deswegen braucht der Mensch Hilfen – auch bei vermeintlich simplen Fragen. Beispielsweise im Supermarkt. Wer an der Kühltheke nicht weiß, welchen Joghurt, Käse oder Schinken er kaufen soll, wählt häufig solche Marken, deren erster Buchstabe sich mit dem Vornamen deckt. Wissenschaftler nennen dieses Phänomen den Name-Letter-Effekt. Wie ein Forscherteam um Miguel Brendl 2002 feststellte, prägt der Effekt regelrecht Produktvorlieben. Demnach isst Nils gerne Nutella, Werner trinkt am liebsten Warsteiner, und Günther raucht bevorzugt Gauloises.

Warum das so ist? Dahinter steckt das sogenannte Prinzip des impliziten Selbstwerts. Tief in uns drin sind wir uns selbst am sympathischsten. Für die Seelenbalance ist das zunächst auch gar nicht mal so schlecht. Wenn wir uns zwischen zwei oder mehreren Dingen entscheiden sollen, tendieren wir häufig zu solchen, denen wir uns irgendwie verbunden fühlen. Nur falls es da so gar keine erkennbaren Gemeinsamkeiten gibt, reicht unseren grauen Zellen zur Not auch eine willkürlich konstruierte Verbindung. Und schon bevorzugen wir Dinge, deren Anfangsbuchstabe sich mit dem unseres Vornamens deckt. Dieses Phänomen verfolgt uns längst nicht nur in vermeintlich harmlosen Situationen wie dem Einkauf von Lebensmitteln. Es nimmt Einfluss auf unseren Erfolg, auf unseren Arbeitsplatz und sogar unseren Wohnort.

Die Psychologen Leif Nelson und Joseph Simmons fanden vor einigen Jahren heraus: Wenn unsere Initialen bei unserem Gegenüber negative Assoziationen wecken, werden unsere Leistungen sofort schlechter bewertet. Die US-Wissenschaftler werteten für ihre Studie die amerikanische Baseball-Statistik aus insgesamt 93 Jahren aus. In dem Nationalsport werden Strikeouts – wenn der Schlagmann den Ball drei Mal hintereinander verfehlt – mit dem Buchstaben »K« abgekürzt. Und siehe da: Baseballspieler, deren Vor- oder Nachname mit K begann, verzeichneten solche Misserfolge häufiger als andere. Mehr noch: Der Effekt lässt sich auch in der akademischen Welt beobachten. Wie Sie vielleicht wissen, werden Schulnoten in den USA mit Buchstaben vergeben – ein A entspricht der deutschen Eins, ein E ist gleichbedeutend mit einer Sechs. Nelson und Simmons untersuchten die Master-Ergebnisse von Studenten

Die beliebtesten Vornamen der Jahre 2000 bis 2009

Mädchen	**Jungen**
Anna	Lucas / Lukas
Hannah / Hanna	Leon
Lea / Leah	Tim / Timm
Leonie	Luca / Luka
Lena	Finn / Fynn
Lara	Jonas
Laura	Jan
Sarah / Sara	Niclas / Niklas
Marie	Felix
Emily / Emilie	Paul

Quelle: Beliebte-Vornamen.de

einer Privatuniversität aus insgesamt 15 Jahren, Fazit: Studenten, deren Namen mit C oder D begann, bekamen signifikant häufiger schlechtere Noten.

Die belgischen Psychologen Frederik Anseel und Wouter Duyck wiederum stellten bei ihren Untersuchungen fest, dass die subtile Kraft des Name-Letter-Effekts zum Teil sogar die Wahl unseres Arbeitsplatzes beziehungsweise des Arbeitgebers beeinflusst. Und glaubt man den Ergebnissen einer Studie des US-Psychologen Brett Pelham von der staatlichen Universität von New York in Buffalo, wählen wir aufgrund des Effekts manchmal sogar unbewusst unseren Wohnort aus. 2002 analysierte Pelham die Daten der amerikanischen Volkszählung. Am Ende konnte er daraus ableiten, dass ein Mann mit dem Vornamen Louis mit höherer Wahrscheinlichkeit in Louisiana lebt, während eine Frau namens Virginia mit messbarer Häufigkeit vorzugsweise in den gleichnamigen Bundesstaat zieht.

Sie können ja bei sich selbst die Probe aufs Exempel machen: Was sind Ihre liebsten Marken, Lieblingsspeisen, Lieblingslieder, Lieblingsfarben? Wo wohnen Sie? Wo arbeiten Sie? Und nicht zuletzt: Was verbindet Sie mit diesem Buch? Nichts? Doch. Jetzt schon. Lesen Sie einfach den nächsten Effekt ...

DER FRAGE-EFFEKT

Werden Sie diesen Text lesen?

Zu Beginn müssen wir uns gleich bei Ihnen entschuldigen: Sie wurden gerade manipuliert. Und zwar mit einer simplen Frage in der Überschrift. Nun werden Sie vielleicht sagen: »Ich habe das Buch bezahlt, da lese ich sowieso alles, was drinsteht.« Prima, wir unterstützen diese ökonomische Haltung. Wir behaupten allerdings auch: Selbst wenn Sie dieses Buch nicht gekauft, sondern nur geliehen oder kopiert haben (was wir nicht unterstützen), wären Sie uns auf den Leim gegangen. Denn jemandem eine Frage zu stellen, kann dessen Verhalten massiv beeinflussen.

Es war das Jahr 1993, als Vikki Morrison, Marketing-Professor an der New Yorker Stern-Universität, dem Frage-Effekt auf die Schliche kam. Kurz zuvor hatte er etwas über die stimulierende Wirkung von Fragen bei seinem Kollegen Anthony Greenwald von der Universität von Washington gelesen. Der hatte dokumentiert, dass Studenten, die danach gefragt wurden, wen sie bei anstehenden Campusabstimmungen wählen würden, häufiger wählen gingen als Studenten, die man nicht befragt hatte. Überrascht, wie simpel dieser Effekt scheinbar ist, machte Morrison die Probe aufs Exempel und stellte seinen Studenten die Grundsatzfrage, warum diese entweder ein Auto oder einen PC kaufen würden. Man sollte annehmen, dass derlei unverbindliches Sinnieren im Hörsaal keinerlei Auswirkungen hat. Hatte es aber: Unter den Befragten stieg hinterher die Nachfrage nach exakt diesen beiden Produkten messbar an.

Gewiss, dieser Effekt wirft selbst Fragen auf. Etwa wie stichhaltig manch wissenschaftliche Studie überhaupt noch ist, falls diese auf Fragen basiert. Umgekehrt lässt sich die Erkenntnis aber auch persönlich nutzen: Etwa, wenn man einen zugkräftigen Einstieg für ein Buchkapitel sucht. Oder – deutlich altruistischer – wenn man anderen Menschen helfen möchte.

Genau das wurde zum Beispiel im Jahr 2008 gemacht. Mit kanadischen Blutspendern. Bei diesem Experiment wählte man 4672 Blutspender zwischen 18 und 70 Jahren aus und unterteilte sie in zwei Gruppen. Rund 2900 von ihnen sollten einen Fragebogen ausfüllen, in dem sie angaben, warum sie Blut spendeten und ob sie dies in sechs Monaten wieder tun würden. Sie ahnen bereits, was ein halbes Jahr später passierte: Wer den Fragebogen ausgefüllt hatte, zeigte nach sechs Monaten eine 8,6-prozentig höhere Bereitschaft zum Blutspenden als die Mitglieder der Kontrollgruppe. Nach zwölf Monaten lag die Spendierlaune bei den Fragebogenteilnehmern immer noch um 6,4 Prozent höher.

Bei all diesen Versuchen muss man allerdings eines einräumen: Es reicht nicht, ein paar Fragen zu stellen. Die Leute müssen sie auch beantworten können. So gesehen müssen wir unsere Eingangsthese leicht korrigieren: Nicht eine Frage zu stellen, sondern diese beantworten zu lassen, kann Verhalten enorm beeinflussen. Andererseits: Wenn Sie den Text bis hierher durchgelesen haben, reicht vielleicht auch eine simple Frage.

DER DECOY-EFFEKT

Warum man bei schwierigen Entscheidungen eine Alternative braucht

Es ist Zeit, mit einer alten Volksweisheit aufzuräumen. Ein für alle Mal. Noch immer glaubt die Mehrheit, wenn sich zwei streiten, freut sich der Dritte. Davon abgesehen, dass es diesen nassauernden Dritten gar nicht immer gibt und der zudem besser beraten wäre, sich aus dem Streit rauszuhalten, ist die ganze These ziemlicher Kokolores.

Nehmen wir zum Beispiel die amerikanischen Präsidentschaftswahlen. In der Vergangenheit stellte sich dort regelmäßig der Verbraucheranwalt Ralph Nader zur Wahl. Der, und das wusste er selbst, hatte nicht den Hauch einer Chance, ins Oval Office einzuziehen. Trotzdem trat er an – ob aus Masochismus oder überzogener Eitelkeit ist letztlich egal. Dabei zog er sich jedes Mal den Unmut der Demokraten und Republikaner zu. Denn beide Parteien befürchteten, dass Nader wichtige Stimmen ihres Kandidaten auf sich vereinigen und ihn im Worst

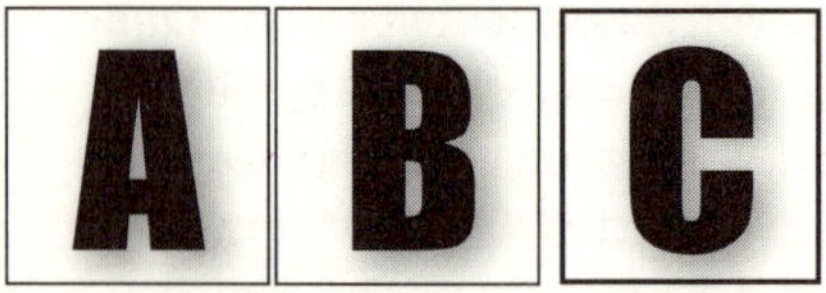

Case am Ende um den Sieg bringen könnte. Doch das Gegenteil war der Fall: Die etablierten Parteien profitierten von Naders Initiative. Und zwar aus einem simplen Grund: Wenn Menschen sich zwischen zwei Alternativen entscheiden müssen, die kaum auseinanderzuhalten sind, dann fällt ihnen diese Entscheidung leichter, sobald eine dritte Option ins Spiel kommt. Das nennt man den Decoy-Effekt – und der wirkt nicht etwa nur bei Wahlen, sondern auch und vor allem bei Kaufentscheidungen.

Entdecker dieses irrwitzigen Phänomens ist der amerikanische Marketing-Professor Joel Huber. Er befragte erstmals 1982 verschiedene Testpersonen, ob sie lieber in einem weit entfernten Fünf-Sterne-Restaurant speisen wollten oder in einem nahe gelegenen Drei-Sterne-Restaurant. Angesichts einer solch vagen Beschreibung der Optionen dürfte jeder mittelprächtig verwirrt sein. Die Wahl fällt jedenfalls nicht leicht. Den Teilnehmern in Hubers Experiment ging es genauso, denn sie sollten ja Äpfel mit Birnen vergleichen – noch dazu welche, von denen sie nie gekostet hatten (um im Bild zu bleiben). Nun bot Huber einigen seiner Probanden eine dritte Alternative an: Sie könnten auch in einem Vier-Sterne-Restaurant speisen, das allerdings noch weiter entfernt sei als das Fünf-Sterne-Lokal. Genau genommen war das eine klassische Nicht-Information. Wissen Sie jetzt mehr über die relevanten Vorzüge von Restaurant eins, zwei oder drei? Eben. Allerdings passierte nun etwas Erstaunliches: Die Teilnehmer entschieden sich mit einem Mal und ganz leicht für das Fünf-Sterne-Restaurant. Der Köder (englisch: decoy) formte für sie eine Art Maßstab, eine Messkrücke, durch die sich die beiden anderen Optionen plötzlich viel leichter vergleichen ließen. Im konkreten Fall waren fünf Sterne besser als drei oder vier Sterne, der vermeintliche Vorteil des nahe gelegenen Drei-Sterne-Lokals aber verflüchtigte sich in dem Moment, wo das dritte Gasthaus weit weg am Horizont erschien.

Nun lässt sich die Erkenntnis daraus einerseits anwenden, um Konsumentscheidungen zu lenken und Kunden zu manipulieren. Zugleich können Sie sich den Decoy-Effekt aber auch im

Alltag zunutze machen – etwa, wenn Sie selbst vor einer schweren Entscheidung mit zwei Alternativen stehen. Denken Sie sich einfach eine fiktive dritte dazu. Die meisten Menschen sehen danach sofort viel klarer, was sie eigentlich wollen.

DER WERT-EFFEKT

Warum guter Rat oft zu teuer ist

Bei einer Freundin oder einem Freund ist die Sache anders. Ein Freund ist unbedingt vertrauenswürdig, seine Einschätzungen sind über jeden Zweifel erhaben und uneingeschränkt wertvoll, vielleicht nur nicht immer willkommen. Bei einem Kollegen oder gar einem Fremden muss das nicht so sein. Der Rat des Kollegen steht meist latent im Verdacht, weniger uneigennützig zu sein, als er daherkommt. Und bei unverhoffter Hilfsbereitschaft fragt man sich erst recht: »Wo ist da der Haken?«

Das Erstaunliche daran ist: Die Situation verkehrt sich sofort ins Gegenteil, wenn wir den fremden Ratgeber für seine Dienste bezahlt haben. Das muss nicht einmal mittels Geld geschehen, schon ein wenig kostbare Aufmerksamkeit, die wir in den Wissensvermittler investieren, reicht aus, um seine Erkenntnisse aufzuwerten. Mehr noch: Es ist danach nahezu egal, was der Typ verzapft. Das kann eine wirklich wertvolle Information sein, ein nützlicher Karriererat – oder eine Binsenweisheit. Egal. Wir werden es gerne annehmen und schätzen. Denn wir haben ja dafür bezahlt – ein paar Euro oder Lebenszeit. Und je mehr uns das gekostet hat, desto mehr assoziieren wir mit dem Tipp eine hohe Qualität.

Nachgewiesen hat dies die Verhaltenspsychologin Francesca Gino von der Harvard Business School, die diesen Wert-Effekt vor allem auf das psychologische Phänomen der sogenannten *Sunk-Cost-Fallacy* zurückführt. Danach versuchen Menschen einmal gemachte Investitionen im Nachhinein zu rechtfertigen, vor allem die irrationalen. Aus diesem Grund betonen Männer zum Beispiel die großartige Ingenieurkunst in einem Porsche, obwohl auch der nur von A nach B fahren kann; Frauen wiederum loben die hohe Verarbeitungsqualität ihrer 19. Handtasche, obgleich sie dieses sündhaft teure Accessoire allenfalls viermal im Jahr tragen werden.

Was für die profanen Dinge des Alltags gilt, trifft leider auch auf die ausufernde Weiterbildungsbranche zu. Tatsächlich machen sich die Wirkungsweise diverse Seminar-Scharlatane und Coach-Quacksalber zunutze. Für ihre Exerzitien des Allgemeinplatzes knöpfen sie ihren Kunden zum Teil horrende Preise ab. Die aber finden die Binsenweisheiten hernach auch noch gut, denn: Der Murks hat ja was gekostet!

Besonders skrupellose Gestalten machen sogar planmäßig davon Gebrauch. Nachdem sie ihre Opfer mit einem Trickbetrug über den Tisch gezogen haben, nehmen sie sie erst recht aus: Unter fadenscheinigen Gründen verlangen sie eine Erhöhung der Einsätze. So steigern sie nicht nur ihren Profit, sondern verstricken ihre Opfer auch noch in eine Rechtfertigungsspirale. Denn wer einem Betrüger Geld hinterherwirft, kommt dem IQ von Toastbrot erschreckend nahe. Also muss an der Sache unbedingt etwas dran sein!

Von dem betrügerischen Bauunternehmer Jürgen Schneider gibt es dazu eine schöne Anekdote. Als er der ›Süddeutschen Zeitung‹ ein Interview gab, nachdem er schon aufgeflogen war, erzählte er nicht ganz frei von Stolz, wie er die Banken gefoppt hatte. Die hatten ihm zuerst großzügig Kredite eingeräumt, dann aber wurden sie skeptisch, ob es für seine Objekte überhaupt Mietverträge gäbe. Eine Zeit lang hielt Schneider die Banker hin, doch als nichts mehr ging, lud er sie zu sich nach Hause ein und zeigte ihnen ein paar gefälschte Mietverträge: »Ich habe mir gesagt, die hoffen ja alle bloß, dass ich die Mietverträge habe. Wenn ich die nicht gehabt hätte, hätten die alle ihren Hut nehmen können«, sagt Schneider. »Die saßen da, leichenblass. Ich legte die Mietverträge hin, und dann konnte ich richtig die Steine von deren Herzen fallen hören. Das war die reine Show.«

Machen Sie den Fehler bitte nicht. Fallen Sie nicht auf Spitzenangebote zu Spitzenpreisen herein. Qualität muss nicht teuer sein. Nicht alles, was mehr kostet, ist deswegen automatisch besser. Und nur weil jemand prominent, wohlhabend oder einflussreich ist, muss er nicht gleich etwas Gehaltvolles zu sagen haben. Im Grunde wissen Sie es ja auch schon: Der beste Rat kommt oft von einem selbstlosen Freund – und ist gratis.

DER ASSIMILATIONS-EFFEKT

Warum Marken so verführerisch sind

Was hat es wohl zu bedeuten, dass die Besucher von Madame Tussauds Wachsfiguren-Kabinett die Skulpturen diverser Zelebritäten nie einfach so, sondern stets mit sich an der Seite fotografieren? Warum schmücken Firmenpatriarchen ihre Büros so gerne mit Abbildungen vom letzten Papstbesuch oder vom Bankett mit bedeutenden Politikern? Und warum lassen sich Sportwagen einfach nicht bewerben, ohne dass auf ihrer Karosserie halb nackte Amazonen herumludern? Im ersten Fall ist es vielleicht nur Spaß, im zweiten Koketterie, im dritten ein Klischee – allen dreien gemein ist das Spiel mit dem sogenannten Assimilations-Effekt, auch Angleichungs-Effekt oder Reflected-Glory-Effekt genannt.

Die Entdeckung stammt ursprünglich aus dem Marketing. Irgendwann haben Werber festgestellt, dass die Leute Produkte besser finden, sobald man sie zusammen mit Gegenständen oder Personen präsentiert, die bereits ein positives Image besitzen.

Kurvige Blondinen zum Beispiel üben seit jeher eine Puls und Speichelfluss beschleunigende Wirkung auf biertrinkende Männer aus, weshalb sie häufig Plakatwände bevölkern, die in der Nähe von Sporttribünen oder Getränkemärkten anzutreffen sind. Politiker in Wahljahren wiederum lassen sich auffällig oft zusammen mit Gewinnertypen aus Kultur, Sport oder Wirtschaft für die Presse ablichten. Auch hierbei geht es um einen Imagetransfer.

Top-10-Marken in Rap-Songs
(Anzahl Erwähnungen)

Mercedes:	112
Lexus:	48
Gucci:	47
Cadillac:	46
Burberry:	42
Prada:	39
Cristal:	37
Hennessy:	35
Lamborghini:	34
Chevrolet:	33

Top-5-Musiker mit den meisten erwähnten Marken

50 Cent:	31
Lil' Kim:	15
Jay-Z:	14
Ginuwine:	13
Ludacris:	9

Quelle: American Brandstand, 2003 (www.uic.edu/orgs/kbc/hiphop/mentions.htm)

Der Assimilations-Effekt steckt auch hinter dem zwar ethisch zweifelhaften, aber ökonomisch erfolgreichen Productplacement. Dabei lassen Markenstrategen ihre Produkte gezielt und semi-unauffällig in Kinofilme, TV-Serien oder Songtexte einbauen – natürlich für viel Geld.

Besonders Rap-Musiker scheinen für derlei Mitnahmeeffekte anfällig. So waren etwa in der Woche des 12. April 2003 allein in den Top-20-Songs der US-Billboardcharts ganze 47 Markennamen vertreten. Rekord! Am häufigsten fiel dabei der Name Mercedes-Benz. Als Künstler, der in seinen Liedern besonders oft und besonders viele Marken unterbringt, gilt bis heute 50

Cent. Die meisten Produkte in einen einzigen Song gestopft hat jedoch die Sängerin Lil' Kim: In »The Jump Off« schaffte es die Liebhaberin der inzwischen verstorbenen Rap-Legende Notorious B.I.G., ganze 14 Marken zu platzieren (siehe auch Rangliste Seite 131). Wie viel die 36-Jährige bei dem Deal verdiente, ist zwar nicht überliefert, aber der Gegenwert dürfte ebenfalls *notorious big* gewesen sein: Der Song erreichte in den US-Charts Platz 17, in Großbritannien sogar Platz 16 und in den deutschen Musiklisten immerhin noch Rang 22.

Selbst ohne die Strahlkraft prominenter Werbekünstler lässt sich von dem Effekt profitieren. Im Fachjargon wird das unter anderem Co-Branding genannt und passiert immer dann, wenn zum Beispiel auf ein erfolgreiches Produkt ein nahezu gleichnamiges zweites folgt – wie bei Apples Trilogie aus iPod, iPhone, iPad. Der Gedanke dahinter: Was schon einmal Hunderttausende begeistern konnte, lockt sie auch ein zweites oder drittes Mal an die Kasse. Zyniker kennen das Prinzip auch unter dem Motto: Man muss die Kuh melken, bis sie umfällt.

Im Grunde steckt der Assimilations-Gedanke hinter allen Markenprodukten. Einmal mit einem positiven Image aufgeladen, lassen sich unter dem Label zahlreiche weitere Gimmicks verkaufen, weil die Kunden mit dem jeweiligen Namen einfach bestimmte Eigenschaften wie Qualität, Vitalität oder Attraktivität assoziieren. Ob so viel Zutrauen auch gerechtfertigt ist, steht freilich auf einem ganz anderen Blatt. Und bis dahin muss man es eben mit geliehener Attraktivität versuchen.

DER VEBLEN-EFFEKT

Je teurer etwas ist, desto lieber kaufen wir es

Bernard Arnault verdient Milliarden mit Produkten, die kein Mensch braucht. Trotzdem will sie jeder haben. Arnault ist Chef des weltgrößten Nobelkonzerns Louis Vuitton Moët Hennessy, kurz LVMH. Mit Uhren, Champagner, Mode und anderem Bling-Bling erwirtschaftete der Konzern allein im Jahr 2009 einen Umsatz von rund 17 Milliarden Euro, der Nettogewinn betrug am Ende ganze 1 700 000 000 Euro. Und das war ein schlechtes Jahr für die Luxusgüterindustrie!

Auch im Internet brummt der Absatz mit edlem Tand. Online-Händler wie brands4friends, BuyVIP, Vente-Privée oder Yoox verzeichnen schon seit Jahren spektakuläre Mitglieder- und Umsatzzuwächse. Es sind vor allem die jüngeren Luxusliebhaber und Designjünger (Altersdurchschnitt: 32 Jahre), die im Netz nach Schnäppchen suchen. Auch sie wollen Mode oder Schmuck von Prada, Gucci und Louis Vuitton – hoffen aber im Web etwas weniger dafür ausgeben zu müssen. Doch mal ehrlich: Wenn das Label auf manchen dieser Produkte nicht besonders auffällig prangen würde, könnte man sie kaum von anderen unterscheiden. Wenn man den Gedanken weiterspinnt, muss man sich sogar ernsthaft fragen, warum es überhaupt so etwas wie Luxusgüter gibt. Streng genommen dürften sie gar nicht existieren – sie widersprechen so ziemlich allen ökonomischen Prinzipien. Einerseits.

Der amerikanische Ökonom Thorstein Veblen sieht das jedoch anders. Er machte sich in seinem Werk ›Theorie der feinen Leute‹ im Jahr 1899 eigene Gedanken über Luxusgüter. Zuvor glaubten Wirtschaftswissenschaftler uneingeschränkt an das Gesetz der Preiselastizität, kurz: Die Nachfrage sinkt, wenn der Preis steigt. Zwar verlaufen die Kurven dazu bei einigen Gütern unterschiedlich steil, aber die Richtung ist praktisch immer dieselbe. Entsprechend dürfte es beispielsweise Luxusautos gar nicht geben.

Gemessen an der Nachfrage lohnt sich trotz des hohen Preises deren Entwicklung und Produktion kaum. Zudem bringt einen auch ein Golf von A nach B. Der ist obendrein billiger und verbraucht weniger Benzin. Nur ist die Wolfsburger Mittelklassekarosse vielleicht nicht ganz so schnell und dürfte auch nicht allzu viele Blicke auf sich ziehen.

Ganz anders beim schnittigen Italoflitzer. Sobald der um die Kurve röhrt, bleiben Passanten stehen, schauen entweder verzückt oder neidisch drein, und manch einer kommt ins Schwelgen. Das Auto vermittelt ein Lebensgefühl aus Dolce Vita und Playboy-Romantik. Und genau das ist das Entscheidende: Man bezahlt bei solchen Autos nicht nur den hochgetunten Motor, das Sechs-Gang-Getriebe oder kurvige Chassis, man bezahlt vor allem die Extra-Eigenschaften, die quasi bei jedem Luxusgut mit ausgeliefert werden. Je mehr es sind, desto höher der Preis, und – das ist das Paradoxe – desto begehrenswerter wird das Produkt. Und das nennt man dann den Veblen-Effekt.

Im Alltag tritt er an zahlreichen Stellen auf, etwa bei den schon erwähnten Statussymbolen wie Autos, Schmuck oder Mode. Aber auch bei Luxusimmobilien, Segel- oder Motoryachten. Zu den verrücktesten Veblen-Produkten, die schier aberwitzige Rekordpreise erzielen, zählen etwa diese:

- **Das teuerste Anwesen der Welt** steht im Londoner Edelviertel Kensington. Der Inder Lakshmi Mittal, Besitzer des Stahlkonzerns Arcelor Mittal, zahlte 2005 dafür umgerechnet 105 Millionen Euro.
- **Die längste Yacht der Welt** besitzt derzeit der russische Milliardär Roman Abramowitsch. Die in Hamburg gebaute »Eclipse« hat mit einer Länge von 155 Metern den bisherigen Spitzenreiter, die 147 Meter lange »Prince Abdul Aziz« des verstorbenen saudi-arabischen Königs Fahd, überholt. Wie viel das Boot gekostet hat? Darüber wird geschwiegen, Experten sind sich aber sicher: nicht unter 200 Millionen Euro.
- **Das teuerste Auto der Welt** ist ein Ferrari 250 Testa Rossa,

Baujahr 1957. Er wurde 2009 im italienischen Maranello versteigert – zum Preis von neun Millionen Euro.

- **Die teuerste Uhr der Welt** stammt von der Schweizer Luxusmarke Chopard, ausgestattet mit Hunderten von funkelnden Diamanten. Das Glitzergeschmeide fürs Handgelenk hat den Gegenwert einer hochwertigen Motoryacht: 20 Millionen Euro.
- **Den teuersten Cocktail der Welt** können Sie im Burj al Arab schlürfen. Für schlappe 4690 Euro bekommen Sie in dem höchsten Hotel Dubais einen 55 Jahre alten Whiskey serviert, mit Maracujazucker auf Eiswürfeln aus schottischem Edelwasser.
- **Das teuerste Hotelzimmer der Welt** ist das Penthouse im Hotel Martinez in Cannes. Das 500-Quadratmeter-Apartment hat eine 200-Quadratmeter-Terrasse mit Blick über die Bucht von Cannes und die Estérel-Berge und verfügt neben einem Wohnzimmer, zwei Schlafzimmern, Speisezimmer auch über zwei Bäder mit Hammam, Whirlpool, Sauna und extra Ankleideraum. Der Preis pro Nacht: 45 000 Euro.

Keine Frage, all diese Dinge müssen nicht sein. Kein Mensch braucht sie wirklich. Aber genau das macht die Faszination von Luxus aus – man leistet ihn sich trotzdem. Warum das so ist, erklärt unter anderem der Diderot-Effekt, von dem Sie im nächsten Abschnitt lesen können.

DER DIDEROT-EFFEKT

Warum wir Luxusprodukten verfallen

Grant McCracken bezeichnet sich selbst als Kulturanthropologe. Seine Arbeiten versteht er als Forschung auf der Schnittstelle zwischen Ökonomie und Anthropologie. Der Kanadier mit markantem Kinn und Glatze promovierte einst an der Universität von Chicago und unterrichtete später an der Harvard Business School sowie am renommierten MIT Laboratory for Branding Cultures in Cambridge, Massachusetts. 1988 veröffentlichte er das Buch ›Kultur und Konsum‹, in dem er der Frage nachging, warum Menschen kaufen, was sie kaufen. Bei seinen Recherchen stieß er auf einen schon etwas angejahrten Aufsatz des französischen Philosophen Denis Diderot. Der hatte seinerzeit im 18. Jahrhundert von einem Freund einen Morgenmantel geschenkt bekommen: scharlachrot, luxuriös – heute würden wir sagen: Haute Couture. Der Freund hatte es gut gemeint mit Diderot, doch im Endeffekt erwies sich die edle Gabe als verhängnisvoll. Denn sie zwang Diderot in eine kostspielige Konsumspirale.

In seinem Essay aus dem Jahr 1772 mit dem schönen Titel ›Gründe, meinem alten Hausrock nachzutrauern‹ (Untertitel: Eine Warnung an alle, die mehr Geschmack als Geld haben) beschreibt der Denker Diderot die fatale Kettenreaktion, die die Klamotte auslöste: Zwar gefiel ihm der Rock beim Anblick seines Spiegelbildes außerordentlich, doch störten ihn plötzlich die Details in seinen vier Wänden im Hintergrund, die ihm vorher gar nicht aufgefallen waren. »Ich sehe aus wie ein reicher Tagedieb«, befand der Philosoph über das unstimmige Bild. Die Unbill lösten vor allem seine alten Möbel aus, die von der Zeit und Mode längst überholt waren; Nippes, der nicht zusammenpasste; Accessoires ohne Wert. Also ersetzte er die Einrichtungsgegenstände, einen um den anderen: Den simplen Holztisch tauschte er gegen einen kostbaren Schreibtisch aus, kaufte einen neuen Spiegel und gestaltete schließlich das ganze Zimmer neu. Kurzum: Diderot verhielt sich wie die Millionärsgattin im Klischee, die sich ein neues Sportcabriolet zulegt, weil das alte nicht mehr zum Nagellack passt. Eine ganze Zimmereinrichtung als passendes Ambiente für einen geschenkten Morgenrock – das ist mal konsequent!

Aber typisch für unsere Konsumgesellschaft, findet McCracken, der diesen Schneeball-Effekt auch als Diderot-Effekt be-

> Tanya Luhrmann, Anthropologin an der Stanford-Universität, hat in Tiefeninterviews mit rund 200 Studenten festgestellt: Wer ein iPhone in die Finger bekommt, begreift es schon bald als Teil seiner Identität. So gaben drei Viertel der Befragten zu, das iPhone schon einmal mit ins Bett genommen zu haben und damit eingeschlafen zu sein. Rund jeder Vierte meinte, das Gerät fühle sich an wie eine Erweiterung des Gehirns, und fast jeder Zehnte bekannte, das Telefon gelegentlich zu streicheln. Suchtgefährdet fühlten sich bereits ganze 40 Prozent der Probanden, und einer fügte noch hinzu, der Verlust seines Handys käme ihm vor wie ein Todesfall in der Familie.

zeichnet. Demnach wählen wir Dinge ganz häufig danach aus, dass sie »ein sinnvolles Ganzes« ergeben. Es beginnt mit einer hochwertigen Couchgarnitur. Schon sieht der Rest des Wohnzimmers aus, als hätten die Siebzigerjahre vergessen, ihren Plunder mitzunehmen. Also müssen auch noch neue Regale, neue Bilder, neue Tische und Tapeten her. Genauso im Kleiderschrank: Erst kaufen wir aus einer Laune heraus das schicke Designerschnäppchen, doch dann folgt der Schreck: »Ich habe ja gar nichts, was ich dazu anziehen könnte!« So geht das immer und überall: Wer A bestellt, muss auch B kaufen. Das Jackett zum Job, die Prada-Tasche zur Party, den Champagner zum Cabriolet. So manche Kaufräusche lassen sich mit dem Diderot-Effekt erklären. Aber nicht nur die.

Das Ganze funktioniert auch andersherum, wie McCracken anmerkt. Weil das Neue das bereits harmonische Ensemble in Wohnzimmer oder Kleiderschrank empfindlich stören würde, verweigern sich einige dem Kauf bewusst. So wie McCracken selbst. Wochenlang hatte ihm seine Frau von dem neuen iPhone vorgeschwärmt, doch er wollte keins kaufen. »Das passt nicht zu mir«, schrieb er in seinem Blog. Am Ende gab er aber doch nach. Vermutlich wegen eines anderen Phänomens: Konformitätsdruck.

DER MERE-EXPOSURE-EFFEKT

Weshalb Schleichwerbung so gut funktioniert

Es ist ein weiter Weg von einem Labor im US-Bundesstaat Michigan bis in ein Fernsehstudio in Hamburg. Doch genau diese zwei Orte sind der Anfang und das Ende dieser Geschichte. Aber der Reihe nach.

1968 widmete sich der amerikanische Psychologe Robert Zajonc an der Universität von Michigan einer Reihe von Experimenten. Er wollte beweisen, dass wir einer Sache nur oft genug ausgesetzt sein müssen, um sie positiv in Erinnerung zu behalten. Unser Unterbewusstsein führt dabei die Regie. Im Versuch dazu zeigte Zajonc seinen Probanden auf Karten zwölf türkische Wörter, die sie laut aussprechen sollten. Anschließend bat er sie, zu erraten, was diese bedeuteten. Natürlich konnte keiner der Teilnehmer Türkisch, also sollten sie auf einer Skala von 0 (gut) bis 6 (schlecht) angeben, ob das Wort eine positive oder negative Bedeutung habe. Der Kniff lag darin, dass Zajonc den Probanden die Wörter unterschiedlich oft zeigte – manche Worte sahen die Teilnehmer nur einmal, manche zwei Mal, andere zehn oder gar 25 Mal. Als sie die Wörter bewerteten, bemerkte Zajonc: Je öfter die Teilnehmer das Wort gesehen und ausgesprochen hatten, desto besser bewerteten sie es.

In einem zweiten Experiment präsentierte Zajonc den Probanden chinesische Schriftzeichen. Dieses Mal sollten sie sich die Zeichen nur einprägen. Danach bat er sie wieder darum, die Bedeutung einzuschätzen. Das Ergebnis war dasselbe: Je öfter sie das Zeichen gesehen hatten, desto besser bewerteten sie es.

So weit, so sachlich. Nun aber fragte sich der Forscher, ob dasselbe wohl auch bei Menschen passiert? Also entwarf er ein drittes Experiment. Diesmal schauten sich die Teilnehmer Passfotos von Studenten an und gruppierten diese im Anschluss auf einer Sympathie-Skala ein. Exakt dieselbe Wirkung: Häufig gesehene Gesichter erzielten wesentlich höhere Sympathiewerte.

Das Ganze nennen fachkundige Experten heute den Mere-Exposure-Effekt – je häufiger wir einer Sache begegnen, desto sympathischer wird sie uns. Schon zahlreiche kurze Blicke reichen, um unser Unterbewusstsein zu manipulieren. Und so nähern wir uns denn auch langsam dem Hamburger Fernsehstudio.

Es gehört zum Urinteresse der Werbeindustrie, Konsumenten diskret zu beeinflussen – je weniger sie das merken, desto besser. Denn natürlich zerstört es den Zauber jeder Verführung, wenn man sie als solche enttarnt. Man spürt die Absicht und ist verstimmt. Entsprechend hat die Branche in den vergangenen Jahren verstärkt auf ein Mittel zurückgegriffen, das eher in der Grauzone der Legalität angesiedelt ist – die Schleichwerbung. Zehn Jahre lang verscherbelte zum Beispiel die Münchner Produktionsfirma Bavaria Film verdeckte Werbung in der ARD-Vorabendserie ›Marienhof‹. Zehn Platzierungen kosteten schlappe 175 000 Euro. Kreativer Höhepunkt: 2003 eröffnete in der Serie ein neues Reisebüro, das dem realen Vorbild von L'TUR zum Verwechseln ähnlich sah.

Oder Hademar Bankhofer. Regelmäßig gab der österreichische Arzt den Zuschauern des ARD-Morgenmagazins Ernährungstipps und empfahl Medizin für allerlei Wehwehchen – besonders Produkte von Klosterfrau. Zwischen Auslandsmeldungen und Sportnachrichten fabulierte Bankhofer im Serviceteil von der heilenden Wirkung der »Klostermelisse«. Nur existiert diese in der echten Welt gar nicht, sie ist eine Marke des Unternehmens.

Den Orden für den dreistesten Umgang mit dem Mere-Exposure-Effekt hätte jedoch die ZDF-Moderatorin Andrea Kiewel verdient. Die Berliner Blondine war stets stolz darauf, im Laufe der Jahre zahlreiche Pfunde abgenommen zu haben. Am 23. Januar 2007 nutzte sie dann den Auftritt in der Talkshow von Johannes B. Kerner und pries immer wieder die Diätfirma Weight Watchers, deren Konzept ihr beim Abnehmen geholfen habe. Sie erwähnte den Begriff derart häufig, dass Kerner sie irgendwann fragte, ob sie für diese Aussagen eigentlich bezahlt werde. Kiewels Antwort: »Natürlich nicht.« Später kam dann aber doch heraus, dass sie einen Vertrag mit der Diätfirma über 35 000 Euro abgeschlossen hatte. Das ZDF gab kurz darauf bekannt, den Vertrag mit der Moderatorin aufzulösen. Das hat mit dem Mere-Exposure-Effekt allerdings nichts mehr zu tun. Das nennt man Schadensbegrenzung.

DER SLEEPER-EFFEKT

Warum wir Werbelügen glauben

Im Jahr 2006 schlüpfte der US-Schauspieler Justin Long in eine ungewöhnliche Rolle – die eines Apple-Computers. Den Werbespot begann Long, leger gekleidet, mit den Worten: »Hallo, ich bin ein Mac.« Neben ihm stand, im Anzug, der US-Schauspieler John Hodgman. Seine Begrüßungsworte: »Hallo, ich bin ein PC.« Insgesamt 66 verschiedene Spots drehten Long und Hodgman für die Apple-Werbekampagne »Get a Mac«, bei der sie die Unterschiede der Rechner und Hersteller personifizierten. Die Werbung saß: Ende 2009 kürte das Werbemagazin ›AdWeek‹ die Kampagne zur erfolgreichsten des gesamten Jahrzehnts. Der zuständigen Werbeagentur sei es gelungen, die beiden unterschiedlichen Philosophien – PC und Mac – emotional aufzuladen. Während Long wie der junge Steve Jobs agierte (cool), erinnerte Hodgman eher an Bill Gates (nicht so cool). Was aber noch viel wichtiger war: Die Imageaussagen setzten sich in den Köpfen fest, noch lange nachdem die Spots abgesetzt waren. »Apple ist ja so viiiiiiel cooler« – dieser Eindruck hat nicht zuletzt auch den Siegeszug des iPhone und des iPad begründet.

Der Mensch ist ein vergessliches Wesen. Wahrscheinlich muss das auch so sein. So viele Enttäuschungen, Rückschläge und negative Erfahrungen, wie wir im Leben erleiden – man stelle sich mal vor, all diese unschönen Gedanken blieben für immer auf unserer geistigen Festplatte gespeichert. Nicht auszuhalten! Manchmal müssen wir einfach Platz im Oberstübchen schaffen, Großreinemachen, ausmisten, auskehren, sonst würden wir völlig verrückt. Es ist aber auch so, dass sich manche Botschaften im Großhirn hartnäckig einnisten und es sich dort gemütlicher machen als Italiens Söhne bei ihren Mammas. Selbst nach Jahren der Reifung und Läuterung sind sie noch da – selbst dann, wenn wir sie von Anfang an rausschmeißen wollten.

Klingt kompliziert? Okay, ein Beispiel: Im Jahre 1943 zeigte der amerikanische Psychologe Carl Hovland Rekruten einen Propagandafilm der US-Armee. Hovland wollte testen, wie sich der militärische Werbespot auf das Vertrauen in die Truppenstärke auswirken würde. Die Meinung seiner Probanden ermittelte der Forscher zu drei Zeitpunkten: vorher, fünf Tage danach und neun Wochen später. Ergebnis: Einige gewünschte Imageeffekte des Films traten erst spät auf. Mit anderen Worten: Kurz nach dem Betrachten des Films wussten die Versuchspersonen selbst noch nicht, dass sich ein geschickt inszenierter Gedanke längst in ihrem Kopf festgesetzt hatte. Sie mussten ein paar Nächte darüber schlafen, weshalb Hovland seine Entdeckung später »Sleeper-Effekt« taufte.

Der Psychologe war so fasziniert von seinem Befund, dass er einige Jahre später eine weitere Studie zu dem Thema ausarbeitete. Diesmal verteilte er vier schriftliche Stellungnahmen zu einem beliebigen Thema an die Studenten auf seinem Campus. Zwei der Meinungsäußerungen waren bejahend, zwei verneinend. Der Clou an diesem Experiment: Hovland hatte jeder dieser Aussagen unterschiedliche Quellen zugeordnet – zwei mit hoher und eine mit niedriger Glaubwürdigkeit. Wieder hielt Hovland die Einschätzungen seiner Teilnehmer vorher, direkt danach und Wochen später fest. Das Resultat deckte sich mit dem der vorigen Studie, gab aber auch Aufschluss darüber, wie bedeutungsvoll die Urheberschaft solcher Botschaften ist, nämlich gar nicht: Je länger die Eindrücke zurücklagen, desto unwichtiger war es den Personen, ob die Quelle glaubwürdig gewesen war oder nicht. Zwar wurde den zuverlässigen Quellen unmittelbar nach dem Versuch mehr vertraut, jedoch nahm das Vertrauen im Laufe der Zeit ab. Genau anders erging es den unglaubwürdigen Quellen – die Zweifel schmolzen, je mehr Zeit ins Land ging. Der Schluss daraus: Je länger eine Mitteilung zurückliegt, desto unwichtiger ist unserem Gehirn, wer diese abgesondert hat – und desto höher die Wahrscheinlichkeit, dass wir uns nur noch an den Inhalt der Botschaft erinnern.

Das allerdings macht den Sleeper-Effekt im Alltag enorm gefährlich. Schon beim gelangweilten Zappen durch die Kanäle laufen wir Gefahr, ihm auf den Leim zu gehen. Nicht selten kommt man dabei an unfreiwillig komischen, merkwürdig synchronisierten und äußerst fragwürdigen US-Verkaufsshows vorbei. Angepriesen werden überwiegend Küchengeräte, während am unteren Bildrand das kleine Warnschild eingeblendet wird: »Dauerwerbesendung«. Klar, im ersten Moment greifen nur die ganz Schwachen zum Telefonhörer und bestellen den Tinnef, den sie im Discounter um die Ecke zum halben Preis bekommen könnten (so sie ihn überhaupt brauchen). Doch lassen wir uns den Untersuchungen von Hovland zufolge länger berieseln, denken wir irgendwann nicht mehr darüber nach, dass uns da jemand einem Dauerbombardement von Koof-mich-Botschaften aussetzt. Und haben wir erst ein paarmal darüber geschlafen, gefällt uns der Zipp-Zapp-Zwiebelzerhäcksler immer besser. Was wir dagegen tun können? Nicht viel, außer: schnell den Sender wechseln!

QUIZ: WER WARB WOMIT?

1. Nichts ist unmöglich.
2. Weckt, was in dir steckt.
3. Da weiß man, was man hat.
4. Dann klappt's auch mit dem Nachbarn.
5. Macht Kaffee zum Genuss.
6. Alle Herrlichkeit der Tropen zum Greifen nah.
7. So wertvoll wie ein kleines Steak.
8. Man sagt, er habe magische Kräfte.
9. Quadratisch. Praktisch. Gut.
10. Gute Preise. Gute Besserung.
11. Alles, was ein Bier braucht.
12. Besser ankommen.
13. Der Duft der großen, weiten Welt.
14. Die längste Praline der Welt.
15. So sauber, dass man sich drin spiegeln kann.

Lösung: *[1 Toyota, 2 Müller Milch, 3 Persil, 4 Calgonit, 5 Melitta, 6 Bounty, 7 Fruchtzwerge, 8 Fernet Branca, 9 Ritter Sport, 10 Ratiopharm, 11 Clausthaler, 12 Ford, 13 Peter Stuyvesant, 14 Duplo, 15 Meister Proper]*

DER HALO-EFFEKT

Wie leicht sich unser Urteil manipulieren lässt

Es ist ein Psychothriller im doppelten Sinn. In ›Mr Brooks‹ spielt Kevin Costner einen schizophrenen Serienkiller, der wahllos Liebespaare ausspioniert, um sie eines Tages in ihren Schlafzimmern kaltblütig zu ermorden. Obwohl er wahnsinnig ist, verdächtigt ihn keiner. Denn in seinem zweiten Leben ist Mr

Brooks ein erfolgreicher Unternehmer, achtbarer Bürger und liebevoller Vater.

Bei einem seiner letzten Morde passiert ihm jedoch ein Fehler: Ein Spanner beobachtet ihn bei der Tat und erpresst ihn anschließend. Jedoch möchte er kein Geld, sondern vielmehr selbst beim nächsten Mord dabei sein, um zu spüren, wie es ist, einen Menschen zu töten. Und genau an dieser Stelle vollbringt der Film sein eigentliches Psychomeisterstück: Er manipuliert den Zuschauer so lange, bis der den sensationslüsternen Spanner zunehmend hasst, während der eiskalte Serienkiller ihm immer sympathischer wird. Am Ende wünscht man Mr Brooks beinahe, dass er davonkommt und der Spanner zur Hölle fährt – und das nur, weil man Kevin Costners Zerrissenheit, seine distinguierte Art und sein gutes Aussehen ständig vor Augen geführt bekommt. Der ganze Film spielt im Grunde genommen mit dem sogenannten Halo-Effekt.

Entdeckt wurde dieses sozialpsychologische Phänomen bereits im 19. Jahrhundert von dem amerikanischen Verhaltensforscher Edward Lee Thorndike. Kurz gesagt beschreibt dieser Effekt einen Wahrnehmungsfehler, bei dem einzelne Eigenschaften einer Person so dominant auf uns wirken, dass sie einen überstrahlenden Gesamteindruck erzeugen – deshalb auch Halo-Effekt (englisch für Heiligenschein).

> Manchmal reicht im Vorstellungsgespräch eine Geste, ein einziges Wort, ein simpler erster Eindruck, der dem Personaler übel aufstößt – und schon kippt die ganze Bewerbung. Jede Aussage wird dann auf die Goldwaage gelegt oder anders aufgenommen, als sie der Kandidat meint. Horn-Effekt heißt das in Fachkreisen und ist eine klassische Psychofalle für Personaler.

Das klingt, zugegeben, noch kompliziert, lässt sich aber im Alltag leicht beobachten: Wer zum Beispiel besonders dick ist, wird häufig und vor allem über seinen Körperumfang wahrgenommen – und steht damit sofort im Generalverdacht, maßlos, faul, willensschwach oder gar dumm zu sein. Schüler mit Brille wiederum wirken auf zahlreiche Lehrer belesen, wenn nicht gar intelligent. Selbst Blondinen-Witze sind nichts weiter als das pointierte Eingeständnis, dass Klischees größer sein können als unser Verstand. Und natürlich spielen, um beim Eingangsbeispiel zu bleiben, auch die Hollywood-Stars perfekt mit dem Übertragungsphänomen: Weil viele von ihnen überdurchschnittlich attraktiv sind und auf die eine oder andere Art Helden verkörpern, denken ihre Fans, sie seien auch im realen Leben schlagfertige, glamouröse und durchweg liebenswürdige Übermenschen. Sind sie aber nicht. Jedenfalls nicht alle. So manch hochbezahlte Leinwandgröße kann ein dümmlicher Charakterzwerg sein, der nicht einmal einen geraden Satz aussprechen kann, solange kein anderer diesen für ihn schreibt.

Die Wucht, die der Halo-Effekt entwickelt, ist derart groß, dass ganze Wirtschaftszweige ohne ihn kaum existieren könnten. Die Kosmetikindustrie zum Beispiel wäre ohne den Halo-Effekt praktisch pleite. Ähnlich verhält es sich mit der Modebranche: Mittels Halo-Hilfe verwandelt sich eine simple, in China für ein paar Cent zusammengeschneiderte Jeans binnen Sekunden in ein 200 Euro kostbares Must-have-Accessoire – solange sie nur am Körper eines angesagten Supermodels prangt. Und auch der Käufer nutzt am Ende den Effekt quasi en passant. Mittels Markenstrahlkraft demonstriert er oder sie: »Sieh her, weil ich eine solche Hose trage, bin ich ebenfalls attraktiv, hip und irgendwie besser als jeder Billighosenträger.«

Das eigentlich Fiese am Halo-Effekt ist allerdings, dass wir ihn kaum abstellen können. Wir können seine Funktionsweise intellektuell noch so sehr begriffen und verinnerlicht haben – beim nächsten Mal trübt er unser Urteilsvermögen doch wieder. So werden die meisten Menschen auch weiterhin finden, dass Coca-Cola besser schmeckt als Aldi-Cola, obwohl sich bei Blindtests kaum Unterschiede feststellen lassen. Und Politiker werden auch weiterhin, speziell vor Wahlen, versuchen, ausnehmend freundlich, offen und nett zu wirken, um ihre Wähler glauben zu machen, dass so jemand ein substanzielles Programm haben muss. Umgekehrt können wir auch nicht verhindern, dass uns andere binnen Sekunden in eine Schublade stecken und beispielweise von unserer Frisur auf unsere Stimmung schließen oder von der Körbchengröße auf den Intellekt. Es ist der Automatismus des ersten Eindrucks, unsere Liebe zu Stereotypen, die alles überstrahlt. Ein Irrlicht, keine Frage. Aber versuchen Sie das mal jemandem zu erklären, der nur Augen für eine 200-Euro-Jeans hat.

DER WANDFARBEN-EFFEKT

Warum wir gelbe Räume lieber mögen

Vorab eine Warnung: Weiterlesen könnte eine spontane Wohnungs-Renovierung auslösen. Jedenfalls wenn Sie den Ergebnissen der sogenannten Cocktailparty-Studie Glauben schenken. Die ist unter anderem der Frage nachgegangen: Können Wandfarben Verhalten beeinflussen? Klingt durchgeknallt, zugegeben. Dahinter steckte aber eine ernsthafte Hypothese. Konkret bestand der Verdacht, dass die Farbe Gelb aggressiv macht und rote Wände dafür sorgen, dass man mehr isst.

Was nach einer listigen Viralkampagne für die nächste Ausgabe des ›Gault Millau‹ klingt, beschäftigt inzwischen einen ganzen Forschungszweig und ebenso viele Innenarchitekten. Ohne Zweifel spielen Farben in unserem Alltag eine enorme Rolle. Mittlerweile wird kaum noch bezweifelt, dass Farben so manche Reaktion provozieren und unser Handeln verändern können. Sie sind in der Lage, uns zu warnen und den Blutdruck zu steigern, ebenso wie sie den Appetit anregen und Menschen attraktiver machen können. Vor allem Frauen.

So haben Studien ergeben: Eine Frau in einem roten Kleid

wirkt auf zahlreiche Männer sofort anziehender als in einem weißen oder schwarzen Fummel. Mehr noch: Als Forscher der britischen Durham-Universität einmal die Wirkung von Trikotfarben bei olympischen Athleten untersuchten, fanden sie heraus, dass rot gekleidete Ringer in 60 Prozent der Fälle die blau gekleideten besiegten. Ihre Schlussfolgerung daraus: Rot strahle mehr Dominanz aus und schüchtere die Gegner ein. Warum sich diese Farbwirkung so diametral wandelt, sobald aus dem engen Sportdress ein figurbetontes Abendkleid wird, konnte bisher allerdings nicht enträtselt werden.

DIE FÜNF BELIEBTESTEN FARBEN DER DEUTSCHEN (UND IHRE BEDEUTUNG)

Blau	(38 Prozent)	Harmonie, Sauberkeit, Vertrauen, Freundschaft, Treue, Zuverlässigkeit, Zufriedenheit, Ruhe, Unendlichkeit, Kälte, Phantasie
Rot	(20 Prozent)	Liebe, Leidenschaft, Verführung, Temperament, Wärme, Energie, Tatendrang, Impulsivität, Dynamik, Gefahr, Zorn
Orange	(14 Prozent)	Freude, Spaß, Lebhaftigkeit, Ausgelassenheit, Aufgeschlossenheit, Leichtlebigkeit, Optimismus, Selbstvertrauen, Jugendlichkeit
Grün	(12 Prozent)	Hoffnung, Zuversicht, Frische, Lebensfreude, Entspannung, Gesundheit, Beharrlichkeit, Durchsetzungsvermögen, Meditation
Schwarz	(8 Prozent)	Stärke, Sachlichkeit, Funktionalität, Undurchdringlichkeit, Dunkelheit, Tod, Trauer, Bedrängnis, Negation, Einsamkeit, Konservativität

Viele Untersuchungen zum Thema enthalten auch praktische Elemente für den Berufsalltag: So konnten die beiden Psychologen Ravi Mehta und Rui Zhu von der Universität von British Columbia in einer Reihe von Experimenten mit eingefärbten Bildschirmhintergründen zeigen, dass Rot die Aufmerksamkeit steigerte (was bei detailreichen Aufgaben gut war), während Blau die explorative Motivation erhöhte (was sich wiederum positiv auf die Kreativität der Probanden auswirkte). Auch bei Versuchen mit Bausteinen entwickelten die Versuchsteilnehmer mit ausschließlich roten Klötzchen eher pragmatische Gebilde, während die Gruppe mit blauen Steinen tendenziell kreative Designs entwarf. Das Duo Mehta und Zhu wirbt seitdem dafür, Wandfarben in Schulen, Universitäten oder Büros gezielt einzusetzen. »Zu Brainstormings sollten Sie Ihre Leute unbedingt in einen blauen Raum schicken«, raten Sie etwa Managern. Willkommen zur Blue Hour im Büro!

Doch zurück zur Cocktailparty-Studie. In ihrer Urfassung notierten die beteiligten Wissenschaftler, dass Menschen Bars mit roten Räumen bevorzugten, in blauen aber länger blieben. Das wurde seitdem immer wieder verbreitet, stimmt aber so nicht.

Die Testbedingungen dieser ersten Studie waren nämlich mehr als lausig, sodass sie im März 2006 in New York noch einmal wiederholt wurde. Diesmal arrangierten die Wissenschaftler drei jeweils gleich große Räume, einschließlich einer Bar mit zwölf Stühlen und vier Computern auf einem Podest. Jeder Raum war identisch weiß eingerichtet, den einzigen Unterschied bildeten die Wandfarben in Rot, Gelb und Blau, ausgewählte Töne, die die Wissenschaftler zuvor aus den beliebtesten Farben populärer US-Marken destilliert hatten.

Kaum war die Partymeile fertiggestellt, wurden die Probanden auch schon zu einer Cocktail-Sause eingeladen. Nur die Bedingungen waren vielleicht etwas ungewöhnlicher als sonst: Während der Feier trugen die Gäste Brustbänder, die ihren Herzschlag maßen; auf der Party selbst sollten sie an den Computern einen Fragebogen zu ihrer emotionalen Verfassung ausfüllen, und natürlich wurden sie während der gesamten Zeit von Kameras beobachtet, die ihre Gespräche aufzeichneten sowie genau registrierten, wie viel sie bestellten, aßen und tranken. Aber sonst: super Party.

Die Ergebnisse des Versuchs sind in vielerlei Hinsicht bemerkenswert. Zunächst einmal wollten rund doppelt so viele Probanden lieber im gelben Raum abfeiern als im blauen Ambiente. Allerdings verließen sie die Party wesentlich früher. Wer sich dagegen erst einmal ins blaue Zimmer verirrt hatte, blieb länger.

Die Besucher des roten Raums wiederum notierten in ihrem Fragebogen, dass sie sich irgendwie ständig hungrig und durstig gefühlt hätten – ganz im Gegensatz zu den Gästen in der gelben Stube. Als die Forscher später die tatsächlich verspeisten Mengen verglichen, zeigte sich allerdings auch, warum: Unter dem Einfluss des gelben Anstrichs hatte das Partyvolk rund doppelt so viel zu sich genommen wie die Besucher der beiden anderen Räume. Mag auch Rot den Appetit steigern – Gelb ist das wahre Wandgift für die Figur.

Im blauen Salon indes berichteten die Gäste häufiger, dass ihre Zeit scheinbar stillstand und sie sich sehr entspannt gefühlt hätten. Und in der Tat zeigte sich bei der Auswertung der Kameraaufnahmen, dass sich die Menschen zwischen all dem Blau merklich langsamer bewegten als die übrigen Partygänger. Macht Blau also träge?

Ganz so ist auch nicht. Denn hinsichtlich der Herzfrequenz gab es bei den Gruppen keinerlei Unterschiede. Blau hat zwar offenbar eine beruhigende Wirkung – die ist aber eher sozialer als physischer Natur.

Überhaupt wurden die Forscher vor allem bei der gesellschaftlichen Wirkung der Wandfarben fündig: So zog sich das Fetenvolk im blauen Raum vornehmlich in die Zimmerecken sowie vereinzelt an die Wände zurück, während sich die Besucher der gelben und roten Räume in der Mitte zusammendrängten. Unter dem Einfluss von Gelb fiel die physische Aktivität besonders hoch aus: Verglichen mit den beiden anderen Gruppen unterhielten sich die Leute hier angeregter, lachten häufiger und lauter, wechselten öfter die Körperhaltung und zirkulierten mehr durch den Raum. Etwas schwächer fiel das im roten Ambiente aus, während die Szenerie unter Blauschimmer tendenziell erstarrte.

Was sich daraus lernen lässt? Nun, wir wissen zwar nicht, welche Farben die Wände in Ihrem Wohnzimmer, Schlafzimmer und in der Küche haben. Womöglich aber ist Blau keine allzu gute Schlafzimmerfarbe für Frischverliebte und Gelb ungeeignet für Küchen – insbesondere wenn man vorhat, abzunehmen. Falls Sie das alles jedoch als großen Humbug abtun oder aber derlei Einflüssen entgehen wollen, können Sie Ihre Wohnungswände auch schlicht weiß streichen. Rote Kleidung kommt darin übrigens ganz prima zur Geltung.

DER DENOMINATIONS-EFFEKT

Warum das Geld zwischen den Fingern zerrinnt

»Wir haben in Deutschland kein Einnahmenproblem, sondern ein Ausgabenproblem«, hat der ehemalige CDU-Wirtschaftspolitiker Friedrich Merz einmal gesagt, als er noch der Bundestagsfraktion vorsaß. Er meinte damit vor allem den Staatshaushalt, lag aber ziemlich nah an einer allgemeingültigen Wahrheit. Nur in einem Punkt irrte er sich: Es handelt sich hierbei nicht um ein deutsches Problem. Das Phänomen existiert weltweit. Vor allem im kleinen Maßstab, nein, gerade dort!

In unserem Bekanntenkreis kennen wir ein paar Menschen, die wollen regelmäßig mehr sparen und weniger ausgeben, können es aber partout nicht. Egal, wie sehr sie sich anstrengen: Das Geld zerrinnt ihnen nur so zwischen den Fingern. Und diese Leute leiden gewiss nicht an Konsumsucht. Das Problem liegt vielmehr direkt in ihrer Geldbörse – und damit meinen wir tatsächlich das Fehlen von großen Beträgen darin: Es sind die vielen kleinen Scheine und Münzen, die den Wohlstand rapide verfallen lassen.

Darauf gekommen sind die beiden Psychologen Priya Raghubir von der New-York-Universität und Joydeep Srivastava von der Universität von Maryland – und zwar ausgerechnet an einer Tankstelle in Omaha. Präpariert mit einigen Geldscheinen und Münzen, sprachen die Forscher Reisende auf dem Weg zur Kasse an, ob diese ihnen einen kleinen Fragebogen kurz beantworten könnten. Der war jedoch bloß Tarnung. Der eigentliche Trick war, dass sie den ahnungslosen Versuchsteilnehmern zum Dank jeweils fünf Dollar schenkten – allerdings in unterschiedlicher Form: Die einen bekamen eine Fünf-Dollar-Note, andere fünf einzelne Ein-Dollar-Scheine und die dritte Gruppe fünf Ein-Dollar-Münzen. Nachdem die Leute ihre Tankrechnung beglichen hatten, sprachen Raghubir und Srivastava sie beim Herauskommen erneut an. Diesmal wollten sie wissen, wie viel von den fünf Dollar noch übrig war. Und ob Sie es glauben oder nicht: Die Probanden mit den Dollar-Münzen hatten das meiste schon wieder verprasst, jene mit den Dollar-Scheinen etwas weniger, aber jeder (!), der einen Fünf-Dollar-Schein bekommen hatte, trug ihn noch bei sich.

Sie denken, das sei ein spezielles Phänomen der amerikanischen Kultur? So mit Klimpergeld in der Tasche ... Falsch! Raghubir und Srivastava wiederhol-

Wissen Sie, welcher Euro-Schein der seltenste ist?

Geldschein	Umlaufmenge
5 Euro	1498 Millionen
10 Euro	2042 Millionen
20 Euro	2690 Millionen
50 Euro	5199 Millionen
100 Euro	1472 Millionen
200 Euro	178 Millionen
500 Euro	564 Millionen

Quelle: Europäische Zentralbank, Stand: 2009

ten ihr Experiment wenig später in ähnlicher Konstellation in China: Die Hausfrauen dort verhielten sich genauso.

Die umfassende Studie dazu wurde Anfang 2010 im ›Journal of Consumer Research‹ veröffentlicht und kommt zu dem Ergebnis, dass der Wert der einzelnen Münzen und Geldscheine, die wir mit uns herumtragen, erheblichen Einfluss auf unser Konsumverhalten hat – oder wie es von wissenschaftlicher Seite genannt wird: kleines Geld, großer Denominations-Effekt. Wer nominell kleine Münzen oder Geldscheine im Portemonnaie hat, gibt diese deutlich schneller aus: Mal eben einen Kaffee hier, einen Schokoriegel dort, etwas Trinkgeld – zack!, schon sind fünf Euro weg. Als Grund hierfür vermuten die Forscher, dass wir große Scheine mit größeren Anschaffungen assoziieren und deshalb weniger verschwenderisch damit umgehen.

Ein Umstand, den sich gerissene Verkäufer übrigens längst instinktiv zunutze machen: So werden Sie in einer Bar auf einen großen Schein vorzugsweise viele kleine herausbekommen. Warum? Ganz einfach: Weil der Barkeeper darauf spekuliert, dass Sie ihm davon entweder ein großzügigeres Trinkgeld abgeben (was Sie tun sollten – das ist wirklich ein Knochenjob) oder aber sich noch einen *drink for the road* gönnen. Aus demselben Grund bekommen Sie zum Beispiel in den Casinos in Las Vegas auf einen Geldschein viele sogenannte Quarters (25-Cent-Münzen) ausbezahlt – die können Sie nämlich gleich in einen der vielen Spielautomaten stecken.

Auch für den Alltag lässt sich einiges lernen: Falls Sie zu denjenigen Menschen gehören, die am Ende des Geldes immer noch zu viel Monat übrig haben, sollten Sie ihre Geldbörse mit größeren Scheinen ausstatten und weniger mit Münzen und 5- oder 10-Euro-Scheinen. Falls Sie hingegen zu Geiz neigen, würde etwas Klimpergeld in der Brieftasche Ihrem Sozialimage womöglich ganz guttun. Oder wie ein mexikanisches Sprichwort sagt: Auf kleine Scheine muss man aufpassen – große achten auf sich selbst.

FÜR SCHNELLE AHA-EFFEKTE:

ANKER-EFFEKT

Um den Wert einer Sache bemessen zu können, sucht unser Gehirn ständig nach Vergleichswerten. Findet es diese nicht, reicht ihm auch eine x-beliebige Zahl. Schlaue Verkäufer ankern so unsere Preisvorstellungen.

KONTRASTPRINZIP

Seien Sie auf der Hut, wenn man Ihnen zwei völlig konträre Angebote gegenüberstellt – häufig ist es ein Versuch, Ihre Wahrnehmung zu lenken.

REAKTANZ-EFFEKT

Um uns zum Kauf von Produkten zu bringen, reicht es oft, uns deren Knappheit vor Augen zu führen.

FRAMING-EFFEKT

Konsumenten kaufen lieber Fleisch, das zu 75 Prozent aus Magerfleisch besteht, als solches, das 25 Prozent Fett enthält. Dabei ist das pure Wahrnehmungslenkung.

ZERO-PRICE-EFFEKT

Die meisten Gratisofferten zielen auf einen manipulativen Mitnahme-Effekt. Und am Ende kauft man im Schlepptau mehr Produkte, als man wollte.

REZIPROZITÄTS-EFFEKT

Wer beschenkt wurde, fühlt sich hernach seltsam verpflichtet, etwas zurückzugeben. Genau das ist häufig auch der Plan dahinter.

ENDOWMENT-EFFEKT

Fassen Sie beim Einkaufen bloß nichts an! Sobald wir einen Gegenstand gefühlt besitzen, steigt in unseren Augen dessen monetärer Wert.

NAME-LETTER-EFFEKT

Wer nicht weiß, welchen Joghurt, Käse oder Wein er kaufen soll, wählt häufig solche Marken, deren erster Buchstabe sich mit seinem Vornamen deckt.

FRAGE-EFFEKT
Jemanden eine Frage beantworten zu lassen, kann dessen Verhalten massiv beeinflussen.

DECOY-EFFEKT
Wenn wir uns zwischen zwei Alternativen entscheiden müssen, fällt uns die Wahl leichter, sobald eine dritte Option ins Spiel kommt.

WERT-EFFEKT
Je mehr uns etwas gekostet hat, desto mehr schätzen wir es und assoziieren damit eine hohe Qualität – was einige Quacksalber schamlos ausnutzen.

ASSIMILATIONS-EFFEKT
Wir finden Menschen und Produkte begehrenswerter, wenn diese zusammen mit Gegenständen oder Personen präsentiert werden, die ein positives Image besitzen.

VEBLEN-EFFEKT
Obwohl kein Mensch Luxusprodukte braucht, steigt ihre Attraktivität mit dem Preis: Je teurer, desto begehrter sind sie.

DIDEROT-EFFEKT
Haben wir uns einmal für ein Luxusprodukt entschieden, kaufen wir meist noch andere dazu – nicht zuletzt, damit alles zusammenpasst.

MERE-EXPOSURE-EFFEKT
Je häufiger wir einem Produkt begegnen, desto sympathischer wird es uns. Deshalb funktioniert auch Schleichwerbung so gut.

SLEEPER-EFFEKT
Wer sich von Werbung lang genug berieseln lässt, denkt irgendwann nicht mehr darüber nach, dass ihm da jemand etwas verkaufen will, und zieht dessen Aussagen nicht mehr in Zweifel.

HALO-EFFEKT
Wenn einzelne Eigenschaften einer Marke oder einer Person dominant auf uns wirken, erzeugen sie einen überstrahlenden Gesamteindruck – der aber leider völlig falsch sein kann.

WANDFARBEN-EFFEKT
Gelbe Zimmer mögen wir lieber, essen darin aber auch mehr; in blauen bleiben wir länger und entspannen besser. Rote Räume dagegen machen die Besucher geselliger.

DENOMINATIONS-EFFEKT
Wer Geld sparen will, sollte möglichst große Scheine im Portemonnaie tragen; wer etwas gegen seinen Geiz unternehmen will, lieber Münzen.

ART UND WEISE

– Wie wir denken –

Unser Gehirn verfügt über rund 100 Milliarden Nervenzellen, von denen jede mit einer anderen über eine von 15 000 Synapsen verbunden sein kann. Eine gute Sache. Und doch können wir bewusst nie mehr als einen Gedanken gleichzeitig denken. Und überhaupt: Was heißt das eigentlich – denken? Schischkoffs ›Philosophisches Wörterbuch‹ versteht darunter einen Prozess, in dem »Vorstellungen, Erinnerungen und Begriffe eine Erkenntnis formen«, um daraus »brauchbare Handlungsanweisungen zu gewinnen«. Blöd nur, dass diese Anweisungen in der Praxis häufig völlig unbrauchbar sind – egal, ob wir nun Vordenker, Nachdenker oder Querdenker sind. Unsere Gedanken sind selten objektiv, unsere Schlussfolgerungen oft unlogisch. Eher gehorchen sie Instinkten, Illusionen und Irrationalitäten. Der Neurophysiologe Benjamin Libet von der Universität von Kalifornien in San Francisco konnte zum Beispiel zeigen, dass unser Gehirn schon eine halbe Sekunde vor einer bewussten Handlung mit deren Vorbereitung begonnen hat. Mit anderen Worten: Noch bevor wir anfangen, darüber nachzudenken, hat unser Unterbewusstsein schon eine erste Entscheidung gefällt. Seit René Descartes' Leitmotiv – Ich denke, also bin ich – sind zwar inzwischen über 350 Jahre vergangen, die Welt ist um einiges schnelllebiger geworden und ständig droht uns heute mentale Überlastung. Doch über den Existenzialismus hinaus konnte eine vielleicht viel wichtigere Frage bislang noch nicht geklärt werden: Auch wenn ich bin, was denke ich eigentlich? Das folgende Kapitel liefert Ihnen ein paar Antworten.

7 Wörter kann das menschliche Gehirn pro Sekunde maximal denken.

274 Stundenkilometer erreichen die Nervenimpulse in unserem Denkorgan.

11 Millionen Informationen vermitteln die Sinnesorgane unserem Gehirn – pro Sekunde.

DER FLYNN-EFFEKT

Wird der Mensch immer klüger?

1984 erhielt der Sozialwissenschaftler James Flynn von der Universität von Otago in Neuseeland ein Paket, das eine lange Reise hinter sich hatte. 18 000 Kilometer hatte es zurückgelegt, der Absender kam aus Utrecht. Flynns niederländische Kollegen hatten ihm die Ergebnisse ihrer Intelligenztests geschickt, die zwei verschiedene Generationen von 18-Jährigen absolviert hatten. Eine Testreihe stammte aus den Achtzigerjahren, die andere aus den Fünfzigerjahren. Flynn sah sich die Daten genauer an und stutzte – die Ergebnisse aus den Achtzigern waren deutlich besser als jene aus den Fünfzigern. Nicht nur ein wenig, sondern wirklich sehr viel besser. Flynns Neugierde war geweckt, jetzt wollte er mehr Datenmaterial.

Also recherchierte der Neuseeländer die Ergebnisse von Intelligenztests weltweit – Europa, Nordamerika, Asien, Afrika. Irgendwann hatte er Daten aus fast 30 Ländern beisammen. Seine Vergleiche ergaben jedes Mal dasselbe: Die globalen Intelligenzquotienten stiegen jedes Jahr um 0,3 Punkte – ein Plus von immerhin drei Punkten pro Dekade. So wie es schien, wurde die Menschheit immer intelligenter. Der Name dieses Phänomens: Flynn-Effekt.

James Flynn führte den Anstieg globaler Cleverness vor allem auf die Folgen der industriellen Revolution zurück. Im Laufe der Jahrzehnte ernährten sich die Menschen immer gesünder, bekamen besseren Zugang zu Bildung, ebenso machte die Medizin Fortschritte. Etwas plumper könnte man freilich auch schlussfolgern, die Steigerung liege daran, dass die Probanden die IQ-Tests immer mehr durchschauten und sich entsprechend vorbereiteten, sodass sie zwangsläufig besser abschnitten.

Intelligenztests sind seit jeher umstritten. Getestet wird überwiegend verbales wie mathematisches Verständnis. Am Ende wird aus den erreichten Punkten ein Intelligenzquotient (IQ) gebildet, der den Unterschied ausdrücken soll zwischen Genie (150 Punkte) und Grütze (3 Punkte). Sie merken schon, ganz unproblematisch ist das nicht. Insbesondere dann, wenn mittels IQ die spätere Erfolgswahrscheinlichkeit für einen Menschen prognostiziert werden soll, Motto: Wer unter 100 Punkten liegt, aus dem wird ohnehin nichts. Solche Vereinfachungen sind so eindimensional wie falsch.

Viel entscheidender aber ist, dass sich der Flynn-Effekt seit einiger Zeit ins Gegenteil verkehrt: Inzwischen werden wir allesamt wieder dümmer. Dieses Fazit lassen zumindest die Studien des norwegischen Psychologen Jon Martin Sundet von der Universität Oslo zu. Er untersuchte vor einiger Zeit die IQ-Werte junger Norweger zwischen 1950 und 2002 und stellte fest: Bis Mitte der Neunzigerjahre stiegen die Werte, danach fielen sie wieder. Zu einem ähnlichen Resultat gelangte ein dänisch-amerikanisches Forscherteam um Thomas Teasdale und David Owen. Für ihre Studie aus dem Jahr 2005 werteten sie die IQ-Tests von insgesamt 500 000 Dänen in den Jahren von 1959 bis 2004 aus. Auch hier das gleiche Bild: In den späten Neunzigerjahren erreichten die Werte einen Höhepunkt, seitdem fallen sie. Deutschlands führender Intelligenzforscher Siegfried Lehrl beobachtet hierzulande Vergleichbares. Demnach sinkt der IQ seit 1999 kontinuierlich.

Ist es also an der Zeit, den intellektuellen Niedergang der Menschheit zu beklagen? Eher nicht – selbst der Entdecker des Effekts beschwichtigt, das Ergebnis eines IQ-Tests allein sage noch nichts über einen Menschen aus. James Flynn hat übrigens selbst einmal einen solchen Test absolviert. Das Ergebnis hat er nie erfahren – Flynn wollte es gar nicht erst wissen.

DAS SIEBEN-PHÄNOMEN

Warum wir uns keine acht Dinge merken können

»Bitte, Band ab!« – Die etwas älteren Leser werden sich noch an dieses legendäre Kommando erinnern. Es stammt aus der großen Samstagabend-Spielshow ›Am laufenden Band‹, die Rudi Carrell zwischen 1974 und 1979 in der ARD moderierte. Ingesamt entstanden dabei 51 Folgen, bei denen jedes Mal vier Kandidatenpaare gegeneinander antraten. In mehreren K.-o.-Runden mussten sich diese durch einen Hindernisparcours kämpfen: Schlagfertigkeitsübungen, Stegreifsketche und Improvisationspiele. Schließlich blieb nur noch ein Kandidat übrig. Der setzte sich auf einen Stuhl und konzentrierte sich. Auf einem Fließband fuhren zahlreiche Gegenstände an ihm vorbei: eine Kaffeemaschine, ein Regenschirm, Unterwäsche, ein Koffer, eine matte Zinkkanne, ein edles Schachbrett, Teegeschirr, ein Modellflugzeug, Skier, Rollschuhe, ein Globus, ein Staubsauger, ein Zeitungsständer, ein Sektkübel, ein Fahrradreifen, ein Bügelbrett – und schlussendlich das obligatorische Fragezeichen. Jeden Gegenstand, den der Kandidat kurz danach innerhalb von 30 Sekunden aufzählen konnte, durfte er mit nach Hause nehmen. Manchmal verbargen sich hinter den Symbolen sogar Preise wie Reisen oder größere Warengutscheine.

Jetzt die Frage an Sie: Wie viele der oben genannten Gegenstände können Sie noch aus dem Gedächtnis aufzählen – aber nicht pfuschen! Wir haben den Test mit ein paar Freunden gemacht: Der Durchschnitt liegt bei sieben Gegenständen. Sie können es gerne selbst ausprobieren, das Ergebnis wird höchstwahrscheinlich dasselbe sein. Und das ist völlig normal, denn die Zahl Sieben stellt in der Kognitionspsychologie eine Art magische Grenze dar.

Bereits vor rund 300 Jahren entdeckte John Locke das sogenannte Sieben-Phänomen: Testpersonen, die eine größere Anzahl von Gegenständen kurz ansehen und sich merken sollten, erreichten bei bis zu sieben Objekten eine Trefferquote von nahezu 100 Prozent. Danach sank die Merkfähigkeit jedoch rapide ab. Wer acht Dinge erinnern kann, besitzt demnach schon ein überdurchschnittliches Kurzzeitgedächtnis, mit neun Merkposten liegt man angeblich schon im Bereich von 150 IQ-Zählern.

George A. Miller, ein US-amerikanischer Psychologe und Professor an der Princeton-Universität, geht in seinen Forschungen noch weiter. Er behauptet, dass der Mensch allenfalls sieben plus/minus zwei Informationen gleichzeitig in seinem Kurzzeitgedächtnis memorieren kann – die sogenannte Miller'sche Zahl. Er selbst schrieb 1956 darüber:

> *»Seit sieben Jahren verfolgt mich diese Zahl, sie begegnet mir in den meisten meiner privaten Daten und überfällt mich in zahlreichen populären Journalen. Diese Zahl verstellt sich zuweilen und versteckt sich hinter mancher Verkleidung – mal ist sie ein bisschen größer, mal ein wenig kleiner als üblich. Aber sie variiert nie so stark, dass man sie nicht doch wiedererkennen könnte.«*

Für Miller steht fest, dass die Größe des Kurzzeitgedächtnisses genetisch bedingt ist und nicht einmal durch Training verbessert werden kann. Warum das so ist, stellt eine interessante Frage dar, die dringend von anderen Menschen als von uns geklärt werden sollte. Klar ist aber, dass die Spielshow ›Am laufenden Band‹ exakt auf diesen Erkenntnissen aufbaute. Ganz schön clever: So ging die Produktionsfirma kein allzu großes Risiko ein, am Ende wirklich alle Preise verschenken zu müssen.

Neben Kultsendungen lassen sich aus dem Sieben-Phänomen natürlich auch ein paar pragmatische Ableitungen für den Alltag generieren:

- **Persönlich:** Wer im Laufe eines Tages mehr als sieben Aufgaben und Ziele gleichzeitig verfolgt, dürfte sich ziemlich wahrscheinlich verzetteln und den Überblick verlieren.

- **Kommunikativ:** Falls Sie eine Präsentation halten wollen, packen Sie bitte nicht mehr als sieben Punkte auf eine Folie, und gliedern Sie Ihren Vortrag auch nicht in mehr als sieben Teile – das kann sich sonst kein Mensch merken (es sei denn, das ist Ihre wahre Absicht). Und bei der Gelegenheit: Versuchen Sie bitte auch nicht mehr als sieben Kollegen zu einem Meeting einzuladen. Größere Konferenzen mutieren leicht zu ineffizienten Laberrunden.
- **Organisatorisch:** Ein Vorgesetzter sollte nie mehr als sieben Mitarbeiter führen müssen, um sich allen adäquat widmen zu können. Auch für die Teammitglieder selbst bleibt die Gruppe so überschaubarer. Ausgerechnet das Militär hat dies früh erkannt und umgesetzt: Bei den alten Römern bestand die kleinste organisatorische Einheit, das *Contubernium*, aus acht Mann. Auch heute noch stellt ein »Trupp« die kleinste militärische Einheit dar und besteht ebenfalls aus maximal acht Soldaten.

Womöglich ist es sogar klug, wenn Sie in diesem Buch nie mehr als sieben Seiten pro Tag lesen. Jedenfalls dann, wenn Sie vorhaben, ein bisschen davon in das Langzeitgedächtnis zu retten, ohne die Seiten später noch einmal zu lesen. In der Zwischenzeit können Sie dafür im Internet noch etwas ›Am laufenden Band‹ spielen: Unter *http://bit.ly/laufendesband* gibt es eine sehr schön aufbereitete Hommage an die Spielshow – mit original Sound und Carrells legendärem Start-Kommando. Soweit wir das erinnern.

DER VERGESSENS-EFFEKT

Kaum gelernt, schon aus dem Sinn

Vor knapp vier Jahren beklagten sich in Südkorea immer mehr junge Berufstätige zwischen 20 und 30 über Gedächtnisschwund. Sie hatten zunehmend Schwierigkeiten, sich Telefonnummern oder Passwörter zu merken. Auch deutsche Neurologen diagnostizieren, dass wir vieles nicht mehr so gut im Kopf behalten können wie noch vor einem Jahrzehnt. Der Schuldige war auch schnell ausgemacht: Das Internet und die steigende Infoflut, derer wir nur noch Herr werden, wenn wir die vielen Daten und Fakten auf unserem Blackberry, iPhone und Laptop abspeichern, nur eben nicht auf der Bio-Festplatte im Kopf. Willkommen im Zeitalter der digitalen Demenz!

Doch halt, so ganz stimmt das nicht. Die traurige Wahrheit ist: Auch Sie, obwohl Sie gerade ein vergleichsweise altes Medium lesen, werden das, was wir hier schreiben, bald schon wieder vergessen haben. Und das hat nichts mit einer frühen Vorstufe der Alzheimer'schen Erkrankung zu tun. Auch nicht mit brüchiger Intelligenz. Vielmehr geht es auf ein Phänomen zurück, das Hermann Ebbinghaus bei zahlreichen Selbstversuchen entdeckte (und dankenswerterweise nicht vergaß).

Der deutsche Psychologe gilt als Mitbegründer der modernen Gedächtnisforschung. Im Jahr 1879 setzte er sich zum Ziel, den Prozess des Lernens zu verstehen und graphisch zu visualisieren. Sein Versuchsobjekt war er selbst. Für seine Experimente bildete Ebbinghaus aus Konsonanten und Vokalen sogenannte Trigramme mit dem immer gleichen Schema: Konsonant-Vokal-Konsonant. Also beispielsweise:

bes dek fel gup huf jek mek men pon dor gim

Der Plan hinter der scheinbar sinnlosen Buchstaben- und Silbensuppe: Ebbinghaus wollte sicherstellen, dass das Ausgangsmaterial absolut keine Bedeutung für ihn hatte. So konnte er die Ergebnisse nicht verfälschen. Nun erstellte er Listen verschiedener Länge. Manche bestanden aus sechs, manche aus zwölf, andere aus 20 oder sogar mehr Trigrammen. Dann lernte der Forscher diese über ein Jahr lang täglich mehrere Stunden lang auswendig. Tag für Tag las er sich die Liste mit einer Geschwindigkeit von 2,5 Silben pro Sekunde selbst laut vor. Im Anschluss fragte sich Ebbinghaus in verschiedenen Abständen selbst ab. Das Ergebnis verblüffte ihn allerdings: Nach etwa 20 Minuten waren bereits 40 Prozent des neuen Wissens schon wieder aus seinem Kopf verschwunden. Nach 60 Minuten waren 45 Prozent futsch, nach 24 Stunden erinnerte er sich höchstens noch an ein Drittel. Und so ging es weiter: Nach nur sechs Tagen war das Erinnerungsvermögen auf 23 Prozent geschrumpft – auf lange Sicht blieben gar nur etwa 15 Prozent haften. Einige Jahre später wiederholte er das Experiment noch einmal – mit denselben Resultaten.

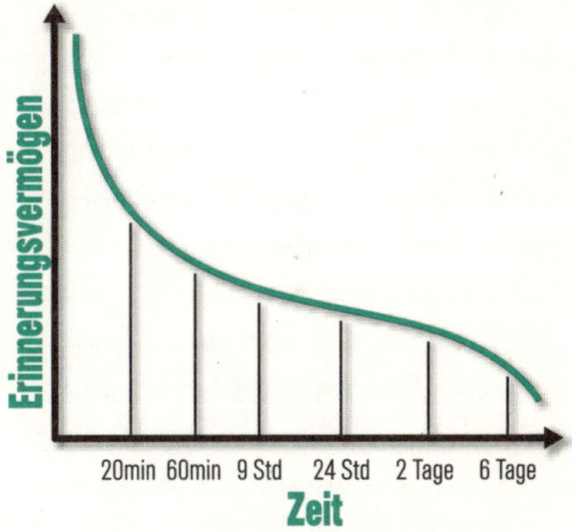

Der Effekt ist in der Wissenschaft auch als Ebbinghaus'sche Vergessenskurve (oder Ebbinghaus-Gesetz) bekannt. Schüler zum Beispiel behalten nach drei bis sechs Tagen noch bis zu 90 Prozent der erlernten Vokabeln im Kopf. Und das ist beachtlich viel! Erwachsene vergessen von einem Gedicht nach nur einem Tag bereits ein Viertel wieder, nach fünf Tagen ist schon die Hälfte weg. Und bei Prosa verläuft die Vergessenskurve noch steiler: Nach nur einem Tag sind ganze 53 Prozent des Inhalts verschollen. Kein Wunder also, dass sich so wenige den Hochzeitstag, die Sozialversicherungsnummer oder ihre PIN merken können.

In der griechischen Mythologie gelten Mnemosyne und Lethe als gegensätzliche Göttinnen – und Unterweltflüsse. Wer etwa aus der Mnemosyne trank, erlangte ein famoses Gedächtnis, mitunter sogar Allwissenheit. Wer hingegen vom magischen Wasser der Lethe kostete, vergaß alles. In dem flüssigen Element wurden alle Erinnerungen sprichwörtlich liquidiert. In manchen mythischen Beschreibungen reicht Göttin Lethe Verstorbenen beim Eintritt in den Hades den »Trank des Vergessens«. Erst wenn die Seelen der Toten sich überhaupt nicht mehr an ihr altes Leben erinnern, können sie wiedergeboren werden – oder sich dem seligen Rausch des Vergessens hingeben, weil man ja auch vergisst, dass man zurückkehren könnte.

Nun ist es dummerweise nie so, dass man schon vorher wüsste, welche Wissensteile sich im Lauf der Zeit aus unseren grauen Zellen verabschieden, sodass wir, um der drohenden Wissensverdunstung zu entgehen, nur zwei Alternativen haben: uns damit abfinden – oder geeignete Gegenstrategien entwickeln. Ein Ansinnen, das übrigens schon die Leute in der Antike hatten. So steht etwa Mnemosyne, die griechische Göttin des Gedächtnisses, bis heute als Sinnbild für diverse Techniken, denen sie ihren Namen gab: der Mnemomik, beziehungsweise den Mnemotechniken. Um sie zu entwickeln, musste man allerdings erst einmal verstehen, wie das Memorieren funktioniert.

Dabei werden, grob gesagt, jedes Mal Nervenverbindungen, sogenannte Synapsen, neu kurzgeschlossen. Entscheidend für die Merkfähigkeit ist, wie viele verschiedene Verbindungen es zu diesem oder jenem Begriff gibt. Je mehr Alternativen das Gehirn hat, um das gesuchte Wort zu finden, desto schneller können wir es aus der hintersten Ecke unserer grauen Zellen ins Bewusstsein laden. Entsprechend gilt es beim Auswendiglernen möglichst viele und starke Synapsenverbindungen zu erzeugen und zu dem Lernstoff möglichst auch Farben, Formen, Bilder, Gerüche, Geräusche, Gefühle und Geschichten zu speichern. So empfehlen die meisten Gedächtnistrainer bei allem Einprägen, die Lernzeit aufzuteilen. Über vier Wochen hinweg pro Tag zehn Minuten zu pauken (also 300 Minuten) bringt deutlich mehr als an einem Tag fünf Stunden (auch 300 Minuten) zu büffeln. Was ebenfalls hilft:

- **Aufschreiben.** Wenn wir Dinge notieren, die wir uns merken wollen, transformieren wir sie in eigene Worte. Aus den Buchstaben werden zudem Bilder, die wir uns besser merken können. Etwas gemalt zu haben, erzeugt für das Gehirn obendrein ein sinnliches Erlebnis: Der Duft des Papiers oder die Lösungsmittel im Stift – allesamt sinnliche Eindrücke, die sich um das Gelernte ranken.
- **Schlafen.** Für das dauerhafte Memorieren ist Schlaf essenziell. Schon kurz nach dem Einschlafen lernen wir. Nach rund 15 Minuten fallen wir in den Deltaschlaf, in dem das Gehirn die tagsüber gelernten Informationen aus dem Zwischenspeicher (Hippocampus) in den Langzeitspeicher (Neokortex) schiebt. Dabei entsorgt es den Datenmüll, um für neue Informationen Platz zu schaffen, und bildet gleichzeitig das sogenannte deklarative Gedächtnis: Wir merken uns Fakten, Vokabeln, Geschichten.
- **Verknüpfen.** Eine weitere Technik, Neues zu behalten, ist, es mit bereits vorhandenem Wissen zu verschmelzen. Die Nummer 3210072412 könnten Sie sich etwa so merken: »3–2-1 meins« ist der eBay-Slogan, 007 der Code von James Bond, 2412 das Weihnachtsdatum. Statt 3210072412

Robert Stickgold von der Harvard Medical School fand im April 2010 heraus, dass zahlreiche Schlafpausen das Lernen erleichtern. Die Teilnehmer seines Experiments sollten verschiedene Orientierungsaufgaben in einer animierten Computerlandschaft lösen. Dabei zeigte sich: Jene Probanden, die zwischendurch ein kurzes Nickerchen einlegten und dabei träumten, orientierten sich schneller und lösten die Aufgabe besser.

merken Sie sich also nur: »eBay, Bond, X-Mas«. Oder eine abstruse Geschichte dazu: »Bei eBay kauft James Bond die Geschenke für Weihnachten.« Je absurder die Geschichte, desto besser der Memory-Effekt.

DER RESTORFF-EFFEKT

Was hervorsticht, behalten wir besser

Das Tierreich liefert eine Fülle einprägsamer Weisheiten. Der Spatz in der Hand ist besser als die Taube auf dem Dach. Der frühe Vogel fängt den Wurm. Den Bock macht man besser nicht zum Gärtner. Dafür erfreuen sich die bunten Hunde besonderer Bekanntheit – viel mehr natürlich als die grauen Mäuse. Eigentlich kein Wunder, die farbigen Köter stechen schließlich deutlich aus der Masse hervor und bleiben deshalb auch besser im Gedächtnis kleben.

Intuitiv leuchtet das sofort ein, wissenschaftlich bewiesen hat es die deutsche Psychologin Hedwig von Restorff schon in den Zwanzigerjahren. In ihren Experimenten sollten die Teilnehmer Zahlen- und Silbenreihen memorieren. Gar nicht so leicht, denn die wild gemixten Lettern ergaben weder Sinn, noch gab es einen übergeordneten Zusammenhang. Sobald von Restorff unter die vielen Buchstaben aber eine einzige Zahl mischte, konnten sich ihre Probanden diese Ausnahme in der Reihe wunderbar merken. Gleiches galt für einen einzigen Buchstaben in einer Reihe von Zahlen. Voilà – der Restorff-Effekt.

Den können Sie auch gleich selbst ausprobieren. Schauen Sie sich bitte die folgenden Reihen an und merken Sie sich jeweils die einzige Zahl, beziehungsweise den einzigen Buchstaben darin:

A B C D E F 7 G H I J K L M N O P Q R S T U V W X Y Z

1 2 3 4 5 H 6 7 8 9 0

Wir kommen dann später in diesem Buch wieder darauf zurück …

DER REZENZ-EFFEKT

Was im Gedächtnis haften bleibt

An Ben Pridmore können wir uns noch gut erinnern. Immerhin das. Drei Mal war der Brite schon Sieger der Gedächtnisweltmeisterschaften. Er triumphierte in den Jahren 2004, 2008 und 2009. 2007 gelang Pridmore obendrein ein ganz besonderes Kunststück: Er schaffte es, die exakte Reihenfolge von 52 Spielkarten auswendig zu lernen. Klingt nicht gerade aufregend? Denken Sie! Vielleicht finden Sie es ja beeindruckender, wenn Sie erfahren, wie lange Pridmore für das Memorieren der Kartenfolge brauchte: 26,28 Sekunden.

Er ist, keine Frage, ein Ausnahmetalent. Und auch wenn wir keinen dieser Tricks brauchen, so sind wir Normalos doch auf ein intaktes Gedächtnis angewiesen. In der Schule müssen wir Vokabeln und Formeln büffeln, an der Uni für Prüfungen pauken, im Alltag uns die Namen und Telefonnummern unserer Kollegen oder Geschäftspartner merken. Unser Gehirn wird geradezu mit Informationen geflutet. Die Frage ist nur: Was prägen wir uns leicht ein, und was will einfach nicht haften bleiben? Sind es die Dinge, die wir sehr früh gelernt haben, oder Dinge, die wir erst vor Kurzem erfahren haben? Über die Antwort sind sich die Gedächtnisforscher ungefähr so einig wie Fußballfans über das Wembley-Tor. Seit Jahren. Ihre Meinungsverschiedenheit drückt sich inzwischen in zwei Effekten aus: dem Primär- und dem Rezenz-Effekt.

Die Fragen sind gar nicht so trivial, wie sie vielleicht auf den ersten Blick klingen. Die Antwort darauf kann nicht nur unsere akademischen oder beruflichen Lernanstrengungen verändern – sie beeinflusst auch unser Urteilsvermögen.

Lassen Sie uns das vielleicht an einem Beispiel erklären. Schon vor einiger Zeit rekrutierte ein Forscherteam um Antonia Mantonakis von der kanadischen Brock-Universität 142 Testpersonen, die bis zu fünf verschiedene Weine probieren und beurteilen sollten. Das Ergebnis war verblüffend: Jedes Mal bevorzugten die Tester den ersten Wein – und zwar unabhängig davon, ob sie Weinkenner waren oder nicht. Also eher ein Indiz für den sogenannten Primär-Effekt.

Doch so simpel ist es eben nicht. Ohne Sie jetzt mit Experimenten zu langweilen: Es gibt eine Reihe weiterer Studien, die darauf hindeuten, dass zuletzt erlangte Informationen beim Memorieren in unserem Kopf die größere Rolle spielen – Rezenz-Effekt genannt. Man könnte auch sagen: Während die Anhänger des Primär-Effekts davon ausgehen, dass es sich die ersten Informationen sofort im Langzeitgedächtnis gemütlich machen, vertreten die Verfechter des Rezenz-Effekts die Auffassung, dass wir uns an die letzten Informationen besonders gut erinnern, weil sie im Kurzzeitgedächtnis Platz finden. Wer von beiden recht hat? Man weiß es nicht. Aber vermutlich liegt die Wahrheit – wie so oft – irgendwo dazwischen.

Solange die beiden Forscherfraktionen streiten, können Sie sich derweil aber schon an der praktischen Anwendung der Effekte erfreuen. Insbesondere der Rezenz-Effekt bietet dazu allerlei Gelegenheiten, etwa bei einem Streit mit dem Partner oder Verhandlungen mit einem Kunden: Nennen Sie in beiden Fällen zuerst Ihr zweitbestes Argument, um Aufmerksamkeit zu erlangen. Dann das drittbeste, um Ihr Gegenüber in Sicherheit zu wiegen. Und schlussendlich das beste Argument, um nachhaltig Eindruck zu schinden – denn das bleibt bei allen im Kopf.

Übrigens: Erinnern Sie sich noch an den Restorff-Effekt?

Machen Sie jetzt den Test:

Welche Zahl stand in der Buchstabenreihe und welcher Buchstabe in der Zahlenreihe?

DER STROOP-EFFEKT

Warum wir lesen, ohne zu begreifen

»Wir nehmen zwar nicht immer alles wahr, aber wir sind nicht in der Lage, unsere Wahrnehmung daran zu hindern, immer so viel wie möglich wahrzunehmen«, schlaumeierte einst der Hirnforscher Manfred Spitzer. Aus seiner wissenschaftlichen Disziplin weiß man inzwischen, dass unsere fünf Sinne (Sehen, Hören, Riechen, Schmecken, Fühlen) das menschliche Gehirn in jeder Sekunde mit rund elf Millionen Bits Informationen versorgen. Das entspricht rund 1,4 Megabyte – der Größe einer alten Floppy-Disk. Pro Sekunde! Im gleichen Zeitraum verarbeitet unser Bewusstsein aber nur 40 bis 50 Bits. Der Rest, soweit er überhaupt verarbeitet werden kann, wandert ins Unterbewusstsein. Und bringt dieses mitunter kräftig durcheinander.

Was dabei herauskommt, ist so eine Art Chaos-im-Hirn-Effekt, den Wissenschaftler aber anders nennen, damit es eben wissenschaftlicher klingt: Stroop-Effekt. Ist wirklich besser.

Wir haben ein bisschen getüftelt, wie wir Ihnen dessen Wirkung ganz plastisch vor Augen führen können, und haben uns entschieden, mit Ihnen einen kleinen Test zu machen. Sind Sie bereit? Egal, denn auch so geht es damit jetzt los. Wir werden Ihnen dazu drei kleine Aufgaben stellen. Lesen Sie bitte laut und deutlich folgende Wörter vor:

Rot Grau Blau Weiß Schwarz

Okay, das war noch Kindercamping. Deshalb nun die nächste Aufgabe. Lesen Sie bitte erneut laut und deutlich folgende Wörter vor:

Rot **Grau** Blau **Weiß** **Schwarz**

Merken Sie etwas? Für die zweite Aufgabe haben Sie minimal länger gebraucht. Faszinierend, oder? Okay, ein letzter Test: Sprechen Sie bitte dieses Mal laut und deutlich *die Farb-* beziehungsweise *Grautöne* aus, in denen die Wörter gedruckt sind:

Rot **Grau** Blau **Weiß** **Schwarz**

Wir schätzen, Sie haben diesmal noch länger gezögert oder sind gar ins Stottern gekommen. Letztlich liegt das an einer Art Sinnesüberreizung und einem Widerspruch der Hirnaktivitäten: Das Lesen einfacher Worte wie »Rot« oder »Schwarz« ist ein automatischer, unwillkürlicher Akt, den wir kaum unterdrücken können. Das Erkennen und Nennen von Farben dagegen erfordert unsere willentliche Konzentration und Analyse. Beide Aktivitäten arbeiten in diesem Fall aber gegeneinander: Es kommt zu erheblichen Verzögerungen, dem Stroop-Effekt eben.

Der verdankt seinen Namen dem amerikanischen Psychologen John Ridley Stroop. Der widmete sich diesem Thema in seiner Dissertation bereits 1935. Damals wollte er zeigen, dass wir Wörter schneller lesen können, als ihre Farbe zu benennen. Im Original-Experiment benutzte Stroop allerdings mehrere Wortreihen und obendrein deutlich mehr und auch bunte Farben – was in diesem Buch für eine einzige Seite zu teuer geworden wäre. Wir wollten Ihnen das aber dennoch nicht vorenthalten und haben ein solches Beispiel auf einer Internetseite geparkt. Falls Sie über ein Smartphone und eine Software zur Barcode-Erkennung verfügen, halten Sie die Handykamera einfach auf die Abbildung links und folgen Sie dem codierten Link. Falls Sie kein solches Gerät haben, ist das aber auch nicht schlimm. In diesem Fall geben Sie die angegebene Internetadresse ganz altmodisch in Ihren Browser ein: *http://karrierebibel.de/das-anomaloskop/*

DER HINDSIGHT-BIAS

Warum hinterher immer alle klüger sind

Der Besserwisser ist schon eine nervige Spezies. Übertroffen wird er aber noch vom Rechthaber. Es gibt Leute, die glauben, ein Abonnement auf die Weisheit zu besitzen. Dazu kommt: Sie drücken sich meist so geschickt aus, dass man sie so gut festnageln kann wie Eigelb. Beispiel Wetterprognose: »Hm, diese Wolken am Himmel. Ich glaube, es kommt ein Wetterumschwung.« Wird es am nächsten Tag schöner, ist das ein Umschwung – regnet es Katzen und Hunde, stimmt der Satz erst recht. Es ist ein bisschen so wie mit Horoskoptexten: »Kleine Unaufmerksamkeiten können eine unnötige Belastung für Ihre Beziehung nach sich ziehen. Vermeiden Sie unbedingt Streit, und vor allem vernachlässigen Sie Ihren Partner nicht.« Stimmt garantiert immer. Falls Sie sich mit Ihrer besseren Hälfte nicht zoffen, hat Sie das weise Orakel zutreffend gewarnt (siehe auch Barnum-Effekt, Seite 41). Falls doch – selbst schuld!

Natürlich wären Sie nie so töricht, auf solchen Astro-Kokolores zu hören. Spannender ist daher die Frage: Was passiert eigentlich mit demjenigen, der sich in derlei mythischer Weissagung übt? Hier kommt ins Spiel, was Psychologen einen Hindsight-Bias nennen, zu deutsch: einen Rückschaufehler.

Tatsächlich neigen wir Menschen dazu, uns retrospektiv zu überschätzen. Oder anders formuliert: Wir interpretieren unsere ursprüngliche Aussage so lange um, bis sie zum tatsächlichen Ereignis passt. »Sagte ich Wetterumschwung? Ich meinte natürlich strahlenden Sonnenschein!« Ein typisches Experiment zum Hindsight-Bias geht zum Beispiel so: Den Probanden werden zunächst verschwommene Bilder gezeigt, die zunehmend schärfer werden. Die Kontrollgruppe hat keine Ahnung, was auf den Fotos zu sehen sein wird. Den eigentlichen Testpersonen aber verraten die Forscher schon im Voraus das Motiv und fragen sie dann, ab wann sie es erkannt haben. In nahezu allen Fällen schätzt die Versuchsgruppe den Zeitpunkt systematisch zu früh ein. Man könnte auch sagen, sie schummeln – nur um sich den Schein eines Durchblickers zu geben.

Sie schmunzeln darüber vielleicht. Aber stellen Sie sich jetzt bitte einen Arzt vor, der ein Röntgenbild betrachtet und entscheiden muss, ob der Tumor darauf hätte eher erkannt werden können oder nicht. Entsprechend hat der Hindsight-Bias in der Rechtsprechung bis heute erhebliches Gewicht – insbesondere bei der Frage: Handelte der Täter fahrlässig und wider besseres Wissen?

Dabei ist die Expertise zu diesem Phänomen vergleichsweise jung. Erstmals untersucht wurde der Hindsight-Bias 1975 von Baruch Fischhoff an der Carnegie-Mellon-Universität in Pittsburgh. Seitdem taucht der Effekt in der Gedächtnisforschung immer wieder auf: 2003 erschien sogar eine Sondernummer der Zeitschrift ›Memory‹, die sich ausschließlich dem Rückschaufehler widmete, wobei die Wissenschaft drei Arten unterscheidet:

1. Die Betroffenen können sich tatsächlich nur schlecht an ihre Vorhersage erinnern.

2. Er oder sie glaubt, es schon immer gewusst zu haben. Oder aber der Ausgang wird mit absoluter Unwägbarkeit entschuldigt: »Also damit konnte nun wirklich keiner rechnen.«
3. Die Personen nehmen schlicht an, dass es unausweichlich so kommen musste, wie es kam.

Besonders an der Börse lässt sich das gut beobachten: Stürzt die Aktie überraschend ab, sagen viele, dass sie damit längst gerechnet haben – trotzdem haben sie ihr Depot zuvor weder verkauft noch eifrig Optionen auf sinkende Kurse geordert. Forscher am Max-Planck-Institut in Berlin finden das allerdings gar nicht so schlimm. Sie halten den Hindsight-Bias für einen kognitiven Mechanismus, der uns dabei hilft, unnütze Informationen zu entsorgen und künftig bessere Entscheidungen zu treffen. Ihre Hypothese: Wir belohnen uns mit falschem Feedback über die eigene Brillanz, um die tatsächliche Kausalität leichter zu begreifen. Ein klassischer Selbstbetrug, jedoch mit bester Absicht.

Wie weitere Nachforschungen ergaben, hat die Persönlichkeit der Betroffenen ebenfalls großen Einfluss auf diese Form der Selbsttäuschung. Erwartungsgemäß behaupten Menschen, die einen starken Hang zur Selbstdarstellung haben, deutlich öfter als andere, die richtige Antwort vorher gewusst zu haben. Am stärksten aber zeigt sich der Rückschaufehler bei jenen, die zu einer Art Dogmatismus neigen – also Menschen mit einem ausgeprägten Bedürfnis nach Sicherheit und einer geordneten, vorhersehbaren Welt. Dass Letzteres jedoch gar nicht so erstrebenswert ist, wie es vielleicht scheint, zeigt sich allerdings leider auch erst in der Rückschau.

DER BOWERY-EL-EFFEKT

Warum wir Dinge hören, die gar nicht mehr da sind

Wer ganz unten angelangt ist, kann sich zumindest mit einer Tatsache trösten: Von hier aus kann es nur noch besser werden. Die »Bowery« im Süden New Yorks war Mitte des vergangenen Jahrhunderts so ein Ort. Die Straße galt als Boulevard der Obdachlosen, eine Anlaufstätte für Alkoholiker und allerlei kleiner und großer Krimineller. In den Straßenecken stauten sich der Müll und die vertrocknete Kotze aus vergangenen Tagen, die auch keine besseren waren. Wer es irgendwie konnte, mied die Gegend tunlichst. Es sei denn, er verspürte Todessehnsucht oder war ein ausgemachtes Schlitzohr.

Tempi passati – Zeiten ändern sich. Heute zählt die Bowery zu den angesagten In-Vierteln im Big Apple. Die Straße beginnt nördlich im schicken East Village; im Süden trifft sie auf die Canal Street, Chinatown und das angrenzende Little Italy im Westen. Wo lange Zeit allein die Kriminalitätsrate wuchs und das Elend groß war, blühen heute wunderschöne Gärten, und Wiesen mit Holzliegen laden ein, in der sonst turbulenten Metropole ein wenig zu verweilen. Der Clou daran ist: Die grünen Gärten gedeihen nicht irgendwo auf der Fahrbahn – sondern darüber: auf den einstigen Stahltrassen der legendären S-Bahn-Linie »Bowery El«.

Bis Anfang der Sechzigerjahre verkehrte die Tram auf bizarren Stelzenkonstrukten direkt über dem Bürgersteig und den Köpfen der Fußgänger hinweg. Für den Verkehr war das eine gute Sache, für die Anwohner weniger: Bis in die Nacht donnerten die schweren Züge quietschend und kreischend dicht an ihren Fenstern im ersten und zweiten Stock vorbei. Wer hier wohnte, hätte auch seelenruhig auf dem Startdeck eines Flugzeugträgers einschlafen können. Zudem erleichterten die Hochschienen allerlei Einbrechern den Einstieg in die höher gelegenen und deshalb weniger gut geschützten Apartments. Kurz: An der Tramlinie zu wohnen, bedeutete höchste Gefahr für Hab und Gut und Gehör.

In den Sechzigerjahren legte die Stadt die Bowery El endlich still. Doch dann passierte etwas Seltsames: Schon nach kurzer Zeit mehrten sich bei der New Yorker Polizei die Anrufe von besorgten Anwohnern. Sie hörten angeblich seltsame Geräusche in der Nachbarschaft, womöglich seien Einbrecher am Werk. Für die Bowery war das damals gewiss nichts Ungewöhnliches – nur handelte es sich dabei durchweg um Fehlalarme. Es gab nicht die geringsten Anzeichen eines Einbruchs: kein zerbrochenes Glas, keine ausgehebelten Fenster, nichts. Nur Ruhe und vielleicht ein paar Schnarcher. Also ging die Polizei der Sache auf den Grund und stellte bald fest: Die Anrufe häuften sich nachts, und zwar immer zu jener Zeit, in der die Bowery El bisher an den Fenstern der Leute vorbeigescheppert war. Tatsächlich hatten die Anwohner Phantomgeräusche gehört. In den Jahren davor hatten sie sich so sehr an das Rumpeln der Stahltrassen und das Schreien der Bahnbremsen gewöhnt, dass sie es gar nicht mehr wahrnahmen. Jetzt aber, wo der Lärm ausblieb, bemerkten sie das Fehlen der Zuggeräusche sehr wohl, mehr noch: Sie hörten Laute, die gar nicht existierten.

Der US-amerikanische Neurowissenschaftler und ehemalige Stanford-Professor Karl Pribram nannte dieses Phänomen später den Bowery-El-Effekt. Er beschreibt einen klassischen Wahrnehmungsdefekt, der durch einen Automatisierungsprozess ausgelöst wird. Klingt kompliziert, aber auch Sie kennen das vielleicht durch Ihre tägliche Pendelei ins Büro: Jeden Morgen fahren Sie dieselbe Strecke. Sie kennen jede Kurve, wissen um jede Stelle, an der man gut beschleunigen kann, und mit den Schlaglöchern in der Piste sind Sie ohnehin längst per Du. Das Terrain beherrschen Sie im Schlaf. Und genau so ist es auch: Sobald Sie im Büro angekommen sind, wissen Sie nicht einmal mehr, ob die Ampel, die Sie erst vor zehn Minuten passiert haben, nun grün oder rot war. Sie haben es irgendwie verpennt.

Warum das so ist? Zumindest aus evolutionärer Sicht besitzt diese temporäre Tumbheit eine sinnvolle Funktion: Sie stabilisiert unser Bewusstsein und sorgt dafür, dass wir uns mit kontinuierlichen Reizen nicht weiter beschäftigen, blendet sie aus und schafft so mehr Aufmerksamkeit für neue, womöglich lebensbedrohliche Reize: Weil Sie Ihre tägliche Bürostrecke so gut kennen, nehmen Sie gefährliche Abweichungen, wie etwa einen Geisterfahrer, schneller wahr. »Die Zellen der Sehrinde und der Netzhaut sind darauf spezialisiert, Veränderungen im Input zu entdecken und ständig gleichbleibende zu ignorieren«, weiß zum Beispiel die Berliner Psychologin Birgit Permantier, die das einmal untersucht hat. Falls Sie Lust dazu haben, können Sie das auch bei sich zu Hause testen: Wir nehmen an, dass Sie die Titel der Bücher in Ihrem Regal längst nicht mehr bewusst wahrnehmen, ebenso die Bilder an der Wand oder das Muster im Boden. Aber sobald jemand ein Buch umstellt, das Bild schief hängt oder einen Kratzer in den Boden macht, registrieren Sie sofort: Hier stimmt was nicht! Im Extrem kann der Bowery-El-Effekt dazu führen, dass Sie vor lauter Ruhe und Idyll im Urlaub gar nicht recht entspannen können, weil Ihnen das laute Tatütata und Gehupe in Ihrer Straße daheim fehlt. Immerhin wissen Sie für diesen Fall jetzt: Von hier aus kann es nur noch besser werden.

DER STROBOSKOP-EFFEKT

Warum sich Räder beim Fahren rückwärts zu drehen scheinen

Am 28. Dezember 1895 zelebrierten die Brüder Auguste und Louis Lumière im indischen Salon des Pariser »Grand Café« die erste öffentliche Filmvorführung mit einem Kinematografen. Die Geburtsstunde des Kinos. So jedenfalls steht es in den Geschichtsbüchern. Genau genommen fand die eigentliche Entdeckung aber schon 70 Jahre zuvor statt: in einem englischen Garten, umrahmt von einem brüchigen Lattenzaun.

Darin saß damals der Arzt Peter Marc Roget. Das heißt, vermutlich saß er auf seiner Veranda, schlürfte an einem Gin Tonic und sah seinen Gedanken beim Verklären sowie den Pferdekutschen beim Vorbeifahren zu. Nur musste er das Treiben vor seinem Garten durch die Spalten seines klapprigen Zauns betrachten. Und weil er wohl noch nicht allzu viel Gin intus hatte, bemerkte er, dass die Radspeichen der passierenden Kutschen eine seltsam gekrümmte und scheinbar unbewegliche Form annahmen. Eine typische optische Täuschung eben. Zu Zeiten Rogets aber war dies phänomenal neu, sodass er sie sogleich in einem Modell nachbaute und dazu noch einen Aufsatz veröffentlichte.

Wenig später wurde der Belgier Joseph Plateau auf Rogets Entdeckung aufmerksam. Er setzte sich an seinen Schreibtisch und bastelte daraufhin das erste sogenannte Phenakistiskop – eine kreisrunde Scheibe, auf der 16 Einzelzeichnungen eines Bewegungsablaufs aufgemalt waren. Drehte man die Scheibe besonders schnell und fixierte dabei nur einen Punkt darauf, entstand der Eindruck, die Figur würde sich bewegen. Diese »optischen Zauberscheiben«, die der Österreicher Simon Ritter von Stampfer noch weiter verfeinerte, avancierten alsbald zur regelrechten Attraktion in Salons und auf Jahrmärkten. Dabei bürgerte sich zunehmend der Name »stroboskopische Scheibe« ein – oder wie wir es heute kurz kennen: Stroboskop.

Der Stroboskop-Effekt, auch Phi-Phänomen genannt, basiert letztlich auf der Trägheit des Auges oder auf dem Phänomen einer Scheinbewegung – je nachdem, wie man es sieht. Natürlich bewegen sich die Figuren auf der Kinoleinwand nicht. Ebenso wenig wie die vielen grauen Punkte in der Flimmerkiste bei einem Senderausfall über den TV-Bildschirm tanzen. Vielmehr sind es viele, viele Einzelbilder, die beim Betrachter ab einer bestimmten Frequenz (etwa 16 Hertz) eine Bewegungsillusion erzeugen. Auch hierbei handelt es sich um einen Wahrnehmungsfehler – man sieht eine Bewegung, die nicht existiert. Besonders gut lässt sich das zum Beispiel an Laufschriftanzeigen beobachten: Obwohl die einzelnen Lampen nur schnell hintereinander aus- und wieder angehen, wirkt es so, als ob die Schrift wandert.

Mit demselben Effekt lassen sich auch Bewegungen »einfrieren«. Immer dann, wenn der Abstand der einzelnen Lichtintervalle genauso groß ist wie der Abstand zwischen den einzelnen Bewegungen, scheinen diese zu erstarren. Falls Sie noch einen hochwertigen Schallplattenspieler besitzen, kennen Sie das: Um die richtige Drehzahl des Plattentellers einzustellen, befinden sich an der Seite feine Linien- oder Strichmuster sowie eine stroboskopische Glimmlampe, die in einer exakten Frequenz flackert. Sobald der Teller genauso schnell dreht, wie die Lampe flimmert, scheint eine der relevanten Linien oder Balken am Tellerrand stillzustehen. Die jüngeren Leser dürften sich über das Phänomen indes in der Disco freuen: Wird das Stroboskoplicht eingeschaltet, sehen manche Tänzer so aus, als würden sie sich nur noch in Zeitlupe bewegen, während andere gar zur Säule erstarren. Bei nicht wenigen bleibt der Eindruck allerdings auch erhalten, wenn das Stroboskoplicht wieder ausgeschaltet wird. Das hat aber andere Gründe.

Auf der Autobahn wiederum lässt sich manchmal beobachten, dass sich die Räder eines Fahrzeugs scheinbar rückwärts drehen, obwohl das Auto doch recht flott über den Asphalt braust – und zwar vorwärts. Der sogenannte Wagenrad-Effekt ist eine Unterart des Stroboskop-Effekts und tritt immer dann auf, wenn die Radspeichen ein wenig schneller aufblitzen, als sie für die einmalige Umrundung brauchen. Dann sehen wir die einzelne Phase etwas früher, und der Prozess läuft scheinbar rückwärts ab. Selbst bei hohen Geschwindigkeiten kann das noch passieren, wenn die Periodenintervalle um jeweils ein Vielfaches ihrer selbst versetzt ablaufen. Jedoch nicht unbegrenzt: Irgendwann verschwimmt die Bewegung vollends, und die Speichen verschmelzen zu einer einzigen silbrigen Scheibe.

Was sich hier so trivial anhört, war in der Industrie lange Zeit eine echte Bedrohung für Leib und Leben der Arbeiter. Immer dann, wenn etwa in der Nähe rotierender Maschinen Lampen angebracht waren, die flimmerten (Leuchtstoffröhren zum Beispiel), konnten die Arbeiter die schnell ablaufenden Maschinenprozesse nicht mehr genau einschätzen – sie wirkten zum Teil langsamer, als sie tatsächlich waren. Weil das mitunter grausige Betriebsunfälle zur Folge hatte, schreibt der Gesetzgeber heute in den Arbeitsstätten Glühlampen oder andere elektronisch optimierte und nicht flimmernde Lichtquellen vor.

Auch im Kino war das Flimmern bis vor einigen Dekaden ein verhasster Nebeneffekt. Um es zu vermeiden, wenden Filmemacher heute allerdings einen anderen Trick an: Sie zeigen einfach zwei oder drei Mal hintereinander dasselbe Bild.

DER PLACEBO-EFFEKT

Warum keine Wirkung auch eine Wirkung hat

> *»Es gibt zwei Möglichkeiten:*
> *Entweder du stellst dir vor, du schaffst es.*
> *Oder du stellst dir vor, du schaffst es nicht.*
> *Und genau so wird es kommen.«*
> Henry Ford, Automobilhersteller

Der Legende nach soll der Komponist Ludwig van Beethoven regelmäßig 60 Kaffeebohnen abgezählt haben, um sich daraus eine Tasse Mokka zu brühen. Der französische Romancier Honoré de Balzac trank täglich sogar mehrere Tassen extrem starken Kaffee, um wach zu bleiben. Gut, der Mann dichtete und schrieb auch meist zwölf Stunden am Stück. Das ist mitunter Knochenarbeit, wir sprechen da aus Erfahrung. Zum Glück werden der braunen Brühe viele gute Eigenschaften nachgesagt: Kaffee steigert die Denkleistung, er kann Schmerzen lindern oder sogar sexuell erregen – Frauen vor allem. Kaffee hilft gegen Mundgeruch, zu viel Kaffee allerdings macht Kopfweh. Die wohl wichtigste Eigenschaft aber ist: Kaffee, beziehungsweise das darin enthaltene Koffein, macht munter.

Aber stimmt das auch? Oder bilden wir uns das Ganze am Ende bloß ein, und ist für die aufputschende Wirkung nur eine Art Placebo-Effekt verantwortlich? Denn genau darum geht es bei dem Phänomen: Man bekommt eine Tablette, einen Wirkstoff, einen Zaubertrank und glaubt fest daran, dass es einem hernach besser geht oder dass man sich von Klippen stürzen und fliegen kann. Für den ersten Fall belegen zahlreiche Versuche, dass bloße Einbildung wirklich gesund machen kann. Im zweiten Fall passiert eher das Gegenteil.

> Es passierte 2007. Weil ihn seine Freundin verlassen hatte, wollte sich der 26-jährige Derek Adams das Leben nehmen und schluckte 29 Kapseln eines Antidepressivums, das er gerade daheim hatte. Sein Blutdruck sackte lebensbedrohlich ab, Adams wurde in die Notaufnahme eingeliefert. Dort allerdings stellte sich heraus: Der junge Mann war Proband einer Medikamentenstudie und gehörte zu jener Hälfte der Patienten, die nur ein Scheinmedikament und kein Antidepressivum erhalten hatte. Als er erfuhr, nur Placebos geschluckt zu haben, verschwanden sämtliche Symptome schlagartig. Der Fall gilt inzwischen als Paradebeispiel für den Nocebo-Effekt. Er ist der böse Voodoo-Bruder des Placebo-Effekts und tritt dann auf, wenn negative Erwartungen ausreichen, um Krankheitssymptome hervorzurufen. Überhaupt ist Angst medizinisch gesehen ganz schlecht: Langzeitstudien konnten zeigen, dass depressive Krebskranke eine um 39 Prozent höhere Todesrate haben.

Doch zurück zum Kaffee: Die beiden Psychologen Paul Harrell und Laura Juliano von der Universität in Washington haben damit vor einiger Zeit ein wenig experimentiert. An dem Versuch nahmen 60 passionierte Kaffeetrinker teil, an diesem Morgen hatten sie aber noch keine Tasse zu sich genommen. Nun teilten Harrell und Juliano ihre Probanden in zwei mal zwei Gruppen auf: Die erste Gruppe bekam Kaffee mit 280 mg Koffein (womit man sogar Komapatienten reanimieren könnte), die zweite eine Tasse entkoffeinierten Kaffee (was diese aber nicht wusste). Innerhalb der beiden Gruppen wurde noch einmal unterschieden: Der einen Hälfte erzählte man, der Kaffee habe eigentlich keine, wenn nicht gar eine negative Wirkung auf ihre kognitiven Fähigkeiten, den anderen sagte man, der Kaffee sei wie üblich anregend. Vereinfacht sah die Einteilung also so aus:

- **Gruppe 1A:** koffeinhaltiger Kaffee, Annahme: wirkungslos
- **Gruppe 1B:** koffeinhaltiger Kaffee, Annahme: wirkt aufputschend (Kontrollgruppe)
- **Gruppe 2A:** entkoffeinierter Kaffee, Annahme: wirkungslos
- **Gruppe 2B:** entkoffeinierter Kaffee, Annahme: wirkt aufputschend

Was, glauben Sie, passierte? Der koffeinhaltige Kaffee hatte tatsächlich die größte Wirkung auf die kognitiven Fähigkeiten der Probanden – ein etwa zehnprozentiges Leistungsplus. Einen Placebo-Effekt kann man in diesem Fall also ausschließen. Allerdings machten weitere Beobachtungen das Experiment so interessant: So verursachte der Hinweis, der Kaffee wirke diesmal besonders anregend, einen zusätzlichen Push. Aber nur bei dem koffeinhaltigen Getränk. In der Gruppe, denen man entkoffeinierten Kaffee gegeben hatte, wirkte diese Aussage geradezu katastrophal: Ihre Leistung verschlechterte sich dramatisch (siehe Grafik).

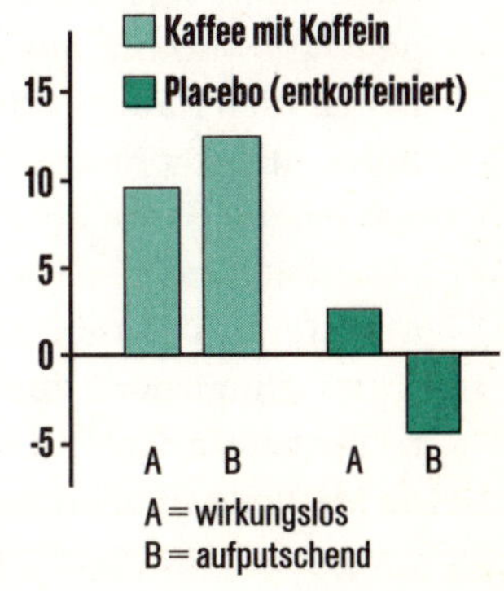

Was indes keinem der Versuchsteilnehmer auffiel, war der Unterschied zwischen dem Heißgetränk mit und ohne Koffein. Warum ausgerechnet der Placebo-Kaffee, dem die Forscher nachsagten, er habe keinen oder gar einen negativen Effekt, verhältnismäßig positiv abschnitt, erklärten sich Harrell und Juliano so: Die Probanden strengten sich in diesem Fall besonders stark an, die Negativwirkung auszugleichen – was ihnen auch irgendwie gelang. So gesehen kann man doch noch von einem Placebo-Effekt sprechen. Der aber lautet im Endeffekt: Placebos wirken enorm stark – allerdings zum Teil ganz anders als erwartet.

DER TEXAS-SCHARFSCHÜTZEN-EFFEKT

Warum wir versuchen Muster zu erkennen, wo keine sind

Der eine oder andere mag sich noch an den ProSieben-Zweiteiler ›Der Bibelcode‹ erinnern. Das 2008 ausgestrahlte TV-Abenteuer basierte auf dem gleichnamigen und umstrittenen Sachbuch des US-Journalisten Michael Drosnin. Der hatte schon 1997 die Theorie aufgestellt, der hebräische Originaltext der Bibel enthalte verborgene Vorhersagen für die Zukunft – also unsere Gegenwart. Mithilfe eines Computerprogramms wollte Drosnin damals den Namen »Yitzhak Rabin« im Thoratext des 5. Buches Mose entdeckt haben. Und der kreuzte sich auch noch zufällig mit einer Passage über einen Totschläger. Drosnin wertete das als einen geheimen Hinweis auf die Ermordung des israelischen Ministerpräsidenten am 4. November 1995.

Das klingt nach einer ziemlich durchgeknallten Verschwörungstheorie, Stoff für Filme ist es allemal. Die zugrunde liegende Methode ist allerdings ziemlich simpel und nennt sich ganz unspektakulär Equidistant Letter Sequence (ELS) oder Intervallcodierung. Dabei werden in einem beliebigen Text Buchstaben betrachtet, die stets denselben Abstand zueinander haben – also etwa jeder 42. Buchstabe. Ergeben sich dabei sinnvolle Worte, so jedenfalls die Theorie der ELS-Eleven, kann das kein Zufall mehr sein. Denn in der Tat handelt es sich dabei um eine uralte Verschlüsselungstaktik.

Ob dies allerdings auch auf kryptische Prophetien in heiligen Schriften zutrifft, darf mindestens so stark bezweifelt werden wie iranische Atomanlagen, die allein der Energiegrundversorgung dienen. Mit der ELS-Technik lässt sich so ziemlich jedes Ereignis vorhersagen – man muss nur über genügend Text und ein gutes Computerprogramm verfügen. Und so wurden Drosnins statistische Entdeckungen, so spektakulär sie auch klingen mögen, letztlich als das entlarvt, was sie sind: sensationslüsterne Prosa. Der Autor wehrte sich zwar gegen die Kritik und behauptete keck, dann müsse es ebenso gelingen, in ›Moby Dick‹ Hinweise auf einen Premierminister und dessen Ermordung zu finden. Doch genau das passierte: Brendan McKay, ein Informatiker an der Nationaluniversität Australiens, warf seinen Rechner an, durchstöberte den englischen Text von ›Moby Dick‹ – und fand Ankündigungen zur Ermordung von Indira Gandhi, Martin Luther King, John F. Kennedy, Abraham Lincoln und, Sie ahnen es: Yitzhak Rabin.

Um die Sache vollends ad absurdum zu führen, fanden Spaßvögel am Ende sogar angebliche Geheimcodes in einer simplen Pressemitteilung von Microsoft: Durch geschicktes Auszählen fanden die Computerspezialisten unter anderem die Letternfolge *ojdidit* (»O.J. hat es getan«) und *ear* (»Ohr«), woraus man einerseits die Klärung der Schuldfrage im legendären Mordprozess um O.J. Simpson ableiten sowie das Ergebnis des Boxkampfs zwischen Mike Tyson und Evander Holyfield herleiten kann, bei dem Holyfield ein Ohr teilweise abgebissen wurde. Oder man wertet es korrekterweise als närrischen Unfug.

So oder so – in jedem Fall handelt es sich dabei um einen typischen Texas-Scharfschützen-Effekt, der auch *Texas sharpshooter fallacy* oder Zielscheibenfehler genannt wird. Seinen Namen verdankt er einer klassischen Western-Parodie: Zuerst ballert der Texaner auf ein Scheunentor, dann malt er konzentrische Ringe um seine Einschusslöcher, die wie eine Zielscheibe aussehen – und piff-paff, hat sich die wilde Schießerei in das Werk eines famosen Scharfschützen verwandelt. Das Beste: Man braucht für diese Illusion nicht einmal Pistolen. Viele Menschen machen es genauso, indem sie im Nachhinein aus einer zufälligen Häufung von Ereignissen kausale Beziehungen ableiten – im Alltag heißt das schlicht: Aberglaube. Es ist nun mal einer unserer Lieblingsdenkfehler, dass wir ständig versuchen, in willkürlichen Informationen Muster zu erkennen. Wissenschaftlich zulässig wäre allenfalls der umgekehrte Weg: zuerst die Hypothese aufstellen und danach durch eine Reihe von Experimenten überprüfen. Aber wer gibt schon gerne Irrtümer zu?

DAS GESETZ DER SERIE

Zufall oder höherer Zusammenhang?

Es war eine Einladung, wie sie befreundete Paare regelmäßig aussprechen. Mal besucht man die einen, dann kommen die anderen. So war es auch bei den Kammerers und den Schrekers. Am 17. Mai 1917 war der Österreicher Paul Kammerer mit seiner Frau bei den Schrekers eingeladen. Alle hatten sich schon die ganze Woche über auf den launigen Abend gefreut. Auf dem Weg zu den Schrekers bekamen die Kammerers spontan Heißhunger auf Schokoladenbonbons. Also hielten sie unterwegs an und kauften eine Tüte Süßigkeiten. Irgendwie muss ihnen danach der Appetit aber wieder vergangen sein, denn sie beachteten die Schokolinsen nicht weiter und fuhren direkt zu den Schrekers. Es wurde ein schöner Abend. Das Essen schmeckte phantastisch, der Wein war vorzüglich, und es gab viel zu lachen. Untermalt wurde die Begegnung von einer Oper. Die Gastgeber hatten eine Schellackplatte aufgelegt, die weibliche Hauptrolle wurde von einer Sängerin namens Carlotta gesungen. Als die Kammerers später nach Hause fuhren, öffneten sie endlich ihre Bonbontüte – und staunten nicht schlecht: Auf einem der Bonbons stand: Carlotta. Unheimlich! Eine übernatürliche Botschaft? Eine Warnung vor einer süßen Verführung in weiblicher Gestalt? Natürlich nicht, sagt der Verstand. Alles Zufall!

Und doch passieren jedem von uns immer wieder vergleichbar merkwürdige Begebenheiten. Der eine trifft bei der abendlichen Kneipentour einen alten Klassenkameraden wieder, den er jahrelang nicht gesehen hat – ausgerechnet an dem Tag, an dem beide vor zehn Jahren zusammen Abitur gemacht haben. Morgens fällt uns der Marmeladentoast, kurz bevor wir aus dem Haus wollen, auf die Hose – natürlich mit der Marmeladenseite voran. Im Büro kippen wir uns aus Versehen Kaffee über die Krawatte, und später beim Mittagessen kleckert der Kollege seine Bolognesesoße auf unser weißes Hemd. Spätestens ab jetzt schwebt das Jackett in Lebensgefahr. Ein Unglück kommt eben selten allein.

Paul Kammerer hat diesen seltsamen Zufallserien sein ganzes Leben gewidmet. Jahrelang trug er eigene Erlebnisse dieser Art, Anekdoten von Freunden oder Zeitungsberichte zusammen. Sein Kompendium veröffentlichte er 1919 unter dem Titel ›Das Gesetz der Serie. Eine Lehre von den Wiederholungen im Lebens- und Weltgeschehen‹. In manchen Kreisen wird der Österreicher dafür verehrt. Sein Werk gilt mitunter in der Parapsychologie als Grundstein für die Theorie der Serialität, also dem Gedanken, dass hinter derlei Reihungen, die kausal gar nicht zusammengehören können, vielleicht doch ein übersinnlicher Konnex besteht. Der Legende nach soll sich der berühmte Physiker Albert Einstein positiv über das Werk geäußert haben: »Originell und durchaus nicht absurd.«

Für Kammerer war die Sache klar. Es gibt ein Gesetz der Serie.

Serielle Zufälle waren für ihn Ausdruck eines Naturgesetzes, das unabhängig von den bereits bekannten physikalischen Kausalgesetzen wirkt. Zur damaligen Zeit ein wahrhaft revolutionärer Gedanke. Heute würde sich der Stoff für erfolgreiche TV-Serien wie zum Beispiel ›Akte X‹ eignen.

Egal, was Sie selbst glauben – und auf eine Glaubensfrage läuft es bei dem Gesetz der Serie letztlich hinaus –, für Paul Kammerer bleibt die Entdeckung schicksalhaft: Eine Verkettung unglücklicher Ereignisse sollte auch sein tragisches Lebensende einläuten. Kammerer, von Haus aus Biologe, wollte ganz in Darwin'scher Tradition beweisen, dass manche Eigenschaften vererbt werden. Dazu experimentierte er mit Geburtshelferkröten. Im Gegensatz zu den meisten ihrer Artgenossen besitzen die Männchen keine sogenannten Brunftschwielen, um sich während des Paarungsaktes im Wasser am Weibchen festzukleben – nicht zuletzt, weil sich diese Art üblicherweise gar nicht im Wasser paart. Kammerer wiederum züchtete nun mit einigen Tricks Geburtshelferkröten, die sich irgendwann im Wasser fortpflanzten, und nach genau vier Generationen entwickelten die Männchen tatsächlich Brunftschwielen an den Vorderbeinen.

Die Ergebnisse waren eine Sensation. Stolz fotografierte Kammerer die Brunftschwielen und präsentierte sie auf der ganzen Welt. Dann erhielt er in Wien Besuch von dem US-Reptilienkundler Gladwyn Noble. Der begutachtete das Krötenbein sowie entsprechende Fotos. Im August 1926 veröffentlichte er einen vernichtenden Aufsatz im angesehenen Wissenschaftsmagazin ›Nature‹ mit dem Fazit: Kammerer habe Tusche in das Krötenbein gespritzt, um Brunftschwielen vorzugaukeln. Die Öffentlichkeit glaubte Nobles vermeintlicher Enthüllung, Kammerers Karriere war trotz heftiger Unschuldsbeteuerungen ruiniert. Wenige Wochen später jagte er sich eine Kugel in den Kopf. Das wahre Drama aber ist: Wissenschaftler sind inzwischen überzeugt, dass Kammerer nicht betrogen hat. Zwar habe er Tusche benutzt, aber vermutlich nur, um die Farbkontraste auf den Fotos zu verstärken.

WARNOCKS-DILEMMA

Warum Ignoranz gar nicht schlimm ist

Für einen Künstler gibt nur eine Sache, die schlimmer ist als eine negative Kritik: gar keine Rückmeldung. Gewiss, weder Schriftsteller noch Maler oder Musiker mögen es, wenn man ihr Werk rhetorisch in der Luft zerreißt. Das schmerzt immer, denn hinter einem kreativen Akt stecken meist viele Emotionen, Leidenschaften, manchmal gar Entbehrungen und Mühen. Und dann kommt so einer daher, wirft einen oberflächlichen Blick darauf und sagt: »Totaler Murks.« Was weiß der denn schon! Und wie ungerecht ist das bitte schön? Was man in einem Jahr aufgebaut hat, reißt dieser Besserwisser in einem Absatz nieder. Troglodyt, du!

Und doch gibt es für die sensible Künstlerseele keine schlimmere Demütigung als Ignoranz. Warum keine Reaktion schlimmer ist als eine Reaktion – und sei sie noch so negativ? Ganz einfach: Kunst zielt letztlich immer auf Kommunikation. Sie will einen Dialog provozieren, mit dem Leser, Betrachter, Zuschauer oder Zuhörer. Bleibt das Feedback vollends aus, ließe das eigentlich nur einen Schluss zu: Das Werk erzeugte nicht mehr als völliges Desinteresse. Ein Totalausfall also.

Aber stimmt das? Nein! Und das ist die gute Nachricht für alle Künstler. Vielmehr handelt es sich dabei um eine typische Fehleinschätzung, auch bekannt als Warnocks-Dilemma. Der Name geht zurück auf eine Online-Diskussion vor einigen Jahren. Im August 2000 diskutierten Mitglieder eines Internetforums für die Programmiersprache Perl, wie sie die Rückmeldung zu Beiträgen steigern könnten. Auch hier meinte ein Nutzer, ausbleibende Reaktionen auf Forenbeiträge seien schlicht auf Desinteresse zurückzuführen, andere widersprachen. Dann schaltete sich ein gewisser Bryan Warnock in die Diskussion ein und brachte ein paar denkwürdige Thesen in die virtuelle Runde ein. Das Problem einer ausbleibenden Antwort sei, so Warnock, dass sie fünf Interpretationen zulasse:

1. Der Beitrag ist korrekt, informativ und gut geschrieben – es gibt daher einfach nichts mehr dazu zu sagen.
2. Der Beitrag ist kompletter Unsinn – und zwar dermaßen, dass niemand seine Zeit mit einer Replik verschwenden will.
3. Der Beitrag wurde übersehen – warum auch immer.
4. Der Beitrag wurde nicht verstanden, aber niemand bittet um eine Klarstellung. Warum? Unklar.
5. Der Beitrag stößt auf totales Desinteresse – Gründe unbekannt.

Das Dilemma ist also, dass man nicht weiß, ob eine Reaktion aus positiven oder negativen Ursachen ausbleibt. Und natürlich gibt es noch weitere Gründe, warum Mitglieder eines Forums einen Beitrag ignorieren – womöglich haben sie gerade keine Zeit oder fühlen sich nicht kompetent oder haben Angst vor der Reaktion der anderen. Denn wer öffentlich kritisiert, muss damit rechnen, selbst kritisiert zu werden. So oder so – der Einwand überzeugte die Netzgemeinde der Perl-Programmierer. Seinen Ritterschlag erhielt das Phänomen jedoch erst im Oktober 2001. Da berichtete das US-Magazin ›Wired‹, so etwas wie die Bibel der weltweiten Internetgemeinde, über den speziellen Jargon der Technikfreaks und erwähnte nebenbei auch das Warnocks-Dilemma.

> Im Internet hat Mike Godwin 1990 ein weiteres Phänomen beobachtet, das Godwin'sche Gesetz. Es besagt, dass Online-Diskussionen, beispielsweise in Foren, nur lange genug laufen müssen, bis irgendwann jemand unvermeidlich einen Nazivergleich oder einen Vergleich mit Hitler einbringen wird. Das war zwar satirisch gemeint, entbehrt aber bis heute nicht einer gewissen Empirie.

Selbst wenn das Phänomen in der virtuellen Welt namentlich geboren wurde, so spielt es doch im Alltag zahlreicher Künstler eine bedeutende Rolle. Immer schon. Das können Sie gut finden oder auch nicht. Immer noch besser, als es zu ignorieren.

FÜR SCHNELLE AHA-EFFEKTE:

FLYNN-EFFEKT
Bis in die späten Neunzigerjahre stiegen Intelligenzquotienten weltweit pro Jahr um 0,3 Punkte.

SIEBEN-PHÄNOMEN
Der Mensch kann allenfalls sieben Informationen – plus/minus zwei – in seinem Kurzzeitgedächtnis memorieren.

VERGESSENS-EFFEKT
Nach 20 Minuten haben wir bereits 40 Prozent des neu Gelernten wieder vergessen, nach einem Tag sind zwei Drittel der Informationen futsch.

RESTORFF-EFFEKT
Wir merken uns Zahlen, Wörter oder Gesichter besser, wenn sie aus der Masse hervorstechen.

PRIMÄR- beziehungsweise **REZENZ-EFFEKT**
Was wir zuerst und zuletzt gelernt haben, bleibt im Kopf länger haften.

STROOP-EFFEKT
Wenn unser Gehirn zwei dominante Informationen gleichzeitig aufnehmen soll, kommt es gewaltig durcheinander.

HINDSIGHT-BIAS
Menschen neigen dazu, sich retrospektiv zu überschätzen. Dann deuten wir unsere ursprüngliche Aussage so lange um, bis sie zum tatsächlichen Ereignis passt.

BOWERY-EL-EFFEKT
Manchmal hören wir Geräusche von Dingen, die gar nicht mehr da sind. Dahinter steckt ein Automatisierungsprozess, der uns vor Gefahr schützen soll.

STROBOSKOP-EFFEKT
Weil unsere Augen träge sind, entsteht beim Betrachter ab einer bestimmten Frequenz eine Bewegungsillusion.

PLACEBO-EFFEKT

Substanzen, von denen wir glauben, dass sie eine bestimmte Wirkung haben, können diese tatsächlich entfalten.

TEXAS-SCHARFSCHÜTZEN-EFFEKT

Nur allzu oft versuchen wir aus einer zufälligen Häufung von Ereignissen kausale Beziehungen abzuleiten – im Alltag bekannt als Aberglaube.

GESETZ DER SERIE

Auch wenn sich Ereignisse wiederholen und scheinbar ein Zusammenhang besteht, bleibt es in der Regel Zufall – selbst wenn das einige gerne anders interpretieren.

WARNOCKS-DILEMMA

Manche Autoren glauben: Weil keiner auf ihren Text reagiert, interessiert er auch nicht. Falsch! Denn womöglich gibt es dazu nur nichts mehr zu sagen.

FIX UND FERTIG

– Wie wir entscheiden –

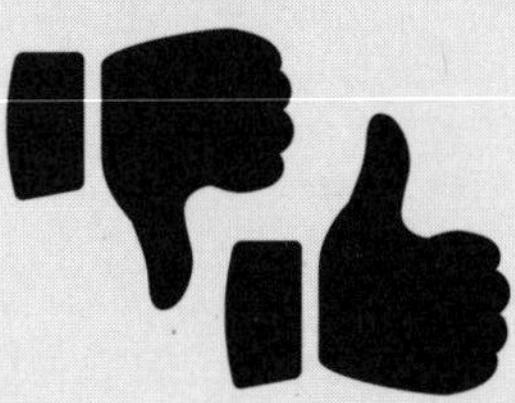

Aufstehen oder weiterschlafen? Duschen oder baden? Kaffee oder Tee zum Frühstück? Solche und andere Entscheidungen treffen wir tagtäglich, die meisten davon unbewusst. Die überwiegende Mehrheit ist ja auch eher banaler Natur. Stolze 90 Prozent der Deutschen brühen sich morgens Kaffee auf. So viel Einigkeit herrscht allerdings selten: In anderen Lebenslagen grassieren die Irrungen und Wirrungen. Seit Jahren beschäftigen sich Ökonomen, Sozialwissenschaftler, Hirnforscher und Psychologen mit menschlichen Entscheidungen und haben dabei die Vorstellung entzaubert, der Mensch wähle als *Homo oeconomicus* stets rational die bestmögliche Alternative. Denkste! Heute sind sich die Experten einig, dass wir uns mehrheitlich emotional und willkürlich entscheiden. Und uns gar nicht so selten dabei auch noch selbst in die Tasche lügen. Eigentlich ein alter Hut. Schon 1776 schrieb der schottische Ökonom Adam Smith: »Die Chance, zu gewinnen, wird von jedem Menschen überschätzt; die Chance, zu verlieren, wird von den meisten Menschen unterschätzt.« Wie wahr. Äußere Umstände sorgen für innere Konflikte. Überall lauern Manipulation und Fehlinformation. Und dass wir häufig unter Zeitdruck stehen, macht die Sache auch nicht gerade besser. Zudem haben Forscher herausgefunden: Selbst bei Blitzentscheidungen brauchen wir Erfahrung, Übung – und vor allem vergleichbare Situationen, um die richtige Wahl zu treffen. Einzig auf das Bauchgefühl können wir uns also nicht verlassen. Falls Sie sich gerade fragen, ob Sie jetzt weiterlesen sollen: Die Lektüre des nächsten Kapitels wird Sie schätzungsweise 30 Minuten kosten. Bei einer Lebensdauer von etwa 40 Millionen Minuten ein Klacks. Also: Worauf warten Sie noch?

20 000 **Entscheidungen treffen wir pro Tag.**

33 **Prozent der Deutschen treffen ihre Entscheidungen aus dem Bauch heraus.**

60 **Prozent der Entscheidungen im Berufsleben fallen unter Zeitdruck.**

DIE ENTSCHEIDUNGSPARALYSE

Warum wir uns nicht entscheiden, obwohl wir sollten

Es gibt Experimente, nach deren Lektüre weiß man, was man alles nicht weiß. Oder aber man ist danach mehr von der unglaublichen Entscheidungsunlust des Menschen überzeugt. In diese Kategorie wissenschaftlicher Versuche gehört auch der sogenannte Becher-Versuch des amerikanischen Ökonomen Jack Knetsch. In seinem Experiment von 1989 schenkte er Studenten einen Kaffeebecher und fragte sie kurz danach, ob sie bereit wären, die Tasse gegen Schokoladenriegel zu tauschen. 90 Prozent behielten lieber den Behälter. Und das waren keine Diabetiker! Dieselbe Nummer funktionierte auch andersherum: Die Leute bekamen erst einen Schokoriegel und wurden dann gefragt, ob sie ihn gegen einen Kaffeebecher tauschen wollten. Jetzt blieben rund 90 Prozent bei der Süßigkeit.

Entscheidungsparalyse heißt das im Fachjargon und bedeutet, dass wir uns manchmal am liebsten gar nicht entscheiden wollen. Hauptsache, es bleibt alles beim Alten. Auch wenn das vielleicht gar nicht so gut ist: Der Job macht längst keinen Spaß mehr. Der Partner daheim ödet einen nur noch an. Der Sex ist so aufregend wie Marschmusik. Alles langweilig, dröge und nervig. Aber kann das nicht trotzdem bitte so bleiben? Nur aus Gewohnheit, Routine und Bequemlichkeit?

Für all die Entscheidungen, die wir tagtäglich treffen, haben wir meist nur wenige Sekunden Zeit – was auch nicht weiter schlimm ist, da das Gros eher trivialer Natur ist: Zum Frühstück Marmelade oder Nutella? Heute mit Hosenanzug oder Kostüm ins Büro? Die blöde Kollegin grüßen oder ignorieren? Vieles davon läuft unbewusst ab, und angesichts des Ausmaßes unserer täglichen Wahloptionen können wir von Glück sagen, dass einige davon trivial sind. Im Grunde ist es egal, ob wir einen Kaffeebecher oder einen Schokoriegel geschenkt bekommen, solange wir am Ende das behalten, was uns lieber ist. Gefährlich aber wird diese Einstellung immer dann, wenn wir uns der Illusion hingeben, in unserer Wahl völlig frei zu sein, und uns dabei selbst blockieren – etwa aus purem Phlegma.

Von dem amerikanischen Verhaltensökonomen Dan Ariely stammt ein anderes Experiment dazu. Auch hierbei ging es um Entscheidungen beziehungsweise darum, zu belegen, dass wir uns oft viel mehr auf das konzentrieren, was wir dabei verlieren, als auf das, was wir dabei gewinnen könnten – ähnlich wie beim Becher-Versuch. Denn mit jeder Entscheidung *für* etwas schließen wir gleichzeitig die Alternativen aus. Wir entscheiden uns für den Kaffeebecher und müssen nun auf den Schokoriegel verzichten. Wir kaufen diese atemberaubend schönen High Heels und können uns deshalb die sündigen Stiefel nicht mehr leisten. Wir entscheiden uns für einen Partner und schließen damit all die anderen potenziellen Liebhaber aus, die wir vielleicht auch noch hätten haben können. Jedenfalls machen wir Menschen das in der Regel so.

In Arielys Versuch saßen die Probanden vor einem Computer und sahen drei Türen – rot, grün, blau. Auf eine davon durften sie klicken, dann öffnete sich ein Raum mit drei weiteren Türen. Wieder rot, grün, blau. In jedem dieser Räume lag Geld in unterschiedlicher Höhe, das ihr Computer-Ich einsammeln konnte. Es galt also, jene Türen zu finden, hinter denen ein besonders hoher Betrag lag, um so den Gewinn zu maximieren. Dazu blieben den Probanden insgesamt 100 Klicks. Vordergründig ging es darum, eine Entscheidungsstrategie zu entwickeln, um mit den begrenzten Optionen das meiste herauszuholen. Einfach wahllos hin und her zu klicken, verringerte die Gewinnaussichten erheblich. Nun aber wendete Ariely einen perfiden Trick an: Falls eine bestimmte Tür zwölf Mal nicht angeklickt wurde, verschwand sie einfach. Effekt: Sobald die Teilnehmer diese Raffinesse bemerkten, begannen sie wild umherzuklicken, um zu vermeiden, dass sich eine Tür dauerhaft schloss. Natürlich verballerten sie dabei viel zu viele ihrer begrenzten Optionen und schmälerten letztlich den Ertrag. Mehr noch: Hätten sie einfach weitergemacht wie bisher (und wären ihren Entscheidungen treu geblieben), hätten sie ein Maximum erzielt – denn tatsächlich wurden ja nur die Wahloptionen weniger und damit die Möglichkeiten, danebenzutippen, nicht aber das Geld.

Was man hat, das hat man, so denken wir Menschen oft. Bloß nicht den warmen, duftenden Kaffee wieder hergeben! Bloß nicht den Job kündigen, der einem schon lange Schlaf und Lebensfreude raubt! Bloß nicht an der Partnerschaft arbeiten, obwohl das Feuer der Leidenschaft längst zum Fünkchen verkümmert ist! Schön blöd. Denn manchmal ist Beenden besser als Bewahren. Sicher, manchmal ist es auch umgekehrt, pauschal lässt sich das nicht sagen. Aber man kann sich bewusst dafür entscheiden – auch wenn es auf den ersten Blick wahnsinnig nervt, erneut abwägen zu müssen. Finden wir jedenfalls. Sie dürfen gerne anders entscheiden.

DER CONFIRMATION-BIAS

Warum wir einmal gefasste Meinungen selten ändern

Objektivität – was ist das eigentlich? Der Mensch ist nicht nur die Krone der Schöpfung, sondern leider auch spitze darin, sich seine eigene Wirklichkeit zu schaffen: »Ich mach mir die Welt, widdewidde, wie sie mir gefällt!«, trällerte Pippi Langstrumpf. Was bei der beliebten Romangöre zum fröhlichen Selbstverständnis gehörte, endet im realen Leben jedoch leider in einem Universum aus Selbsttäuschung, Schönfärberei und Selbstgerechtigkeit. Das äußert sich dann etwa in der Politik in unhaltbaren Wahlversprechen oder in der Wirtschaft in geschönten Bilanzen. Nicht immer geschehen solche Flunkereien aus betrügerischer Absicht. Oft ist es schlicht unser Ego, das uns dabei einen Streich spielt – sei es aus Harmoniestreben, Sturheit oder geistiger Faulheit. Schon in der Bibel warnt der Apostel Paulus: »Denn wenn jemand meint, er sei etwas, obwohl er doch nichts ist, der betrügt sich selbst.« Zweitausend Jahre später haben Psychologen dieser Erkenntnis einen Namen gegeben: Confirmation-Bias.

Stark vereinfacht lässt sich das Phänomen so beschreiben: Wir alle neigen zur Geschichtsklitterung. Man könnte auch sagen, wir pflegen Vergesslichkeit aus Notwehr. Nicht, weil wir kollektiv an Alzheimer leiden, sondern weil wir dazu tendieren, unsere Entscheidungen, Handlungen und Fehler im Nachhinein mental zu verklären, nur um uns besser zu fühlen. Ein Nebeneffekt ist allerdings, dass wir aus der Vergangenheit und unseren Fehlern nichts Vernünftiges lernen (siehe auch Hindsight-Bias, Seite 173).

Um diesem Reflex zu erliegen, müssen wir nicht einmal Fehler machen. Der menschliche Verstand hat ständig eine inhärente Tendenz zur selektiven Wahrnehmung: Tagtäglich nehmen die meisten von uns nur solche Informationen auf, die in ihr Weltbild passen. Der Rest wird einfach ausgeblendet. Entsprechend umgeben sich viele Chefs mit Menschen, die ihnen nach dem Mund reden; andere lesen nur noch Artikel, die ihre Meinung widerspiegeln (wer politisch links steht, liest eben mehrheitlich die ›taz‹, wer rechts steht, die ›FAZ‹); beim Sport hat der Schiri immer unrecht, wenn der Elfmeter gegen die eigene Mannschaft geht. Unsere »objektive Wahrheit« stützen wir vor allem auf persönliche Eindrücke und Erfahrungen, die sich nicht so einfach wegdiskutieren lassen. Kurz: Wir prüfen Informationen auf ihre Richtigkeit – aber nicht, ob sie vielleicht auch falsch sind.

Der englische Philosoph Francis Bacon hat das 1620 so ausgedrückt:

> *»Hat der menschliche Verstand einmal eine Meinung angenommen, so zieht er alles heran, um diese zu bestätigen und mit ihr zusammenzustimmen. Und selbst wenn sich für das Gegenteil mehr und weit bessere Beweise anbieten, so wird er diese mit großer und schädlicher Voreingenommenheit ignorieren, verdammen oder sie durch Spitzfindigkeiten als irrelevant betrachten, auf dass die Autorität seiner ersten Annahme ungeschmälert erhalten bleibe.«*

Fatal! Denn dabei schrumpft unser geistiger Horizont, ohne dass wir es bemerken. Selbst Erfolge, die wir zwischendurch erzielen, werden so zur tückischen Falle: Weil wir uns in unserem Denken erst recht bestätigt sehen, reduzieren wir unsere geistige Flexibilität noch weiter, eliminieren jeden Querdenker-Impuls und werden unfähig, Meinungen und Strategien zu wechseln – selbst wenn die Umstände schon längst andere sind. So lässt sich der Begriff Confirmation-Bias am trefflichsten mit *Voreingenommenheit* oder *Vorurteil* übersetzen.

Die Erkenntnis aus dieser (Selbst-)Bestätigungstendenz ist vielleicht nicht bequem, aber wichtig: Wir müssen uns vor uns selbst schützen. Insbesondere davor, uns stetig in die eigene Tasche zu lügen.

Ein Weg dazu sind permanente Rückkopplungen über die Güte unserer Entscheidungen – etwa durch Freunde, Kollegen, Kritiker und Querdenker. Sie liefern hilfreiche Gegenargumente, die wir sonst vielleicht ausgeblendet hätten. Das bedeutet natürlich, dass wir diesen unbequemen Zeitgenossen wirklich zuhören und ihre Gedanken überhaupt zulassen müssen – auch, wenn sie dabei manchmal unser Weltbild ins Wanken bringen.

Der zweite Weg ist aber genauso wichtig: Wir brauchen eine unbestechliche und zuverlässige Gedächtnisstütze im Kampf gegen den schmeichelhaften Selbstbetrug. Ein Tagebuch zu schreiben, kann dabei zum Beispiel außerordentlich nützlich sein: Was hat Sie damals dazu bewogen, sich so zu entscheiden? Was wollten Sie erreichen? Was haben Kritiker gesagt? Welche

Alternativen gab es? Und was ist am Ende herausgekommen? All diese Fragen helfen Ihnen, Ihre Wahl auch später noch realistisch zu beurteilen, daraus zu lernen und künftig bessere Entscheidungen abzuleiten. Der zweite Effekt solcher Chroniken ist aber auch nicht zu verachten: Sie lesen schwarz auf weiß, wie gut Ihre »objektiven« Prognosen wirklich sind.

DER SEMMELWEIS-EFFEKT

Warum wir uns dem Fortschritt verweigern

Der Mann, den sie später den »Retter der Mütter« nannten, wurde sein Leben lang von seinen Kollegen gehasst, gemieden und ausgegrenzt. Am Ende erlitt er darüber einen Zusammenbruch und starb in einer Nervenheilanstalt – einsam und in geistiger Umnachtung. Dabei verdanken bis heute Millionen Menschen Ignaz Philipp Semmelweis ihr Leben.

Er war gerade 28, als er 1846, knapp zwei Jahre nach seinem Doktorabschluss, Assistenzarzt in der Geburtsabteilung des Kaiser Josef II. Krankenhauses in Wien wurde. In jener Zeit starben dort jedes Jahr rund 2000 Frauen am sogenannten Wochenbettfieber – einer Infektionskrankheit, bei der Keime über die Gebärmutter eindringen und zu einer tödlichen Blutvergiftung führen können. Allerdings beschränkte sich die tückische Erkrankung nicht auf die österreichische Hauptstadt: Im 19. Jahrhundert kostete sie in Europa über eine Million Frauen das Leben. Ein Kind zu gebären, war damals mindestens so riskant wie eine Lungenentzündung.

Als Semmelweis seine Stelle antrat, lag die Sterblichkeit von jungen Müttern auf seiner Station bei rund 18 Prozent, in anderen Kliniken sogar bei 30 Prozent. Das heißt: Mehr als jede vierte Frau starb bei der Geburt ihres Kindes. Jedoch galt das nicht für alle Krankenhausabteilungen gleichermaßen. Auf Semmelweis' Station, wo zahlreiche weitere Ärzte und Medizinstudenten arbeiteten, starben deutlich mehr Frauen am Kindbettfieber als in der Station nebenan, in der nur Hebammenschülerinnen ausgebildet wurden. Den jungen ungarischen Arzt machte das misstrauisch. Also ging er der Sache nach und untersuchte zahlreiche Mütter noch viel gründlicher als sonst. Keine gute Idee, wie sich bald herausstellte. Denn nun stieg die Zahl der Todesfälle noch dramatischer an, sodass sich werdende Mütter schon bald weigerten, hier niederzukommen.

Semmelweis war völlig verzweifelt. Er schlief schlecht und machte sich schwere Vorwürfe: Er, der Menschen doch eigentlich helfen und neues Leben zur Welt bringen wollte, sollte schuld am Tod von zahlreichen Müttern sein? Ein grotesker Gedanke. Jedoch einer, der ihn nicht mehr ruhen ließ. So vertraute er sich seinem Freund und Kollegen an, dem Gerichtsmediziner Jakob Kolletschka.

Doch es schien, als laste ein böser Fluch auf Semmelweis. Schon bald begegnete ihm auch hier wieder der Tod: Während einer Leichensektion wurde Kolletschka von einem seiner Studenten mit dem Skalpell verletzt. Nur ein kleiner Schnitt zwar – doch der reichte. Binnen weniger Tage starb Kolletschka ebenfalls an einer Blutvergiftung. Sein Krankheitsverlauf zeigte derart viele Parallelen zu den tragischen Fällen auf der Wöchnerinnenstation, dass Semmelweis nun erst recht hinter das Geheimnis der tödlichen Ursache kommen wollte – und diesmal fand er die Lösung.

Tatsächlich untersuchten die Ärzte und Nachwuchsmediziner seiner Abteilung die verstorbenen Mütter regelmäßig. Im ständigen Wechsel behandelten sie aber auch die werdenden Mütter – jedoch ohne sich zwischendurch die Hände zu desinfizieren, geschweige denn diese zu waschen. Heute mag man darüber die Nase rümpfen, aber damals war das schlicht nicht üblich, und keiner kam auch nur entfernt auf die Idee, dass dabei Tausende Keime und Bakterien übertragen wurden. Die Hebammenschülerinnen dagegen führten weder vaginale Untersuchungen durch, noch kamen sie mit Leichen in Berührung. Entsprechend niedrig war bei ihnen die Rate der infizierten Wöchnerinnen. Es war die Eingebung seines Lebens, für die Semmelweis nun kräftig Werbung machte. Nach jeder Leichenautopsie wusch er seine Hände und sämtliche Instrumente mit einer Lösung aus Chlor und Zitronensäure. Dasselbe ordnete er für seine Studenten an. Prompt sank die Sterblichkeitsrate in seiner Station auf drei Prozent.

Dann gab es einen herben Rückschlag: Noch einmal erkrankten in seiner Abteilung gleich zwölf Mütter auf einen Schlag am Wochenbettfieber. Doch das konnte Semmelweis jetzt nicht mehr aus der Bahn werfen, er war sich seiner Sache inzwischen sicher, forschte erneut nach und erkannte, dass die Ansteckungsgefahr nicht nur von den Leichen ausging, sondern ebenso von allen anderen Menschen auf der Station. Daraufhin ordnete er an, Hände und Instrumente grundsätzlich zwischen zwei Behandlungen zu reinigen und desinfizieren. Das Ergebnis sprach für sich: Zwei Jahre nach seiner Anstellung als Assistenzarzt verringerte sich die Zahl der Kindbettfieber-Todesfälle auf insgesamt 1,3 Prozent. Ein sensationeller Tiefststand in ganz Österreich-Ungarn.

Man sollte meinen, dass die anderen Ärzte Semmelweis dafür auf die Schulter klopften, dass sie seinem Beispiel folgten, ja, dass sie ihn gar beförderten oder ihm wenigstens eine Auszeichnung für seine Entdeckung gaben. Der Mann rettete wirklich Leben. Nachweislich! Doch es kam anders: Die Kollegen kritisierten ihn, mieden ihn und beschimpften seine Schlussfolgerungen als spekulativen Unfug. Hygiene sei pure Zeitverschwendung, meinten manche. Andere griffen ihn öffentlich an, weil sie nicht wahrhaben wollten, dass ausgerechnet sie – die Heilsbringer – Verursacher tödlicher Infektionen sein sollten. Und von den wenigen, die ihm glaubten, brachten sich einige besonders Gewissenhafte um, weil sie mit ihrer schweren Schuld schlicht nicht leben wollten. Sie erwiesen Semmelweis damit letztlich einen Bärendienst.

Am Ende wurde sein Vertrag im Krankenhaus nicht verlän-

GIB IDEEN EINE CHANCE

gert, de facto kam das einer unehrenhaften Entlassung gleich. So musste Semmelweis im März 1849 unter Schimpf und Schande aus dem Krankenhausdienst ausscheiden. Zerknirscht und gedemütigt kehrte der 30-jährige Arzt in seine ungarische Heimat zurück und praktizierte dort eine Zeit lang am Krankenhaus in Pest, wo er die Sterblichkeitsrate unter seinen Patienten auf 0,85 Prozent senkte, während sie in Wien wieder auf rund 15 Prozent hochschnellte.

Die Geschichte ist eine echte menschliche Tragödie. Zumal Semmelweis zu Lebzeiten nie die Anerkennung erfuhr, die ihm zugestanden hätte. Das eigentlich Bemerkenswerte an seinem Forschungsverdienst aber ist gar nicht mal so sehr die Entdeckung der Hygiene in der Medizin. Es ist die unglaubliche Ignoranz der Ärzte und der Wissenschaft, die – vielleicht als späte Reue – heute seinen Namen trägt: Semmelweis-Effekt, der auch Semmelweis–Reflex genannt wird. Man muss sich das mal vorstellen: Unsachgerechtes Händewaschen unter Ärzten ist bis heute einer der Hauptverursacher von über zwei Millionen Infektionen jährlich und rund 90 000 Todesfällen allein in den USA. Das Prinzip dahinter lässt sich aber ebenso gut auf zahlreiche weitere Bereiche übertragen: Immer dann, wenn Innovationen etablierten Verhaltensmustern oder Paradigmen widersprechen; immer dann, wenn die Menschen darauf so reagieren, dass sie den Fortschritt nicht akzeptieren, honorieren und umsetzen, sondern eher bekämpfen, weil er ihren Status infrage stellt, dann ist der Semmelweis-Effekt im Spiel. Auch das ist eine Tragödie. Eine immer noch aktuelle.

DER OVERCONFIDENCE-EFFEKT

Warum wir uns so oft überschätzen

Bitte mal kurz konzentrieren. Quizfrage: Welcher Schauspieler nuschelte in seinen Filmen so stark, dass er kaum zu verstehen war?

a) Hans Moser
b) Gustav Zeter
c) Norbert Nörgel
d) Paul Motzki

Florian Stork, 24, Jurastudent aus Köln, war sich ganz sicher, dies zu wissen – und wählte Antwort d. Richtig gewesen wäre Antwort a. Halb so wild? Jein – denn Stork passierte dieser Fauxpas ausgerechnet als Kandidat bei ›Wer wird Millionär‹. Storks Strafe: Er ging mit null Euro nach Hause. Dabei war er sich doch so sicher gewesen.

Ein klassisches Beispiel für Hybris. Übermut tut selten gut – kommt aber deshalb nicht seltener vor. Dahinter steckt ein psychologischer Mechanismus, den die beiden Ökonomie-Nobelpreisträger Daniel Kahneman und Amos Tversky den Overconfidence-Effekt nennen. Demnach gehen wir, vereinfacht gesagt, davon aus, dass wir viel mehr wissen und mehr können, als das tatsächlich der Fall ist. Kurzum: Wir überschätzen unsere Fähigkeiten – in allen möglichen Lebenslagen. Wir glauben im Job mehr draufzuhaben, sind ein ebenso leidenschaftlicher wie überdurchschnittlicher Liebhaber und können überhaupt alles ein bisschen besser als die anderen. Der Klassiker in dem Zusammenhang: das Autofahren. Zählen Sie sich zu den besten 30 Prozent der Autofahrer? Klasse, das tun die anderen 80 Prozent der Befragten meist auch, selbst auf die Gefahr hin, dass die Rechnung dann nicht mehr aufgeht. Glauben Sie, den Abgabetermin für das nächste Projekt locker einhalten zu können? Natürlich.

Als bei einer Studie amerikanische Studenten nach der Ausarbeitungszeit ihrer Hausarbeit gefragt wurden, antworteten sie im Schnitt: 34 Tage. Gebraucht haben sie dann aber 56 Tage.

Bei den meisten Menschen ist es leider so: Je schwieriger eine Aufgabe wird, desto größer ist ihre Neigung zur Hybris. Bei einfachen Angelegenheiten hält sich unser Übermut in Grenzen. Doch je mehr Selbstvertrauen wir haben, desto eher tendieren wir zur Selbstüberschätzung. Und mit einem derart gefährlichen Halbwissen ausgestattet, treffen wir tagein, tagaus zahlreiche Entscheidungen. Die kosten uns mitunter viel Renommee, im schlimmeren Fall sogar Arbeitsplätze. Dann nämlich, wenn Manager Fehler begehen, weil sie zu tollkühn agieren. Gerade die Isolation in Führungsetagen bildet einen perfekten Nährboden für übertriebene Selbsteinschätzung. Nach Ansicht von Daniel Kahneman liegt das vor allem daran, dass die heutige Managergeneration Projekte angeht, ohne vorher deren Erfolgswahrscheinlichkeit selbstkritisch genug abzuschätzen. Aber warum? Mathew Hayward und Donald Hambrick von der Columbia-Universität resümierten 1997 in einer Studie dazu: Wenn in einem Unternehmen bislang alles glattlief, führt der CEO das gerne auf seine eigene Leistung zurück – selbst wenn er damit gar nichts zu tun hatte. Und wo die Selbstverliebtheit grassiert, da blüht auch schon bald die Selbstüberschätzung.

Aber auch einfache Angestellte sind empfänglich für das süße Gift des Hochmuts. Etwa bei der Geldanlage: Wir glauben, uns auszukennen, und investieren in Werte, die wir eben doch nicht richtig einschätzen können. Damit spekulieren wir nicht besser als ein Affe. Burton Malkiel, Ökonomie-Professor an der Princeton-Universität, behauptete bereits 1973, dass es besser sei, einem Affen die Augen zu verbinden, ihn dann Dartpfeile auf Aktientitel werfen zu lassen und auf diese Werte zu setzen, als einem Investmentprofi zu vertrauen. Die Redaktion der ›Chicago Sun Times‹ probierte das vor einigen Jahren aus. Mit einem Weißstirnkapuziner namens Adam Monk. Zu Jahresbeginn 2003 gab man ihm den Kursteil der Zeitung und einen Stift.

Damit kritzelte er fünf Aktien an. Nach zwölf Monaten hatte der Affe den Markt um 37 Prozent geschlagen. Im zweiten Jahr wiederholte die Redaktion das Experiment – wieder schlug sich Monk solide: 36 Prozent lag er über dem Markt. Im dritten Jahr durchlitt Adam Monk eine kleine Schaffenskrise und erreichte nur drei Prozent mehr als vergleichbare Indizes. Doch wer sein Geld tatsächlich dem Affen anvertraut hätte, wäre nach drei Jahren mit der doppelten Summe wieder ausgestiegen.

Zugegeben, es ist nicht wirklich ratsam, seine Altersvorsorge einem Weißstirnkapuziner zu überlassen. Dafür reagieren sie einfach auch zu unzuverlässig auf Anrufe oder Rückfragen. Und doch können wir uns vor falschen Entscheidungen schützen. Zum Beispiel mithilfe der folgenden drei Regeln:

1. **Kenner konsultieren.** Je wichtiger die Entscheidungen, desto kompetenter sollten die Personen sein, die Sie zurate ziehen. Das schließt selbst Affen mit dreijähriger Börsenerfahrung aus.
2. **Paroli provozieren.** Widerspruch muss nichts Schlechtes sein, im Gegenteil. Vernünftig dosiert (und argumentiert), können Sie davon nur profitieren. Suchen Sie sich also ganz bewusst Kritiker und Querdenker – und sei es nur, um sich mindestens einmal rechtfertigen zu müssen.
3. **Chaos choreografieren.** Leben Sie damit, dass Sie nicht alles können müssen und manche Dinge Zufall sind. Als die US-Management-Forscher Jennifer Whitson und Adam Galinsky einmal Probanden Bilder beschreiben ließen, die objektiv keine erkennbaren Muster aufwiesen, sahen diese trotzdem welche – wie bei einem Rorschachtest: Je weniger Sinn die Bilder ergaben, desto mehr interpretierten die Probanden hinein. Danach sollte sich die eine Hälfte der Versuchsteilnehmer an eine Situation erinnern, in der sie völlig überfordert waren; die zweite Gruppe sollte an ein Erfolgserlebnis denken. Anschließend wurden allen Probanden drei Geschichten von übernatürlichen Phänomenen erzählt. Und siehe da: Die erste

Gruppe war für derlei metaphysisches Brimborium deutlich empfänglicher. Oder wie es die Forscher erklären: Weil die Probanden zuvor eine Situation mit hohem Kontrollverlust gedanklich durchlebten, verspürten sie anschließend ein gesteigertes Bedürfnis nach einer Erklärung, nach einem Sinn der Phantasiegeschichten. Es kommt aber noch doller: Im dritten Versuch gaben Whitson und Galinsky ihren Probanden ein paar zusammenhangslose Informationen sowie positive und negative Bewertungen über zwei Unternehmen. Auch hier begannen die Teilnehmer das Sinnlose sofort in scheinbar logische Zusammenhänge zu sortieren. Mehr noch: Am Ende waren sie bereit, auf Basis ihrer Schlussfolgerungen Investitionsentscheidungen zu treffen. Schierer Wahnsinn!

DER KULESHOV-EFFEKT

Warum unsere Augen unser Urteil beeinflussen

Manchen Menschen soll *ES* regelrecht ins Gesicht geschrieben stehen. Erstaunen. Überraschung. Wut. Oder auch Kreditwürdigkeit. Das zumindest behauptet Jefferson Duarte, Assistenzprofessor für Finanzwissenschaften von der Rice-Universität in Houston. Wie er darauf kommt? Duarte untersuchte das Erfolgsgeheimnis eines neuen Geschäftsmodells im Internet: Privatbanken namens Prosper oder Smava, bei denen sich die Mitglieder gegenseitig Geld leihen.

Um die Kreditwürdigkeit zu prüfen, stehen den Mitgliedern dort allerlei Optionen zur Verfügung, darunter auch die Fotos der Kreditnehmer. Um die Geschichte kurz zu machen: Tatsächlich erwiesen sich bei Duartes Stichproben jene Menschen als vertrauenswürdiger, denen man das irgendwie schon vorher ansah. Zugegeben, wirklich belastbar sind diese Ergebnisse nicht.

Dafür erinnern sie letztlich zu stark an die Pseudowissenschaft der Physiognomik, bei der unter anderem versucht wird, aus der Mimik oder den Gesichtszügen eines Menschen einzelne Charaktereigenschaften abzuleiten. Das ist natürlich Mumpitz.

In Wahrheit sind es eher die Umstände, die Zusammenhänge und noch mehr die Bilder und Emotionen, die wir vorher gesehen beziehungsweise verspürt haben, die unsere Interpretation beeinflussen. Was wirklich dahintersteckt, ist ein sehr alter Effekt, den der sowjetische Regisseur und Filmtheoretiker Lev Kuleshov als Erster entdeckt und benannt hat.

Der Kuleshov-Effekt tritt etwa dann auf, wenn das Gehirn versucht, Bilder (oder wie im Film aufeinanderfolgende Einstellungen) zusammenzufügen. Und zwar auch dann, wenn diese eigentlich gar nicht zusammengehören. Erschreckend daran ist, dass wir diese Bilder oder Gesichter anschließend bewerten – ob wir wollen oder nicht. Viele Filmregisseure machen sich diesen Effekt zunutze. Etwa im Film ›Das Fenster zum Hof‹, gedreht vom Großmeister der subtilen Zuschauermanipulation: Alfred Hitchcock. Darin gibt es eine Großaufnahme von James Stewart, wie er aus dem Fenster schaut und ein Hündchen sieht, das in einem Korb in den Hof hinuntergelassen wird. Schnitt. Wieder Großaufnahme Stewart – er lächelt. Schnitt. Jetzt sieht der Zuschauer ein nacktes Mädchen im Fenster gegenüber, das sich vor dem offenen Fenster dreht und wendet. Schnitt. Es folgt dieselbe Großaufnahme von Stewart, dasselbe Lächeln. Das Bild ist kopiert. Doch jetzt sieht der Hauptdarsteller aus wie ein Lüstling.

Kuleshov trieb den Effekt einmal zum Extrem: Er montierte dasselbe neutrale Gesicht des Schauspielers Iwan Mosschuchin immer wieder mit anderen Bildern zusammen – prompt veränderte sich dessen Ausstrahlung. Gesicht und ein voller Suppenteller: hungrig. Gesicht und eine Mädchenleiche: traurig. Gesicht und eine leicht bekleidete Frau: freudig. Auf die Spitze getrieben, könnte man fast sagen: Der Schauspieler muss gar nicht mehr spielen – es kommt lediglich auf die Regie und Schnittfolge an.

Was im Film ein bewusster Kunstgriff ist, stellt im Alltag eine trügerische Falle da. Tatsächlich begegnet uns der Kuleshov-Effekt auf der Straße, an der Supermarktkasse oder wenn uns fremde Menschen in einer Bar ansprechen. Dann beurteilen wir sie binnen Sekunden, interpretieren ihren Gesichtsausdruck und leiten daraus ab, ob sie freundlich, verschlossen, lüstern oder gar gefährlich sind. Das kann stimmen, muss es aber nicht. Womöglich spielt uns dabei auch nur die Regie der Umstände einen fiesen, aber wirkungsvollen Streich.

DER SCHIEFE-BAHN-EFFEKT

Warum wir unbewusst sündigen

Es ist leicht, mit dem Finger auf andere Menschen zu zeigen. Auf jene, die gefallen sind, die der Gier und Missgunst erlegen sind, jene, die sich haben schmieren oder korrumpieren lassen. Als bei dem Konzernriesen Siemens der größte Korruptionsskandal in der jüngeren deutschen Wirtschaftsgeschichte aufgedeckt wurde, war der mediale Aufschrei groß. »So was macht man nicht«, lautete der Tenor, obgleich einigen der Hobby-Moralapostel sicher bewusst war, dass auch andere deutsche Unternehmen im Ausland Politiker schmieren, um an Aufträge zu kommen. Nur waren die nicht so unvorsichtig, sich dabei erwischen zu lassen.

Natürlich wollen wir damit nichts rechtfertigen. Allerdings lautet die spannende Frage dabei: Wie kommt es überhaupt dazu, dass einige von uns irgendwann Moral und Gewissen über Bord werfen und dem schnöden Mammon oder anderen Versuchungen anheimfallen? Oder noch kürzer gefragt: Wie gerät man auf die schiefe Bahn?

Eine Antwort darauf kann Francesca Gino von der Harvard Business School geben. Eigentlich untersuchte sie gemeinsam mit ihrem Kollegen Max Bazerman von der Universität von North Carolina nach Ausbruch der Finanzkrise 2008, wie es dazu hatte kommen können, dass ganze Heerscharen von Wirtschaftsprüfern, Controllern und Risikomanagern von den dubiosen Finanzprodukten ihrer Banken wussten – ohne etwas dagegen zu unternehmen, oder sie, wie im Fall der Bilanzprüfer, teils sogar absegneten. Um die Pointe vorwegzunehmen: Es geschieht schleichend.

Bei einem der Experimente versetzte das Forscherduo 363 Probanden in eine ähnliche Situation wie die Buchprüfer. Sie sollten sich zehn Gläser anschauen, in denen Geldmünzen lagen, und anschließend schätzen, wie viel Geld wohl in den Behältern war. Der eigentliche Test aber kam erst danach: Nun sollten die Teilnehmer beurteilen, ob die Schätzungen der anderen einigermaßen genau waren. Mit anderen Worten: Sie stellten ihren Probandenkollegen ein Zeugnis aus. Bewerteten sie ein relativ exaktes Ergebnis, kassierten sie vier Prozent der Geldsumme im Glas, anderenfalls gingen sie leer aus. Sie merken schon: Die Versuchung war groß, den anderen ein positives Testat auszustellen, um den eigenen Gewinn zu maximieren. Dies entspricht durchaus der Wirtschaftspraxis, denn auch Wirtschaftsprüfer werden von jenen Unternehmen bezahlt, die sie bewerten sollen. Und die geben kaum Folgeaufträge, wenn man ihnen frisierte Bilanzen nachweist.

Für unsere Ausgangsfrage heißt das: Letztlich sind wir alle nicht frei von Sünde – aber wenn der Sündenfall eintritt, dann kommt er allmählich und auf leisen Sohlen daher.

DAS MONTY-HALL-DILEMMA

Warum es sich lohnt, Entscheidungen zu korrigieren

1963 strahlten die amerikanischen TV-Sender NBC und ABC erstmals ›Let's make a deal‹ aus. Die wöchentliche Spielshow war sofort ein Knaller und wurde bald auch international in zahlreichen Varianten produziert. Regelmäßig endete die Sendung mit einem heute klassischen Quizshow-Finale: Der letzte Kandidat steht vor drei Türen – A, B und C. Hinter einer wartet ein Superpreis, sagen wir, ein nigelnagelneues Sportcabriolet. Hinter den anderen beiden wartet der *Zonk* – Nieten also. Der Kandidat soll nun eine der drei Türen wählen – und entscheidet sich für A. »Sehr gut!«, sagt der Moderator – und öffnet Tor B: »Denn diese Tür wäre falsch gewesen.« Soeben haben sich die Gewinnchancen des Finalisten enorm erhöht, denn er weiß jetzt: Der nigelnagelneue Flitzer lauert entweder hinter Luke A oder hinter Tor C. Also fragt der Moderator erneut: »Wollen Sie wechseln, oder bleiben Sie bei Tor A?«

Bevor Sie weiterlesen: Wie würden Sie entscheiden?

Blöde Frage, denken Sie jetzt vielleicht. Die Chancen stehen fifty-fifty – egal, ob er nun wechselt oder nicht. Entweder links oder rechts, A oder C. Also macht das wohl keinen Unterschied. Falsch! Mathematiker wissen es besser: Der Kandidat sollte wechseln, in diesem Fall zu Tür C. Denn damit steigt die Wahrscheinlichkeit, dass er den Flitzer gewinnt, auf rund 67 Prozent. Dahinter verbirgt sich das sogenannte Ziegenproblem oder auch Monty-Hall-Dilemma – benannt nach dem gleichnamigen US-Moderator der Spielshow.

Im Internet gibt es zu dem Phänomen eine Fülle ausführlicher Rechnungen, die hier zu weit führen würden. Daher eine verbale Erklärung:

1. Angenommen, der Kandidat wählt Tor A und der Flitzer steht tatsächlich dahinter: Dann würde er durch den Wechsel zu Tor C verlieren. Das ist Pech.

2. Angenommen, der Flitzer steckt hinter Tor B, der Kandidat wählt A, und der Moderator zeigt ihm das Nietentor C: Nun gewinnt er durch seinen Wechsel.
3. In der letzten Variante – der Flitzer steckt hinter Tor C, Kandidat wählt Tor A, und Moderator zeigt Tor B – gewinnt der Kandidat ebenfalls durch den Wechsel.

Kurzum: In zwei von drei Varianten gewinnt der Finalist, indem er seine erste Entscheidung korrigiert. Und das passiert bei allen anderen denkbaren Fällen analog. Falls Sie also einmal Gast in einer Quizshow mit ähnlichen Spielregeln sind: Wechseln Sie! Das gilt allerdings nur für Ratesendungen. In den meisten anderen trivialen Fragen des Alltagslebens fahren wir besser damit, wenn wir unserer ersten, spontanen Wahl treu bleiben.

Auch hierzu gibt es einen bemerkenswerten psychologischen Versuch, der als Poster-Experiment bekannt und von dem Amsterdamer Psychologen Ap Dijksterhuis und seinem Team 2004 erweitert wurde: Drei Studentengruppen sollten Kunstdrucke bewerten. Die erste Gruppe listete akribisch Für und Wider der Motive auf, die zweite entschied sich spontan, die dritte sah die Poster nur kurz an, wurde dann abgelenkt und musste sofort danach ein Lieblingsbild auswählen. Am Ende durften alle Teilnehmer ihr Lieblingsposter behalten. Das eigentlich Interessante passierte aber erst jetzt. Wochen später riefen die Forscher bei den Studenten an, um sich bei den Teilnehmern zu erkundigen, wie glücklich diese mit ihrer Wahl waren. Und was keiner gedacht hätte: Wer sein Traumbild dank Ratio erkor, war damit mehrheitlich unzufrieden; die Spontanentscheider waren schon glücklicher mit ihrer Wahl – am zufriedensten aber waren die Abgelenkten. Bei ihnen übernahm offenbar das Unterbewusstsein die Bewertung. Und weil dessen Rechenleistung besser ist als jede mathematische Wahrscheinlichkeitsrechnung, trafen sie die beste Entscheidung.

DER MINORITÄTS-EFFEKT

Warum die Minderheit oft die Macht hat

Man kennt das. Mit Beginn der Wahlsaison reden alle Politiker gerne über Mehrheiten. Welche sie bereits besitzen, was die Mehrheit angeblich will (was diese Politiker selbstverständlich versprechen), und warum ihre Stimmen am Wahlsonntag reichen werden, den Regierungschef zu stellen. Dieses ewige Mehr, Mehr, Mehr ist Teil der psychologischen Kriegsführung. Es soll den Gegner verunsichern und natürlich Wählerstimmen mobilisieren. Es versperrt aber den Blick darauf, dass Minderheiten bei Entscheidungen mitunter die einflussreichere Gruppe sein können. Und damit sind jetzt nicht nur die vermeintlich kleinen Parteien gemeint, denen bei entsprechender Stimmverteilung und Koalition die Rolle des Züngleins an der Waage zufällt. Der Effekt, der sich dahinter versteckt, lässt sich auch in wesentlich kleineren Gruppen beobachten – in Projektteams zum Beispiel.

Lassen Sie uns das anhand eines amüsanten Versuchs beschreiben, den der Pariser Sozialpsychologe Serge Moscovici entworfen hat. Dazu ließ er seine Probanden farbige Dias ansehen. Alle zeigten blaue Flächen: hellblaue, dunkelblaue, aquamarinblaue, kobaltblaue, leuchtendblaue und so weiter. Anschließend sollten die Versuchsteilnehmer die Farbe benennen, die sie gerade gesehen hatten. Für Menschen, die nicht gerade an Farbenblindheit leiden, keine allzu schwere Aufgabe. Was die Teilnehmer jedoch nicht wussten: Es gab in jeder Gruppe zwei eingeweihte Querulanten, die vehement behaupteten, das Dia sei grün. Verblüffend: Wo immer die Farbenblindgänger ihre Stimme erhoben, stieg die Zahl derjenigen, die ebenfalls meinten, das Dia sei grün, signifikant an. Ganze 8,4 Prozent der Versuchsteilnehmer ließen sich so direkt in ihrer Meinung manipulieren, weitere 32 Prozent der Probanden gaben wenigstens einmal an, ein grünes Dia gesehen zu haben. Und das, obwohl zuvor ihre farbliche Sehfähigkeit getestet und als völlig normal eingestuft worden war.

Nun muss man allerdings dazu sagen, dass es sich bei den eingeweihten Personen um wissenschaftliche Mitarbeiter handelte, die auf die anderen Teilnehmer einen souveränen und kompetenten Eindruck machten. Deshalb wiederholten die Kollegen um Moscovici das Experiment noch einmal – diesmal jedoch trug einer der Querulanten eine glasbausteindicke Brille und verhielt sich auch sonst eher sonderbar. Prompt schrumpfte sein Einfluss auf die Gruppe bis unter die Messbarkeitsgrenze. Die künstlichen Minderheiten konnten übrigens auch dann nichts ausrichten, wenn sich bereits eine starke Mehrheit gebildet hatte, die fand, dass das Dia – sagen wir – azurblau sei. Der sogenannte Minoritäts-Effekt, den Serge Moscovici damit entdeckt hatte, tritt also nur auf, wenn sich Minderheiten nicht durch atypisches Verhalten oder zuvor durch Zweifel an ihrer Kompetenz disqualifiziert haben. In allen anderen Fällen aber sollten Sie auf der Hut sein, wenn jemand, der allgemein als irgendwie souverän gilt, eine Meinung besonders vehement vertritt, bei der Sie sofort ein seltsames Grummeln im Magen-Darm-Trakt verspüren (siehe Mitläufer-Effekt, Seite 304).

DER ABILENE-EFFEKT

Warum unser Denken und Handeln häufig auseinanderklaffen

Mit geradezu beängstigender Regelmäßigkeit lässt sich in Meetings beobachten, dass sich Menschen schwer damit tun, ihre Meinung zu äußern, wenn sie glauben, in der Minderheit zu sein. Insbesondere wenn der Boss einen Vorschlag gemacht hat, der, nun ja, reichlich durchgeknallt ist. Entweder wird es so still, dass man den Neonröhren beim Knistern zuhören kann – oder es sieht so aus, als wären sich alle einig, dass der Vorschlag durchaus annehmbar (weil von einem höheren Wesen) ist. Also hält man tunlichst die Klappe. Bloß nicht negativ auffallen, schon gar nicht als Abweichler und Querulant! Oder wie es der Kabarettist Dieter Nuhr formuliert: »Wenn man keine Ahnung hat – einfach mal die Fresse halten!«

Ganz falsch ist die Strategie nicht. Chefs schätzen es nicht besonders, wenn man ihr geistiges Ejakulat als das demaskiert, was es oftmals ist: als bloßen Ausdruck von Potenz. Minderheiten werden tatsächlich manchmal für ihre abweichende Meinung bestraft, mindestens mit bösen Blicken oder Kopfschütteln. Wahr ist allerdings auch, dass in dieser Haltung ein gewaltiger Denkfehler lauert. Wie andere denken, wissen wir ja erst, wenn sie dies öffentlich kundtun. Bis dahin bleibt es eine bloße Annahme. Die Wahrheit ist: Nur allzu oft interpretieren wir Schweigen als Einverständnis, mit dem Effekt, dass im Extrem alle schweigen und glauben, jeder sei dafür – in Wahrheit aber wollen alle das Gegenteil. In Fachkreisen ist dieses Phänomen auch als Abilene-Effekt bekannt. Er besagt, dass manche Entscheidungen nur so aussehen, als würden sie auf einem Konsens basieren. Tatsächlich aber steckt dahinter lediglich eine fehlerhafte, selektive Wahrnehmung, sodass am Ende Entscheidungen getroffen werden, die genau das Gegenteil von dem bewirken, was einmal beabsichtigt war.

Der Effekt ist ebenso kurios wie seine Namensgebung. Sie stammt von Jerry Harvey, einem Professor an der George-Washington-Universität. 1974 hatte sich Harvey mit seiner Frau und seinen Eltern in seine Heimatstadt Abilene im US-Bundesstaat Texas aufgemacht. Mit dem Auto ist das ein ziemlich langer Trip quer durch die USA. Trotzdem nahmen sie alle diese Bürde auf sich, weil jemand aus dem Familienkreis die Tour vorgeschlagen hatte – allerdings in der Annahme, dass die anderen dringend mal einen Tapetenwechsel bräuchten. Und natürlich dachten alle insgeheim an einen anderen in der Runde.

Ein Trugschluss, wie sich bei der Rückfahrt herausstellte: Die Stimmung im Auto war ziemlich frostig, denn tatsächlich wären alle lieber zu Hause geblieben.

Harvey gab das mächtig zu denken. Typisch Professor eben. Und so forschte er weiter, um dem Phänomen schließlich seinen Namen zu geben und es zugleich auf klassische Managementfehler und Fehlentscheidungen in Meetings zu übertragen. Auch da, so seine These, werden Abstimmungen unter völlig falschen Annahmen getroffen. Die Anwesenden sind parteiisch, voreingenommen und tendenziös – jedoch in der Regel, ohne es zu merken. Das hat auch Olivier Sibony, Direktor im Brüsseler Büro der Unternehmensberatung McKinsey, kürzlich festgestellt. Zusammen mit Dan Lovallo, einem Professor an der Universität von Sydney und Forscher an der amerikanischen Berkeley-Universität, untersuchte er 1048 Entscheidungen von Konzernmanagern und stellte fest: Derlei Befangenheiten sind in den Chefetagen an der Tagesordnung. Oft werde nur darüber diskutiert, wer die Wahl am Ende trifft – jedoch nur selten, wie sie überhaupt zustande kommt. »Die meisten Manager überlegen nicht, wer an diesem Prozess teilnehmen sollte, wer die Rolle des Advocatus diaboli spielt, und sie diskutieren auch nicht über Unsicherheiten, Gefahren oder Alternativen«, monierte McKinsey-Manager Sibony. Lediglich 27 Prozent der Probanden diskutierten vor Entscheidungen ganz gezielt auch Ansichten, die der Meinung höherrangiger Führungskräfte widersprachen oder sie zumindest infrage stellten. In allen anderen Fällen beschränkten sich die Teilnehmer auf schweigende Zustimmung – selbst wenn sie starke Zweifel hatten.

Für die Unternehmen hat das gravierende Folgen: Sie riskieren teure Fehlinvestitionen, fallen im Wettbewerb zurück oder werfen neue Produkte auf den Markt, die keiner will (außer dem Chef). »Die meisten Entscheider verlassen sich auf ihre Intuition, weil sie glauben, die Situation erkennen zu können«, klagt Daniel Kahneman, renommierter Forscher von der Princeton-Universität und Wirtschaftsnobelpreisträger. Umgekehrt haben Lovallo und Sibony herausgefunden, dass ausgeklügelte Beschlüsse, bei denen Befangenheiten hinterfragt wurden, im Schnitt rund sieben Prozent mehr Rendite abwarfen als die spontanen Schnellschüsse aus der Hüfte. Daher zielt der Kabarettist Dieter Nuhr mit seinem pointierten Rat letztlich doch knapp daneben und am Ziel vorbei. Richtiger wäre nämlich: Wenn man keine Ahnung hat – einfach mal nachfragen!

VIER SYNDROME, DIE HERRSCHAFTSWISSEN FÖRDERN

Das Tall-Poppy-Syndrom ist ein typisches Führungsdilemma. Die Kurzfassung lautet: Alle sind gut, keiner ist besser. Einerseits fordert der Chef zu mehr Engagement und herausragenden Ideen auf. Andererseits wagt trotzdem keiner, sich hervorzutun. Warum? Wer aus der Masse herausragt, fällt eher auf. Und das hat nicht nur Vorteile: Nicht selten erzeugt es Neid bei den Kollegen, womöglich sogar Sabotagegelüste. Zudem bekommt so jemand mehr Arbeit aufgebürdet. Aus der Sicht der Chefs ist es sinnvoll, die besten Kräfte auch zu nutzen – aus der Sicht der Betroffenen ist das nicht immer eine Belohnung. Wer herausragende Leistungen verlangt, muss also ein Umfeld schaffen, in dem sich diese lohnen.

Das Not-invented-here-Syndrom beschreibt ein klassisches Eitelkeitsphänomen, das besonders häufig in kreativen Berufen anzutreffen ist: Die Teammitglieder überflügeln sich zwar einerseits mit Ideen, doch wird nicht gemeinsam nach der besten Lösung gesucht, sondern nur die eigene Idee präferiert (und die anderen entsprechend schlechtgemacht). Kurz: Was nicht auf dem eigenen Mist gewachsen ist, kann einfach nicht so gut sein.

Das Chinese-Wall-Syndrom beschreibt die Attitüde mancher Führungskräfte, Informationen nur dosiert zu teilen, Motto: Sie verdienen nicht genug, um das wissen zu müssen. Der Effekt ist, dass einzelne Zirkel über Herrschaftswissen verfügen und es zum Statussymbol mutiert. Die Kehrseite: Keiner teilt mehr sein Wissen. Auch die Beteiligung an Konferenzen nimmt ab. Es entsteht ein Klima des Misstrauens und Abschottens. Gewiss, nicht alle Infos sollten Manager teilen, aber wichtige Entwicklungen, neue Pläne, die konkrete Formen annehmen, gehören rechtzeitig kommuniziert. Sonst bekommt die Mannschaft das Gefühl: Wir sitzen in einem ganz anderen Boot.

Das TomTom-Syndrom kennen Sie vielleicht eher unter dem Motto: Wahre Männer müssen nicht nach dem Weg fragen. Man kennt das aus dem Familienurlaub. Jeder im Wagen spürt längst, dass sich der Fahrer verfranzt hat – aber einen Passanten um Auskunft fragen? Niemals! Hier ist Eitelkeit die treibende Kraft. Und natürlich gibt es diese Einstellung auch im Job. Da macht sie sich bemerkbar, indem die Betroffenen – entweder aus übertriebenem Stolz oder der Angst, inkompetent dazustehen – unfähig werden, um Hilfe zu bitten, obwohl ihnen das Wasser schon bis zum Hals steht. Der Effekt: verpasste Deadlines, mittelmäßige Resultate oder gar Katastrophen.

DER BEGRÜNDUNGS-EFFEKT

Warum das Wörtchen »weil« große Macht hat

Unter den zahllosen Titelvorschlägen für dieses Buch stand irgendwann auch mal die Zeile »Kaufen Sie dieses Buch, weil Sie es kaufen sollten« auf der Liste. Zugegeben, das ist nicht gerade die Art schmissiger Coverzeilen, die man heute von einem guten Buch erwartet. Ehrlich gesagt, es ist sogar reichlich plump. Und vermutlich hätten sich auch einige Leute im Laden über den latenten Kasernenhofton des Titels geärgert. Von der denkwürdigen Begründung mal ganz zu schweigen. Wir verstehen das gut – und glauben, dass dennoch einige potenzielle Käufer sofort zugeschlagen hätten. Warum?

Darum! Weil sie wie die meisten Menschen enorm auf Begründungen beziehungsweise auf das Wort »weil« reagieren. Das konnten etwa die beiden Psychologen Ellen Langer und Robert Cialdini nachweisen. Dazu haben sie ihren Probanden in einem Universitätsgebäude drei Fragen gestellt und gemessen, wie diese darauf reagieren. Die Fragen lauteten:

»Entschuldigung, ich habe nur fünf Seiten. Könnte ich bitte an den Kopierer?«

60 Prozent der Befragten gaben der Bitte unmittelbar nach. Offenbar handelte es sich um eine Hochschule mit sehr vielen sehr höflichen Studenten. Es folgten Stufe zwei des Experiments und eine variierte Fragestellung:

»Entschuldigung, ich habe nur fünf Seiten. Könnte ich bitte an den Kopierer, weil ich es sehr eilig habe?«

Aufgrund der (einleuchtenden) Begründung machten jetzt sogar 94 Prozent Platz am Kopiergerät. Der eigentliche Trick kommt aber erst mit Frage drei:

»Entschuldigung, ich habe nur fünf Seiten. Könnte ich bitte an den Kopierer, weil ich ein paar Kopien machen muss?«

Was für eine Erklärung! Obwohl die Begründung auffällig tautologisch und mehr als fadenscheinig ist, traten ganze 93 Prozent der Kollegen sofort beiseite. Das Fazit der Forscher: Offenbar ist die Qualität einer Begründung herzlich egal – solange Sie Ihre Bitte nur mit irgendeinem Grund versehen, geben die anderen nach. Erstaunlich, nicht wahr? So, und jetzt empfehlen Sie dieses Buch bitte umgehend weiter, weil wir uns darüber sehr freuen würden.

DER WIEDERHOLUNGS-EFFEKT

Warum wir einer Aussage umso eher glauben, je öfter wir sie hören

»Ceterum censeo Carthaginem esse delendam!« Auf Deutsch: Im Übrigen bin ich der Meinung, dass Karthago zerstört werden muss! Mit diesem Satz beendete der römische Feldherr Cato Censorius angeblich alle seine Reden. Auch dann, wenn es in der Ansprache gar nicht um Karthago ging. Der Ausspruch soll schließlich zum Dritten Punischen Krieg und damit zur tatsächlichen Zerstörung Karthagos geführt haben. Er gilt bis heute als historisches Beispiel dafür, dass Wiederholungen mächtiger sind als jede Wahrheit, solange man sie nur beharrlich äußert.

Es ist das Prinzip der urbanen Legenden: Man muss den Leuten die Verschwörungstheorie nur oft genug einbläuen, dann glauben sie irgendwann, dass sie stimmt. Wie mächtig solche Wiederholungen auch in Konferenzen und Gruppenarbeiten sein können, zeigt eine Studie der amerikanischen Psychologin Kimberlee Weaver vom Institute for Social Research an der Universität Michigan. Grob zusammengefasst lautet das Ergebnis: Wer am lautesten brüllt und oft genug dasselbe erzählt, bekommt am Ende recht. Weaver fand heraus, dass schon drei Personen ausreichen, um die Meinung einer Gruppe zu repräsentieren, solange diese einmütig und unabhängig voneinander dieselbe Meinung kundtun (siehe auch Minoritäts-Effekt, Seite 215). Allein das wäre nicht allzu bahnbrechend gewesen. Weaver stellte aber ebenfalls fest, dass eine einzelne Person bereits 90 Prozent dieses Effekts erreicht, wenn sie nur dreimal dieselbe Meinung (vorzugsweise die eigene) wiederholt. Weaver und ihre Kollegen begründen dies mit unserem mangelhaften Erinnerungsvermögen: Irgendwann hört unser Gedächtnis auf zu unterscheiden, von wem die Aussage stammt – ob von drei verschiedenen Menschen oder der immer selben Person. Und was oft genug gesagt wird, prägt sich eben besser ein.

Dieses Phänomen, dass eine Aussage als wahrer beurteilt wird, je öfter sie von jemandem präsentiert wird, wird in Fachkreisen auch schon mal Truth-Effekt oder Reiterations-Effekt genannt und lässt sich so oder so nutzen: Es ermöglicht die gezielte Manipulation (etwa im Wahlkampf) genauso, wie es uns davor bewahren kann, allzu beharrlichen Wiederholungstätern im täglichen Meinungsaustausch auf den Leim zu gehen. Denn wer den Wiederholungs-Effekt kennt, ist jetzt natürlich gewarnt. Gewarnt. Gewarnt.

DAS BLUE-SEVEN-PHÄNOMEN

Warum alle dieselbe Zahl und Farbe mögen

Die eigentliche Frage lautet: Warum ausgerechnet die Sieben? Wer zum Beispiel durch eine Bibliothek schlendert und sich nach Zahlen umschaut, die in irgendeiner Form auf Buchtiteln erscheinen, wird feststellen, dass die Sieben dort wesentlich häufiger vorkommt als alle anderen Ziffern. In Redewendungen übrigens auch: Wer glücklich ist, schwebt auf Wolke sieben; wer durchbrennen will, sollte schleunigst seine sieben Sachen packen, und wer diese Zeilen partout nicht versteht, dem bleibt vermutlich auch der Rest des Buches ein Rätsel mit sieben Siegeln.

Aus einem sich der Wissenschaft bis heute hartnäckig entziehenden Motiv heraus haftet der Sieben eine beachtliche Bedeutungsschwere an. Das lässt sich sogar mit harten Fakten untermauern, bei denen wir uns allerdings aus keinem zufälligen Grund auf genau sieben beschränkt haben:

1. **Im Alten Testament** dauerte es sieben Tage, um die Welt zu erschaffen, entsprechend hat die Woche heute sieben Tage.
2. **Der christliche Glaube** kennt sieben Todsünden: Stolz, Geiz, Wollust, Neid, Völlerei, Zorn, Trägheit.

3. **Der menschliche Kopf** besitzt für vier seiner fünf Sinne sieben Öffnungen: zwei Ohren (hören), zwei Nasenlöcher (riechen), zwei Augen (sehen) und einen Mund (schmecken).
4. **Im Dezimalsystem** ist die Sieben die einzige mehrsilbige Ziffer und die erste mehrsilbige Zahl kleiner als dreizehn.
5. **Die optimale Schlafdauer** eines erwachsenen Menschen beträgt laut Schlafforschern sieben Stunden.
6. **Die Summe** der gegenüberliegenden Augenzahlen eines Würfels beträgt sieben.
7. **In zahlreichen Kulturen** ist die Sieben eine Glückszahl, weshalb hierzulande etwa »Spiel 77« gespielt wird – obwohl *Spiel 7777777* genau genommen viel konsequenter wäre.

Warum also nur immer wieder die Sieben? Um es kurz zu machen: Menschen mögen sie. Mehr als alle anderen Zahlen. Die Sieben ist sexy, sozusagen der Stringtanga unter den Ziffern, eine globale Lieblingszahl. Verhaltensforscher haben herausgefunden: Wenn man willkürlich Passanten darum bittet, eine Zahl zwischen eins und neun zu wählen, dann entscheidet sich die Mehrheit für die Sieben. Und weil dasselbe mit der Farbe Blau passiert, wenn man die Leute nach ihrer Lieblingsfarbe fragt, nennen Wissenschaftler diese seltsame Beliebtheits-Koinzidenz »Blue-Seven-Phänomen« – was dem Begriff selbst aber nicht wirklich zu mehr Popularität verholfen hat.

Gleichwohl besteht der Zusammenhang global und selbst über kulturelle Grenzen hinweg. Als etwa Mihoko Saito 1996 an der japanischen Waseda-Universität die Existenz eines solchen Blue-Seven-Phänomens an 586 japanischen Studenten erforschte, kam er zum selben Resultat: Es existiert. Im ersten Experiment sollten die Probanden ihre Lieblingsfarbe nennen, im zweiten ihre Lieblingszahl – und tatsächlich: Auch in Nippons Hörsälen war die Sieben mit 22,5 Prozent der Nennungen die mit Abstand beliebteste Zahl. Ebenso rangierte Blau mit 33,5 Prozent der Stimmen als absolute Top-Farbe auf der Beliebtheitsskala ganz oben. Rot folgte mit 26 Prozent der Stimmen auf Platz 2.

Grob geschätzte 9000 Kilometer westwärts sah das nicht anders aus. Auch in Großbritannien nannte die Mehrheit von über 200 Teilnehmern eines Experiments an der Universität Newcastle unter der Leitung von Anya Hurlbert Blau als bevorzugte Farbe.

Man kann das als unnützes Wissen abtun. Oder man macht sich die sympathische Wirkung des Effekts zunutze. Soldaten zum Beispiel wirken heute sofort weniger bedrohlich, sobald sie blaue Helme aufsetzen. Auch »blaumachen« klingt irgendwie artiger und aktiver als »schwänzen« oder gar »nichts tun« (Denken Sie nur an die blaue Stunde!). Und auch wenn Pablo Picasso selbiges trotz seines Genies seinerzeit vermutlich nicht wusste: Schon ökonomisch war es nicht ganz dumm, wenigstens einmal während seiner Schaffenszeit eine blaue Periode gehabt zu haben. Überdies wird der Farbe sogar nachgesagt, sie fördere die Konzentration und habe eine beruhigende Wirkung, weshalb inzwischen manche Büros einen blauen Anstrich erhalten. Nur in einem Fall will das mit der Entspannung und Sympathie bis dato nicht klappen: beim Blaulicht.

DAS CATCH-22-PHÄNOMEN

Warum manche Probleme unlösbar bleiben

Es sollte ein Buch über die Absurdität des Krieges im Allgemeinen und die Dummheit des Militärs im Besonderen werden, das Joseph Heller 1953 zu schreiben begonnen hatte, aber erst acht Jahre später veröffentlichte. Ein Knaller war der Roman da noch nicht, der Verkauf lief mehr als schleppend. Beinahe sah es nach einem Flop aus, was vielleicht auch an der unfreiwillig komischen Geschichte lag.

Die geht so: Die Hauptfigur, Captain John Yossarian, ist Bombenschütze an Bord eines B-25-Bombers der US-Army und im

Zweiten Weltkrieg auf der Mittelmeerinsel Pianosa stationiert. Obwohl sich Yossarian nichts sehnlicher wünscht, als nach Hause zu kommen, steigt die Zahl seiner Feindflüge kontinuierlich – und mit ihr die Gefahr, abgeschossen zu werden. Es gibt für ihn nur einen Ausweg: Er muss sich krankschreiben lassen. Denn diese Leute werden umgehend in die Heimat zurückbeordert. Dummerweise hat das Militär eine perfide Regel ersonnen, die diese Option unmöglich macht: Nach Hause geschickt wird nur, wer geisteskrank ist und eben dies verlangt. Nur: Wer nach Hause will, kann – zumal in Kriegszeiten – nicht wirklich verrückt sein. Eher zeugt es vom Gegenteil. Yossarian, durchaus bei klarem Verstand, versucht nun also diverse Tricks, um vom Truppenarzt für fluguntauglich erklärt zu werden. In einer Version behauptet er etwa, schreckliche Angst vor dem Start zu haben. Keine gute Idee! Denn der Truppenarzt Doc Daneeka erklärt ihm cool: Verrückt wäre er wohl nur, wenn er vor Feindflügen keine Angst hätte. Erst dann müsste er am Boden bleiben und sofort zurück in die Heimat.

Sie merken schon, das ist nicht unbedingt der Stoff, aus dem Bestseller geschnitzt sind. Das Buch wurde trotzdem einer. Später. Und das verdankte es am Ende wohl vor allem der Mundpropaganda und seinem seltsamen Titel: ›Catch-22‹ – der Name eben jener Regel, die Yossarians Abkommandierung unmöglich machte. Der Titel selbst war übrigens ein bloßer Zufall. Eigentlich hätte Hellers Roman ›Catch-18‹ heißen sollen. Weil aber 1961 zeitgleich ein Roman von Leon Uris mit dem Namen ›Mila 18‹ erschien, wollte der Verlag Verwechslungen ausschließen und taufte das Buch sowie die krude Militärregel kurzerhand in Catch-22 um. Immerhin: Für dieses Problem gab es eine Lösung.

Für andere nicht. Bis heute beschreibt der Begriff Catch-22 ein Problem, das in sich nicht lösbar ist. Benutzer des Betriebssystems Windows kennen das zur Genüge. Manchmal, wenn die Tastatur mitten im Schreibfluss einfriert, erscheint auf dem Bildschirm ein Fenster mit der Aufforderung: »Falls Ihre Tastatur nicht mehr reagiert, drücken Sie die Escape-Taste.« Vodafone wiederum warb mal mit dem Slogan: »Bei Problemen mit Ihrem Anschluss zögern Sie nicht, uns anzurufen.«

Paradoxien wie diese begegnen uns immer wieder im Alltag und mit leider oft deutlich dramatischeren Folgen. Ein klassisches Dilemma dieser Art ist zum Beispiel die Situation vieler Obdachloser: Um Geld für eine Bleibe zu verdienen, benötigen sie einen Job. Um einen Arbeitsplatz zu bekommen, brauchen sie jedoch einen festen Wohnsitz. Ohne Wohnung kein Job, ohne Job keine Wohnung. Die Katze beißt sich selbst in den Schwanz. Überhaupt der Arbeitsmarkt: Oftmals werden in Stellenausschreibungen spezielle Kenntnisse zwingend vorausgesetzt. Doch wie sollen Bewerber diese Erfahrungen sammeln ohne die Chance, diese im Job zu machen? Genauso typisch das Problem vieler Kinder, die von Mitschülern gehänselt und verprügelt werden: Um ihren Peinigern zu entgehen, müssten sie diese beim Lehrer verpetzen. Tun sie dies, setzt es hernach aber meist noch mehr Prügel.

In die Kategorie Catch-22 gehören mitunter auch unlösbare Logikrätsel wie dieses: *Wenn Gott allmächtig ist, dann kann er einen Stein erschaffen, der so schwer ist, dass er ihn selbst nicht mehr heben kann.* Egal wie man es dreht und wendet, es endet damit, dass sich die Vorstellung von Allmacht unserem Verstand entzieht. So wie jede Catch-22-Lösung.

FÜR SCHNELLE AHA-EFFEKTE:

ENTSCHEIDUNGSPARALYSE
Obwohl wir sollten, wollen wir uns manchmal am liebsten gar nicht entscheiden. Auch wenn eine Lösung besser wäre als keine.

CONFIRMATION-BIAS
Haben wir einmal eine Meinung gefasst, nehmen wir nur noch solche Informationen auf, die in unser Weltbild passen. Der Rest wird ausgeblendet.

SEMMELWEIS-EFFEKT
Immer dann, wenn Innovationen etablierten Verhaltensmustern widersprechen, neigen wir dazu, uns dem Fortschritt zu verweigern.

OVERCONFIDENCE-EFFEKT
Viele Menschen gehen davon aus, mehr zu wissen und mehr zu können, als das tatsächlich der Fall ist. Je schwieriger eine Aufgabe, desto größer die Hybris.

KULESHOV-EFFEKT
Wie wir andere Menschen beurteilen, liegt häufig an den Umständen, Bildern und Emotionen, die wir vorher wahrgenommen haben.

SCHIEFE-BAHN-EFFEKT
Wir sind alle nicht gefeit vor unmoralischen Handlungen. Doch wenn wir der Versuchung erliegen, ist das meist ein schleichender Prozess.

MONTY-HALL-DILEMMA
Wer seine erste spontane Wahl korrigiert, steigert seine Gewinnchancen erheblich – allerdings nur in Quizshows.

MINORITÄTS-EFFEKT
Wenn Minderheiten souverän auftreten und als kompetent gelten, können sie die Gemeinschaft enorm beeinflussen.

ABILENE-EFFEKT
Schweigen interpretieren wir häufig als stumme Zustimmung und treffen Entscheidungen, für die es gar keinen Konsens gibt.

BEGRÜNDUNGS-EFFEKT
Egal, wie blöd die Erklärung ist: Wer seine Bitte mit einem »Weil« begründet, bekommt meist, was er will.

WIEDERHOLUNGS-EFFEKT
Je öfter wir eine Sache hören, desto eher schenken wir ihr Glauben – und vergessen, wie glaubwürdig die Quelle eigentlich war.

BLUE-SEVEN-PHÄNOMEN
Alle guten Sachen sind sieben. Denn das ist die weltweit beliebteste Zahl. Die globale Lieblingsfarbe ist dagegen Blau.

CATCH-22-PHÄNOMEN
Manche Probleme sind nicht zu lösen – leider trifft das im Alltag oft die Schwächsten.

PAUKEN UND TROMPETEN

– Wie wir lernen –

Es gibt Sprüche, die sich im Gedächtnis einnisten wie eine Motte im Kleiderschrank. »Non scholae, sed vitae« ist so einer – nicht für die Schule, sondern für das Leben lernen wir. Mit dieser Weisheit haben uns schon unsere Lehrer genervt: Was auch immer sie uns beibrachten – es sei weniger wichtig für unser Zeugnis, dafür umso mehr für die weitere Laufbahn. Ja ja, schon gut! Natürlich war damals so ziemlich jeder Schüler anderer Meinung, bis auf ein paar Streber vielleicht. Die Reaktion ist ja auch wenig erstaunlich: Lernen ist anstrengend, mühsam, zeitraubend. Es macht selten Spaß. Der englische Philosoph John Locke verglich es deswegen gerne mit der Jagd nach Tieren: Am Ende wird man belohnt – der Jäger durch frische Beute, der Schüler durch neues Wissen. Aber nur im Erfolgsfall. Immerhin: Kapazität wäre genug vorhanden. Durchschnittlich zwei Petabyte kann das Gehirn eines Erwachsenen abspeichern. Das entspricht rund 2 000 000 000 000 000 Byte – oder dem gedruckten Inhalt einer Großbuchhandlung. Doch anders als bei einer zuverlässigen Festplatte haben wir vieles davon schnell wieder vergessen. Die Wahrscheinlichkeit, dass wir uns zum Beispiel direkt nach einer Nachrichtensendung noch an das erinnern, was uns der Moderator eben erzählt hat, liegt bei eins zu drei. Bei der Lektüre eines Buchs sind die Erfolgschancen sogar noch geringer: Wir behalten nur etwa zehn Prozent von dem, was wir lesen. Obendrein lässt unsere Merkfähigkeit mit steigendem Alter immer stärker nach. Gleichwohl: Man lernt nie aus. Noch so ein Schlaumeier-Spruch. Allerdings stimmt auch der – und das kann zuweilen Spaß machen. Die nächsten Seiten sind dafür der beste Beweis.

49 **Prozent der Deutschen halten Neues zu lernen für besonders wichtig im Leben.**

8 **Prozent der Deutschen lernen bewusst jeden Werktag eine Stunde etwas Neues.**

84 **Prozent der Personalchefs glauben, private Weiterbildung erhöhe die Aufstiegschancen.**

DER EFFORT-EFFEKT

Weshalb Lob auch schaden kann

Lob ist Labsal für die Seele. Das weiß jeder, der schon einmal den süßen Geschmack des Beifalls gekostet hat. Das klingt jetzt vielleicht etwas pathetisch. Genauso fühlt sich Anerkennung aber an: süß, lustvoll, erhebend. Schon der US-Psychologie-Professor Albert Bandura befand dank eingehender Untersuchungen, dass Gelobte motivierter sind, sich höhere Ziele stecken und sich teilweise sogar bessere Fähigkeiten unterstellen, was wiederum ihre Leistungskraft verbessert. Kurz: Gezielte Wertschätzung wärmt das Herz und öffnet den verstockten Geist.

Womöglich ist das aber zugleich ihr größter Nachteil. Eben weil sie so angenehm ist, kann Anerkennung süchtig machen. Dann verwandelt sich Lob in eine destruktive Motivations-Droge. Als das Magazin ›Neon‹ im Jahr 2009 einen Artikel über »Die Danke-Falle« veröffentlichte, schrieb der Autor völlig zutreffend: »Der moderne Berufstätige sucht im Job nach Selbstverwirklichung, will seine eigenen Ziele und Sehnsüchte verwirklichen. Die Powerpointpräsentation wird zur Videoinstallation, der Konferenztisch zur Bühne für den großen Auftritt. Bleiben Applaus, Spotlight und Konfettiregen aber aus, stürzt der manisch-depressive Büronarziss von der Selbstüberschätzung in die Sinnkrise.« Solche Menschen verhalten sich dann nicht viel anders als ein Junkie auf kaltem Entzug. Dabei ist ihr Kernfehler, das Urteil über Fortune oder Fiasko letztlich anderen zu überlassen. So mutiert der Applaus zum Gradmesser für das eigene Lebensglück – und ist dafür doch völlig ungeeignet.

Für Kinder gilt das sogar noch mehr als für Erwachsene. Natürlich wollen Eltern ihren Sprösslingen die nötige Dosis Selbstbewusstsein verabreichen. Und so loben sie den Nachwuchs, was das Zeug hält. Einer Studie der Columbia-Universität zufolge halten es 85 Prozent der amerikanischen Eltern für wichtig, ihren Kindern stets zu sagen, wie klug sie seien. Das ständige Lob soll dabei helfen, sie für die raue Welt da draußen zu rüsten. Die Absicht ist zwar nobel – aber kontraproduktiv. Psychologen haben in den vergangenen Jahren zahlreiche Erkenntnisse gewonnen, die vor allem einen Schluss zulassen: Zu viele Komplimente à la »Wie klug du doch bist« fördern die Leistungsfähigkeit der Kleinen keineswegs – sie verringern sie eher.

Zehn Jahre lang hat die US-Psychologin Carol Dweck von der Stanford-Universität mit ihrem Team die Auswirkungen von Lobeshymnen auf 400 New Yorker Schüler untersucht. Vier von Dwecks Mitarbeiterinnen gingen in verschiedene Klassen der fünften Jahrgangsstufe. Sie pickten sich jeweils ein Kind heraus, das einen einfach zu lösenden Geschicklichkeitstest absolvierte. Danach teilten die Wissenschaftlerinnen dem Schüler sein Ergebnis mit – und gaben ihm ein unterschiedliches Feedback. Der eine bekam zu hören: »Du bist wirklich schlau.« Anderen wurde gesagt: »Du hast dich offenbar wirklich angestrengt.« Während den einen also hohe Intelligenz unterstellt wurde, rühmte man die anderen für ihre Willensstärke und Leistungsfähigkeit. Dann ging das Experiment in die zweite Runde. Jetzt hatten die Schüler die Wahl: Sie konnten sich entweder an einem schwierigeren Test versuchen oder an einem leichteren. Schon hier machte sich das unterschiedliche Feedback bemerkbar. Von den Kindern, die nach dem ersten Test für ihre Anstrengung gelobt worden waren, wählten 90 Prozent den schwierigeren. Wer ein Loblied auf seine Intelligenz erhalten hatte, wählte meist den leichteren Test. »Wenn wir Kinder für ihre Intelligenz loben«, schrieb Dweck in ihrer Zusammenfassung, »lenken wir ihr Verhalten in bestimmte Bahnen.« Dadurch entstehe bei ihnen Angst, Fehler zu machen und buchstäblich dumm dazustehen. Die Kinder in Dwecks Experiment wollten dieses Risiko vermeiden und wählten daher den leichten Test.

In einem weiteren Versuch hatten die Fünftklässler keine Wahl mehr. Dweck und ihre Kollegen gaben den Schülern nun absichtlich einen schwierigen Test, der eigentlich für Siebtklässler gedacht war. Scheitern war also programmiert. Doch wieder reagierten die Kinder unterschiedlich. Wer zuvor Komplimente für seine Arbeitsmoral erhalten hatte, führte sein Scheitern auf eigenes Versagen zurück. Diese Kinder strengten sich im Test umso mehr an und testeten verschiedene Lösungswege. Auch wenn sie scheiterten, hatten die Kinder Spaß an der Denksportaufgabe. Ganz anders das Bild der Gruppe, der man vorab hohe Intelligenz unterstellt hatte. Sie nahmen das Scheitern zum Anlass, ihre Intelligenz anzuzweifeln, und gaben die Aufgabe nach kurzer Zeit schlecht gelaunt auf.

Nun folgte der letzte Teil des Versuchs. Alle Fünftklässler bekamen einen Test, der so leicht war wie der erste. Wieder überraschte das Ergebnis: Wer für seinen Fleiß gelobt worden war, verbesserte sich im Vergleich zum Anfang des Experiments um etwa 30 Prozent. Wem Intelligenz unterstellt worden war – eine Diagnose, die die Kinder inzwischen ja eigenhändig revidiert hatten –, schnitt nun bis zu 20 Prozent schlechter ab. Carol Dweck hatte zwar erwartet, dass sich das Lob rächen würde, aber dass die Ergebnisse so deutlich ausfielen, war schon fast erschreckend. Sie nannte dieses Phänomen schließlich den Effort-Effekt: Nur wer seinen Kindern die Bedeutung von Anstrengung und Fleiß vermittle, gebe ihnen »Kontrolle über ihr eigenes Handeln«. Wer hingegen nur die Intelligenz lobpreist, nimmt den Kindern diese Kontrolle. Beim ersten Misserfolg stürzt das Selbstbild dann wie ein Kartenhaus in sich zusammen.

DER FISCHTEICH-EFFEKT

Warum begabte Kinder keine Konkurrenz brauchen

Für das eigene Kind ist das Beste gerade gut genug. Die meisten Eltern denken so. Die einen, weil sie sich vielleicht wünschen, dass es ihren Kindern einmal besser ergeht als ihnen selbst.

Die anderen, weil sie ihr Statusempfinden auf die Sprösslinge projizieren und meinen, hier eine zweite Karriere nachholen zu können, die im Selbstversuch irgendwie vermurkst endete. Solche Eltern wetteifern dann in der Nachbarschaft darum, ein besonders hochbegabtes Kind gezeugt zu haben, das sie schon mit vier Wochen zum Baby-Yoga, mit vier Jahren zum Early English und nur wenig später schon auf die selbstverständlich beste Privatschule im Umkreis schicken.

Die vermeintliche Topschule muss allerdings keineswegs top für das Kind sein. Pädagogen kennen das Phänomen auch als Fischteich-Effekt oder Big-Fish-Little-Pond-Effekt. Stellen Sie sich dazu einen kleinen Teich vor: Ein großer Fisch wird darin mehr auffallen als in einem Ozean. Und umgeben von vielen kleinen Fischen wirkt der große Fisch im kleinen Tümpel natürlich besonders imposant. Wer sein Kind also in eine Klasse mit lauter Hochbegabten steckt, tut dem Spross höchstwahrscheinlich gar keinen Gefallen, sondern setzt ihn stattdessen enormem Leistungsdruck aus. »Psychologisch gesehen, sind Hochbegabtenklassen eine große Belastung«, sagte etwa der Berliner Psychologie-Professor Ralf Schwarzer in einem ›Zeit‹-Artikel. Die Schüler könnten sich dann nicht mehr »sonnen im Licht der Leistungsverteilung«. Umgekehrt entwickelten Kinder in einer Klasse mit leistungsschwächeren Mitschülern eine höhere Lernmotivation, denn ihre Talente fielen dort umso mehr auf, würden besser bewertet, was sie nur noch mehr ansporne. Es gibt Bildungsexperten, die Eltern

> Das sogenannte Minimum-Gesetz, von Carl Sprengel schon 1828 formuliert, besagt, dass das Wachstum von Pflanzen durch die knappste Ressource (zum Beispiel Wasser) eingeschränkt wird. Das Wachstum verbessert sich auch dann nicht, wenn man eine Ressource (Dünger) hinzugibt, die bereits im benötigten Umfang vorhanden ist. Der Effekt lässt sich aber auch auf das Lernen übertragen: Fehlt es etwa an interessantem Stoff, nutzt auch mehr externe Motivation nichts.

deshalb vom Prinzip »Gymnasium um jeden Preis« dringend abraten – insbesondere bei Schülern, deren Selbstbewusstsein nicht allzu stark ausgeprägt ist.

Dem entgegen wirkt allerdings der sogenannte Assimilations-Effekt, auch Reflected-Glory-Effekt genannt (siehe Seite 130). Demnach kann ein besonders leistungsstarkes Umfeld Schüler ebenso motivieren, mehr aus sich und ihren Talenten herauszuholen – und sei es nur der Ansporn, eine Schule oder Hochschule besuchen zu können, die im Ruf steht, besonders kluge Köpfe hervorzubringen. Welche (negative) Wucht dieser Effekt entfalten kann, lässt sich heute beispielsweise an den Hauptschulen beobachten: Egal, wie sehr die Schüler dort gefordert und gefördert werden – am Ende wissen sie doch, dass sie eine stigmatisierte Schulform besuchen, der anhaftet, spätere Arbeitsmarktversager auszubilden. Dies vor Augen, geben sich nicht wenige gleich mit dem ersten Schuljahr dort auf.

Auch wenn einige Studien dem Assimilations-Effekt eine geringere Wirkung zuschreiben als dem Fischteich-Effekt: Häufig werden überdurchschnittlich gute Schüler in einem deutlich schwächeren Umfeld gehänselt, worunter ihre Leistung leiden kann. Als die ›Zeit‹ den bereits zitierten Artikel auf ihrer Internetseite veröffentlichte, schrieb die 14-jährige Gymnasiastin Aurelie:

»Als ich von der Grundschule auf das Gymnasium kam, fing es an. Wenn ich gute Noten schrieb, bekam ich ›Streber!‹ oder Ähnliches zu hören. In der 6. Klasse wurde ich in ein Förderprogramm für Hochbegabte aufgenommen. Als ich den Bescheid bekam, fing ich an zu weinen. Ich versuchte es zu vertuschen und fing an, meine Lehrer zu beleidigen, um das Image des Strebers loszuwerden. Ich machte im Unterricht weniger mit und störte und provozierte, wo ich nur konnte. Ich kann aus eigener Erfahrung sagen, dass eine Schule, in der Ihr Kind nur Mittelmaß ist, besser für es ist.«

Mag sein, dass die Kombination großer Fisch – kleiner Teich in wissenschaftlichen Stichproben zu mehr schulischem Ansporn führte, die damit womöglich verbundenen seelischen Qualen dokumentieren sie nicht. Uns erscheint es daher sinnvoller, bei der Schulwahl weniger auf die Mitschüler oder die Schulform und umso mehr auf die pädagogische Qualität zu achten.

DER LERN-EFFEKT

Warum es sich kurzfristig besser paukt

Als wir beide noch in Köln studierten, hieß es unter unseren Kommilitonen immer: Lern bloß nicht auf den letzten Drücker! Das bringt nichts! Einen Tag vor der Prüfung kannst du allenfalls Gelerntes auffrischen! Die Professoren waren ohnehin dafür, den Stoff das ganze Semester hindurch zu büffeln.

Aber mal ehrlich: Welcher Student hat schon die Zeit dafür? Jeden Tag Vorlesungen, dazu Seminare, Hausarbeiten, Bücher lesen, Geld verdienen, abends Party bis in die Puppen. Wann soll man da noch lernen? Die meisten Studenten unserer Jahrgänge, wie viele Generationen davor und wir übrigens auch, haben also mit dem Klausurpauken in der Regel erst ein paar Wochen vor der Prüfung begonnen – und sind damit auch mehr oder weniger gut durchgekommen.

Aber war das richtig? Also nicht unter moralischen Gesichtspunkten, sondern eher unter ökonomischen. Anders gefragt: Gibt es eine optimale Art zu lernen? Und kann man sich auch überlernen?

Man kann. Die Psychologen Doug Rohrer und Harold Pashler haben optimale Lernkurven immer und immer wieder untersucht und dabei Überraschendes zutage gefördert. So teilten sie zum Beispiel ihre Probanden in zwei Gruppen ein und ließen diese Vokabeln lernen. Die erste Gruppe paukte den Stoff fünf Mal – und erreichte, nun ja, ein passables Ergebnis. Die zweite Gruppe büffelte doppelt so hart. Und tatsächlich: Mit diesem zusätzlichen Einsatz schafften sie drei Mal so gute Prüfungsergebnisse wie Gruppe eins. Damit war der Versuch allerdings nicht vorbei. Die Forscher testeten ihre Probanden erneut – nach einer Woche und noch einmal drei weitere Wochen später. Auch hier zunächst dasselbe Ergebnis: Die Studenten, die doppelt so lange gelernt hatten, erzielten auch nach einer Woche noch deutlich bessere Ergebnisse. Drei Wochen darauf war ihr Vorteil allerdings futsch. Beide Gruppen schnitten in etwa gleich schlecht ab. Die Erkenntnis daraus: Mehr lernen hilft – aber nur kurz vor dem Examen. Wer Wissen wirklich verinnerlicht, kann sich den zusätzlichen Aufwand sparen. Auf lange Sicht behält er deswegen nicht mehr (siehe auch Vergessens-Effekt, Seite 164).

Die wissbegierigen Forscher Rohrer und Pashler gaben sich damit nicht zufrieden. Nun wollten sie noch wissen, ob und wie sich Pausen zwischen den einzelnen Lerneinheiten auswirken. Und man ahnt es längst: Auch diese machten einen Unterschied. Dazu wiederholte das Duo das Experiment und baute Pausen ein – von fünf Minuten bis hin zu zwei Wochen. Das Resultat: Diejenigen, die sich zwischen ihren jeweiligen Lernphasen einen Tag freigenommen hatten, schrieben die besten Tests – wenn diese zehn Tage später stattfanden. Man kann diesen Lern-Effekt auch so zusammenfassen: Wer versucht, sich einen komplexen Stoff in kurzer Zeit einzuverleiben, wird wenig behalten. Die bessere Strategie ist, immer wieder Pausen zu machen und den Stoff sacken zu lassen. Vor allem aber: Je mehr einer langfristig lernt, desto länger sollten auch seine Pausen dazwischen sein. Die Ideallösung wäre also: Intensiv büffeln, Bücher zur Seite legen, Urlaub machen und kurz vor der Prüfung das Wissen noch einmal ins Kurzzeitgedächtnis trümmern. Instinktiv haben wir das damals also gar nicht so verkehrt gemacht.

DER MOZART-EFFEKT

Warum klassische Musik nicht schlau macht

Es kommt nicht auf die Länge an, ehrlich nicht. Auch mit wenig lässt sich viel erreichen. Fragen Sie mal Frances Rauscher. Die amerikanische Psychologin von der Universität von Kalifornien in Irvine veröffentlichte 1993 im angesehenen Wissenschaftsmagazin ›Nature‹ eine Studie. Auf genau einer Seite, nicht mehr. Ihre Ergebnisse beschäftigen die Wissenschaft noch heute. Weltweit. Tausende von Seiten wurden ihr seitdem gewidmet.

Rauschers Studie trägt den Namen »Music and spatial task performance«, was übersetzt so viel bedeutet wie: Musik und räumliche Vorstellungskraft. Deren Basis: Ein Experiment mit 36 Studenten. Die Teilnehmer wurden damals in drei Gruppen eingeteilt und lauschten zehn Minuten lang unterschiedlichen Klängen: Die einen hörten Mozart, die anderen eine Entspannungs-CD, die Dritten nichts, nur Stille. Das war die Kontrollgruppe. Danach sollten alle eine Aufgabe lösen, bei der es auf räumliches Vorstellungsvermögen ankam. Die Gruppe, die Mozart gehört hatte, schnitt am besten ab, auf Platz zwei landeten die Lauscher der Entspannungs-CD. Sicher noch keine Raketenwissenschaft. Nun aber wandelte Rauscher die Resultate ihrer Studie um – und zwar in Intelligenzwerte. Und diese Entscheidung sorgt seitdem dafür, dass Wissenschaftler bis dato über ihre Studie streiten. Denn nach einigem Rechnen kam Rauscher zu dem Ergebnis, dass die Studenten nach dem akustischen Konsum von Mozart einen durchschnittlichen IQ von 119 aufwiesen, während die CD-Gruppe nur auf 111 kam. Wer in die Stille hineingehorcht hatte, erreichte gar nur 110 Punkte. Zwar wies Rauscher in ihrem Einseiter explizit darauf hin, dass dieser Effekt zeitlich begrenzt und nach maximal 15 Minuten wieder verschwunden ist. Doch das hätten sie sich sparen können, die Studie war bereits in der Welt – und Don Campbell erkannte ihr Potenzial.

Der amerikanische Musiker und Autor hatte, anders als Rauscher, einen hervorragenden Instinkt für Vermarktung und ließ sich schon bald darauf ein Wort sichern: Mozart-Effekt. So lautet auch der Titel von Campbells Buch, das 1997 erschien und von der vermeintlich heilsamen Kraft der Musik erzählt. Mit kaum fassbarem Erfolg: Allein von den dazu erschienenen CDs setzte Campbell über zwei Millionen Stück ab. Beim Versandhändler Amazon gibt es noch heute Dutzende von Büchern, CDs und DVDs, die sich mit dem Mozart-Effekt beschäftigen. Aber es kommt noch besser: 1998 beschloss Zell Miller, der damalige Gouverneur des US-Bundesstaates Georgia, an Frauen, die gerade ein Kind zur Welt gebracht hatten, Klassik-CDs zu verteilen. Kostenpunkt der Aktion: 100 000 Dollar. Florida erließ wenig später gar ein Gesetz, das die Beschallung von Kindergartenkindern mit klassischer Musik vorschrieb. Akustisches Intelligenz-Doping ganz im Sinne von Rauschers wissenschaftlichen Erkenntnissen.

So hatte Frances Rauscher das allerdings nicht gewollt. Bis heute betont sie, dass sie nie behauptet habe, Mozart oder irgendeine andere Musik könne die Intelligenz steigern. Aber inzwischen war das Gerücht in aller Munde – und die Leute wollten es gerne glauben. Selbst dann noch, als der deutsche Musikpädagoge Hans Günter Bastian im Jahr 2000 in einer Langzeitstudie an 170 Berliner Grundschulkindern keinen signifikanten Zusammenhang zwischen Musikunterricht und geistigen Fähigkeiten feststellen konnte. Zum selben Ergebnis kommt auch eine Studie, die das Bundesbildungsministerium 2006 unter dem Titel »Macht Mozart schlau?« anfertigen ließ. Deren Umfang: 179 Seiten. Schließlich meldeten sich auch Forscher aus Mozarts Heimat zu Wort. 2010 fertigte Jakob Pietschnig von der Universität Wien eine Metastudie an, für die er 39 Arbeiten auswertete, mit insgesamt über 3000 Teilnehmern. »Ich empfehle jedem, Mozarts Musik zu hören«, resümierte Pietschnig, »aber die Erwartung, dadurch eine Steigerung der eigenen kognitiven Leistungsfähigkeit zu erzielen, ist nicht erfüllbar.« Wenn Sie wirklich intelligenter werden wollen, lesen Sie lieber mehr Bücher!

FÜR SCHNELLE AHA-EFFEKTE:

EFFORT-EFFEKT
Zu viele Komplimente und zu viel Lob fördern die Leistungsfähigkeit von Kindern keineswegs – sie verringern sie sogar.

FISCHTEICH-EFFEKT
Begabte Kinder entwickelten in einer Klasse mit leistungsschwächeren Schülern eine höhere Lernmotivation, denn ihre Talente fallen hier mehr auf, werden besser bewertet, was sie noch weiter anspornt.

LERN-EFFEKT
Mehr lernen hilft – aber nur kurz vor dem Examen.

MOZART-EFFEKT
Wer viel Musik von Mozart hört, wird angeblich schlauer. Stimmt nicht, zeigen neueste Untersuchungen. Es schadet aber auch nicht.

ORT UND STELLE

– Wie wir arbeiten –

Es herrscht zu viel Dunkelheit in Deutschland. Weniger am Himmel oder in der deutschen Seele. Vielmehr ist es dort, wo wir arbeiten, viel zu finster. Wissenschaftler haben herausgefunden, dass der menschliche Körper mindestens 2500 Lichteinheiten Lux braucht, damit er die Glückshormone Serotonin und Dopamin produziert und ausschüttet. An einem schönen Sommertag ist das überhaupt kein Problem, der bringt bis zu 100 000 Lux. In den Büros hierzulande sieht das allerdings anders aus – der Richtwert für die Lichtstärke normaler Bürobeleuchtung liegt bei mickrigen 500 Lux. Kein Wunder also, dass der sprichwörtliche Bürohengst passionierter Pessimist ist, Bürostuten eingeschlossen. Nun könnte man sagen: »Ist doch egal, Pessimisten sind nur die unsympathischere Variante der Realisten!« Stimmt aber nicht. Die Einstellung hat gravierende Folgen: Wer miesepetrig vor sich hin dümpelt, kann kaum kreativ sein. Die einen leisten dann nur noch Dienst nach Vorschrift, die anderen haben innerlich gekündigt, und wieder andere malträtieren die Kollegen mit ihrer schlechten Laune. Das Resultat ist fatal: Intrigen statt Integration. Dabei sind sich Arbeitsforscher heute einig, dass die Stimmung am Arbeitsplatz wichtiger ist als finanzielle Anreize. Gut gelaunte Mitarbeiter machen mehr Verbesserungsvorschläge, engagieren sich stärker, fehlen seltener, werden häufiger befördert und verdienen sogar mehr. Die folgenden Seiten werden Ihre Laune vielleicht nicht unmittelbar heben. Dafür lernen Sie, wie Sie chronischen Miesmachern aus dem Weg gehen und Ihre persönliche Arbeitsatmosphäre aufhellen können – auch ohne stärkere Glühbirnen.

212 Werktage verbringt ein deutscher Arbeitnehmer jährlich im Büro.

34 Prozent der Deutschen träumen nachts von ihrer Arbeit.

800 000 Beschäftigte in Deutschland nehmen regelmäßig leistungssteigernde Pillen.

DER WATERCOOLER-EFFEKT

Weshalb Tratschen produktiv macht

Flurfunk gehört zum Job wie Linksfahren zu Großbritannien: Wer nicht mitmacht, riskiert einen Crash. Und das liegt nicht etwa daran, dass Klatsch und Tratsch überlebenswichtige Informationen wie etwa eine drohende Kündigungswelle oder einen kurz bevorstehenden Chefwechsel transportierten. Der amerikanische Psychologie-Professor Nicholas DiFonzo vom Rochester Institute of Technology widmet sich schon seit 1992 der Erforschung von Gerüchten. Seine wesentlichen Erkenntnisse über dieses verschwörerische Tête-à-tête fasste er in einem Buch zusammen, das den seltsamen Titel trägt: ›The Watercooler Effect‹.

Dieser besagte Wasserkühler steht in so ziemlich jedem amerikanischen Bürogebäude. Obenauf ein blauschimmerndes Fass mit 20 Litern Wasser, darunter ein Zapfhahn und daneben ein Reservoir an Pappbechern für den Durst zwischendurch. In Deutschland gibt es diese Wasserspender inzwischen auch in manchen Geschäften gratis zum Erfrischen der Kunden. In Amerika aber hat er eine weitere Funktion, die in etwa der deutschen Kaffeeküche gleicht: Jenseits des Atlantiks versammeln sich die Angestellten regelmäßig um den Wassertank, damit sie aktuelle Neuigkeiten austauschen können. Tratsch eben.

Warum aber ist immer da, wo zwei oder drei eines Ladens versammelt sind, dieses Gerüchtestreuen mitten unter ihnen? Wieso ist das so ein ubiquitärer Aspekt jeder Gemeinschaft? Die simple Antwort: Weil es mehr als nützlich ist. Zum einen, weil Klatsch so etwas wie den Klebstoff sozialer Bindungen am Arbeitsplatz bildet. Wenn man sich gemeinsam darüber echauffieren kann, dass der eitle Herr Meier ein Ayatollah des Superlativs ist und Frau Schmidt aussieht wie ein Mon Chéri, das es nicht rechtzeitig in die Sommerpause geschafft hat, dann schweißt das zusammen und sorgt am Ende sogar für mehr Solidarität in der Gruppe. Oder anders formuliert: Ausgrenzen verbindet.

Doch es kommt noch besser: Wann immer wir mit mehrdeutigen oder bedrohlichen Situationen konfrontiert werden, ist unsere Reaktion darauf, uns mit anderen auszutauschen – und das macht uns um ein Vielfaches produktiver. Um bis zu 15 Prozent, um genau zu sein.

Angenommen, Sie wären der Chef eines Unternehmens, und ein Berater würde zu Ihnen sagen: »Schaffen Sie die Meetings ab, lassen Sie die Leute lieber öfter quatschen und tratschen!« Vermutlich würden Sie als Erstes den Berater abschaffen. Doch das wäre ein Riesenfehler, denn der Mann hat recht und bekommt für seine kühne Empfehlung vonseiten der Wissenschaft allerhand Rückenwind. So verglichen etwa Forscher um die Professorin Alex »Sandy« Pentland am Massachusetts Institute of Technology, wie lange sich Callcenter-Beschäftigte mit ihren Kollegen unterhielten. Dazu verteilten sie an alle Mitarbeiter zunächst sogenannte Badges, eine Art Namensschilder, die jedoch mit Funkchips und Minimikrofonen ausgestattet waren. Die Wissenschaftler registrierten so, wann, wo und wie oft sich mindestens zwei dieser Badges trafen und konnten über die Mikros hören, ob es sich bei der Unterhaltung um Klatsch und Tratsch oder arbeitsbezogene Inhalte handelte. Das Ergebnis der Untersuchungen war ein einziges Plädoyer für den Büroplausch. Denn entgegen dem Klischee ist der alles andere als kostspielige Zeitverschwendung. Die Produktivität jener Kollegen, die sich oft und intensiv mit anderen über irgendwelches Zeugs unterhielten, lag um zehn bis 15 Prozent über der der konzentrierten Malocher. Und zwar vor allem, weil sie über die temporäre Ablenkung ihre grauen Zellen erfrischten, kreative Impulse aufnahmen oder praktisch en passant sich gegenseitig mit Tipps und Tricks aus der Abteilung »generelle Lebenshilfe« halfen.

Auch die britische Arbeitspsychologin Kathryn Waddington von der Universität London kam nach der Befragung von über 100 Krankenschwestern und -pflegern zu dem Schluss: Der kleine Flurfunk zwischendurch ist Balsam für die Seelen der Belegschaft. Er hilft den Mitarbeitern dabei, Dampf abzulassen, Stress abzubauen – und macht sie damit wieder fit für das, was ihre eigentliche Aufgabe ist.

DER KORRUMPIERUNGS-EFFEKT

Weshalb Belohnungen demotivieren

Mehr Gehalt, mehr Prämien, mehr Boni, mehr, mehr, mehr. Schluss damit. Belohnungen vom Typ »Zuckerbrot und Peitsche«, insbesondere die monetären, können sich geradezu zerstörerisch auf die Motivation auswirken. Das haben zum Beispiel die Psychologen Mark Lepper (Stanford-Universität) und David Greene (Universität von Michigan) herausgefunden. Experten sprechen hierbei auch vom Korrumpierungs-Effekt.

Wie so oft, geht auch dieser Erkenntnis ein erhellendes Experiment voraus. Die 51 Vorschulkinder, die Lepper und Greene dazu beobachteten, wunderten sich vielleicht über die schrulligen Professoren, die ihnen beim Bildermalen zuschauen wollten, verloren sie aber schon bald wieder aus den Augen – so wie Kinder zwischen drei und fünf Jahren eben sind. Die Kleinen waren nämlich allesamt begeisterte Bildermaler, oder wie Lepper und Greene sagen würden: Sie waren intrinsisch motiviert.

Der Test selbst ging über mehrere Tage. Nach dem Zufallsprinzip wurden die Kinder vorab in drei Gruppen eingeteilt:

- Der ersten Gruppe wurde erzählt, sie bekäme für ihre Bilder hinterher ein Zertifikat sowie eine Auszeichnung – vergleichbar mit der Ankündigung eines festen Lohns.
- Die zweite Gruppe erhielt ebenfalls eine Auszeichnung – wusste vorher aber nichts davon. Sie wurde also mit dem Bonus erst bei der Abgabe ihrer Bilder überrascht.

– Die dritte Gruppe bekam nichts. Entsprechend wurde ihnen vorab weder etwas in Aussicht gestellt noch versprochen.

Um den Faktor Neid auszuschließen, erhielten die betreffenden Kinder ihre Urkunden separat. Außerdem wurde einzeln beobachtet, wie sich ihre Malmotivation in den folgenden Tagen entwickelte. Das Ergebnis fiel mehr als eindeutig aus: Jene Kinder, die mit einem festen Lohn zu rechnen hatten, malten dramatisch weniger. Sie investierten nur noch die Hälfte ihrer Zeit in die Buntstifte und verbrachten den Rest lieber mit Spielen oder Faxen. Die Mallust der Kinder ohne jedwede Belohnung dagegen lag mit rund 15 Prozent der investierten freien Zeit deutlich höher. Am motiviertesten allerdings war die Gruppe mit Überraschungspreisen: Sie investierten fast 20 Prozent ihrer Zeit in neue Bilder.

Auch andere Studien – etwa unter Rauchern, die mit dem Qualmen aufhören wollten – kamen zu vergleichbaren Resultaten: Die Erfolgsquote sank jedes Mal drastisch, wenn die Probanden für das Erreichen ihrer – wohlgemerkt – selbst gesteckten Ziele belohnt wurden. Genau das ist der Korrumpierungs-Effekt: Durch den angekündigten Preis wird jede vorhandene Motivation durch einen extrinsischen Kick ersetzt. Und am Ende achten die Betroffenen nur noch auf den Kick statt auf den Spaß, den sie ursprünglich dabei empfanden. Besonders fatal: Das künstliche Doping muss meist auch noch von Mal zu Mal gesteigert werden, damit es seine Wirkung beibehält. Sobald Geld ins Spiel kommt, potenziert sich der Effekt. Mit Geld assoziieren wir nämlich in der Regel eine Form der Alimentierung. Es erinnert uns an Dinge, die wir eigentlich nicht tun wollen, wozu wir uns aber verpflichtet fühlen, weil wir ja einen Lohn dafür bekommen. Tödlich für jeden Funken Spaß.

Natürlich ist das kein Aufruf zum Lohnboykott. Gute Arbeit sollte fair bezahlt werden (siehe auch die Superstar-Theorie, Seite 338). Bloß der Erfolg des Instruments angekündigter Boni, insbesondere die in Millionenhöhe, scheint vor diesem Hintergrund mehr als fraglich. Bei Bankern ganz besonders. Aber auch bei Kindern ist es nicht allzu klug, sie regelmäßig für Dinge zu belohnen, die sie ohnehin gerne machen. Besser ist da ein kleiner Überraschungspreis von Zeit zu Zeit.

DAS HELFER-SYNDROM

Warum Neinsagen so schwerfällt

Der Hilfsbereitschaft haftet eine schier überirdische Aura an. Nobel sei der Mensch, doch göttlich wird er erst durch die selbstlose gute Tat. »Welch edler Charakterzug, sich doch immer wieder für aufopferungsvolle Hilfsbereitschaft zu entscheiden«, sinnierte einst der deutsche Publizist Peter Schumacher. Und sein Kollege Franz Schmidberger befand derweil moralingeschwängert, dass die Tugend zwar nicht immer belohnt werde, aber »trotzdem Sinn hat«.

Der Psychoanalytiker Wolfgang Schmidbauer kam 1977 allerdings zu einem ganz anderen Befund: Helfen kann auch krankhaft sein. Dann etwa, wenn es zum Zwang wird; wenn das Bedürfnis zu helfen größer wird als der Bedarf an Hilfe; wenn nicht mehr da geholfen wird, wo es nötig ist, sondern wo es möglich ist; wenn die Absicht dahinter Aufmerksamkeit und Anerkennung ist und es nicht darum geht, jemandem aus der Patsche zu helfen oder ihn aus einer Notsituation zu befreien. »Helfer-Syndrom« nannte Schmidbauer das Phänomen, das er seinerzeit vor allem in sozialen Berufen beobachtete: bei Pflegern, Sozialarbeitern, Pfarrern, Ärzten. Sie sind zwar besonders gefährdet, aber keinesfalls ausschließlich betroffen. Auch im Arbeitsalltag oder im familiären Umfeld gibt es zahlreiche Helfer mit starken Anzeichen einer diesbezüglichen Abhängigkeit.

Für diese Menschen ist der Akt des Helfens längst Mittel zum

Zweck. Nicht selten verbirgt sich dahinter ein vermindertes Selbstwertgefühl, das sie auf diese Weise aufzuwerten versuchen. Sie benötigen das Gefühl, gebraucht zu werden und dass andere von ihnen abhängig sind. Dabei ist es genau umgekehrt: Denn natürlich ist eine solch gute Tat längst keine selbstlose mehr, sondern zutiefst eigennützig. Und gefährlich dazu.

Im Job etwa mindern allzu viele Dienstbarkeiten zwangsläufig die Qualität der eigenen Arbeit, was irgendwann auch der Chef bemerkt und statt mit Anerkennung mit einem Tadel belohnt. Um das zu kompensieren, bieten die Betroffenen häufig noch mehr Gefälligkeiten an – mit dem Effekt, dass eine Spirale nach unten entsteht: Die Helfersucht führt zu noch mehr Stress, mehr Zwängen, mehr Selbstausbeutung bis hin zur totalen Erschöpfung – dem Burnout-Syndrom (siehe auch Selbsttest, Seite 254).

Die Ursachen für das Helfer-Syndrom lokalisieren Psychologen vor allem in der Kindheit. Auslöser sind zum Beispiel Eltern, die ihre Kinder in emotionale Abhängigkeiten bringen und ihnen etwa Schuld für die eigene Missstimmung geben: »Nur wegen dir ist Mama heute so kaputt.« Diese Kinder lernen dann: »Ich bin verantwortlich für die Gefühle anderer.« Und: »Ich bin nur liebenswert, wenn andere mir dankbar sind.« Ein typisches Märtyrerdenken entsteht. Derart manipulierte Menschen sind später anfällig dafür, skrupellos ausgenutzt zu werden.

Zum Teil liegt die Wurzel der Hilfswütigkeit allerdings auch in einer narzisstischen Störung. In diesem Fall genießen die Betroffenen das kurzfristige Gefühl der Macht, das ihr Ego umschmeichelt, wenn sie als schillernder Retter und Ratgeber die Not der Welt lindern. Oder aber es liegt schlicht an ihrer Unfähigkeit Nein zu sagen, was wiederum auf unterschwellige Ängste hindeutet: die Angst, Sympathien zu verspielen, wenn man mal eine Bitte ausschlägt; die Furcht, eine einmalige Chance zu verpassen; die Sorge, als weniger belastbar, dafür aber egoistischer, als die Kollegen dazustehen.

Sich aus solchen Psychofallen zu befreien, ist nicht leicht, aber auch nicht unmöglich. Der erste Schritt zur Besserung ist die ehrliche Selbstanalyse: Warum will ich helfen? Handle ich vielleicht doch nur aus eigennützigen Motiven? Sich einzugestehen, dass man in Wahrheit nach Dankbarkeit, Macht und Anerkennung giert, ist weder leicht noch angenehm, aber notwendig. Nur so kann man die innere Unabhängigkeit zurückgewinnen und einen klaren Blick für die wahren Bedürfnisse bekommen – die der anderen, aber auch die eigenen. Für Betroffene ist es wichtig, wieder zu lernen, ihr Selbstwertgefühl nicht nur aus ihrem Handeln oder der fremden Dankbarkeit zu beziehen, sondern vor allem aus sich selbst.

Denn darum geht es im zweiten Schritt: Auch jeder Helfer hat Bedürfnisse. Die sind keinesfalls weniger wert als die der Familienmitglieder oder der Kollegen. Und was kann realistischerweise schon passieren, wenn man mal eine Bitte ablehnt? Kurzfristige atmosphärische Störungen, ein böser Blick, drei Tage Konversationsstreik? Na und?! Das geht vorbei. Was aber wäre umgekehrt der Preis: ein weiteres kurzes Wochenende, wieder weniger Schlaf, ein verstimmter Partner, schlechtere Arbeit? Ist es das wert? Oder anders gefragt: Wäre es wirklich eine solche Katastrophe, Nein zu sagen? Eben.

Und Neinsagen ist auch gar nicht so schwer: Zeigen Sie Verständnis für den anderen, beschreiben Sie Ihre Situation, und begründen Sie Ihren Korb mit eigenen Verbindlichkeiten. Oder schließen Sie zumindest einen Kompromiss in der Form eines »Jetzt nicht, aber später«. Und wer partout nicht lockerlässt, dem sagen Sie eben ganz direkt: »Ich weiß, Sie mögen mein Nein nicht hören, aber ich bleibe dabei. Es tut mir leid.«

BURNOUT-SELBSTTEST

Jüngste Expertenschätzungen gehen davon aus, dass bundesweit rund neun Millionen Menschen vom Burnout-Syndrom betroffen sind. Das beginnt nahezu immer gleich und auch ganz banal: Die Menschen bürden sich zu viel auf und versäumen, ab und an Nein zu sagen. Die Folge: Die Arbeit macht irgendwann keinen Spaß mehr, man schläft schlechter, wird nervös, unkonzentriert, ist gereizter, spürt die nahende Überforderung, den Stress, den Frust, die Ohnmacht. Dabei antwortet der Körper nur auf die Seele, die schon lange leidet. Stress beginnt immer im Kopf. Dort bleibt er lange unbemerkt, vielleicht feuert er zuerst sogar noch zu besseren Leistungen an. Doch das nagt an der Gesundheit, unbemerkt, bis der Körper irgendwann sagt: »Schluss. Aus. Ich kann nicht mehr.« Und dann ist sie da, mit einem Mal – die Leere, die totale Erschöpfung. Und genau das ist das Problem: Viele erkennen ihr eigenes Ausbrennen erst, wenn es bereits zu spät ist. Umso wichtiger ist es, auf Warnsignale des Körpers zu hören und rechtzeitig gegenzusteuern. Falls Sie sich gerade fragen, ob auch Sie zu den Gefährdeten gehören: Es gibt deutliche Anzeichen dafür, wer auf dem besten Weg ist, einen Burnout zu erleiden. Sie können im Folgenden den kompakten Selbsttest machen, der die typischen Symptome abklopft, die in der medizinischen Stress- und Burnout-Forschung immer wieder genannt werden:

Wie viele der Aussagen treffen auf Sie zu?

Psychische Symptome

- ☐ *Meine Arbeit macht mir immer weniger Spaß.*
- ☐ *Mir werden die täglichen Aufgaben allmählich zu viel.*
- ☐ *Ich habe das Gefühl, nichts zu bewirken.*
- ☐ *Ich mache mir viele Sorgen.*

- ☐ *Ich traue mir weniger zu als früher.*
- ☐ *Mir fällt es zunehmend schwer, mich zu konzentrieren.*
- ☐ *Ich habe kaum noch neue Ideen.*
- ☐ *Ich kann mich kaum zu Neuem aufraffen.*
- ☐ *Ich kann mich schwer entspannen – auch in Pausen.*
- ☐ *Ich fühle mich leer und ausgelaugt.*
- ☐ *Ich spüre eine wachsende Traurigkeit.*

Körperliche Symptome

- ☐ *Ich komme morgens schwer aus dem Bett.*
- ☐ *Ich leide neuerdings unter Schlafstörungen.*
- ☐ *Ich wache morgens kaputt auf.*
- ☐ *Ich werde tagsüber häufiger und schneller müde.*
- ☐ *Ich trinke abends Alkohol, um zu entspannen.*
- ☐ *Ich habe seit Kurzem Magen-Darm-Probleme.*
- ☐ *Ich habe seit Kurzem Rückenschmerzen.*
- ☐ *Ich habe seit Kurzem Herz-Kreislauf-Probleme.*
- ☐ *Ich leide öfter unter Kopfschmerzen.*
- ☐ *Ich nehme Tabletten gegen die obigen Symptome.*
- ☐ *Ich nehme Drogen, um mein Pensum zu schaffen.*

Soziale Symptome

- ☐ *Ich fühle mich häufig angespannt und gereizt.*
- ☐ *Ich fühle mich im Job isoliert und allein gelassen.*
- ☐ *Ich werde neuerdings schnell aggressiv.*
- ☐ *Meine Familie findet, ich habe mich verändert.*
- ☐ *Die Lust am Sex hat bei mir nachgelassen.*
- ☐ *Ich treffe mich seltener mit Freunden.*
- ☐ *Meine Hobbys pflege ich kaum noch.*

Auswertung

0 bis 5 Übereinstimmungen: Machen Sie sich keinen zusätzlichen Stress, alles noch im grünen Bereich. Sie sind womöglich nur gerade in einer stressigen Phase. Die geht auch wieder vorbei. Solange Sie regelmäßig Pausen machen sowie An- und Entspannung in Balance halten, gibt es keinen Grund zur Sorge.

6 bis 12 Übereinstimmungen: Ihr Stresslevel hat ein kritisches Niveau erreicht. Ihr Körper signalisiert Ihnen bereits, dass Sie überfordert sind und die Energiereserven allmählich verbraucht sind. Schaffen Sie unbedingt mehr Ausgleich – sowohl in der Freizeit wie im Job: durch häufigere Pausen, Gespräche mit Freunden und Ihrem Partner. Auch Sport hilft Ihrem Körper, den Stresshormonhaushalt ins Lot zu bekommen.

Über 13 Übereinstimmungen: Alarm! Das sind definitiv zu viele Aussagen, denen Sie zugestimmt haben. Ihre psychische und physische Verfassung ist alles andere als ausgeglichen. Wenn das schon längere Zeit anhält, drohen Sie auf einen Burnout zuzusteuern. Besser Sie konsultieren kurzfristig einen Arzt oder Psychologen. Ihr Lebensstil ist aber auch ohne Burnout dauerhaft ungesund.

DAS MONA-LISA-SYNDROM

Weshalb die nette Kollegin ausgenutzt wird

Das Lächeln dieser Frau bietet der Wissenschaft schier unendliche Herausforderungen. Seit Leonardo da Vinci um 1503 die üppige Brünette mit dem magischen Grinsen auf ein etwa 50 mal 70 Zentimeter kleines Stück Pappelholz malte, zieht es Millionen Menschen in den Bann und hat einen regelrechten Forscherkult um die Frage ausgelöst, warum Mona Lisa so zauberhaft lächelt. Da gibt es zum Beispiel kanadische Kunstwissenschaftler, die mithilfe moderner Infrarotstrahlen herausgefunden haben wollen, dass Mona Lisa über ihrem Kleid einen hauchdünnen Schleier trägt, der zwar (Überraschung!) mit bloßem Auge nicht zu erkennen sei, aber typisch war für Frauen, die im frühen 16. Jahrhundert gerade ein Kind zur Welt gebracht hatten. Viva la Mamma Lisa! Noch schöner allerdings ist die Ferndiagnose eines amerikanischen Zahnarztes, veröffentlicht im ›Journal of Forensic Sciences‹. Der will unter Monas Lippe eine Narbe gesichtet haben und deutete ihre berühmte Mundstellung deshalb als Folge ausgeschlagener Schneidezähne. Humor ist, wenn man trotzdem was zu lächeln hat.

Derlei Deutungen sind zwar kaum mehr als Kokolores, sie bringen uns aber einem Phänomen näher, das es tagtäglich in deutschen Büros zu beobachten gibt und vor allem Frauen betrifft. Nicht, dass die sich im Job regelmäßig vor Kieferfrakturen fürchten müssten. Dennoch neigen Frauen dazu, gute Miene selbst zum bösesten Spiel zu machen. Manche lächeln auch dann noch tapfer und charmant weiter, wenn sie schon schamlos ausgenutzt, über- oder gar hintergangen werden. Mona-Lisa-Syndrom heißt dieses Phänomen bezeichnenderweise.

Was harmlos klingt, hat mitunter dramatische Folgen. Obwohl seit Jahren mehr Frauen Abitur machen und in der Berufsausbildung sowie im Studium meist schneller sind und auch besser abschneiden als ihre männlichen Kollegen, spielen sie in den Führungsetagen deutscher Unternehmen bislang nur eine Komparsenrolle. Im Jahr 2010 kam etwa eine Studie des Deutschen Instituts für Wirtschaftsforschung zu dem Ergebnis, dass gerade einmal 2,5 Prozent aller Vorstandsmitglieder der 200 größten Unternehmen in Deutschland weiblich sind. Das Ganze lässt sich auf die Kurzformel bringen: Je höher die Position, desto eher bekleidet sie ein Mann. Zudem verdienen Frauen in den meisten Berufen noch immer im Schnitt 23 Prozent weniger als Männer in vergleichbaren Positionen und mit vergleichbarer Qualifikation. Zum Lachen ist das wahrlich nicht.

Als die Heidelberger Psychologin Monika Sieverding einmal

untersuchte, warum Männer bei Bewerbungen häufig besser abschneiden, fand sie heraus: Männer reden deutlich länger über ihre Stärken als Frauen. Im Schnitt lobten sich die Männer drei Minuten und 42 Sekunden lang selbst, Frauen dagegen nur zwei Minuten und 50 Sekunden. Sicher, die knapp eine Minute Unterschied hört sich an wie eine Lappalie, ihre Folgen sind es aber nicht. Lächeln und Schweigen sind eben nicht immer Gold, im Gegenteil: Schlechtes Selbstmarketing sorgt nicht nur für weniger Einkommen und seltenere Beförderung – es spielt sogar eine Rolle beim Scheitern. In einer Umfrage des Bundesverbands Deutscher Unternehmensberater hielten 28 Prozent falsche Bescheidenheit für einen der Top-10-Karrierekiller.

Wir geben gerne zu, dass der Grat zwischen penetrantem Eigenlob ohne Substanz und sublimer Selbstpromotion schmal ist. Dieses ständige Werben für sich und sein Können liegt nicht jedem, und es erfordert Fingerspitzengefühl, sonst bekommt es leicht den Hautgout eines Profilierungsneurotikers. Frauen hassen das. Wir auch. Es sollte aber trotzdem nicht als Ausrede für unstrategisches Verhalten dienen.

Während Männer zum Beispiel regelmäßig Informationen zurückhalten oder gezielt gegen eine Nebenbuhlerin verwenden, um sich Vorteile zu verschaffen, sind Frauen kollegial, scheuen die Bühne, schmücken sich nicht mit fremden Federn, sondern weisen auch noch darauf hin, wer alles am Erfolg mitgewirkt hat. Das ist in der Tat unglaublich edel, fair und wird geschätzt – am meisten jedoch von denen, die davon profitieren: allen anderen.

Tatsache ist nun mal: Im Job kommt man zuweilen an eitlen Macht- und Reputationsspielen nicht vorbei. Die großartigste Leistung verpufft, wenn sie keiner bemerkt. Und da Chefs und andere potenzielle Förderer keine Hellseher sind, muss man ihnen ab und an zeigen (und auch sagen), was alles in einem steckt. Das beginnt zum Beispiel damit, sich in Meetings häufiger zu Wort zu melden, die eigene Meinung zu sagen und dabei – wie zufällig – bisherige Erfahrungen und Erfolge aus vergangenen Projekten zu erwähnen. Oder kleine, aber nicht unwichtige Dominanzgesten besser zu parieren. Kollegen, die einen nie ausreden lassen, gehören umgehend (aber charmant) in die Schranken gewiesen: »Darf ich bitte erst noch meinen Gedanken beenden?« Dasselbe gilt für die Bewertung von Vorschlägen. Wer den eigenen Vorschlag analysiert und beurteilt, betrachtet das Ganze aus einer höheren Perspektive. Sprich: Er degradiert uns subtil. Das sollte man mit seiner Analyse genauso machen (»Das ist ein guter Punkt, den Sie da entdeckt haben, allerdings haben Sie vergessen, dass ...«) und mit den Ideen der anderen Kollegen – und sei es nur, diese als richtig und logisch zu loben.

Das Wichtigste aber ist ein gesundes Selbstbewusstsein. Wer etwas Wertvolles beitragen kann, hat keinen Grund, das verschämt zu präsentieren. Mehr noch: Wer zu bescheiden auftritt, riskiert Zweifel an der Güte und Bedeutung des Vorschlags. Psychologische Studien deuten darauf hin, dass Menschen schon von unserer Erscheinung, unseren Gesten und unserem Habitus auf unseren Status schließen – und damit auch darauf, ob sie unseren Beitrag ernst nehmen oder eben nicht. Unser Auftreten und Äußeres sollten daher den Status widerspiegeln, den wir uns selbst zurechnen. Und wer das mit einem souveränen Lächeln garniert, ist mindestens genauso magisch wie Mona Lisa.

DER GRUPPEN-EFFEKT

Warum Gruppen so wenige Informationen teilen

Es war ein einfacher Versuchsaufbau, den sich James Larson und seine Kollegen ausgedacht hatten. Zuerst luden sie ein paar Ärzte in die Universität von Illinois in Chicago ein, dann teilten sie diese in Dreiergruppen und zeigten ihnen jeweils zwei Videos von einem Patienten. Das erste Video sahen alle. Vom zweiten Video aber gab es drei Varianten, in jeder Gruppe sahen die Ärzte also einen anderen zweiten Clip. Nach dem netten Videonachmittag wurde die Ärzteschaft wieder zusammengerufen. Jetzt sollten sie gemeinsam eine Diagnose für den Patienten erstellen. So weit, so normal. Der Haken an der Sache war jedoch: Die Videos waren natürlich frisiert. Um die richtige Diagnose stellen zu können, brauchten die Mediziner Informationen aus allen vier Filmen. Oder anders ausgedrückt: Sie konnten nur richtig entscheiden, wenn sie jeweils exklusive Informationen teilten. Man sollte meinen, dass Ärzte, die ja alle einmal einen hippokratischen Eid geschworen haben, stets zum Wohl des Patienten handeln. Tun sie aber nicht. Tatsächlich redeten die Weißkittelträger fast ausschließlich über den Film, den sie alle gesehen hatten. Das exklusive Wissen hingegen behielten sie für sich. Entsprechend suboptimal fiel ihre Diagnose aus. Frag drei Ärzte, und du bekommst vier Meinungen.

Dabei kann man den Medizinern eigentlich keinen Vorwurf machen: Letztlich handeln sie wie wir alle. Immer wieder zeigen psychologische Studien, dass Menschen bei Gruppenentscheidungen die meiste Zeit damit verbringen, den anderen Dinge zu erzählen, die schon alle wissen. Kaum einer ist bereit, neue Aspekte einzubringen oder Informationen zu teilen, die nur er alleine besitzt. Und dabei ist es völlig unerheblich, ob die Teams nach einem neuen Mitarbeiter, dem besten Investment oder einem Schuldigen suchen. Das Ergebnis dieses Gruppen-Effekts ist in allen Fällen dasselbe: Mittelmaß – und miese Entscheidungen. Warum das so ist? Nun, dafür kommen gleich mehrere Motive infrage:

- **Ziele.** Die einzelnen Teammitglieder verfolgen jeweils unterschiedliche (egoistische) Ziele, die mit dem Gruppenziel nicht harmonieren. Entsprechend opportun verhalten sie sich und behalten ihr Herrschaftswissen für sich, weil das aus ihrer Sicht mehr Vorteile bringt.
- **Angst.** Gruppendynamik und Gruppenzwang können Diskus-

sionen massiv beeinflussen. Wann immer Menschen fürchten, wegen ihrer abweichenden Meinung diskriminiert zu werden (und sei es nur, weil sie durch einen intelligenten Vorschlag aus dem Mittelmaß herausragen), halten sie die Klappe.

- **Vorurteile.** In der Regel haben sämtliche Teammitglieder bereits eine Entscheidung getroffen, bevor die Diskussion beginnt. Wenn sie dann Argumente austauschen, bringen sie nur noch solche Informationen ein, die – Überraschung eins! – ihr eigenes Vorurteil bestätigen und allein zu ihrer Entscheidung führen. Kurz: Sie versuchen die Gruppe zu manipulieren. Doch genau diese Vorentscheide beruhen oft – Überraschung zwei! – auf den Informationen, die alle längst haben.
- **Erinnerung.** Wenn es um schnelle Entscheidungen geht, haben wir leider nicht immer alle Informationen sofort aus dem Gedächtnis parat. Was wir aber meist sehr gut und sehr schnell erinnern, ist das, was alle wissen und deshalb ständig wiederholen.

Was sich gegen diese Spielarten des Gruppen-Effekts tun lässt? Wir empfehlen folgende drei Wege:

- **Mehr Kontroverse.** Je mehr die Teilnehmer untereinander harmonieren, desto weniger Reibereien gibt es. Das mag dann zwar kuschelig sein, wirkt aber wie Gift fürs Geschäft. Und Kreativitätsforscher wissen: Ist die Gruppe zu gleichartig, entstehen kaum brillante Ideen, die Gedanken drehen sich dann lediglich im Kreis.
- **Weniger Gruppendruck.** Wenn Teammitglieder das Gefühl haben, neue Ideen seien grundsätzlich willkommen und würden gehört, dann bekommen sie mehr Mut, diese zu äußern. Es ist vor allem eine Managementaufgabe, Neues zuzulassen, zu fördern und zu belohnen.
- **Mehr Querdenker.** Klassische Kreativtechniken setzen darauf, die Dinge bewusst aus unterschiedlichen Warten zu sehen. Bevor Sie eine Entscheidung treffen, betrachten Sie eine

Fragestellung also ganz bewusst aus einer anderen Perspektive, und bürsten Sie das dicke Fell der Kollegen gegen den Strich. Meist bringt das völlig neue Erkenntnisse – und vielleicht auch bisher exklusive Informationen ans Tageslicht.

DER RINGELMANN-EFFEKT

Warum Teams Drückebergertum fördern

Irgendwann, es war gerade so zwischen 1882 und 1887, ließ der französische Agraringenieur Maximilian Ringelmann acht Männer vor einen Karren spannen und kräftig ziehen. Das war nicht etwa ein später Versuch zurück in die Sklaverei, sondern vielmehr ein Experiment, um die Effektivität landwirtschaftlicher Maschinen und Arbeiten zu testen. Das, was dabei herauskam, ging allerdings später als erstes sozialpsychologisches Experiment in die Geschichte ein.

Damals ließ der französische Forscher ein paar Studenten zunächst einzeln, dann als Duo, als Trio und schließlich zu acht an dem Karren ziehen. Er maß jeweils, wie kräftig seine Probanden am Seil zerrten. Resultat: Die Zugkraft stieg nicht, sondern nahm relativ ab. Während ein einzelner Student mit durchschnittlich 63 Kilogramm zog, schafften zwei Studenten 94 Prozent der Soll-Leistung (118 Kilo statt 126), das Trio erreichte 85 Prozent und alle acht lediglich 49 Prozent. Im Achtergespann zog also jedes Teammitglied nur noch mit annähernd halber Kraft.

Was Ringelmann da seinerzeit nebenbei entdeckte, war das Phänomen des sozialen Faulenzens, heute auch Ringelmann-Effekt genannt. Die amerikanischen Psychologen Stephen Harkins, Bibb Lantané und Kipling Williams prägten hierfür 1979 den Begriff des *Social Loafing* – das Ausruhen auf Kosten anderer. Oder anders formuliert: Mit zunehmender Zahl der Gruppenmitglieder sinkt die Leistung des Einzelnen. Ein klassischer Fall von Drückebergertum.

Diese lineare Kausalität von der abnehmenden Leistung, wie sie Ringelmann formulierte, gilt heute zwar als widerlegt. Danach müsste ein Unternehmen mit, sagen wir, 50 000 Mitarbeitern rechnerisch lediglich so produktiv arbeiten wie eines mit 3000. Zudem gibt es einige Studien, die zeigen, dass Teams durchaus zu größeren Taten fähig sind als die Summe der Einzelleistungen ihrer Mitglieder. Dennoch lässt sich das Phänomen des sozialen Trittbrettfahrens nicht verleugnen.

Mit Arbeitsunwilligkeit hat der Ringelmann-Effekt gar nicht mal so sehr zu tun. So haben einige Wissenschaftler untersucht, was wohl die Ursachen für das Gruppenfaulenzen sein könnten, und sind gleich zu mehreren Erkenntnissen gelangt: Allein das Gefühl, dass die eigene Leistung wenig zur Gesamtleistung beiträgt oder gar nicht erst ermittelt werden kann, sorgt bei den betreffenden Kollegen schon für den Gang ins geistige Exil. Das trifft natürlich besonders auf große Gruppen zu, da hier der Einzelne leichter abtauchen kann. Wird das von Mit-Arbeitern (im Wortsinn!) erkannt und bleibt es dennoch ohne Folgen, so verstärkt das empfundene Unrechtsgefühl den Effekt – und auch die Kollegen drosseln ihr Engagement, um nicht weiter ausgenutzt zu werden. Das nennt die Wissenschaft übrigens den Gimpel-Effekt. Auch häufige Heimarbeit einzelner Teammitglieder kann den Ringelmann-Effekt fördern, da hierbei die direkte Kontrolle, wer wann wie viel und wie lange arbeitet, wesentlich schwieriger ist als bei Teams, die gemeinsam in einem Büro malochen.

Falls Sie im Büro zur Randgruppe der sogenannten Chefs gehören, fragen Sie sich vermutlich jetzt, was man gegen den Ringelmann-Effekt unternehmen kann. Der einfachste Weg ist, die genannten Ursachen zu vermeiden, also zum Beispiel auf die Zusammensetzung der Gruppe zu achten und Projektteams nicht allzu groß werden zu lassen. Darüber hinaus gibt es drei weitere Methoden:

- **Belohnen Sie Einzelleistungen.** Jeder Kollege sollte das Gefühl haben, dass sein Beitrag relevant ist und von Vorgesetzten registriert wird. Umgekehrt gilt das aber genauso: Soziale Nachtschattengewächse sollten umgehend ermahnt und neu gefordert werden.
- **Stören Sie Routinen und Rituale.** Gewohnheiten sind der Humus, auf dem das Drückebergertum gedeiht. Sobald man etwas aus dem Effeff beherrscht, hört man auf, sich anzustrengen. Der Flow ist futsch, und die Gelegenheiten wachsen, seine Zeit unproduktiv zu verdaddeln.
- **Kürzen Sie die Mittel.** Wenn Budgets gestrichen oder Ressourcen reduziert werden, müssen sich Gruppen neu organisieren. Häufig wird die Not dabei zur Tugend und die Arbeit effizienter. Provozieren Sie also gelegentlich ein paar wohldosierte Mini-Krisen.

DER EXZELLENZ-EFFEKT

Warum zweitklassige Chefs drittklassige Mitarbeiter haben

Es gibt sie überall. Führungskräfte, die einen Zustand verwalten, statt visionär zu führen. Manager, die Meister darin sind, gegen neue und unkonventionelle Projekte schnell Argumente zu finden. Chefs, die sich nie hinter beziehungsweise vor ihre Mitarbeiter stellen, wenn diese scheitern oder angegriffen werden. Bosse, die Fehler zu inakzeptablen Vergehen erklären – auch die einmaligen –, gleichzeitig aber den Mangel an Kreativität und Selbstständigkeit ihrer Subordinierten beklagen. Führungskräfte, die ihre Mitarbeiter einzeln oder vor der Gruppe erniedrigen und so ein Klima der Angst und des Schweigens schaffen, sich aber völlig anders gegenüber ihren eigenen Vorgesetzten verhalten: nach unten herrisch, nach oben unterwürfig. Kurz: Es geht um die schwachen, unsicheren, wenn nicht gar inkompetenten Manager.

Interessanterweise, und das ist eine Beobachtung, die manchem vielleicht weniger gefallen wird, findet man im Umfeld dieser maximal mittelmäßigen Manager nur selten absolute Top-Talente. Eher früher als später wandern diese ab, suchen sich einen neuen Chef und damit auch einen neuen Job. Einem solchen Unhold weiterhin in den Sattel zu helfen, sehen diese Nachwuchskräfte weder als ihre Berufung noch als erstrebenswerte Herausforderung. Dieses Phänomen ließe sich auch anders beschreiben – zum Beispiel so: Während wirklich erstklassige Chefs immer auch erstklassige Mitarbeiter um sich scharen, suchen zweitklassige Chefs allenfalls die Nähe zu drittklassigen Mitarbeitern. Es ist das, was wir den Exzellenz-Effekt nennen, der sich stark verkürzt auch auf die Formel reduzieren lässt: A-Leute ziehen A-Leute, B-Leute nur C-Leute an.

Warum ist das so? Die Erklärung, die uns zahlreiche Führungskräfte in diversen Gesprächen bestätigt haben, basiert letzten Endes auf Eitelkeit, wie sie in jedem noch so harmonischen Betriebsklima existiert und stärker wird, je weiter man nach oben kommt. Denn natürlich schwingt auf der Beletage immer auch ein Ringen um die knappen Ressourcen Aufmerksamkeit, Status und Macht mit. Wer wirklich exzellent ist, braucht diese Form der Konkurrenz nicht zu fürchten. Im Gegenteil: Solche Menschen suchen Inspiration, um noch besser zu werden. Sie schätzen den Austausch, die geistreichen und konstruktiven Reibereien mit ihren ebenbürtigen und ebenfalls brillanten Kollegen und fürchten sich auch nicht vor den eigenen Unzulänglichkeiten. Eher sehen sie in dem anderen eine Bereicherung, ja vielleicht sogar einen willkommenen Ausgleich für die eigenen Schwächen, statt einen gefährlichen Mitbewerber.

Für mittelmäßige Manager dagegen stellt sich die Sache ganz anders dar. Für sie bedeutet jeder erstklassige Kollege eine latente Bedrohung für Position, Status und das mühevoll aufgebaute

Image. Dieser Typus sieht vor allem die eigenen Schwächen und ist ständig in Sorge, ein Besserer könnte diese offenbaren oder schlimmer – ihn selbst ausstechen. Zieht so ein Mitarbeiter eines Tages an dem B-Manager vorbei, ist es so, als würde er ihn indirekt deklassieren. Oder aber – was auch vorkommt – er verliert dadurch eine tragende Säule im Team, auf der sein Erfolg maßgeblich beruht.

Leider gibt es Führungskräfte, die wie Parasiten ihre Mitarbeiter ausnutzen und deren Leistungen wie die eigenen aussehen lassen, um selbst besser dazustehen. Solche Bosse halten die eigenen Leute bewusst klein und tyrannisieren sie. So bleibt ihr Stuhl sicher. Vorläufig jedenfalls.

Man muss das gar nicht moralisch bewerten, das Ergebnis ist ohnehin klar. Dafür kann das Wissen um den Exzellenz-Effekt enorm dabei helfen, seinen künftigen Arbeitgeber oder einen potenziellen Vorgesetzten besser einzuschätzen. Denn natürlich lässt sich die ABC-Formel auch umdrehen, Motto: »Zeige mir deine Mitarbeiter, und ich sag dir, wer du bist!« Statt sich mit den heroischen Leistungen und Erfolgen eines Chefs zu beschäftigen, reicht manchmal schon der Blick auf dessen engste Vertraute. Handelt es sich dabei weitgehend um eine talentfreie Runde, sollten Sie gewarnt sein: Lassen Sie Ihr Licht vielleicht lieber anderswo leuchten.

DAS TINA-PRINZIP

Warum wir auf Killerphrasen hereinfallen

Auf so ziemlich jeder Gedankenautobahn trifft man irgendwann auf einen ebenso schwerfälligen wie manövrierunfähigen Bulldozer mit einer Frau am Steuer. Sie heißt: Tina. Tina besitzt den geistigen Horizont eines Wurzelwichts, aber das Auftreten von

Rübezahl. Mangelnde Weitsicht und mentale Erstarrung macht sie mit viel Verve und noch größerer Vehemenz wieder wett. Sie ist sicher nicht ganz dumm, aber sie neigt zu Verkehrsbehinderungen und Blockaden – insbesondere dann, wenn Herannahende signalisieren, einen Überholvorgang einleiten zu wollen. Kurz: Tina ist die personifizierte Engstirnigkeit, die Mutter aller Totschlagargumente, das geistige Kind des französischen Soziologen Pierre Bourdieu und Namensgeberin des gleichlautenden TINA-Prinzips.

Sie ahnen es natürlich längst: TINA ist keine reale Frau, sondern ein Akronym und steht für die Abkürzung *There Is No Alternative* – Es gibt keine Alternative! Jedenfalls behaupten das all die Eleven des Prinzips.

Natürlich handelt es sich dabei um eine rhetorische Floskel, eine typische Killerphrase, die Widerspruch und Zweifel schon im Keim ersticken soll. Bourdieu hatte den Begriff geprägt, als er aufzeigte, dass Politiker ihre Entscheidungen regelmäßig mit derlei Phrasen zu begründen versuchen, vor allem dann, wenn ihnen echte Argumente fehlen. Die behauptete Alternativlosigkeit ist in aller Regel pure Propaganda, ein populistischer Akt, um Kritiker mundtot zu machen.

Gäbe es nur Tina, wäre das vielleicht noch leicht zu durchschauen. Leider hat die Dame aber zahlreiche Schwestern, deren Akronyme zwar meist unaussprechlich und daher weniger einprägsam sind. Dennoch gehören auch diese Totschlagargumente regelmäßig zum Repertoire der Fortschrittsverweigerer und Veränderungsunwilligen. Wir vermuten deshalb ganz stark, dass auch Sie wenigstens einen der folgenden Sätze schon einmal gehört haben:

»Das hat noch nie funktioniert!«
»Das kann man nicht vergleichen.«
»Das haben wir schon immer so gemacht!«
»Das haben wir noch nie so gemacht!«
»Das hat doch keinen Sinn!«

»Da könnte ja jeder kommen!«
»Dafür ist es jetzt zu spät!«
»Das ist eben so!«

Und tatsächlich verfehlen diese Killerphrasen ihre Wirkung nur selten. Die meisten Menschen reagieren darauf zunächst einmal mit Verunsicherung. Die Größe des Generellen schüchtert sie ein, Zweifel an den eigenen Argumenten treten auf (Ist es dafür wirklich zu spät? Funktioniert es tatsächlich nicht?) und nehmen so die Energie und Wucht aus der eigenen Argumentation. Zugleich sollen diese Phrasen den anderen diskreditieren, den Kritiker herabsetzen und kleinmachen. Nicht selten schwingt bei derlei Totschlagargumenten im Subtext eine Beleidigung mit. Ganz nach der Devise: »So habe ich auch einmal gedacht, aber heute bin ich natürlich klüger.« Und manchmal sollen solche Sprüche auch nur ganz bewusst provozieren, einen wunden Punkt treffen und den anderen so aus dem Konzept bringen. Das ist – keine Frage – gemein, aber eben ganz häufig auch sehr effektiv.

Zum Glück gibt es einige effektive Wege, einer chronischen Engstirn entgegenzutreten. Die eine Alternative ist, derlei Killerphrasen schlicht zu ignorieren, sich davon weder verunsichern noch ärgern zu lassen, sondern seine treffenden Gegenargumente weiterhin ruhig und souverän vorzutragen. Der Haken dieser Strategie ist jedoch, dass Vertreter des TINA-Prinzips uns meist zu einem Schaukampf in eine Arena zerren wollen, bei dem sachliche Argumente im Getöse der johlenden Menge untergehen (sollen). Deshalb hat die französische Politologin Susan George einen Gegenentwurf entwickelt: TATA – auch das ist ein Akronym – steht für *There Are Thousands of Alternatives* – es gibt Tausende Alternativen! Das mag genauso übertrieben und populistisch sein, schlägt den Generalisten aber mit seinen eigenen Waffen und setzt so die inszenierte Alternativlosigkeit vorübergehend außer Kraft. Allerdings hilft es durchaus, wenn man seiner These der tausend anderen Optionen mindestens zwei gute Vorschläge folgen lässt. Die dritte Reaktionsmöglichkeit ist, die Alternativlosigkeit selbst zu hinterfragen (was generell eine gute Idee bei Totschlagargumenten ist): »Wie kommen Sie überhaupt darauf?«, »Warum behaupten Sie das?« oder »Was macht Sie da so sicher?«.

Letztlich aber geht es gar nicht einmal darum, Tina in einer Art Straßenwettrennen auszumanövrieren oder zu besiegen. Es kommt allein darauf an, sich von solch notorischen Verkehrsberuhigern weder ausbremsen noch aufhalten zu lassen. Das Ergebnis wäre – um im Bild zu bleiben – ein kilometerlanger Stau. Und im Stau zu stehen, ist selbst für kurze Zeit eine enorm frustrierende Erfahrung.

DER MATILDA-EFFEKT

Warum es Wissenschaftlerinnen schwer haben

Von Trotula ist nicht viel mehr bekannt als ihr Vorname. Und selbst den kennen nur wenige. Wäre sie ein Mann gewesen, wäre es vielleicht anders gekommen. So aber geriet sie weitgehend in Vergessenheit. Wir wollen das hiermit ändern.

Trotula war eine italienische Medizinerin im 11. oder 12. Jahrhundert. Ganz genau weiß man das heute nicht mehr. Erwiesen ist jedoch, dass sie einst eine Abhandlung über Gynäkologie und Frauenkrankheiten schrieb. Ein für die damalige Zeit recht umfassendes Werk und obendrein sehr detailliert. Wir wollen es an dieser Stelle aber damit bewenden lassen, dass sie darin unter anderem betonte, wie wichtig gute Ernährung und viel Bewegung für Frauen seien. Na, werden Sie jetzt vielleicht denken, das ist nicht gerade das, was man bahnbrechend nennt. Heute. Sicher. Aber vor mehr als 800 Jahren war das so revolutionär, dass niemand an einen weiblichen Urheber glaubte. Noch bis ins 20. Jahrhundert behaupteten Experten, dass Trotulas Werk unmöglich von einer Frau geschrieben worden sein könne. Und das ist bis heute ein Knaller!

Leider nicht der einzige. Da gibt es zum Beispiel noch Lise Meitner. Etwa 30 Jahre arbeitete die deutsche Chemikerin mit Otto Hahn zusammen. Anfangs durfte sie das Gebäude der Universität in Berlin noch nicht einmal durch den Haupteingang betreten – auch zu den Hörsälen und Labors war ihr der Zugang verboten. All diese Schikanen konnten Meitner jedoch nicht davon abbringen, gemeinsam mit Hahn an den physikalischen Grundlagen der Kernspaltung zu arbeiten. Einmal dürfen Sie raten, wer am Ende den Nobelpreis dafür verliehen bekam. Genau: Es waren Otto Hahn und ein anderer männlicher Kollege.

Wir könnten noch mehr Anekdoten von Frauen erzählen, deren wissenschaftliche Leistung von Männern – ob bewusst oder unbewusst, sei jetzt mal dahingestellt – geleugnet oder unter den Teppich gekehrt wurde. Dankenswerterweise hat diese Aufgabe die Wissenschaftshistorikerin Margaret Rossiter bereits 1993 in einem Aufsatz übernommen. Sie widmete ihn der US-Frauenrechtlerin Matilda Gage. Kennen Sie nicht? Quod erat demonstrandum!

Gage kämpfte im 19. Jahrhundert gegen die Sklaverei und forderte die Trennung von Kirche und Staat. Und als ob das nicht schon Mühe genug gewesen wäre, kämpfte sie außerdem noch für mehr weibliche Anerkennung. Sie gab eine Zeitschrift heraus, schrieb Artikel und führte einen Frauenverband an. Dennoch ist sie heute so gut wie unbekannt. Ebenso wie Trotula oder Lise Meitner. Rossiter nannte diese Verdrängung der Leistung von Frauen, insbesondere der von Wissenschaftlerinnen, den Matilda-Effekt, benannt nach Matilda Gage. Er ist so etwas wie die Kehrseite des Matthäus-Effekts (siehe Seite 342).

Dessen Entdecker Robert Merton ist selbst ein weiterer Kronzeuge für die Existenz des Matilda-Effekts: Sein ursprünglicher Aufsatz basierte nämlich auf empirischem Material seiner Kollegin Harriet Zuckerman – was Merton allerdings ungalant verschwieg. Umso verwunderlicher ist dies, weil Harriet Zuckerman nicht nur Mertons Fachkollegin war. Sie war seine Ehefrau.

DER SUPERSTAR-EFFEKT

Warum wir uns einschüchtern lassen

Es gibt Menschen, für die scheinen Selbstzweifel überhaupt nicht zu existieren. Solche Typen meinen, dass sie allein mit ihrer Erkältung die Schmelze der Polarkappen aufhalten können. In ihrem Cabrio hören sie derart laut Musik, dass sich die Straßenpläne im Handschuhfach von selbst neu ordnen, und ihre Sonnenbrillen sind so schwarz, dass die Nacht daneben zum Blendwerk mutiert. Kurzum: Diese Typen strotzen nur so von Chuzpe, Energie und Tatendrang. Eine solche Attitüde ist durchaus bewundernswert. Doch lassen sich davon auch viele allzu leicht einschüchtern. Selbst jene, die es besser wissen sollten.

Jennifer Brown ist Professorin an der renommierten Kellogg School of Management in Chicago und hat 2008 für ein Arbeitspapier die Statistiken sämtlicher Golfturniere der elitären US-Profiliga PGA von 1999 bis 2006 ausgewertet, an denen auch der Superstar Tiger Woods teilnahm. Ihre Ergebnisse sind mehr als erstaunlich: Allein die Anwesenheit des Ausnahmetalents schien seine Konkurrenten zu beeinflussen – und zwar negativ. Wenn sie gegen ihn antreten mussten, litt ihre Leistung. Und zwar erheblich: Im Schnitt brauchte jeder der anderen Weltklassespieler 0,8 Schläge mehr als sonst.

Ist das nicht seltsam? Wir reden hier ja nicht von Hobbyathleten, sondern von austrainierten Spitzensportlern mit jahrelanger Erfahrung. Man würde erwarten, dass sie die Anwesenheit des größten Golfstars besonders anspornen würde, schließlich ist es *die* Chance, der Welt zu zeigen, dass so ein Tiger Woods eben doch nicht unschlagbar ist. Doch genau das Gegenteil trat ein: Woods' Präsenz schüchterte seine Mitspieler ein und ließ sie körperlich und mental verkrampfen.

Jennifer Brown nennt das den Superstar-Effekt. Allerdings führt sie das Phänomen vor allem auf die Systematik des Preisgeldes zurück: Während die besten 15 Spieler etwa 70 Prozent der Ausschüttung bekommen – fast 20 Prozent nimmt allein der Sieger mit nach Hause –, erhält der 70. im Turnier nur noch rund 0,2 Prozent. Brown resümierte daher, der Anreiz, sich anzustrengen, sei nicht groß genug, wenn ein Superstar mit von der Partie ist. Für den lohnt sich der Effekt dafür umso mehr. So hat Brown errechnet, dass Woods etwa 4,9 Millionen US-Dollar Preisgeld mehr verdiente – nur, weil seine Gegner schlechter als sonst abschnitten.

Natürlich haben nur wenige von uns eine derartige Superstar-Aura. Kaum jemand kann so gut Tennis spielen wie Roger Federer, niemand ist ein so herausragender Basketballer wie Michael Jordan oder so ein phänomenaler Boxer wie Muhammad Ali. Dennoch lässt sich der Superstar-Effekt auch unter Normalos beobachten – beispielsweise an Schülern: 2009 werteten der US-Professor Stephen Garcia von der Universität von Michigan und Avishalom Tor von der israelischen Universität Haifa die Ergebnisse amerikanischer Schüler im »Scholastic Aptitude Test«, kurz SAT, aus. Der hat in den USA eine enorme Bedeutung, weil die dort erreichte Punktzahl in die Bewerbung für einen Studienplatz eingeht. Die Wissenschaftler fanden heraus: Je mehr Schüler während des Tests gemeinsam in einem Raum saßen, desto schlechter waren die Ergebnisse. Auch hier senkte die bloße Anwesenheit von Konkurrenten und potenziellen Überfliegern die Leistungsfähigkeit der anderen.

Was das für den Alltag bedeutet? Viel! Für das Management: Prämien, Boni und andere Incentives mögen manche Mitarbeiter ungeheuer anspornen. Doch was, wenn aus all den hochmotivierten Leistungsträgern ein oder gleich ein paar Superstars erwachsen? Dann nutzt der ganze Mammon nichts mehr und die Dynamik verkehrt sich ins Gegenteil: Warum sich anstrengen, wenn doch immer nur dieselben absahnen? Wer von Vorneherein ohnehin damit rechnet, nicht zu gewinnen, bemüht sich automatisch weniger. Das ist ökonomisch, nur nicht erwünscht. Die Folgerung daraus darf freilich trotzdem keine Gleichmacherei sein. Wer potenzielle Superstars schon rasiert, sobald sie über die Grasnarbe herausragen, schafft auch keine Leistungsanreize. Vielmehr gibt es nur zwei Lösungen:

1. Gegen einen Überflieger anzutreten, muss eine Art Ehre sein – und selbst das wiederholte Scheitern muss ohne Gesichtsverlust bleiben.
2. Die Bezahlung muss fair bleiben. Im Sport lässt sich eine The-winner-takes-it-all-Mentalität vielleicht noch rechtfertigen. Im Unternehmen aber ist sie pures Gift für die Motivation der Mitarbeiter und den Betriebsfrieden.

Und für den Einzelnen? Gibt es zwei Empfehlungen. Die erste lautet ganz klar: Werden Sie selbst zum Superstar! Zumindest in einer Disziplin – und wenn es nur eine Nische ist. In so ziemlich allen Lebensbereichen – ob nun im Sport, in der Kunst, in der Musik oder im Job –reicht es nicht, zu den Besten zu gehören. Sicher, damit hätten Sie schon einiges erreicht, worauf Sie wirklich stolz sein können und sollten. Aber der oder die Beste der Besten profitiert davon überproportional – und das, obwohl der Abstand zum Spitzenfeld vielleicht nur marginal ausfällt (siehe auch Superstar-Theorie, Seite 338).

Lassen Sie uns das an einem Beispiel verdeutlichen. Angenommen, Sie sind ein großer Opern-Fan und stehen im Musikgeschäft Ihres Vertrauens vor einem Regal mit zahllosen CDs von Giacomo Puccinis berühmter Arie »Nessun dorma«. Dabei haben Sie die Wahl zwischen einigen Interpretationen von ein paar wirklich guten Tenören und einer von Luciano Pavarotti. Wir sind uns sicher: Wenn Sie schon vorhaben, 15 oder mehr Euro für eine Klassik-CD auszugeben, dann werden die meisten zu der Aufnahme mit dem Topstar greifen. Da weiß man, was man hat.

Und genau so ist es auch in allen anderen Bereichen. Der Superstar in einer Sache zu sein, lässt Sie über die Maßen herausstechen – und das strahlt oft sogar in andere Kompetenzbereiche hinein. Es macht Sie in dem einen Punkt unverzichtbar – und schüchtert in manch anderen noch genug Mitbewerber ein. Mindestens aber erzeugt es große Aufmerksamkeit und Respekt. Statt also in vielen Feldern gut zu sein, versuchen Sie, wenigstens in einem der oder die mit Abstand Beste zu werden.

Die zweite Empfehlung lautet: Lassen Sie sich trotzdem nicht einschüchtern! Das Ego von Superstars mag so unerschütterlich sein wie das Gotthard-Massiv. Ihr Erfolg ist es nicht. Auch Superstars lassen sich ein- und überholen. Oft ist es nur eine Frage der Hartnäckigkeit, ob Sie Ihr Ziel erreichen. Apropos ...

HABEN SIE GENUG BISS?

Glaubt man der Psychologin Angela Duckworth von der Universität von Pennsylvania, dann ist einer der wichtigsten Erfolgsfaktoren im Leben: Verbissenheit. Ja, richtig gelesen. Das Wort klingt vielleicht negativ, nach Wahnsinn, Sturheit und Fanatismus. Aber stellen Sie sich mal jemanden vor, der verbissen dafür kämpft, dass Menschen nicht gefoltert werden, dass Kinder jeden Tag etwas zu essen und eine Schulbildung bekommen, oder dass die Natur nicht rücksichtslos ausgebeutet wird. Na? Schon klingt die Eigenschaft gar nicht mehr so schlecht, oder? Verbissenheit hat durchaus gute Seiten – dann etwa, wenn sie zu Beharrlichkeit, Ausdauer und Erfolg führt.

Allerdings hat diese Tugend nicht nur mit harter Arbeit, Fleiß oder Ausdauer zu tun. Wesentlich daran ist, dass jemand sich einem Ziel mit Haut und Haaren verschreibt. Man könnte auch sagen: Einer mit Terrier-Qualitäten. So jemand verbeißt sich regelrecht in sein

Projekt, seine Aufgabe, sein Ziel und lässt erst wieder locker, wenn es erreicht ist.
Auch Lewis Terman, der Erfinder des Stanford-Intelligenztests, kommt zu einem ähnlichen Ergebnis. Über Dekaden verfolgte er die Entwicklung besonders talentierter und erfolgreicher Studenten – und musste feststellen: Intelligenz wird zuweilen überschätzt, Beharrlichkeit hatte oft die größeren Auswirkungen auf den Erfolg.
Falls Sie sich nun fragen: Habe ich das? Bin ich verbissen? Dann können Sie sich einem kurzen Selbsttest unterziehen. Der kann in dieser Form natürlich nur grob sein und erhebt auch keinerlei wissenschaftlichen Anspruch. Doch kann er Ihnen erste Hinweise liefern, wie es um Ihre Beharrlichkeit steht. Lesen Sie sich dazu bitte die folgenden Aussagen durch und kreuzen Sie jene Stellen an, an denen Sie stumm nicken:

[A] *Egal, was ich anfange: Ich versuche stets der/die Beste zu sein.*
[B] *Ich setze mir viele Ziele. Und zwischendurch gerne auch wieder neue.*
[A] *Ich habe viele Rückschläge überwunden, um Ziele zu erreichen.*
[A] *Ich bin sehr ehrgeizig.*
[B] *Meine Interessen können von Jahr zu Jahr wechseln.*
[A] *Ich will den Erfolg. Unbedingt.*
[A] *Mich bringt so leicht nichts von meinem Weg ab.*
[B] *Ich lasse mich mit neuen Ideen und Projekten von meinen bisherigen gerne ablenken.*
[A] *Ich bin fleißig, arbeite viel und hart.*
[A] *Was ich anfange, beende ich – auch wenn es länger dauert.*
[B] *Ich habe Probleme damit, mich auf Jobs zu fokussieren, die sich über mehrere Monate hinziehen.*
[A] *Ich bin sehr gewissenhaft.*
[B] *Ausdauer brauchen doch nur die, die keine zündenden Ideen haben.*

[B] *Bei Schwierigkeiten gebe ich lieber früher auf, als mich sinnlos festzubeißen.*

[A] *Ich habe schon Projekte beendet, die Jahre in Anspruch nahmen.*

[A] *Widerstände stacheln mich erst recht an.*

Auswertung

Zählen Sie alle A- und B-Aussagen zusammen, bei denen Sie zustimmen konnten.

A-Aussagen überwiegen: Sie haben definitiv Biss! Haben Sie sich einmal entschieden und Ihre Weichen gestellt, dann rollen Sie wie ein ICE auf der Schiene dem Ziel entgegen. Nichts und niemand lenkt Sie dann noch ab. Und doch: Achten Sie darauf, dass Sie sich und Ihre Pläne immer wieder hinterfragen. Wer so fokussiert seine Ziele verfolgt, droht blind zu werden für plötzliche Veränderungen oder für die Menschen, die er dabei auf der Strecke links liegen lässt.

A- und B-Aussagen halten sich in etwa die Waage (mit leichter Tendenz zu A): Sie zeigen eine gute Mischung aus Konzentration und Veränderungsbereitschaft. Lesen Sie sich die Aussagen bitte noch einmal selbstkritisch durch und prüfen Sie, ob Sie manchmal nicht vielleicht doch mehr Durchhaltevermögen zeigen könnten. Womöglich sind Sie ein harmoniebedürftiger Mensch, der sich von Widerständen zu leicht ins Bockshorn jagen lässt. Eine positive Verbissenheit bewährt sich an dieser Stelle.

B-Aussagen überwiegen: Sie mögen viele gute, Erfolg versprechende Eigenschaften haben – aber Beharrlichkeit und Biss zählen eher nicht dazu. Dafür lassen Sie sich zu leicht ablenken, Sie reagieren zu stark auf neue Reize. Sehen Sie das aber bitte nicht nur negativ! Das ist auch eine Stärke, dahinter stecken Begeisterungsfähigkeit, Offenheit und Neugier – die ebenfalls wichtige Talente sind. Nicht selten sind sie Ausdruck eines anderen zunehmend gefragten Charakterzuges: von Sozialkompetenz.

DER N-EFFEKT

Warum zu viel Konkurrenz demotiviert

Wer schon einmal in einem Wartezimmer mit mehreren Bewerbern für einen Job saß, kennt das vielleicht: Je weiter die Zeit voranschreitet und je mehr sich die Stuhlreihen mit Mitbewerbern füllen, desto unmotivierter werden die Wartenden im Angesicht der wachsenden Konkurrenz. Doch damit nicht genug: Tatsächlich strengen sich die Kandidaten später im Jobinterview auch weniger an. Stephen Garcia von der Universität von Michigan und Avishalom Tor von der Universität in Haifa haben das Phänomen als Erste entdeckt und N-Effekt getauft – »N« als klassische mathematische Formelgröße für eine unbekannte Anzahl von Faktoren. Der N-Effekt ist ein naher Verwandter des Superstar-Effekts, zeigt aber, dass es für eine vergleichbare Wirkung nicht einmal eines Superhelden bedarf.

Bei einem der Experimente ließen das Forscher-Duo Garcia und Tor zum Beispiel 74 Studenten jeweils isoliert ein Quiz absolvieren. Den einen erzählten sie, sie würden gegen neun Mitbewerber antreten, den andern sagten sie, sie hätten sogar 99 Konkurrenten. Wer und wie gut die anderen waren, blieb jedoch völlig unbekannt. Und trotzdem: Wer sich einer kleineren Wettbewerberzahl gegenübersah, schaffte den Test in 29 Sekunden; wer – hypothetisch – gegen 99 Kommilitonen antrat, brauchte prompt 33 Sekunden länger.

Die beiden Forscher räumten ein, dass neben dem N-Effekt sicher auch noch andere Reflexe eine Rolle gespielt haben könnten. Doch zeigen ihre Forschungen eben auch so ganz deutlich, dass ein stark konkurrierendes Umfeld – etwa im Büro unter Kollegen – die Gesamtleistung minimiert. Und das wiederum lässt sich ganz pragmatisch und positiv auf die Teamarbeit übertragen: Je kleiner die Gruppe, desto mehr strengen sich die Leute an.

DER ZEIGARNIK-EFFEKT

Warum Unerledigtes im Gedächtnis bleibt

Es war Anfang 1927, als die russische Psychologin Bljuma Zeigarnik für einen Forschungsaufenthalt nach Berlin reiste. Sie war einem neuen Phänomen auf der Spur, das sie – so jedenfalls behauptet es die Legende – ausgerechnet in einem Café beobachtet hatte: Ihr Kellner hatte mehrfach hintereinander eine große Zahl von Bestellungen aufgenommen, an die er sich problemlos erinnern konnte, bis er sie alle abgearbeitet hatte. Danach allerdings wusste er nicht mal mehr, ob er jemandem einen Kaffee oder ein Stück Kuchen serviert hatte. Woran lag es, dass ihm unerledigte Aufgaben zunächst gestochen scharf im Gedächtnis blieben, um sich danach schneller aufzulösen als eine Aspirin im Wasserglas? Bljuma Zeigarnik entwickelte an der Universität Berlin ein Experiment, bei dem sie 164 Probanden verschiedene Aufgaben lösen ließ. Die sollten etwa ein beliebiges Tier nachkneten, eine Blume zeichnen, Perlen auf einen Faden ziehen oder häkeln. Einige dieser Aufgaben durften die Teilnehmer vollenden, bei anderen unterbrach Zeigarnik sie mittendrin. Im Anschluss prüfte die Psychologin, an wie viele ihrer Aufgaben sich die Freiwilligen noch erinnerten. Und tatsächlich, auch hier memorierten die Teilnehmer jene Aufgaben besser, die sie nicht vollendet hatten – und zwar erheblich: Die unerledigten Dinge blieben bis zu 90 Prozent besser im Gedächtnis haften. Und das völlig unabhängig vom Alter oder dem Bildungsgrad der Probanden.

Dabei handelt es sich aber noch nicht um den heute weltweit geschätzten Zeigarnik-Effekt, den seine Namensgeberin damals aufspürte. Viel entscheidender als der Anteil der präsenten Aufgaben ist der Grund für unsere anhaltende Konzentration: So konnte Bljuma Zeigarnik nachweisen, dass nicht etwa der Akt des Unterbrechens entscheidend ist, sondern das Erledigtsein beziehungsweise Unerledigtsein der Aufgabe. Vereinfacht gesagt: Wenn wir eine Herausforderung vor uns haben, bauen wir geistige Spannung auf – und diese löst sich erst dann, wenn wir die Aufgabe gemeistert haben. Andernfalls bleibt diese Spannung bestehen und sorgt dafür, dass uns die lästige Aufgabe weiter und weiter im Gedächtnis herumspukt, uns nachts um den Schlaf bringt und morgens noch vor dem ersten Kaffee an den Papierstapel auf dem Schreibtisch denken lässt.

»Cliffhanger« wird das Phänomen in der Filmsprache genannt – und heute in so ziemlich jeder Hollywood-Produktion, jeder TV-Serie und auch in jedem spannenden Fortsetzungsroman eingesetzt. Oder haben Sie sich noch nie gefragt, wieso die Werbepause im Fernsehen immer dann kommt, wenn es am spannendsten ist? Das ist der Zeigarnik-Effekt! Der Sender will natürlich nicht, dass Sie wegzappen. Und selbst wenn Sie doch ein wenig an der Fernsteuerung herumspielen – Sie kommen wieder. Weil Sie natürlich wissen wollen, wie die Geschichte ausgeht.

Es ist wie beim sogenannten Fortschrittsbalken am Computer: Irgendwie ist es ziemlich dämlich, die ganze Zeit gebannt auf so einen animierten Balken zu starren und zuzusehen, wie der allmählich auf 100 Prozent anschwillt. In der Zeit ließe sich wahrlich Besseres erledigen. Und doch glotzt jeder drauf, weil er Spannung erzeugt: 57 *Prozent* ... 73 *Prozent* ... *Wow, schon* 80 *Prozent!*

Der Zeigarnik-Effekt lässt sich auch noch anderweitig nutzen. Zum Beispiel ganz klassisch mit sogenannten To-do-Listen. Sie sind nichts anderes als ein Spiel mit dem Phänomen, bei dem wir uns letztlich selbst manipulieren: Weil wir wollen, dass die Punkte erledigt werden, schreiben wir sie auf eine Liste. Das erzeugt Spannung und Druck beim Abhaken, gleichzeitig aber auch Stress, wenn sich die Häkchen darauf nur langsam mehren. Und das ist zugleich die Kehrseite des Effekts: Wenn Sie zu viele Punkte auf Ihre Liste schreiben, die sich nicht zügig abarbeiten lassen, macht Sie der Zeigarnik-Effekt so cremig, dass kaum noch Kapazitäten zur Konzentration oder Kreativität übrig bleiben. Von der nötigen Entspannung zwischendurch mal ganz abgesehen. Deshalb ist es – wie so oft – auch hierbei wichtig, ein gesundes Mittelmaß zu finden: zwischen einem motivierenden Cliffhanger einerseits und einer letztlich immer noch zu überwindenden Klippe andererseits.

DIE 72-STUNDEN-REGEL

Weshalb wir sofort beginnen sollten

Waren das traumhafte Zeiten! Ende des vergangenen Jahrtausends befand sich ganz Deutschland in einer Art kollektivem Goldrausch. Es war die Hochzeit der New Economy. Und jeder, der es schaffte, fünf Meter geradeaus zu laufen ohne hinzufallen, konnte auf einmal Millionär werden. Börsengänge wie die von EM.TV, Infineon oder Deutscher Telekom machten Tausende zu Börsenspekulanten, die mit ihren Aktien beinahe im Schlaf Geld verdienten. Theoretisch. Und wer sich seiner Sache noch immer nicht ganz sicher war, der hörte damals vor allem auf eine Person: Bodo Schäfer. Der gut aussehende Dunkelhaarige, phänotypisch irgendwo zwischen Pierce Brosnan und dem jungen Peter Kraus, tourte Ende der Neunzigerjahre mit der selbst erfundenen Berufsbezeichnung *Money-Coach* durch das Land. Bei ihm drehte sich alles nur um Geld, Reichtum, Millionen. Sogar sein Hund hörte angeblich auf den Namen *Money*. Und natürlich versprach Schäfer jedem Teilnehmer seiner 800-Mark-Seminare nicht weniger, als dass auch er Millionär werden könne – wenn er nur wolle. Einzige Bedingung sei das Erfüllen der 72-Stunden-Regel. Die besagt: Alles, was wir uns vornehmen, müssen wir in den folgenden 72 Stunden beginnen – andernfalls sinkt die Erfolgschance auf ein Prozent. Oder weniger.

Woher Schäfer diese ominöse Regel hatte, konnte er selbst nicht erklären. Aber das war zu den Zeiten eigentlich auch schnuppe. Für lästige Details hat sich im Goldrausch noch nie jemand interessiert. Und wer fragt, verliert.

Wir müssen Ihnen sicher nicht erzählen, wie die Sache ausging. Wie bei jedem Rausch endete auch die New-Economy-Zeit mit einem Kater, wenngleich etliche Stunden später. Schäfer verschwand von der Bildfläche und mit ihm die gefühlten Millionen auf dem Konto. Aus der Traum. Also doch weiter arbeiten.

Man kann der 72-Stunden-Regel allerdings nicht die Schuld daran geben – auch wenn bis heute nicht ganz klar ist, woher sie ursprünglich stammt. Es ist anzunehmen, dass Schäfer sich dafür bei dem berühmten US-Ökonomen und Managementvordenker Peter Drucker bediente. Der sagte einmal so was wie: »Was alle Erfolgreichen miteinander verbindet, ist die Fähigkeit, den Graben zwischen Entschluss und Ausführung äußerst schmal zu halten.« Das stimmt zweifellos, klingt aber natürlich nicht so knackig wie »Die 72-Stunden-Regel«. Und für so einen Satz zahlt auch kein Seminarbesucher 800 Mark.

Allerdings – das muss man einräumen – entbehrt diese Regel nicht einer gewissen empirischen Relevanz. Letztlich kennt das Phänomen ja jeder, zum Beispiel von seinen Neujahrsvorsätzen. »Nächstes Jahr will ich mehr Sport machen.« »Ab morgen werde ich unbedingt abnehmen.« »Im neuen Jahr werde ich ein besserer Ehemann, Vater, Chef, Liebhaber sein ...« Und was passiert dann? Eben: nichts davon. Jedenfalls nicht, wenn wir nicht unmittelbar mit dem Abebben des Silvesterkaters damit beginnen. Ursache dafür ist allerdings weniger die Macht einer drei Tage währenden Umsetzungs-Quarantäne oder ein angeblich irgendwo innerlich existierender Schweinehund, sondern schlicht mangelnde Entschlossenheit. Wenn wir etwas wirklich wollen, dann sollten wir uns auch mit aller Kraft und Hingabe dieser Sache widmen. In allen anderen Fällen machen wir uns bloß etwas vor. Und genau dafür ist die 72-Stunden-Regel gut: Binnen dieses Zeitfensters entlarven wir, was Substanz hat und was doch nur ein Rausch war.

DER PROKRASTINATIONS-EFFEKT

Warum wir so wenig Dinge geregelt kriegen

Wissen Sie, wie der Tag heißt, an dem statistisch gesehen die meisten Projekte beginnen, die besten Konzepte entwickelt werden und die kühnsten Pläne starten?

Genau: Morgen.

Der folgende Effekt gehört leider zu den besonders weit verbreiteten und von den Betroffenen meist auch leidvoll beklagten: Wer zu chronischer Prokrastination neigt, vertagt wichtige und lästige Aufgaben gerne auf später. Weniger aus Faulheit, sondern häufiger aus übertriebenem Perfektionsdrang, aus Angst zu versagen, wegen der mangelnden Fähigkeit, Prioritäten zu setzen, oder aus schlechter Angewohnheit. Der US-Psychologe Joe Ferrari von der DePaul-Universität in Chicago gilt als führender Experte auf dem Gebiet. 2006 stellte er beim »International Meeting on the Study of Procrastination« eine Studie vor, wonach jeder fünfte Mensch ein chronischer Aufschieber ist. Ganz gleich, auf welchem Kontinent man forsche, diese Zahl halte sich konstant, bei Männern wie bei Frauen.

Und gesund ist es nicht. Wer alles auf den letzten Drücker erledigt, muss logischerweise schneller arbeiten (falls das überhaupt noch reicht). Nebeneffekt: enormer Stress. Als die kanadische Psychologin Fuschia Sirois von der Universität von Windsor das Phänomen ebenfalls untersuchte, kam sie zu dem Ergebnis, dass sich regelmäßige Prokrastinierer häufiger unter Druck fühlen, öfter krank werden und weniger auf ihren Lebensstil achten.

Dabei handelt es sich keineswegs um eine moderne Zivilisationskrankheit. Eher ist das Problem so alt wie die Menschheit selbst. Schon Cicero beklagte die ständige Aufschieberitis: »Tarditas et procrastinatio odiosa est«, nölte der Philosoph einst, was so viel bedeutet wie »Langsamkeit und Aufschieben sind schrecklich«. Daran hat sich bis heute nicht viel geändert. Auch wenn sich manche Betroffene das Aufschieben und ersatzweise Bügeln, Staubsaugen oder Internetsurfen schönreden – die meisten leiden doch eher unter dieser Marotte. Natürlich gibt es Personengruppen, bei denen das ständige Aufschieben dringender Aufgaben gewissermaßen zum Image gehört. Studenten etwa. Umfragen zufolge verlegt jeder zweite Studierende Abgabetermine eigenmächtig nach hinten. Als Arbeitnehmer kommt man allerdings nicht so glimpflich davon, wenn Deadlines überschritten werden – nicht ohne Grund heißen sie *Todeslinien*. Bestenfalls ist der Chef verstimmt, schlimmstenfalls droht eine Abmahnung.

Ob Sie womöglich zu der Gruppe der gewohnheitsmäßigen Aufschieber gehören, können Sie mit einem kurzen Schnelltest herausfinden:

- Was ich beginne, bringe ich nicht immer zu Ende.
- Ich sage häufig: »Später reicht das auch noch.«
- Ich schöpfe die Zeit bis zum Abgabetermin restlos aus – und manchmal auch ein bisschen mehr.
- Ich suche oft Wege, Deadlines nach hinten zu verschieben.
- Ich bin gut darin, Entschuldigungen für Verspätungen zu finden.
- Schwere Entscheidungen gebe ich gerne ab.
- Ich versuche Situationen zu vermeiden, in denen ich mich nicht sicher fühle.
- Einige der Dinge, die ich mir vorgenommen habe, verschwinden einfach nicht von meiner To-do-Liste.
- Ich hasse große Veränderungen in meinem Leben.
- Bezüglich meiner Pünktlichkeit bin ich Pessimist – was sich meist bestätigt.
- Was mich ängstigt oder frustriert, meide ich.

Wer bei mehr als zwei Aussagen stumm genickt hat, ist schon gefährdet. Allerdings sind das wirklich nur Indizien. Und wer nur gelegentlich so denkt, muss sich nicht sorgen. Das passiert uns allen einmal. Erst wenn das Vertagen lästiger Aufgaben zur Angewohnheit wird, spricht man von Prokrastination.

Es ist aber auch so: Wir schieben nicht nur lästige Aufgaben, wie Aktenstapel abarbeiten oder die Steuererklärung machen, vor uns her – wir prokrastinieren sogar Dinge, die uns eigentlich Spaß machen. Als die beiden Verhaltensökonominnen Suzanne Shu von der Anderson School of Management an der Universität von Kalifornien in Los Angeles und Ayelet Gneezy von der Rady School of Management an der Universität von Kalifornien in San Diego typische Fälle von Aufschieberitis untersuchten, stellten sie verblüfft fest: Sobald Menschen für eine erfreuliche Aufgabe ein längerer Zeitraum zur Verfügung steht, erwarten sie zwar, diese Aufgabe eher in Angriff zu nehmen, tun es aber nicht.

Bei ihren Experimenten dazu erhielten 80 Probanden Geschenkgutscheine für einen Café-Besuch, die entweder schon nach drei Wochen verfielen oder erst nach zwei Monaten. Nun passierte das Erstaunliche: Weil die Teilnehmer mit der langen Frist annahmen, den Gutschein ganz sicher einlösen zu können, schoben sie den Café-Besuch immer weiter hinaus – bis es zu spät war. Der ideale Zeitpunkt kommt eben nie. Am Ende lösten aus dieser Gruppe gerade einmal sechs Prozent der Probanden die Gutscheine ein – deutlich weniger als aus der Gruppe mit der strammen Deadline von wenigen Wochen (da waren es immerhin 31 Prozent).

Den Grund für dieses spaßraubende Verhaltensmuster sieht das Forscherinnen-Duo in einer Art Wahrnehmungsfehler: Wer eine lange Deadline vor sich hat, überschätzt regelmäßig die Zeit, die ihm tatsächlich zur Verfügung steht – und verpasst den spätesten Zeitpunkt, endlich loszulegen. Die Empfehlung von Shu und Gneezy lautet deshalb: Setzen Sie sich enge Limits – egal, ob die Aufgabe lästig oder lustig ist.

DER BROKEN-WINDOWS-EFFEKT

Warum sich Chaos vermehrt

Manchmal muss Bestehendes zerstört werden, um Neues zu entdecken. Philip Zimbardo jedenfalls ist danach vorgegangen. Im Jahr 1969 parkte der damalige Psychologie-Professor der US-Universität Stanford einen Gebrauchtwagen in der New Yorker Bronx. Vorher hatte er das Kennzeichen abmontiert und die Motorhaube leicht angehoben – als Zeichen dafür, dass das Auto von seinem Besitzer aufgegeben worden war. Zimbardo verzog sich daraufhin auf die andere Straßenseite und filmte das Geschehen heimlich. Es dauerte nicht einmal zehn Minuten, bis die ersten Vandalen kamen und sich über das Gefährt hermachten. Erst wurden die Reifen geklaut, dann Scheinwerfer, Blinker, schließlich Lenkrad, Bordelektronik, Autositze. Selbst Motor und Getriebe wurden irgendwann ausgeweidet. Und als nichts mehr übrig war, was sich irgendwie zu Geld hätte machen lassen, zerstörten die Passanten einfach den Rest. Erstaunliche 23 Akte von Vandalismus zählte Zimbardo binnen 48 Stunden an dem Auto.

Vielleicht werden Sie jetzt denken: typisch Bronx. In so einer verlotterten Gegend interessiert es ja auch niemanden, ob ein abgestellter Wagen verschrottet und geplündert wird. Auf den Gedanken war Zimbardo auch gekommen – und erweiterte sein Experiment deshalb auf die amerikanische Westküste. Diesmal platzierte er den Wagen im kalifornischen Universitätsstädtchen Palo Alto, der Heimat der Stanford-Universität. Wieder ließ er das Auto ohne Kennzeichen und mit angehobener Motorhaube zurück. Und diesmal passierte: nichts. Fünf Tage lang blieb der Wagen unversehrt. Mehr noch: Als Zimbardo den Wagen wieder abholen wollte, wählten einige Anwohner den Polizei-Notruf, weil sie vermuteten, das Auto werde gestohlen. Glücklicherweise hatte Zimbardo die Polizei vorher eingeweiht.

Doch der Wissenschaftler wollte es noch ein drittes Mal wissen. Diesmal nahm Zimbardo einen Vorschlaghammer, prügelte auf das Auto ein und stellte das geschundene Gefährt wieder in Palo Alto ab. Ob das etwas änderte? Aber hallo! In nur wenigen Stunden wurde der Wagen buchstäblich auf den Kopf gestellt. Ähnlich wie in der Bronx.

Zimbardos Beobachtungen und Fazit sind ein beängstigendes Zeugnis für urbane Zerstörungswut: Wenn die Mitglieder einer Gesellschaft das Gefühl haben, anonym zu sein, und glauben, dass ihre Taten keinerlei Folgen haben werden, dann zeigen sie ihre schlechte Seite und lassen buchstäblich die Sau raus – vor allem dann, wenn sie davon ausgehen, dass die Gegenstände ohnehin keinen Wert mehr haben. Die Erkenntnisse nutzten einige Jahre später der Kriminologe George Kelling und der Politikwissenschafter James Wilson. In einem Artikel für die US-Zeitschrift ›Atlantic Monthly‹ benannten sie erstmals die Broken-Windows-Theorie. Sie waren sich sicher, dass vermeintlich harmlose äußere Schäden – wie beispielsweise ein zerbrochenes Fenster – die Menschen regelrecht dazu animieren, weitere Schäden anzurichten.

> Der Trieb zur Unordnung macht sich auch am Arbeitsplatz bemerkbar. Als João Ramos und Benno Torgler von der Queensland-Universität im australischen Brisbane 2009 untersuchten, ob die äußere Erscheinung eines Gemeinschaftsbüros das Verhalten beeinflusst, fand das Duo heraus: War der Raum sauber, hinterließen 82 Prozent der Teilnehmer das Zimmer entsprechend. Hatten die beiden Wissenschaftler die Räume vorher aber absichtlich mit Aktenbergen auf den Tischen und Papierfetzen auf dem Boden drapiert, stieg die Zahl der Müllsünder auf 59 Prozent.

Angenommen, Sie gehen an einem Briefkasten vorbei, aus dem ein Briefumschlag herausragt, und Sie können klar erkennen, dass in dem Umschlag ein Fünf-Euro-Schein steckt – was tun Sie? Den Brief ganz in den Kasten schieben – oder (vorausgesetzt, es gibt keine Zeugen) den Brief einstecken und mitnehmen?

Ein Forscherteam um Kees Keizer von der Universität Groningen führte im Jahr 1998 insgesamt sechs solcher Experimente rund um die Broken-Windows-Theorie durch, eines davon wie eben beschrieben: mit einem Brief, in dem gut sichtbar Geld steckte. Im ersten Szenario stand der Briefkasten in einer sauberen Umgebung, im zweiten war der Briefkasten mit Graffiti besprüht, im dritten lag ringsherum Abfall auf dem Boden. Die Resultate bestätigten die Ergebnisse von Philip Zimbardo: Im ersten Fall klauten den Briefumschlag nur 13 Prozent der Passanten. Lag hingegen Müll auf dem Boden, stieg diese Quote schon auf 25 Prozent, und waren Graffiti an den Wänden, steckten den Umschlag ganze 27 Prozent der Fußgänger ein – doppelt so viele wie in einem sauberen Umfeld!

Sie würden niemals etwas klauen? Das glauben wir Ihnen gerne, und natürlich unterstützen wir das. Dennoch sind wir uns fast sicher, dass Sie in Ihrem Leben irgendwann schon einmal Müll einfach irgendwohin geworfen haben – und sei es nur den Kaugummi in ein Gebüsch oder den unliebsamen Werbeflyer auf das Pflaster der Fußgängerzone. Vermutlich ist das menschlich. Doch Kees Keizer konnte zeigen, dass auch solche kleinen Müllsünden erheblich von der Umwelt beeinflusst werden. Er befestigte in einem graffitifreien Viertel Werbeprospekte an geparkten Fahrrädern – 33 Prozent der Fahrradfahrer warfen den Flyer beim Entdecken achtlos auf den Boden. Als Keizer dasselbe in einer Gasse tat, in der er zuvor Graffiti an die Wände gesprüht hatte, stieg die Zahl der Müllsünder auf 69 Prozent. »Was ich sah, ließ mich an der Menschheit zweifeln«, gab Keizer später einmal dazu zu Protokoll.

So weit würden wir nicht gehen. Dennoch haben uns die Experimente gelehrt: Wirf Müll immer in die Tonne, besprühe keine Wände mit Graffiti – und sorge dafür, dass am Auto stets ein Kennzeichen sichtbar ist!

DAS PARKINSON'SCHE GESETZ

Warum wir immer bis zur letzten Sekunde warten

»Der Satiriker ist ein gekränkter Idealist«, sagte der deutsche Publizist Kurt Tucholsky, »er will die Welt gut haben, aber sie ist schlecht, und nun rennt er gegen das Gute an.« Zu derlei Spezies gehörte definitiv auch der britische Historiker Cyril Northcote Parkinson. Am 19. November 1955 veröffentlichte er im britischen Wirtschaftsmagazin ›The Economist‹ einen Beitrag unter der Überschrift »Parkinson's Law«. Dass das Essay nicht ganz ernst gemeint war, hätte man gleich zu Beginn der Lektüre ahnen können. Im zweiten Absatz gab der Autor an, ein neues wissenschaftliches Gesetz entdeckt zu haben, das er nun erstmals öffentlich präsentieren wolle: das Parkinson'sche Gesetz. In einer Fußnote thematisierte er sogleich den Namen: »Warum? Warum nicht?«, hieß es dort lapidar. Typisch britischer Humor.

Die Aussage dieses Gesetzes: »Arbeit dehnt sich in genau dem Maß aus, wie Zeit für ihre Erledigung zur Verfügung steht.« Mit anderen Worten: Je mehr Zeit wir uns für eine Aufgabe nehmen, desto länger brauchen wir auch dafür. Als Beleg für diese These zog Parkinson das Beispiel einer Rentnerin heran, die ihrer Nichte eine Postkarte schreiben will. Für die Auswahl der Karte brauche sie eine Stunde, genauso lange für die Suche nach ihrer Brille und noch einmal für das Schreiben. Eine halbe Stunde suche sie die Adresse, 20 Minuten lang überlege sie, ob sie für den Gang zum Briefkasten einen Regenschirm mitnehmen solle. Dabei gehe schnell der ganze Tag drauf – eben weil sie Zeit hat. Der viel beschäftigte Angestellte dagegen benötige für dieselbe Aufgabe drei Minuten, schrieb Parkinson – eben weil er noch andere Dinge erledigen muss.

Nun muss man hinzufügen, dass der Wissenschaftler seine Kritik damals hauptsächlich auf die britische Verwaltung bezog, insbesondere die Marine. Dort war die Zahl der Admiräle zwischen 1914 und 1928 um 78 Prozent gestiegen, während die

Anzahl der Schiffe um 67 Prozent gesunken war und die der Offiziere um 31 Prozent. Mit anderen Worten: Es gab weniger Arbeit, aber mehr Chefs.

Seine satirischen Ausführungen trieb Parkinson auf die Spitze, indem er eine mathematische Formel für das Wachstum öffentlicher Verwaltungen aufstellte (siehe rechts): Multipliziert man die Zahl X mit 100 und teilt dieses Ergebnis dann durch die Gesamtzahl der vergangenen Jahre, erhält man laut Parkinson auch schon die jährliche Zunahme des Personals in der Verwaltung. Diese liege immer zwischen 5,17 und 6,56 Prozent – und zwar unabhängig davon, ob die Arbeit nun mehr oder weniger geworden ist. Spätestens an dieser Stelle hätte einem auffallen können, dass Parkinsons Humor trockener ist als Frankenwein.

Die Parkinson-Formel: $x = (2k^m + p)/n$

k: Die Zahl der Angestellten, die befördert werden wollen, indem sie neue Untergebene einstellen

m: Die Zahl der Arbeitsstunden pro Person, die für interne Memos draufgehen

p: Die Differenz zwischen dem Alter der Einstellung und dem Alter der Pensionierung

n: Die Zahl der Verwaltungseinheiten, die vom Personal tatsächlich erledigt werden

x: Die Zahl notwendiger Neueinstellungen

Gleichwohl enthalten seine Aussagen einen wahren Kern. Ist es nicht seltsam, dass beispielsweise in Meetings die Beschlüsse immer erst ganz zum Schluss fallen, wobei die Diskussion davor nicht wirklich zur Erhellung beigetragen hat? Und komisch, dass manche Arbeitnehmer immer exakt gleich lange im Büro werkeln, obwohl ihre Arbeit starken Zyklen unterliegt. Ja selbst beim süßen Nichtstun ist es so: Es dauert immer so lange, wie Zeit dafür zur Verfügung steht.

Wir schöpfen den Rahmen eben voll aus – und darum warten wir auch immer bis zu letzten Sekunde. Nicht immer zu unserem

Besten. Hier und da einfach beherzt ein paar Limits zu setzen, könnte helfen. Oder zumindest etwas Parkinson'scher Humor. Der Brite verstarb übrigens 1993 im Alter von 83 Jahren. Den Sinn für Satire hat er sogar mit ins Grab genommen. Sprichwörtlich: Sein Gesetz steht auch auf seinem Grabstein.

DER JETZT-IST-ES-AUCH-EGAL-EFFEKT

Warum Deadlines manchmal gar nicht wichtig sind

Wir geben es zu: Den Namen für dieses Phänomen gibt es so nicht. Jedenfalls nicht offiziell. Den Effekt kennt trotzdem jeder. Etwa bei Abgabeterminen. Tage davor spüren alle im Team, wie die Zeit knapp und knapper wird, und die Wahrscheinlichkeit, dass die Deadline doch noch eingehalten werden kann, sinkt in dem Maß, wie die Hysterie lauter wird. Am Ende kommt es, wie es kommen musste: Der Termin ist da, aber das Projekt nicht fertig. Je nach Dringlichkeit und Bedeutungsschwere meldet sich zuerst ein schlechtes Gewissen – oder der Chef mit einem kräftigen Einlauf. Danach setzt irgendwann der Jetzt-ist-es-auch-egal-Effekt ein – und auf einmal arbeiten alle sehr viel entspannter (oft sogar auch besser) an dem Ding und bringen es doch noch zu einem guten Ende. Oder nie.

Im Grunde tritt der Effekt immer dort auf, wo Zeit oder Chancen vertrödelt werden. Also zum Beispiel bei Partys, auf denen man um acht erscheinen soll, aber bis 19.55 Uhr noch nicht einmal ein passendes Kleid ausgewählt hat. Ebenso bei Meetings. Oder bei Diäten: »Ach, du wolltest doch keine Schokolade mehr essen!« »Na, jetzt isses auch egal.«

Ob es tatsächlich so egal ist, wie sich das die Betroffenen dann gerne beschwichtigend einreden, hängt natürlich vom Einzelfall ab. Unfallchirurgen oder Feuerwehrleuten muss man von einer derart laxen Haltung dringend abraten. Wir vermuten, betrogene Partner sehen das im Falle eines Ehebruchs ähnlich. Letztlich ist es bei der Frage nach der Egalness wie bei Pseudoreligionen: Der Glaube daran hat wenig mit Fakten zu tun, dafür aber umso mehr mit Unverständnis und falschen Überlieferungen. Aber mal ehrlich: Das Ob und Warum ist jetzt eigentlich auch schon wieder egal.

FÜR SCHNELLE AHA-EFFEKTE:

WATERCOOLER-EFFEKT
Wir sollten weniger Meetings abhalten und dafür mehr tratschen. Denn das macht Teams nicht nur solidarischer, sondern auch produktiver.

KORRUMPIERUNGS-EFFEKT
Monetäre Belohnungen wirken geradezu zerstörerisch auf die Motivation – insbesondere bei Tätigkeiten, die wir vormals gern getan haben.

HELFER-SYNDROM
Helfen kann auch krankhaft sein – nämlich dann, wenn das Bedürfnis zu helfen größer wird als der Bedarf an Hilfe. Oft steckt dahinter der Wunsch nach Aufmerksamkeit und Anerkennung.

MONA-LISA-SYNDROM
Gerade Frauen neigen dazu, auch zum bösesten Spiel noch gute Miene zu machen. Manche lächeln sogar dann noch tapfer, wenn sie schon schamlos ausgenutzt werden.

GRUPPEN-EFFEKT
Teilnehmer eines Meetings verbringen die meiste Zeit damit, anderen Dinge zu erzählen, die schon alle wissen.

RINGELMANN-EFFEKT
Mit zunehmender Zahl der Teammitglieder sinkt die Leistung des Einzelnen – was typisch ist für Trittbrettfahrer.

EXZELLENZ-EFFEKT
Während erstklassige Chefs immer auch erstklassige Mitarbeiter um sich scharen, suchen zweitklassige Chefs allenfalls die Nähe zu drittklassigen Kollegen.

TINA-PRINZIP
Mangelnde Weitsicht und mentale Erstarrung lassen sich am besten durch die Behauptung wettmachen, es gebe keine Alternative.

MATILDA-EFFEKT
Forschungen von Wissenschaftlerinnen werden gerne mal verschwiegen – vor allem von Männern.

SUPERSTAR-EFFEKT
Allein die Anwesenheit eines Überfliegers schüchtert uns ein und verschlechtert unsere Leistung.

N-EFFEKT
Mit zunehmender Konkurrenz strengen wir uns weniger an – vor allem, weil wir uns geringere Chancen ausrechnen.

ZEIGARNIK-EFFEKT
Unerledigte Aufgaben bleiben bis zu 90 Prozent besser im Gedächtnis kleben. Das Phänomen machen sich auch Filmemacher zunutze.

72-STUNDEN-REGEL
Was wir uns vornehmen, sollten wir innerhalb von 72 Stunden beginnen.

PROKRASTINATIONS-EFFEKT
Wer regelmäßig Aufgaben aufschiebt, schafft sich so mehr Druck, wird öfter krank und achtet nicht genügend auf seinen Lebensstil.

BROKEN-WINDOWS-EFFEKT
Sobald in einer Straße ein Haus mit ein paar zerborstenen Fenstern steht, dauert es nicht lange, bis der ganze Wohnblock verfällt.

PARKINSON'SCHES GESETZ
Arbeit dehnt sich in genau dem Maß aus, wie Zeit für ihre Erledigung zur Verfügung steht – und nicht wie viel Zeit man tatsächlich dafür bräuchte.

JETZT-IST-ES-AUCH-EGAL-EFFEKT
Kaum ist die Deadline überschritten, arbeiten alle viel entspannter und oft sogar besser an dem Projekt.

EINZIG UND ARTIG

– Wie wir kooperieren –

Es könnte alles so einfach sein: Wenn jeder nur an sich denkt, ist an alle gedacht; wenn jeder seinen Eigennutzen maximiert, dann wächst auch der gesellschaftliche Wohlstand. Es ist die Metapher von der »unsichtbaren Hand«, die alles zum Guten wendet, die den schottischen Ökonomen und Moralphilosophen Adam Smith mit seinem 1776 erschienenen Werk ›Der Wohlstand der Nationen‹ populär machte. Ja, es könnte alles so einfach sein. Isses aber nicht. Die Wirklichkeit ist viel komplexer. Es stimmt zwar, dass wir alle meist versuchen, unsere Interessen durchzusetzen. Gleichzeitig aber gieren wir auch nach sozialer Akzeptanz, nach Sympathie und Zuneigung. Die erlangen wir aber nur, wenn wir uns hin und wieder anpassen und eben nicht ausschließlich nach der eigenen Pfeife tanzen. Sprich: wenn wir auch mal einlenken, Kompromisse schließen oder – ganz gegen unser Naturell – wenn wir selbstlos handeln. Zugegeben, unter dem Aspekt des damit angestrebten Status wirkt die gute Tat nicht mehr ganz so selbstlos. Doch gerade dieser soziale Abgleich wirkt wie ein wichtiges Korrektiv auf eine Welt voller Eigeninteressen. Das konnten Ökonomen etwa sehr schön im sogenannten Ultimatumspiel aufzeigen. Dabei bekommt Spieler A Geld, sagen wir 100 Euro, und soll Spieler B davon etwas abgeben. Wie viel, entscheidet A allein. Dafür darf B sagen, ob der Deal zustande kommt oder platzt. In dem Fall bekommen beide nichts. Rational wäre es, schon ein Verhältnis von 99 zu 1 Euro zu akzeptieren, weil beide damit besser stünden als zuvor. Tatsächlich aber geben die Erfolgreichsten freiwillig 40 Prozent ab, um ihr Gegenüber nicht zu verprellen. Irgendwie beruhigend, dass die unsichtbare Hand auch zur Kooperation zwingt.

9 Prozent finden, das Wichtigste im Leben ist, die eigenen Bedürfnisse durchzusetzen.

41 Prozent der Deutschen macht es glücklich, Gutes zu tun.

115 Euro spendet der Deutsche im Schnitt jedes Jahr. Im Jahr 2000 waren es nur 82 Euro.

DER PROPINQUITY-EFFEKT

Wie Freundschaften entstehen

»Anders als die meisten Menschen glaube ich nicht, dass Freunde die Menschen sind, die wir am meisten mögen«, sagte Peter Ustinov einst zynisch, »sie waren bloß zuerst da.« Hinter dem feinen britischen Humor der Schauspiellegende steckt ein psychologisch erwiesenes Prinzip: Selbst wenn wir Freundschaften aufgrund gegenseitiger Sympathie, gemeinsamer Werte oder Interessen pflegen – zustande gekommen sind sie oft aus Zufall. Der Name dieses Phänomens: Propinquity-Effekt.

Der Name geht zurück auf eine Studie aus den Fünfzigerjahren. Damals untersuchten die berühmten Sozialpsychologen Leon Festinger, Stanley Schachter und Kurt Back die Freundschaften in 17 Studentenwohnheimen. Ihr Fazit: Je näher die Appartements zueinander lagen, desto engere Freunde wurden die Bewohner. 63 Prozent dieser Freunde lebten im selben Heim. Mehr noch: Wer Tür an Tür wohnte, war in fast der Hälfte der Fälle befreundet.

Nun könnte man einwenden, dass das völlig logisch ist. Wer neben einem wohnt, den sieht man auch öfter. Entsprechend steigt die Wahrscheinlichkeit, dass man miteinander ins Gespräch kommt, währenddessen Gemeinsamkeiten entdeckt und sich anfreundet. Und überhaupt, die Untersuchung stammt aus dem Jahr 1950, damals gab es weder Handys noch Internet! Alles richtig. Aber der Effekt wirkt auch heute noch, wie eine Studie aus dem Jahr 2008 beweist.

Drei Psychologen der Uni Leipzig wollten herausfinden, wie Erstsemester Freundschaften schließen. Die Forscher untersuchten 54 Psychologiestudenten an zwei verschiedenen Zeitpunkten – zu Beginn des Studiums und ein Jahr später. Zuerst bekamen die Studenten bei einer Einführungsveranstaltung Sitzplätze nach dem Zufallsprinzip zugewiesen. Danach traten die Teilnehmer einzeln nach vorne und stellten sich ihren zukünftigen Kommilitonen vor. Sofort im Anschluss sollten die Zuhörer beurteilen, wie sympathisch ihnen der Vorgestellte war und ob sie diese Person gerne näher kennenlernen würden. Dann rückten die Studenten jeweils einen Platz weiter. Zwölf Monate später befragten die Forscher die Studenten erneut. Ergebnis: Die zufällige Sitzposition zum Zeitpunkt des ersten Kennenlernens beeinflusste die Entwicklung der Freundschaften. Wer bei der ersten Begegnung nebeneinander oder auch nur in einer Reihe gesessen hatte, war nach einem Jahr mit signifikant höherer Wahrscheinlichkeit miteinander befreundet. Wem wir uns anvertrauen und an wessen Schulter wir uns vielleicht eines Tages einmal ausheulen, ist womöglich mehr Zufall als bewusste Selektion.

DER BEN-FRANKLIN-EFFEKT

Warum uns Gefälligkeiten gefallen

Allenfalls bei Don Corleone gibt es Gefallen, die man nicht ablehnen kann. Ansonsten riskiert man, am nächsten Morgen mit einem blutigen Pferdekopf im Bett aufzuwachen. Und danach wacht man dann nie mehr auf. In allen anderen Fällen aber könnten wir die gut gemeinte Geste auch ausschlagen. Sollten wir aber nicht. Denn wer uns einen Gefallen tun kann, findet uns hinterher viel sympathischer.

Wie bitte? Doch, doch, Sie haben richtig gelesen. Die meisten denken, wenn sie anderen bereitwillig helfen, mögen die sie mehr. Warum also sollte der Umstand, dass *wir* jemandem einen Gefallen tun, dazu führen, dass der andere *uns* stärker ans Herz wächst? Ersteres mag funktionieren, das Zweite stimmt aber genauso, wie die beiden Psychologen Jon Jecker und David Landy schon 1969 feststellten.

Damals versprachen sie ihren Probanden, dass sie durch die Teilnahme an einem Quiz Geld verdienen könnten. Nach einem kurzen Wissenstest teilten die Forscher sie in drei Gruppen auf: Der einen erzählte der Studienleiter dreist, dass er sein persönliches Geld in den Versuch gesteckt habe, nun aber leider pleite sei und sie ihm doch bitte etwas geben sollten. Der zweiten Gruppe erzählte eine Sekretärin, dass das Hochschulinstitut Geld in den Versuch investiert habe, das sie aber in Zeiten knapper Kassen dringend bräuchte. Einer dritten Gruppe wurde gar nichts gesagt, der Studienleiter exerzierte lediglich das Quiz. Danach sollten alle drei Teams sagen, wie sympathisch ihnen die jeweiligen Studienleiter waren. Man sollte meinen, dass die erste Gruppe ihren am wenigsten mochte. Immerhin wollte der ihnen Geld für seine persönlichen Zwecke abknüpfen. Falsch gedacht! Die Probanden mochten ihn am meisten. Erst zieht er ihnen das Geld aus der Tasche – und sie belohnen ihn dafür auch noch mit Sympathie. Ist das nicht seltsam?

Nein, es ist menschlich! Dahinter steckt die sogenannte Dissonanztheorie. Stellen Sie sich vereinfacht gesagt vor, dass Sie sich aus der Vogelperspektive beobachten. Nun sehen Sie, wie Sie jemandem einen Gefallen tun – was Sie streng genommen gar nicht müssten. Warum tun Sie das? Hier besteht also ein Widerspruch – und genau diese Spannung (Dissonanz) wollen wir beseitigen. Wir versuchen, unser Verhalten unbewusst vor uns selbst zu rechtfertigen. Und was wäre leichter, als dies mit purer, spontaner Sympathie zu begründen? Sonst hätten wir ihm den Gefallen ja wohl niemals getan, oder? Wir passen also gewissermaßen unsere Einstellung unserem Verhalten an. Man könnte auch sagen: Wir behumsen uns mal wieder selbst.

Psychologen nennen das Phänomen auch den Benjamin-Franklin-Effekt (oder kürzer: Ben-Franklin-Effekt), benannt nach dem Mitbegründer der Vereinigten Staaten von Amerika. Dem Sohn eines Seifen- und Kerzenmachers wurde schon als Kind eingetrichtert, dass man nicht immer nur an sein eigenes Wohl denken dürfe. Auf ihn geht auch das Sprichwort zurück: »Derjenige, welcher dir einmal eine Freundlichkeit erwiesen hat, wird eher bereit sein, dir eine weitere zu erweisen, als der, dem du selbst einmal gefällig warst.« Das war nicht nur so dahergesagt – Franklin wusste, wovon er sprach. Er selbst veröffentlichte nämlich nicht nur Artikel und verlegte eine Zeitung, er war auch ein umtriebiger Erfinder. Seine bekannteste Innovation ist vermutlich der Blitzableiter. Weniger bekannt ist jedoch, dass er ebenso eine frühe Form der heutigen Zimmeröfen erfand. 1742 entwickelte er einen Heizkessel, der bei geringerem Verbrauch die Wärme besser speicherte. Doch statt das Konzept zu behalten, schenkte er es seinem Jugendfreund Robert Grace. Später bot der Gouverneur Franklin an, ihm nachträglich das alleinige Patent wieder zuzuerkennen, doch Franklin lehnte ab mit der Begründung: »Da wir auch aus den Erfindungen anderer große Vorteile ziehen, sollten wir uns über eine Gelegenheit, anderen durch irgendeine Erfindung von uns zu dienen, freuen und ihnen diese freiwillig und großmütig zugute kommen lassen.« Klingt kompliziert, waren aber nur die Nachwehen des Ben-Franklin-Effekts.

DER CHAMÄLEON-EFFEKT

Warum wir Menschen mögen, die uns imitieren

Wer wäre das nicht gerne: auf Anhieb sympathisch? Natürlich gibt es diese unerhörten Glückspilze, denen, egal, wo sie hinkommen, sofort zahllose Herzen und schmachtende Blicke zuflattern. Die sich zwischen freien Drinks entscheiden können und dazu auch noch so gelangweilt dreinschauen können wie ein verwöhnter Mops. Alle anderen haben entweder Pech gehabt, ein Gesicht, das nicht ohne Make-up auskommt, oder Mundgeruch. So ist das Leben eben: ungerecht, unsensibel, undankbar. Dagegen lässt sich nichts machen. Oder doch?

Doch!

An den Sympathiewerten lässt sich gezielt arbeiten. Zwar wird man es vielleicht nicht unbedingt zum *sexiest human being alive* bringen, aber auch ohne chirurgische Hilfe lässt sich mit der sogenannten Spiegeltechnik, auch bekannt als Chamäleon-Effekt, die eigene Anziehungskraft spürbar aufhübschen.

Die Erkenntnis ist nicht sonderlich schmeichelhaft, aber sie trifft den Nagel auf den Kopf: Wer uns imitiert, den mögen wir – und glauben ihm zuweilen mehr, als wir sollten. Die Wirkung dieses Effekts lässt sich auch im Alltag beobachten: Verliebte Paare sind zum Beispiel ganz typische Vertreter, ebenso befreundete Kollegen in der Kantine. Je sympathischer die sich sind, desto schneller synchronisieren sich ihre Worte und Körpersprache: Sie dreht ein paar Locken in ihren Haaren, bald darauf fährt er sich mit der Hand durch die Schläfen. Er knetet sein Kinn und streift mit dem Daumen über den Mund, wenig später befeuchtet sie lasziv ihre Lippen. Sie redet gern von ihren »wahnsinnig aufregenden« Schuhen – er gesteht, wie »wahnsinnig aufregend« er sie findet.

Sozialpsychologen würden an dieser Stelle vermutlich sagen: »typisch Resonanz-Phänomen«. Immer dann, wenn starke Emotionen ins Spiel kommen, erzeugen sie bei uns unbewussten Widerhall. Schenkt uns jemand ein charmantes Lächeln, grinsen wir unwillkürlich zurück.

Besonders Mikrogesten wie Grinsen, Gähnen, an der Nase kratzen, Beine übereinanderschlagen oder einen Schluck trinken wirken ungeheuer ansteckend, so die Erkenntnisse von Tanya Chartrand und John Bargh, die das Phänomen 1999 genauer erforschten. Ihre Probanden, die sich zum ersten Mal begegneten, ahmten Berührungen im Gesicht zu 20 Prozent nach, das Übereinanderschlagen von Beinen gar zu 50 Prozent. Voraussetzung dafür ist, dass sich die beiden Menschen mögen und verstehen, wie wiederum der niederländische Psychologe Rick van Baaren von der Universität Nijmegen in seinen Untersuchungen über das unbewusste Imitieren nachwies.

Was dahintersteckt? Zunächst einmal unser Bedürfnis nach Harmonie und Symmetrie. Wer sich ausgegrenzt fühlt, imitiert andere umso heftiger. Gleichzeitig übernimmt das Verhaltensmimikry eine wichtige zwischenmenschliche Aufgabe: Es bildet eine Art sozialen Klebstoff. Die Psychologie unterscheidet dabei drei Verhaltensweisen:

- **Matching:** Die Körpersprache des Partners wird unbewusst taxiert und zunächst nur zu maximal 50 Prozent durch die eigene reflektiert.
- **Pacing:** Körpersprache, Gestik, Mimik, Sprache werden zunehmend synchronisiert.
- **Rapport:** Nahezu vollständige Symmetrie – beide Partner nehmen jedes Mal durch ihr Verhalten aufeinander Bezug.

Verantwortlich für diese Muster sind unter anderem die sogenannten Spiegelneuronen. Entdeckt wurden sie 1996 von den beiden Forschern Vittorio Gallese und Giacomo Rizzolatti von der Universität Parma. Damals untersuchte das Duo die Hirnströme von Makaken, während diese mit Gegenständen hantierten. Dabei stellten sie fest, dass deren Nervenzellen schon Signale abfeuerten, als der Versuchsleiter die Gegenstände in die Hand nahm, um sie den Affen zu geben. Eine Art Vorfreude – wobei das Gehirn genauso aktiv wurde wie beim eigentlichen Spielen. Als Gallese und Rizzolatti ihre Untersuchungen ausweiteten, stellte sich heraus, dass das Spielzeug gar nicht nötig war: Es genügte der Anblick eines fuchtelnden Artgenossen, damit die grauen Zellen der Affen genauso in Aufregung gerieten, so als würden sie selbst spielen. Bei Drohgebärden, Wut oder Schmerz passierte dasselbe.

Inzwischen ist klar, dass es auch bei Menschen Nervenzellen gibt, die eine Art biologische Basis für Sympathien bilden: Sobald wir jemanden beobachten, der dieselben Verhaltensmuster zeigt wie wir, feuern diese Neuronen. Damit bildet symmetrisches Verhalten zugleich einen veritablen Spiegel, aus dem sich ablesen lässt, wie harmonisch eine Beziehung oder eine Unterhaltung in Wahrheit ist.

Der Chamäleon-Effekt bewirkt aber noch mehr. Er lässt sich gezielt dazu einsetzen, um etwa die Distanz zum Gegenüber, dessen Vorbehalte oder Ängste abzubauen – vorausgesetzt, man geht äußerst subtil vor. Experten warnen nämlich eindringlich davor, Menschen zu spiegeln oder gar nachzuäffen, die einem feindselig gegenüberstehen. Die Imitation könnte die Ablehnung dann eher verstärken, ist die Psychologin Katja Likowski von der Universität Würzburg überzeugt. Richtig eingesetzt aber sorgt die Spiegeltechnik dafür, dass Sympathie gar zu einer Art selbsterfüllender Prophezeiung wird.

Wenn wir glauben, dass uns ein anderer Mensch mag, dann verhalten wir uns demjenigen gegenüber automatisch freundlicher und wärmer – mit dem Effekt, dass uns unser Gegenüber tatsächlich mehr mag. Umgekehrt gilt: Wenn wir bezüglich der uns entgegengebrachten Sympathie unsicher sind oder gar Zurückweisung fürchten, verhalten wir uns reservierter und kühler – und riskieren tatsächlich einen Korb. Zugegeben, dabei handelt es sich um eine recht simple Kausalität. Aber auch um eine, die erklären kann, warum sich manche Menschen auf Anhieb mögen oder eben nicht. Und warum einige Menschen stets beliebter sind als andere.

Dazu gibt es ein bemerkenswertes Experiment des Psychologen Danu Anthony Stinson von der Universität von Waterloo, bei dem er 28 Männer zu einem Blind Date mit einer attraktiven Frau einlud. 14 seiner Probanden erzählte er, die Frau sei schon sehr nervös und unsicher, ob die Männer sie überhaupt attraktiv finden würden. Den anderen 14 schwitzenden Jungs gab er nur ein paar demografische Daten: 25 Jahre, blond, schlank, sportlich. Zwar kann man davon ausgehen, dass alle 28 Männer mit klammen Händen zum Rendezvous erschienen, aber nur die erste Gruppe fühlte sich angesichts der Nervosität ihrer Begleiterin augenblicklich besser und verhielt sich fortan selbstbewusster, aufgeschlossener und spürbar warmherziger – was wiederum einen deutlich anziehenden Effekt auf die Frau hatte (selbst wenn diese eingeweiht war).

Das Faszinierende an diesem Versuch ist, dass er darüber hinaus die Existenz von sogenannten sozialen Optimisten offenbarte. Diese Extremtypen kommen ganz ohne Manipulation aus und haben ein solch unerschütterliches Selbstvertrauen, beliebt zu sein, dass sie in letzter Konsequenz zu regelrechten Natursympathen avancieren (im Gegensatz zu den sozialen Pessimisten, die entsprechend einsam bleiben).

So gab es bei dem Versuch auch einige Männer, denen Stinson und sein Team gar nichts zu sagen brauchten. Sie verhielten sich auf Anhieb offen und freundlich gegenüber der Fremden – und schnitten prompt am besten ab. Im Umkehrschluss bedeutet dies freilich, dass wir selbst zu einem Gutteil beeinflussen können, wie sympathisch wir auf andere wirken – und zwar nicht nur bei einem Rendezvous, sondern auch im Job oder auf einem Kongress. Wir müssen nur genug Resonanz erzeugen. Auch das ist letztlich eine Binsenweisheit. Jedoch eine, die im Alltag oft untergeht, obwohl sie der Volksmund längst kennt: Wie man in den Wald hineinruft, so schallt es heraus.

DER MITLÄUFER-EFFEKT

Weshalb wir uns manipulieren lassen

Politiker sind vor wichtigen Wahlen geradezu besessen von Prognosen. Das Datenmaterial dafür ist in Deutschland Legion, allein sechs große Wahlforschungsinstitute bieten Medien und Parteien ihre Dienste an – aus mehreren Gründen: Der eine nutzt die Zahlen dazu, den Gegner kleinzureden, der andere will mit den Umfragewerten seine Anhänger motivieren und potenzielle Wähler mobilisieren. Doch es gibt noch einen dritten Grund, warum Vorhersagen bei Wahlen den Beteiligten wichtig sind. Die Politiker wissen, dass der Mensch gerne dem Herdentrieb folgt.

Allzu oft erliegen wir der Versuchung, es anderen nachzumachen. Es ist ja auch bequemer, auf einem bereits existierenden Weg entlangzulaufen, als neue Wege zu gehen. Jeder von uns kann das im Alltag beobachten – etwa bei Trampelpfaden durch den Wald. Sicher, irgendjemand war der Erste und hat den inoffiziellen Weg angelegt. Dann kam ein Zweiter, sah den Pfad und dachte sich: »Hey, da ist schon jemand langgegangen – wird schon richtig sein!« Dann kam ein Dritter, sah den Pfad – und so weiter. Tatsache ist: Dieses Nachahmerverhalten gibt es nicht nur bei Spaziergängen im Grünen, sondern überall. Bandwagon-Effekt heißt das im Angelsächsischen – oder auf Deutsch: Mitläufer-Effekt.

Der englische Begriff tauchte erstmals 1868 in den Vereinigten Staaten auf. Damals gab es einen berühmten Clown namens Dan Rice, der in den USA derart populär war, dass er sich eines Tages zutraute, für die Präsidentschaft zu kandidieren. Um die Werbetrommel zu rühren, benutzte er einen der beim Zirkus so beliebten Planwagen (englisch: bandwagon) und fuhr damit durch die Lande. Sein knackiger Werbeslogan: »Jump on the bandwagon!« Rices Erfolg war zwar nur von kurzer Dauer – die Republikaner nominierten einen gewissen Ulysses Grant als Kandidaten, der die Wahlen schließlich auch gewann und als 18. Präsident ins Weiße Haus einzog. Dennoch hatte Rice trotz seiner Niederlage der Politikerkaste eines hinterlassen: den Planwagen. Von nun an nutzten zahlreiche Politiker ein solches Gefährt, um vor Wahlen durch die Lande zu touren. Der Spruch »Jump on the bandwagon« wurde gar zum geflügelten Wort. Und davon abgesehen war es ohnehin viel bequemer, auf dem Wagen zu sitzen und sich von Pferden ziehen zu lassen, als zu Fuß von Wahlkreis zu Wahlkreis zu pilgern.

Der Planwagen steht bei besagtem Effekt auch als Symbol dafür, dass man sich von anderen ziehen lässt, ohne selbst anstrengende Entscheidungen treffen zu müssen. Wie eben beim Trampelpfad. Nicht selten lassen wir uns aus purer Gruppendynamik manipulieren. Psychologen nennen dieses Phänomen auch Konformität. Am deutlichsten wird dies an einem inzwischen legendären Experiment.

Schauen Sie sich bitte die vier Linien genau an. Welche der Linien A, B, C ist genauso lang wie die Linie links? Nein, wir wollen Sie nicht veräppeln. Auch wenn die Lösung mehr als offensichtlich ist, antworten eben nicht alle mit »C«. Im Jahr 1951 stellte der US-Psychologe Solomon Asch seinen Versuchsteilnehmern wiederholt exakt dieselbe Frage. Und um die Pointe vorwegzunehmen: Ganze 76 Prozent der Probanden entschieden sich mindestens einmal für die Linien A oder B und widersprachen damit ihren eigenen Sinneseindrücken. Wie konnte das geschehen?

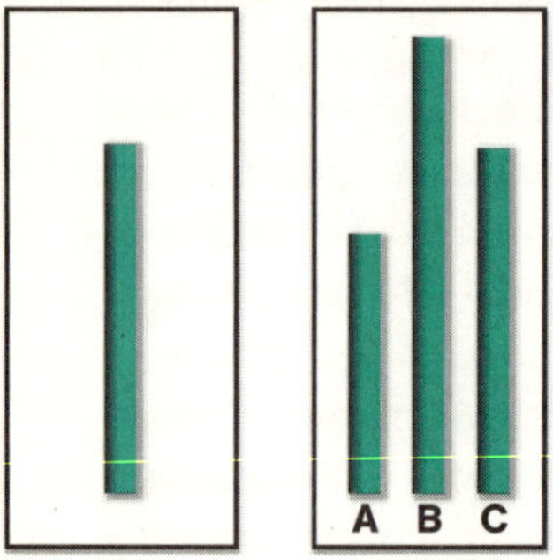

Ganz einfach: Asch hatte die Probanden in einen Raum gebeten, in dem bereits eine Gruppe saß. Was die Neuankömmlinge nicht wussten: Bei diesen Teilnehmern handelte es sich um eingeweihte Komplizen. Nun zeigte Asch allen das obige Bild und befragte sie zu Übereinstimmungen der Linienlänge. Bei den ersten Durchgängen stimmten noch alle so ab, wie sie die Linien tatsächlich wahrnahmen (Kontrolldurchgang), danach aber votierten Aschs Undercover-Agenten absichtlich falsch und erzeugten so eine Art Gruppenzwang. Was dabei herauskam, überraschte selbst Asch und sein Team: 50 Prozent der Probanden gaben in mehr als der Hälfte der Abstimmungsrunden eine offensichtlich falsche Antwort und schlossen sich damit der Mehrheit an. Nur jeder vierte Teilnehmer monierte, dass hier offenbar eine Gruppe versuche, das Ergebnis zu beeinflussen. Fünf Prozent zeigten regelrecht blinden Gehorsam, indem sie kategorisch mit der Mehrheit stimmten.

Später befragte der Sozialpsychologe die Versuchsteilnehmer, warum sie sich gegen ihre eigene Meinung und Wahrnehmung entschieden hätten. Die Begründungen waren bemerkenswert:

So gaben einige an, zunächst unsicher gewesen zu sein. Weil sich aber die Mehrheit sicher schien, hätten sie zugestimmt. Andere räumten ein, Angst vor Repressalien gehabt zu haben, wenn sie sich gegen die Mehrheit stellten. Wieder andere wollten nicht mit einer abweichenden Meinung aus der Gruppe hervorstechen. Und einige wenige behaupteten sogar, es tatsächlich genauso wie die Mehrheit gesehen zu haben.

Weil Aschs Ergebnisse zu Gruppendynamik und Gruppenzwang so beeindruckend waren, inspirierten sie viele weitere Wissenschaftler zu ähnlichen Versuchen. Die Prozentzahlen der gezeigten Anpassungsbereitschaft variieren dabei zwar immer ein wenig, im Kern aber läuft es auf dasselbe hinaus: Viele Gruppenentscheidungen sehen nur so aus, als würden sie auf Objektivität oder einem rationalen Konsens basieren (siehe auch Abilene-Effekt, Seite 216). In Wirklichkeit sind sie auf Konformität zurückzuführen, weshalb sie uns zu suboptimalen Handlungen verleiten können – wenn nicht gar zu objektiv falschen.

Immerhin: Es gibt ein paar Faktoren, die unseren Hang zur Übereinstimmung stärker oder schwächer werden lassen:

1. **Gruppengröße:** Bei drei bis fünf Personen ist der Konformitätsdruck am größten.
2. **Reziprozität:** Viele fühlen sich zu einer Gegenleistung verpflichtet, wenn man ihnen zuvor einen Gefallen getan hat (siehe auch Ben-Franklin-Effekt, Seite 298).
3. **Kultur:** In Asien ist der Gruppendruck größer, hier gehört Konformität traditionell zum guten Ton. Der Westen hingegen legt mehr Wert auf Individualität.

Es ist in der Tat nicht leicht, diesem Herdentrieb zu widerstehen. Aber einer muss den Anfang machen. Studien zeigen, dass die Übereinstimmung bereits schrumpft, sobald nur eine Person widerspricht.

DER FALSCHE-KONSENSUS-EFFEKT

Warum wir uns so oft in anderen täuschen

Das Leben ist kein Ponyhof – besonders im Job geht es heftig zur Sache, wenn zwei verschiedene Sichtweisen aufeinanderprallen. Das ist durchaus sinnvoll. »Wenn zwei Menschen immer die gleiche Meinung haben, ist einer von ihnen überflüssig«, sinnierte schon der britische Premierminister Winston Churchill. Und von Johann Wolfgang von Goethe stammt der kluge Satz: »Das Gleiche lässt uns in Ruhe, aber der Widerspruch ist es, der uns produktiv macht.« Wie wahr! Wenn überall nur noch Harmonie herrscht, gibt es keine Kreativität mehr. Wo rhetorisch nur noch gekuschelt wird, da entsteht nichts Neues, denn das erwächst erst dort, wo Reibung und Widerspruch Raum haben. Einerseits.

Andererseits fällt es keinem leicht, gegenläufige Meinungen auszuhalten. Das erfordert erstens ein gesundes Ego und zweitens Übung. Keiner hört es gerne, wenn seine Sichtweise als falsch deklariert wird – eher rechnen wir damit, dass andere sofort zustimmend nicken. Der Name dieser Selbsttäuschung: Falscher-Konsensus-Effekt.

Seinen Namen verdankt das Phänomen einem Team von Sozialpsychologen um Lee Ross von der Stanford-Universität, die es bereits 1977 in mehreren Experimenten beobachten konnten. In einer ersten Studie bekamen die Teilnehmer beispielsweise zunächst einen Text zu lesen, in dem ein Konflikt zwischen zwei Personen geschildert wurde. In dem Manuskript konnten sich die Streithähne zwischen zwei Optionen entscheiden. Die Probanden sollten nun einschätzen, welche der beiden Möglichkeiten die Personen im Text wählen würden und welche sie selbst genommen hätten. Lee Ross und seine Kollegen fanden heraus: Die überwiegende Mehrheit erwartete, dass die Protagonisten im Text genau dieselbe Option wählen würden wie sie selbst.

Im zweiten Experiment verließen Ross und Co. ihr Labor und

gingen auf den Hochschulcampus. Zuvor hatten sie ein Schild gebastelt, auf dem der Werbeslogan für ein Restaurant prangte: »Eat at Joe's«. Nun baten sie zufällig ausgewählte Studenten darum, die Werbung für das Restaurant 30 Minuten lang spazieren zu tragen. Es kam, wie die Forscher erwartet hatten: Wer sich dazu bereit erklärte, mit dem Schild über den Campus zu schlendern, ging davon aus, dass 62 Prozent der Kommilitonen dies ebenfalls tun würden. Wer ablehnte, glaubte, dass 67 Prozent der Studenten sich ebenso verhalten würden.

Harmonie ist eine Illusion. Und wir sollten uns nicht dahingehend täuschen, dass unsere Überzeugung – egal, wie gut unsere Argumente dafür sind – jedes Mal auf Gegenliebe stoßen würde. Das ist die Ausnahme! Nur allzu oft fällt wegen des Falsche-Konsensus-Effekts ein junges Liebespaar bei der ersten großen Meinungsverschiedenheit von Wolke sieben. Angestellte sind beim ersten Zwist mit den neuen Kollegen, die doch so sympathisch waren, verdutzt. Und gute Freunde wundern sich, warum ihnen der Kumpel nicht beipflichtet, obwohl man sich doch schon so lange kennt. Lassen Sie den anderen ihre Meinung, und rechnen Sie vielmehr mit Widerspruch. Wie eingangs beschrieben, bringt das durchaus kreative Impulse. Überhaupt hilft es, sich bei künftigen Auseinandersetzungen an das Bonmot des berühmten US-Journalisten Herbert Bayard Swope zu erinnern. Der sagte einem guten Freund: »Eine Erfolgsformel kann ich dir nicht geben. Aber ich kann dir sagen, was zum Misserfolg führt – der Versuch jedem gerecht zu werden.«

DER DOMINO-EFFEKT

Wieso unser Verhalten ansteckend ist

Am 7. April 1954 machte der damalige US-Präsident Dwight D. Eisenhower auf einer Pressekonferenz eine folgenreiche Bemerkung. Er sprach über den Kommunismus in Indochina und prägte dann eine Metapher: »Wenn Sie eine Reihe von Dominosteinen aufstellen und den ersten umstoßen, wird es nicht lange dauern, bis auch der letzte umgefallen ist.« Eisenhowers Aussage war letztlich der Grundstein zur sogenannten Domino-Theorie, einer neuen politischen Handlungsmaxime der amerikanischen Regierung. Danach würde es nicht lange dauern, bis auch die Nachbarstaaten in die Hände der Kommunisten fielen, wenn kommunistische Kräfte erst einmal ein neutrales oder von den USA unterstütztes Land erobert hätten. Wir wissen alle, wie es weiterging: Es kam der Kalte Krieg und in dessen Gefolgschaft eine Reihe von sehr eisigen militärischen Auseinandersetzungen in Asien, bei denen leider keine Dominosteine, dafür aber umso zahlreicher Menschen fielen, insbesondere in Vietnam, Kambodscha und Korea.

Solche Kettenreaktionen gibt es oft auch im Alltag – wenngleich in der Regel mit weitaus weniger tragischen Folgen. Natürlich ist die Idee, dass sich ein Prozess erst durch eine vorherige Abfolge von Ereignissen ergibt, uralt. Doch in den letzten Jahren haben Wissenschaftler das Thema für sich entdeckt und festgestellt, dass einige unserer Eigenschaften und Verhaltensweisen auf unseren Freundes- und Bekanntenkreis zurückzuführen sind. Man könnte auch sagen, sie breiten sich aus wie ein Virus.

Als Vorreiter der Ansteckungsforschung dürfen die beiden US-Wissenschaftler Nicholas Christakis und James Fowler gelten. In ihrem Buch ›Connected‹ beschäftigen sie sich mit der Frage, inwieweit unsere sozialen Netzwerke unser Leben beeinflussen. Einer Studie von Christakis und Fowler zufolge sind zum Beispiel Trinkgewohnheiten eine typische Folge dieses Domino-Effekts.

Das Duo analysierte dazu die Daten einer Langzeitstudie mit über 5000 Teilnehmern. Fazit: Wenn ein Freund, Verwandter oder Kollege starker Trinker ist, werden wir das mit 50 Prozent höherer Wahrscheinlichkeit ebenfalls. Und wenn der Freund eines Freundes stark trinkt, liegt die Wahrscheinlichkeit immer noch bei 36 Prozent.

Ähnliches gilt für den Willen zur Kooperation, für Egoismus, Marihuanakonsum oder Fettleibigkeit. Im Dezember 2009 wollten Christakis und Fowler gar herausgefunden haben, dass selbst Einsamkeit ansteckend sei. Einsame Menschen würden nicht nur automatisch am Rande sozialer Gruppen landen, sondern auch noch ihre wenigen Freunde mit dem Gefühl der Vereinsamung infizieren, woraufhin sich diese ebenfalls sozial zurückzögen. Dem kann man sich anschließen oder auch nicht. Unbestritten aber ist, dass unsere Handlungen mal mehr, mal weniger auf unsere Freunde und Bekannten abfärben, weshalb uns schon die Großeltern warnten: »Such dir deine Freunde sorgfältig aus!« Recht hatten sie.

FÜR SCHNELLE AHA-EFFEKTE:

PROPINQUITY-EFFEKT

Auch wenn wir Freundschaften aufgrund gegenseitiger Sympathien oder Interessen pflegen, entstehen enge Bindungen meist aus Zufall.

BEN-FRANKLIN-EFFEKT

Wenn wir jemandem einen Gefallen tun, sorgt das unterbewusst dafür, dass wir ihn mehr mögen.

CHAMÄLEON-EFFEKT

Wer uns imitiert, den mögen wir – und glauben ihm zuweilen mehr, als wir sollten.

MITLÄUFER-EFFEKT

Allzu oft erliegen wir der Versuchung, es anderen einfach gleichzutun, weil es bequemer ist, auf existierenden Trampelpfaden zu wandern, als Neues zu entdecken.

FALSCHER-KONSENSUS-EFFEKT

Regelmäßig geben wir uns der Illusion hin, dass unser Standpunkt ganz bestimmt auf Zustimmung stoßen wird.

DOMINO-EFFEKT

Viele unserer Eigenschaften und Verhaltensweisen sind ansteckend. Dazu zählen Trinkgewohnheiten ebenso wie Marihuanakonsum oder Fettleibigkeit.

RANG UND NAMEN

– Wie wir gewinnen –

Zurück in die Vergangenheit: Grundschule. Sportunterricht. Programmpunkt: Mannschaftssport. Wie jedes Mal werden als Erste die Sportskanonen ins Team gewählt, die übergewichtigen und untalentierten Kinder dagegen schmoren bis zum Schluss auf der Bank. Und am Ende erklären die Asse sogar noch abschätzig: »Ich brauche die nicht, du kannst den Rest haben.« Der andere will aber auch nicht. *Keiner will dich!* Das ist eine enorm erniedrigende Erfahrung. So manche Kinderseele nimmt daran langfristigen Schaden, der bisweilen später durch auffällige Suche nach Applaus und Anerkennung kompensiert werden soll. Gleichzeitig lernen die Kinder, wenn auch auf die harte Tour: Das Leben ist keine Vergnügungstour, es gibt entweder Gewinner oder Verlierer. Betriebswirte haben sich dafür eine griffige Formel ausgedacht: G = E – K. Gewinn ist die Differenz aus Erlös und Kosten. Was unterm Strich bleibt, ist für jedes Unternehmen die entscheidende Größe – ohne Gewinn kein Erfolg. So rechnen allerdings nicht nur Konzerne. Auch privat ziehen viele auf vergleichbare Weise Bilanz: Das Institut für Demoskopie Allensbach fand beispielsweise vor einigen Jahren heraus: Frauen gewinnen ihre Selbstsicherheit vor allem aus dem Wert ihrer Beliebtheit plus ihrem gutem Aussehen. Männer wiederum kalkulieren ihren wahren Erfolg häufig mithilfe des bisherigen Karriereverlaufs und der damit verbundenen finanziellen Ausstattung. There's »no time for losers«, wie die britische Kultband Queen vor Jahren sang, die Gesellschaft steht eben auf Gewinnertypen und ihre Geschichten. Von einigen davon erzählen wir Ihnen im folgenden Kapitel.

72 **Prozent der Deutschen zwischen 18 und 35 wollen später viel Geld besitzen.**

66 **Prozent der Deutschen ist Erfolg im Job wichtig bis sehr wichtig.**

42 **Prozent der Deutschen glauben, wer gepflegte Haare hat, dem öffnen sich mehr Türen.**

DER MARSHMALLOW-EFFEKT

Warum Verzicht und Erfolg zusammenhängen

Kaum zu glauben, aber ob man es im Leben einmal zu etwas bringen wird, zeigt sich bereits in jungen Jahren. Aber nicht etwa an so profanen Dingen wie dem Sozialstatus und dem Einkommen der Eltern oder an der Frage, wie pfiffig oder aufgeweckt so ein Knirps ist. Vielmehr offenbart sich die Antwort auf die Frage, ob der Spross im Erfolgslotto des Lebens den Jackpot knacken wird, an so simplen Dingen wie dem Umgang mit Süßigkeiten.

Erstmals wurden US-Wissenschaftler auf diesen Zusammenhang in den Sechzigerjahren des vorigen Jahrhunderts aufmerksam. Damals besuchten sie eine Vorschule mit Vierjährigen, denen sie ein verlockendes Angebot machten: Sie gaben jedem ein Marshmallow, eine beliebte Nascherei aus weißem Zuckerschaum. Das konnten die Kinder sofort essen oder – so das Angebot – warten, bis der Versuchsleiter wiederkommen würde, dann sollten sie zur Belohnung ein zweites Marshmallow erhalten. Einige Kinder konnten der Versuchung nicht widerstehen und griffen sofort zu, andere warteten artig unter Aufbietung aller physischen und psychischen Kräfte, rochen an dem Zuckerschaum, spielten damit, pulten ein bisschen darin herum, vermieden es aber, herzhaft hineinzubeißen – und bekamen am Ende den doppelten Lohn.

Nun war das Experiment damit aber noch lange nicht vorbei: Rund 14 Jahre später wurden dieselben Schüler erneut unter die Lupe genommen. Und siehe da, es hatte sich einiges entwickelt: Die Geduldigen waren zu selbstbewussten, empathischen Persönlichkeiten gereift, konnten mit Rückschlägen gut umgehen und waren in der Lage, eine Belohnung aufzuschieben, wenn es sie dafür ihren Zielen näherbrachte. Die Sofortesser hingegen waren emotional instabiler, wechselhaft, weniger entschlossen und hatten in der Schule sogar schlechtere Noten – und das völlig unabhängig von ihrer Intelligenz. Offenbar ist die Fähigkeit zum Gratifikationsaufschub, wie der Belohnungsverzicht in der Fachsprache auch genannt wird, nicht nur ein Indiz für Willensstärke, es scheint auch eine veritable Erfolgseigenschaft zu sein.

Der sogenannte Marshmallow-Effekt gehört inzwischen zu den Klassikern in der Sozialpsychologie, der Versuch wurde viele Male wiederholt und immer wieder bestätigt. Unter anderem auch von dem ehemaligen Harvard-Professor Daniel Goleman, der Mitte der Neunzigerjahre einen Bestseller über »Emotionale Intelligenz« schrieb. Seine These: Ein hoher Intelligenzquotient ist keinesfalls ein Garant für Erfolg und Lebensglück. Allenfalls sei er zu 20 Prozent daran beteiligt. Deutlich mehr Einfluss auf

EIGENSCHAFTEN, DIE STARKE CHARAKTERE AUSZEICHNEN:

- **Selbstkontrolle.** Sie sind alles andere als impulsiv, sondern vielmehr in der Lage, auf entsprechende Reize besonnen zu reagieren.
- **Optimismus.** Sie glauben an ihre Stärken. Statt in die Opferrolle zu schlüpfen und zu jammern, werden sie aktiv. Dank ihres Selbstvertrauens sind sie überzeugt, Lösungen zu finden, wodurch ihr Mut weiter wächst.
- **Kontaktfreude.** Sie reden. Schwierigkeiten versuchen sie nicht im Alleingang zu lösen, sondern gemeinsam. Zudem sind sie in der Lage, eingefahrene Denkpfade zu verlassen. Weil sie die Ursachen eines negativen Erlebnisses genau identifizieren, können sie auch leichter alternative Lösungen erkennen.
- **Realismus.** Sie denken langfristig und entwickeln realistische Ziele. So können sie von temporären Rückschlägen oder Wendepunkten im Leben nicht aus dem Gleichgewicht geworfen werden. Weil sie sich gedanklich auf das Danach vorbereiten, meistern sie diese Herausforderungen souveräner und schneller.

das Lebensglück habe dagegen, wenn einer klug mit seinen Gefühlen und Begierden umgehen kann. Und es ist ja auch so: Wer in seiner Eitelkeit gekränkt ist, vor Wut kocht oder vor Begierde glüht, dem fehlen nicht nur die Worte, sondern meist auch ein paar klare Gedanken.

Wer dagegen die seelische Kraft aufbringt, sich von Stress, Krisen und Schicksalsschlägen nicht charakterlich verbiegen zu lassen, sondern das Beste daraus zu machen, daraus zu lernen und so über sich selbst hinauszuwachsen, der gewinnt nicht nur enorme innere Stärke – er weiß danach auch besser mit dem Aufbrausen und den Sehnsüchten anderer umzugehen. Oder eben mit einem Teller voller Naschzeug.

DER HAWTHORNE-EFFEKT

Warum wir mehr können, als wir denken

Im Jahr 1924 roch Arbeit noch nach Qualm, Schweiß und Schwefel. Es war die Zeit der industriellen Revolution. Produkte wurden nicht mehr an Werkbänken, sondern zunehmend an Fließbändern hergestellt, und dank des Taylorismus wurden diese Arbeitsschritte auch noch in viele kleine zerlegt. Überall klopften und hämmerten die Maschinen, die Schlote rauchten, und wenngleich das ein gutes Zeichen für den wirtschaftlichen Aufschwung war, machte es das Zeitalter samt seinen Fabrikhallen doch irgendwie ziemlich trübe und düster.

Wie alle Manager fragten sich auch die Führungskräfte von General Electric (GE) zu jener Zeit, wie sie ihre Produktion irgendwie optimieren könnten. Wissenschaftler wurden eingeladen, Studien erstellt und alles Erdenkliche untersucht, was einen Vorteil versprach. Sogar die Lichtverhältnisse in den Fabriken. Vor allem das Lichtspiel in den Hawthorne-Werken in Cicero/

Illinois nahmen die Forscher genauer unter die Lupe. Das heißt, eigentlich war es eher das Dämmerlicht in den Werkshallen, für das man sich interessierte – rauchende Schlote, verrußte Scheiben ... Sie erinnern sich?

Daraufhin entwarfen die Wissenschaftler eine Hypothese: Nicht mehr Maschinen, sondern helleres Tageslicht mache Arbeiter produktiver. Eine kühne Idee, aber nicht zu abwegig, und deshalb ging man ihr nach. Also informierten die Chefs ihre Mitarbeiter darüber, was sie vorhatten, und schraubten anschließend ein paar Glühbirnen mehr unter die Decke. Und tatsächlich: Mit jedem Watt stieg die Leistungskraft der Arbeiter an.

Reiner Zufall? So recht wollte zunächst keiner an den Beweis der These glauben, sodass die Wissenschaftler ihr Experiment wiederholten. Wieder informierte man die Arbeiter, installierte zusätzliche Lampen – und wieder erhöhte sich die Produktivität. Die GE-Manager rieben sich die Hände und witterten ein fettes Geschäft mit den Millionen von Glühbirnen, die sie künftig an andere Unternehmen würden verkaufen können. Dann jedoch bekam einer der Wissenschaftler einen düsteren Gedanken: Was wäre, wenn die Leistung der Arbeiter nicht aufgrund des Lichts stieg, sondern weil sie sich beobachtet fühlten? Einige der Forscher verwarfen den Einwand sofort wieder. Andere bekamen Zweifel, wenn auch nur widerwillig. Also wagte man ein drittes Experiment: Wieder teilten sie der Belegschaft mit, dass mittels neuer Lampen der Zusammenhang von Licht und Leistung untersucht werden sollte. Nur diesmal war das gelogen. An der Decke funzelten dieselben Lampen wie eh und je. Dennoch stieg die Produktivität in Hawthorne. Es war ein bitterer Tag für die Manager von GE: Der Traum vom Millionenglühbirnengeschäft löste sich in Trübsinn auf.

Das Experiment ging als Hawthorne-Effekt in die Geschichte ein. Man lernte daraus zweierlei: Sobald Probanden wissen, dass sie beobachtet werden, ändern sie ihr Verhalten, was das Ergebnis zahlreicher Experimente zu jener Zeit kräftig infrage stellte. Für die Betriebswirtschaftslehre aber war es zugleich der Beleg, dass die Arbeitsleistung nicht nur von den Arbeitsbedingungen abhängt, sondern ganz wesentlich von sozialen und psychologischen Faktoren. Zudem zeigt der Hawthorne-Effekt, dass wir eine erlernte Ansicht über unsere maximale Leistungskraft haben und dass diese Grenze völlig willkürlich gewählt ist.

WAS ANDERE ÜBER WACHSTUM GESAGT HABEN

»Die Schwierigkeiten wachsen, je näher man dem Ziele kommt.«
Johann Wolfgang von Goethe

»Wenn du nicht wächst, wirst du kleiner.«
Jüdisches Sprichwort

»Lebenskunst ist, Problemen nicht auszuweichen, sondern daran zu wachsen.«
Anaximander von Milet

»Aus den Leidenschaften wachsen die Meinungen; die Trägheit des Geistes lässt diese zu Überzeugungen erstarren.«
Friedrich Nietzsche

»Die Grenzen des Wachstums werden allein durch die Phantasie gesteckt.«
Günter Wille

»Je mehr du gibst, umso mehr wächst du. Es muss aber einer da sein, der empfangen kann.«
Antoine de Saint-Exupéry

»Es kommt nicht auf das an, was die Natur aus dem Menschen, sondern was dieser aus sich selbst macht.«
Immanuel Kant

»Der einzige Mist, auf dem nichts wächst, ist der Pessimist.«
Theodor Heuss

Man darf wohl annehmen, dass die Hawthorne-Arbeiter bereits unter Dämmerlicht ihr Bestes gaben. Aber jedes Mal, wenn die Forscher einen neuen Versuch ankündigten, waren sie in der Lage, ihre Schaffenskraft zu steigern. Mit anderen Worten: Der Mensch ist regelmäßig zu mehr in der Lage, als er meint.

Es ist das Dilemma jedes persönlichen Wachstums: Wir alle wachsen leider nur allzu selten von selbst über uns hinaus – sondern erst, wenn uns jemand herausfordert.

DIE 10 000-STUNDEN-REGEL

Wieso Übung doch den Meister macht

Irgendwie schämt man sich ja immer ein bisschen mit. Mit dem britischen Skispringer Michael Edwards zum Beispiel, besser bekannt als »Eddie the Eagle«. Bei den Olympischen Winterspielen in Calgary belegte er gleich zwei Mal den letzten Platz. Oder mit dem äquatorialguinesischen Schwimmer Éric Moussambani. Bei Olympia 2000 in Sydney sorgte er für Aufsehen, weil seine einzigen beiden Kontrahenten im Vorlauf wegen Fehlstarts disqualifiziert wurden und er den Wettkampf deshalb allein bestritt. Moussambani schwamm dann auch noch mies: Für 100 Meter Freistil benötigte er ganze 112,72 Sekunden – doppelt so lange wie der Weltrekord über diese Strecke und auch noch langsamer als die Bestzeit über 200 Meter. Peinlich.

Aber mal ehrlich: Außer an solch wirklich grandiose Loser erinnert man sich kaum an das Heer der Gescheiterten und Erfolglosen. Eher ist es andersherum: Wir erinnern uns an die Herausragenden, die Überdurchschnittlichen, die Gewinner. Ganz gleich, ob im Sport, in der Politik oder in der Wirtschaft – es sind immer wieder die Geschichten von phänomenalen Siegen, die uns aufhorchen und jubeln lassen und sich in unser Gedächtnis einbrennen. Was wir dann sehen und erinnern, ist aber meist nur der Erfolg. Seltener ist es der lange, harte und steinige Weg, der dorthin führt.

Was macht einen Menschen erfolgreich? Diese Frage ist ungefähr so alt wie die Nacht. Die ultimative Antwort darauf allerdings deutlich jünger. 1985 veröffentlichte der Erziehungswissenschaftler Benjamin Bloom von der Universität von Chicago das Buch ›Developing Talent in Young People‹. Sein Ziel war es damals, herauszufinden, welche Faktoren Einfluss auf die späteren Fähigkeiten eines Menschen haben. Dazu analysierte er die Kindheit von 120 Spitzenkräften aus verschiedenen Gebieten, darunter Musiker, Künstler, Mathematiker und Neurologen. Fazit: Bloom konnte keinerlei Indikatoren identifizieren, die den Erfolg bereits erahnen ließen. Nur eines hatten die Erfolgreichen gemeinsam: Sie wurden einst von engagierten Lehrern angeleitet, von ihren Familien unterstützt – vor allem aber hatten sie hart an sich gearbeitet.

Der amerikanische Psychologe Anders Ericsson gilt heute als einer der weltweit führenden Experten für die Erforschung von Exzellenz. 2006 gab er mit Kollegen das ›Cambridge Handbook of Expertise and Expert Performance‹ heraus, das durch Blooms Arbeiten inspiriert war. Dort schildern mehrere Psychologen auf insgesamt knapp 900 Seiten, welche Faktoren Einfluss auf den Erfolg eines Menschen haben. Wer sich den Schmöker schenken will – das monumentale Werk lässt sich in einem leider recht trivialen Satz zusammenfassen: Übung macht den Meister.

Ericsson und die anderen Exzellenzforscher stellten bei ihren Untersuchungen fest: Selbst die begabtesten Talente mussten zehn Jahre lang üben, um internationale Wettbewerbe zu gewinnen. Dieses ewige Pauken und förderliche Trainieren wollen Ericsson und seine Kollegen sogar in harten Zahlen ausdrücken können: Demnach müssen wir uns mit einer Sache mindestens 10 000 Stunden beschäftigen. Erst dann sammeln wir genug Expertise, um zur Weltspitze gehören zu können. Oder wie es der Kung-Fu-Kämpfer Bruce Lee einmal ausgedrückt hat: »Ich fürchte mich nicht vor dem Mann, der 10 000 Kicks trainiert hat; ich fürchte mich vor dem, der einen Kick 10 000 Mal geübt hat.«

Die Zahl selbst klingt in der Tat etwas sehr hoch. Rechnerisch ergibt sie sich allerdings so: Angenommen, man trainiert jeden, aber auch wirklich jeden Tag drei Stunden lang, dann kommt man in einem Jahr auf etwa 1000 Stunden Übung, in zehn Jahren auf 10 000 Stunden. Der US-Bestsellerautor Malcolm Gladwell bezeichnete dies in seinem Buch ›Überflieger‹ später als die ›10 000-Stunden-Regel‹, als die sie heute bekannt ist.

Damit keine Missverständnisse aufkommen: Es reicht nicht, über all die Jahre einfach nur ein und derselben Tätigkeit nachzugehen. Entscheidend für die spätere Exzellenz ist nach Ansicht von Ericsson »deliberate practice«, was so viel heißt wie *zielgerichtetes Üben*. Dazu sollte das Training folgende Bedingungen erfüllen:

1. Wir müssen uns vorher konkrete Ziele setzen – und zwar nicht nur über das endgültige Ziel, sondern auch den Weg dahin.
2. Wir müssen die Übungen so gestalten, dass sie uns stärker machen. Es müssen also zuvor die Schwächen identifiziert und gezielt daran gearbeitet werden.
3. Wir müssen uns dabei mental extrem fordern, also äußerst fokussiert und konzentriert sein. Das bedeutet jedoch im Umkehrschluss: Mehr als vier, fünf Stunden pro Tag kann das niemand am Stück schaffen.
4. Wir müssen ständig Feedback einholen – etwa von Kollegen oder Freunden.
5. Wir müssen uns selbst beobachten und reflektieren – damit wir unsere Leistung und den Fortschritt im Auge behalten.
6. Wir müssen die Übungen ständig wiederholen.

Keine Frage, das hört sich enorm mühsam an und ist es auch. Obendrein gibt es auch noch Ausnahmen: Die Bee Gees zum Beispiel oder The Doors hatten bereits nach wenigen Jahren (und weniger als 10 000 Stunden Übung) weltweiten Erfolg. Von Britney Spears mal ganz zu schweigen. Dasselbe Bild in der Wissenschaft: Werner Heisenberg studierte ab 1920 Mathematik und Physik, ab 1923 konzentrierte er sich auf Physik, 1926 widmete er sich der Quantenmechanik. Bereits 1927 entdeckte er die nach ihm benannte Heisenberg'sche Unschärferelation. Oder die Entdecker der DNA-Struktur. James Watson hatte zum Zeitpunkt der Entdeckung sechs Jahre Biologie studiert, Francis Crick sogar nur fünf.

Versteifen Sie sich also nicht auf die magische Grenze von 10 000 Stunden. Wichtiger ist, dass Sie konsequent an Ihren Fähigkeiten arbeiten, und zwar über einen langen Zeitraum. Natürlich sind dafür Ausdauer, Willensstärke und Hartnäckigkeit notwendig. Durchhängerphasen kennt jeder. Leichter überwinden lassen sie sich aber, wenn man einer Sache nachgeht, die man wirklich mag. Der Apple-Chef Steve Jobs hat das 2005 in seiner Rede zur damaligen Abschlussklasse der Stanford-Universität ähnlich ausgedrückt: »Was mich motiviert hat, immer weiterzumachen? Ich liebte, was ich tat – und das ist das einzig Wichtige. Eure Arbeit wird einen großen Teil eures Lebens bestimmen. Und ihr könnt nur dann vollkommen zufrieden sein, wenn ihr eure Arbeit toll findet – ihr werdet sie aber nur dann toll finden, wenn ihr sie liebt. Falls ihr diese Arbeit noch nicht gefunden habt, sucht weiter!«

DER AHA-EFFEKT

Warum manchmal alles zusammenpasst

Dank Roy Plunkett haben wir es heute richtig auf der Pfanne: Teflon. Das allerdings war ein Zufallsprodukt – und entstammt einer Reihe von Pleiten, Pannen und Aha-Effekten.

Sie begann am 6. April 1938. Plunkett und sein Assistent Jack sollten für das Unternehmen DuPont ein neues Kühlmittel entwickeln und hatten deshalb mit Tetrafluorethylen experimentiert. Das Gas lagerten sie unter hohem Druck in einer Gasflasche. Doch als sie diese ein paar Tage später öffneten, war das Gas verschwunden. Entwichen, wie sie zuerst vermuteten, war es aber nicht, denn die Gasflasche war noch genauso schwer wie vorher. Also öffnete Plunkett den Behälter und bemerkte ein weißes Pulver, das zugleich an den Innenwänden der Kartusche haftete. Der Stoff hatte interessante Eigenschaften: Er war enorm hitzebeständig und stark abweisend, jedenfalls reagierte er in Verbindung mit anderen Substanzen praktisch gar nicht. Für Plunkett ein echtes Aha-Erlebnis – mit dem er nun versuchte, bei DuPont seinen Ruf zu retten. Als Kühlmittelerfinder war er gescheitert, aber zumindest den neuen Stoff pries er an wie sauer Bier. Weil seine Chefs jedoch genauso abweisend waren wie Teflon, verschwand das Pulver mit der Registriernummer K416 wenig später im Firmenarchiv.

Und da blieb es – bis zur Entwicklung der Atombombe im 2. Weltkrieg. Für die Bombe benötigten die Wissenschaftler hochangereichertes Uran. Das aber ist nicht nur eine extrem gefährliche, sondern auch enorm aggressive Substanz, die sich durch jeden Behälter fraß. Also bat die Regierung die großen Chemiekonzerne um Hilfe – und DuPont erinnerte sich an K416. Mit sehr lukrativen Folgen.

Nach dem Krieg wurde Teflon dann vor allem zivil eingesetzt: als Beschichtungs-, Dichtungs- oder Isoliermittel, allerdings mit mäßigem Erfolg. Bis zum Jahr 1954. Jetzt experimentierte der französische Chemiker Marc Grégoire damit und beschichtete seine Angelschnüre mit Teflon, in der Hoffnung, diese würden sich so weniger verheddern. Beim Brutzeln des fangfrischen Fischs wiederum kam seine Frau Colette auf die Idee, mit dem Zeugs mal ihre Töpfe zu versiegeln – die Teflon-Pfanne war geboren.

Wenn aus einer solchen Folge von Versuchen und Irrtümern

schließlich eine große Entdeckung wird, dann spielt Zufall nur die erste Rolle. Aha-Momente passieren nämlich nicht einfach so. Sie entwickeln sich – in exakt vier Phasen. Das behaupten zumindest die beiden Forscher Simone Sandkühler und Joydeep Bhattacharya von der Medizinischen Universität Wien. Ausgangspunkt ist die gedankliche Sackgasse (*Phase 1*). Im Hirn herrscht die totale Denkblockade – rien ne va plus, nichts geht mehr. Was die grauen Zellen jetzt benötigen, ist ein neuer Impuls (*Phase 2*) – sei es durch äußere Einflüsse oder indem wir bereits gespeicherte Gedanken zu einem neuen verknüpfen. Und siehe da: Auf einmal erkennt unser Geist einen neuen Zusammenhang (*Phase 3*). Im Grunde kann es auch ein alter sein – nur führt der eben zur Lösung des bisherigen Problems und damit zum Aha-Erlebnis (*Phase 4*). Allerdings schränkten die Wiener Wissenschaftler ein: Ein Aha-Effekt tritt nur dann auf, wenn die Impulse in Phase 2 unbewusst oder zufällig passieren. Wer seine Lösung Schritt für Schritt erarbeitet, kommt so vielleicht auch zum Ziel, fühlt sich hernach aber nicht erleuchtet, sondern nur matt.

Zum Trost: Letzteres ist die Regel. Auf die Frage, wie er auf seine zahlreichen Ideen gekommen sei, antwortete zum Beispiel Thomas Alva Edison (unter anderem Erfinder der Glühbirne) lakonisch: »Ein Prozent Inspiration, 99 Prozent Transpiration.« Das ist natürlich auch eine Methode – genauso wie sich inspirieren zu lassen. Da hätten wir vielleicht noch was für Sie ...

NEUN GROSSE AHA-ERLEBNISSE DER GESCHICHTE

Das wohl älteste Aha-Erlebnis geht auf den griechischen Mathematiker **Archimedes** zurück. Der sollte so um 250 v.Chr. für den König von Syrakus, Hieron II., herausfinden, ob dessen Krone wirklich aus reinem Gold war. Allerdings durfte er diese dabei nicht beschädigen. Archimedes grübelte tagelang über der Aufgabe. Als er schließlich ein Bad nahm, fiel ihm auf, dass das Wasser über die Wanne schwappte. »Heureka!«, rief der Grieche da und lief vor Freude angeblich gleich nackt durch die Straßen – er hatte das *Archimedische Prinzip* entdeckt, wonach sich anhand der verdrängten Wassermenge die Dichte eines Körpers bestimmen lässt – oder wie viel Gold in einer Krone steckt.

Kolumbus entdeckte zwar Amerika, dachte aber, es sei Indien. Den eigentlichen Aha-Effekt erlebte sieben Jahre später der Seefahrer **Amerigo Vespucci**. Er fand 1499 bei seiner Erkundungsreise in die neue Welt heraus, dass es sich dabei wohl eher um einen neuen Kontinent handelte – dem er prompt seinen (Vor-)Namen verlieh: Amerika.

Eines Tages, es muss so im Jahre 1686 gewesen sein, lag **Sir Isaac Newton** grübelnd unter einem Apfelbaum, sah den Wolken und seinen Gedanken beim Vorbeiziehen zu, als ihm plötzlich ein Apfel auf den Kopf fiel. So erzählt es jedenfalls die Legende. Dennoch zeigt sich hieran Newtons wahres Genie: Jeder andere hätte sich über das freche Früchtchen geärgert – den Erfinder indes brachte es auf die Idee des Gravitationsgesetzes. Auch wenn bis heute nicht klar ist, ob Newton die hübsche Geschichte nur erfunden hat, so handelt es sich in jedem Fall um einen Geistesblitz.

Dem Leidener Physiker **Pieter van Musschenbroek** dürfte das Jahr 1746 in schmerzhafter Erinnerung geblieben sein. Bei Laborversuchen entdeckte er die *Leidener Flasche* – und bekam von dieser mächtig eine gewischt. Dabei handelt es sich um die älteste Bauform eines Kondensators. Musschenbroek hatte auf der Innen- und Außenseite einer Glasflasche dünne Metallfolie aufgebracht, in die Mitte einen Metallnagel gesteckt und diesen elektrisch aufgeladen. Das präparierte Glas wirkte jedoch wie ein Isolator, der Strom wurde im Nagel gespeichert. Effekt: Beim Herausziehen bekam man einen kräftigen Stromschlag. Dasselbe Prinzip diente lange Zeit auf Jahrmärkten der Belustigung ahnungsloser Besucher.

Ständig dieses Quietschen, Kreischen und Schleifen! Der Krach, den die Metallreifen am Dreirad seines Sohnes verursachten, muss den britischen Tierarzt **John Boyd Dunlop** so sehr gemartert haben, dass er dringend nach einem Ausweg suchte – und im Garten fand: in Form eines Gartenschlauchs. Den wickelte er um die Räder, pumpte Luft hinein und meldete das Ganze am 7. Dezember 1888 zum Patent an – als ersten Fahrradluftreifen der Welt.

Es ist der Abend des 8. November 1895, und **Conrad Röntgen** experimentiert wieder einmal mit der Leitung von Elektrizität in Gasen. Nur ändert er diesmal den Versuchsaufbau: Er ummantelt seine Entladungsröhre mit schwarzer Pappe, damit kein Licht herauskommt. Es kommt trotzdem etwas heraus, stellt Röntgen fest: unsichtbare Strahlen oder »X-Strahlen«, wie er sie nennt. Er hat eine Erleuchtung und durchleuchtet im Übermut ganze 20 Minuten lang die Hand seiner Frau. Es entstehen die ersten Röntgenbilder der Geschichte, die dem Namensgeber schließlich einen Nobelpreis bescheren. Allerdings blieben die tödlichen Nebenwirkungen seiner X-Strahlen lange Zeit unentdeckt – bis glücklicherweise ein anderer diesen Aha-Effekt hat.

Seit 1925 arbeitete der Radartechniker **Percy Spencer** bei Raytheon, einer kleinen Firma, die Leistungsröhren für Verstärker herstellte. Spencer leitete dort das Forschungslabor und hatte offenbar eine Schwäche für Schokoriegel. Jedenfalls hatte Spencer auch 1945 wieder einmal einen davon in seiner Hosentasche, als er zu nah an ein sogenanntes Magnetron trat. Das sendet Radarwellen, strahlt aber auch Wärme ab und brachte Spencers Riegel zum Schmelzen. Statt sich über die Schokosoße in der Tasche zu ärgern, lief der pfiffige Forscher sofort zu seinem Chef Fritz Gross, nahm einen Papierkorb, schnitt ein Loch in den Boden, stülpte ihn über ein Magnetron – und führte dem verdutzten Gross den ersten Mikrowellenherd der Welt vor.

Ihre Ehe hielt nicht lange, und so musste **Bette Nesmith Graham** 1946 sich und ihren Sohn nach der Scheidung irgendwie durchbringen. Sie nahm schließlich einen Job als Sekretärin in einer Bank in Dallas an. Dort gab es viel zu tippen: Kreditformulare, Mahnbescheide, Bankkorrespondenz. Zwar war die elektrische Schreibmaschine schon erfunden, was das Tippen schneller machte. Es gab allerdings auch mehr Fehler. Und weil die neuen Schreibautomaten gleichmäßig und mit leichtem Druck schrieben, ließen sich die Fehler nicht mehr so einfach spurlos ausradieren. Grahams Glück: Sie war Hobbymalerin. Und so hatte sie eines Tages an ihrer Staffelei die Eingebung ihres Lebens: Sie mischte weiße Tempera-Farbe so lange, bis sie die Farbe von Papier hatte, und strich sie dünn über die Tippfehler, die sich nach dem Trocknen wieder überschreiben ließen. Bette Graham hatte soeben die Korrekturflüssigkeit »Mistake Out« erfunden, die Sie vermutlich als »Tipp-Ex« kennen.

Glück im Pech: 1968 wollte **Spencer Silver** eigentlich den nächsten Superkleber erfinden, erschuf aber nur eine klebrige Masse, die zwar überall hielt, jedoch nichts dauerhaft aneinanderklebte. Das einzige Produkt, was daraus entstand, war eine Pinnwand, die ohne Pinne auskam. Ihr haftete allerdings auch kein dauerhafter Erfolg an. Dafür erinnerte sich sechs Jahre später Art Fry, ein Kollege Silvers bei 3M, an dessen Haftzeugs. Weil sich Fry regelmäßig darüber ärgerte, dass sich seine Lesezeichen bei Proben des Kirchenchores aus seinem Notenheft lösten, bestrich er ein paar davon mit Spencers Halbkleber – die Geburtsstunde der ersten Post-its, die die US-Zeitschrift ›Fortune‹ Jahre später zu einer der wichtigsten Erfindungen des 20. Jahrhunderts erklärte.

DER RAIKOV-EFFEKT

Weshalb etwas Mimikry kreativer macht

Wie wäre es mit einem kurzen Test? Beantworten Sie bitte die folgende Aufforderung spontan, ohne lange zu überlegen:

Nennen Sie bitte 100 Tiere!

»Was? 100 Tiere? Wer bringt die schon so schnell zusammen?«, denken Sie vielleicht jetzt. Das haben wir erwartet. Die Aufforderung war bewusst so formuliert, dass sie abschreckend wirkt. Aber lassen Sie sich von uns bitte nicht ins Bockshorn jagen. Wir wollen die Aufgabe noch einmal etwas umformulieren:

Nennen Sie bitte zehn Tiere!

»Also zehn Tiernamen. Das ist doch Kindercamping!«, denken Sie nun. Stimmt ebenfalls. Aber warum sollten 100 Namen prinzipiell so viel schwerer sein?

Wissenschaftler haben herausgefunden, dass die ersten sechs Tiernamen, die Menschen auf diese Frage hin einfallen, im Durchschnitt stets aus derselben Gruppe oder Umgebung stammen – etwa vom Bauernhof (Huhn, Katze, Kuh, Pferd, Schaf, Ziege, Hund) oder aus dem Zoo (Löwe, Giraffe, Zebra, Leopard, Nashorn, Nilpferd). Wenn Sie sich dies bewusst machen, ist die erste Frage gar nicht mehr so unmöglich, wie sie auf Anhieb scheint. Sie müssten sich lediglich zehn Tiergruppen einfallen lassen oder an zehn Umgebungen denken und dazu wiederum je zehn Tiere aufzählen. Und das schafft fast jeder.

Letztlich handelt es sich hierbei um einen klassischen Trick, kreativer zu werden: Gute Ideen entstehen immer dann, wenn jemand ein Problem aus einem anderen Blickwinkel betrachtet. Wenn er nicht mehr das Problem sieht (100 Tiernamen), sondern einen Weg sucht, um ans Ziel zu gelangen – einen ungewöhnlichen, vielleicht gar einen Umweg. Auf demselben Prinzip basiert die Methode, sich in eine andere Person hineinzuversetzen. Vor einer schweren Herausforderung könnten Sie sich dann zum Beispiel fragen: Was hätte Thomas Edison an meiner Stelle gemacht? Wie hätte der erfinderische Serienstar MacGyver darauf reagiert? Oder: Wie würde John Rambo mein Problem lösen?

Gut, die letzte Variante empfehlen wir explizit nicht. Aber ungewöhnlich wäre sie, das müssen Sie zugeben. Auch hier besteht der Trick darin, sich aus dem gewohnten Denkprozess und den zementierten Schablonen zu lösen, was wiederum den Druck aus der Sache nimmt. Wohlgemerkt: Es geht nicht darum, wirklich herauszufinden, was Edison, MacGyver oder Rambo getan hätten. Sie sollen nur überlegen, was *Sie* tun würden, wenn Sie Edison, MacGyver oder Rambo wären. Ein kleiner, aber feiner Unterschied!

Wie wirkungsvoll diese Technik ist, konnte schon vor Jahren und in abgewandelter Form der russische Psychotherapeut Vladimir Raikov zeigen. Er entdeckte die sogenannte Methode des geborgten Genies: Dazu versetzte er seine Klienten in Tiefenhypnose und suggerierte ihnen, ein herausragender Kopf der Geschichte zu sein. Und tatsächlich: In diesem Zustand entwickelten seine Patienten annäherungsweise geniale Fertigkeiten – wie ihre Vorbilder. Dieser sogenannte Raikov-Effekt lässt sich auch bei Menschen mit Persönlichkeitsstörungen beobachten – wie bei Dr. Jekyll und Mr. Hyde. Selbst wenn das ein bisschen nach esoterischem Humbug klingt – in abgeschwächter Form wenden wir die Raikov-Methode immer wieder im Alltag an. Etwa, wenn wir Modestile von Prominenten kopieren, den Jargon unseres Chefs imitieren oder dem Beispiel anderer beruflicher Vorbilder nacheifern. Diese Mimikry hat gleich zwei Effekte: Sie inspiriert uns nicht nur und macht uns kreativer – wir entwickeln dabei womöglich auch Fähigkeiten, die wir uns zuvor kaum zugetraut hätten.

DER ANDORRA-EFFEKT

Warum Frauen doch einparken und Männer zuhören können

»Das ist wieder einmal typisch Mann!« oder »Typisch Frau am Steuer!« Das ist der Stoff, aus dem Stereotype gemacht und immer wieder Bestseller geschrieben werden. Mit dem Titel ›*Warum Männer nicht zuhören und Frauen schlecht einparken*‹ landete das Ehepaar Barbara und Allan Pease einen weltweiten Kassenerfolg. Darin strotzt es nur so von Klischees wie: Männer denken stärker linear und zielorientiert, Frauen fehlen mathematisches Verständnis und räumliches Vorstellungsvermögen, außerdem kaufen sie ohnehin lieber Schuhe.

Kommt Ihnen das bekannt vor? Richtig, die Kurzfassung lautet: Männer stammen vom Mars, Frauen von der Venus. Nur wird dies neuerdings auch noch gestützt auf sogenannte Erkenntnisse der Hirnforschung. Große Oper. Aber Schmarrn.

Schon Ende der Neunzigerjahre konnten beispielsweise die Sozialpsychologen Steven Spencer, Claude Steele und Diane Quinn zeigen, dass es sich bei solchen Mutmaßungen um klassische, jedoch äußerst wirkungsvolle Stigmatisierungen handelt. So ließen die Forscher damals einige Studenten an der Universität von Michigan – männliche wie weibliche – schwierige Matheaufgaben lösen. Die Studenten, die die Wissenschaftler für diesen Versuch ausgewählt hatten, gehörten zu den 15 Besten in Mathematik – die Ausgangsbedingungen waren also gleich. Einem Teil ihrer Probanden teilten sie mit, dass bei dem Test Männer wie Frauen generell gleich abschneiden würden. Den anderen erzählten sie das Gegenteil: Frauen hätten damit so ihre Schwierigkeiten. Und siehe da: In der ersten Gruppe erzielten die Studentinnen ebenso gute Ergebnisse wie ihre männlichen Kommilitonen. In der zweiten Gruppe aber sank die Leistung der Frauen dramatisch ab: Sie erreichten weniger als die Hälfte der Punkte, die die Studentinnen der ersten Gruppe erzielt hatten.

Wenn Sie Lust haben, machen Sie doch die Probe aufs Exempel: Der folgende Test prüft Ihr räumliches Vorstellungsvermögen. Frauen können das genauso gut wie Männer – oder auch nicht:

Welcher der vier Würfel passt zum obigen Bastelbogen?

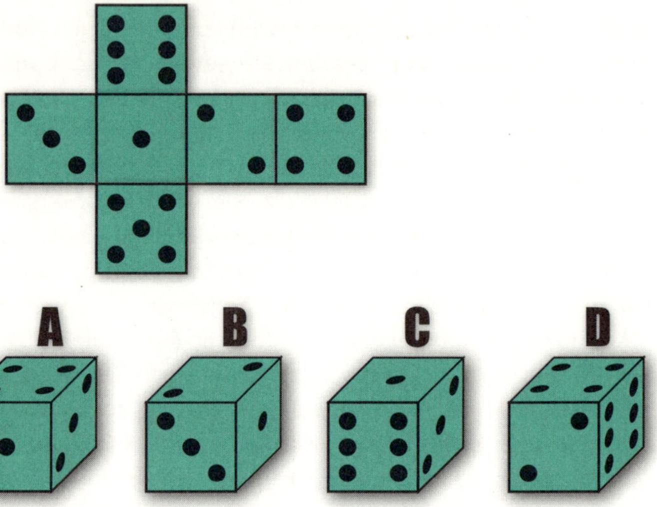

Im Dezember 2006 schrieb Eva-Maria Schnurr völlig richtig in der ›Zeit‹: »Genau diese Vorurteile über die angeborenen Unterschiede von Mann und Frau führen dazu, dass Frauen sich bei Matheaufgaben das Hirn zermartern, mit Stoßstangenkontakt einparken und eher Germanistik als Physik studieren.« Typisch Frau oder Mann? Nein, typisch Andorra-Effekt!

In der Sozialpsychologie ist dieses Phänomen schon länger bekannt. Seinen Namen verdankt der Effekt dem gleichnamigen Drama von Max Frisch. Dort gibt der Lehrer sein uneheliches Kind als jüdischen Pflegesohn aus, dem die vermeintlich toleranten Einwohner daraufhin negative Eigenschaften wie Faulheit oder Feigheit andichten. Anfangs sträubt sich der Junge gegen diese Vorurteile, bis er am Ende resigniert und ihnen schließlich entspricht.

Leider bleibt dieser Zusammenhang nicht auf die Literatur beschränkt, sondern zeigt sich im Alltag immer wieder aufs Neue: Unabhängig, ob die Zuschreibungen korrekt sind oder nicht – sie müssen nur penetrant und massiv genug sein, bis sich die Betroffenen den Stereotypen angleichen. Im Extrem reicht der Effekt bis hin zur totalen Selbstverleugnung. Dann verfolgen die derart Drangsalierten sogar Ziele, die ihnen andere gesteckt haben. Im Unterschied zum sogenannten Pygmalion- oder Rosenthal-Effekt (siehe Seite 336) stammen die Erwartungen hierbei nicht von einer Autoritätsperson – dem Chef, dem Lehrer, dem Arzt –, sondern aus dem erweiterten sozialen Umfeld: den Kollegen, dem Bekannten- und Freundeskreis.

Beispiel Büro: »Die dicke Kasuppke ist immer so dünnhäutig und stets überfordert«, behaupten die Schreibtischnachbarn. »Du musst einfach lernen, dich besser zu organisieren. Hab dich doch nicht immer so!«, wird Kasuppke geraten. »Vielleicht sollte sie auch einfach weniger essen und mehr Sport machen«, lästern die Kollegen in der Kantine. Keine Frage, ein solches Verhalten ist gemein, intrigant und grenzt bereits verdächtig an Mobbing. In jedem Fall wird es die Erwartungen aller und ihr Verhalten der Kollegin gegenüber massiv lenken – und deren Leistungen kaum verbessern helfen, sondern sie eher an den Rand der Gruppe drängen.

Wie so oft, ist das Gegenteil von gut nicht böse, sondern gut gemeint, bemerkte schon Kurt Tucholsky. Mitte März 2010 sorgte zum Beispiel der Telekom-Personalvorstand Thomas Sattelberger für einigen medialen Wirbel, als er erklärte, die Telekom werde eine Frauenquote einführen. Das Ziel lautete, bis zum Jahr 2015 mindestens 30 Prozent aller Führungspositionen mit Managerinnen zu besetzen. Damals waren es erst 13 Prozent. Ob dafür eine Quote das geeignete Mittel sei, wurde daraufhin heftig diskutiert – und von der Mehrheit bestritten: Bei einer Umfrage der LAB-Personalberatung erklärten etwa ganze 77 Prozent der Führungskräfte den Proporz für sinnlos. Selbst über die Hälfte der Managerinnen, die wiederum die Personalberatung

Odgers Berndtson in den 500 umsatzstärksten Unternehmen in Deutschland dazu befragte, teilten die Ansicht. Ihr Hauptargument dagegen: Sie wollten gar nicht erst in den Ruch geraten, ihre Position als Quotenfrau und nicht aufgrund eigener Leistungen erreicht zu haben.

Genau darum geht es auch beim Andorra-Effekt: Anders als in der Literaturvorlage lautet die Antwort auf falsche Erwartungen eben nicht Resignation, sondern vehementer Widerspruch und permanenter Beweis des Gegenteils. Wenn Frauen etwa erst einmal glauben, in Mathe mies zu sein und sich nur mittels einer Quote durchsetzen zu können, bleiben sie abhängig von jenen Klischees und Quotenmachern, die es eigentlich zu widerlegen gilt. Und mal ehrlich: Wer ist schon gerne typisch statt einzigartig?

Lösung: Die richtige Antwort lautet C. Allerdings müssen Sie den Würfel gedanklich drehen. Würfel A scheidet aus, da die 1 und 4 im obigen Muster nie aneinanderstoßen, dasselbe gilt für Würfel B und die Felder 2 und 3. Würfel D kann es nicht sein, da die 4 in diesem Fall unten liegen müsste.

DER PYGMALION-EFFEKT

Warum du bist, was du meinst zu sein

Schon George Bernard Shaw ahnte, welch ungeheure Wirkung unsere Sprache auf unsere Umwelt und damit letztlich auch auf uns haben kann: »Es ist einem Engländer unmöglich, den Mund aufzumachen, ohne sich den Hass oder die Verachtung irgendeines anderen Engländers zuzuziehen«, schrieb er 1916 im Vorwort seines Theaterstücks ›Pygmalion‹, das später als Musical und Film ›My Fair Lady‹ weltberühmt wurde.

Aus Shaws Worten spricht zweifelsfrei viel Bitterkeit, aber auch viel Weisheit. Nicht umsonst hatte er die Geschichte der einfachen Blumenverkäuferin Eliza Doolittle, die aufgrund einer Wette von dem angesehenen Phonetiker Professor Higgins binnen sechs Monaten zur respektablen Dame umerzogen wird, nach dem antiken Epos eines biestigen, einsamen Bildhauers benannt: Weil Pygmalion von Zypern mit Frauen wenig gute Erfahrungen gemacht hatte, schnitzte er sich eines Tages eine Statue aus Elfenbein – Galatea, eine Frau, die ihm so anmutig und schön gelingt, dass sie benahe menschlich wirkt. Eine Traumfrau eben, in deren Anblick sich der olle Zottel mehr und mehr verliebt. Da aber Einsamkeit, gepaart mit Hormonschüben und allerlei schwülen Phantasien, auf Dauer nicht gut ist für Körper und Seele, fleht der liebeskranke Künstler eines Tages Aphrodite an, die Göttin der Liebe möge Galatea doch zum Leben erwecken. Und die erhört ihn sogar. So weit die Geschichte des antiken Dornröschens und der Ovid'sche Pygmalion-Mythos.

Beide Geschichten zeigen eindrucksvoll, was uns Menschen möglich ist, wenn wir nur fest genug an eine Sache glauben und uns danach verhalten. Uns ist natürlich klar, dass das jetzt verdächtig nach dem typischen esoterischen *Du-schaffst-alles-was-du-willst-tschakka*-Quatsch klingt. Aber so ist es nicht. Ende der Sechzigerjahre führten die amerikanischen Psychologen Robert Rosenthal und Lenore Jacobson einige Experimente an US-Schulen durch. Sie wollten herausfinden, wie sich Einbildung – oder freundlicher ausgedrückt: wie sich Zuversicht – auf die Leistungskraft auswirkt. Dazu teilten sie einigen Lehrern mit, dass diese im kommenden Schuljahr eine Klasse mit den besten und schlauesten Schülern der Schule übernehmen dürften. Und nach Ablauf des Schuljahres waren diese Kinder tatsächlich um ein Vielfaches besser als ihre Mitschüler. Ihre Noten, selbst ihr IQ lagen 20 Punkte höher als die des Schuldurchschnitts. Die Pointe kommt aber noch: Das Forscher-Duo hatte gelogen. Die Klassen setzten sich gar nicht aus den Besten der Besten zusammen, sondern aus einer durchschnittlichen Zufallsauswahl. Weil aber

Schüler wie Lehrer daran glaubten, zu einer Elite zu gehören, trauten sie sich selbst sowie die Lehrer den Kindern mehr zu, mit der Folge, dass Leistungs- und Lernkurve gleichermaßen steil anstiegen. In die Literatur ging dieser Versuch als Pygmalion- oder Rosenthal-Effekt ein.

Und er lehrt uns zweierlei: Erfolg ist nicht nur das Resultat guter Leistungen – er ist zum Großteil auch Folge dessen, was wir uns selbst zutrauen. Es ist das Prinzip der sich selbst erfüllenden Prophezeiung: Die Art, wie wir über uns denken, ob wir zaudern und uns zögerlich sagen: »Hoffentlich klappt das diesmal!« oder ob wir uns schon mit den anderen Gewinnern auf dem Siegertreppchen imaginieren – all das beeinflusst unser Handeln, unsere Ausstrahlung und damit auch unseren Erfolg.

Allerdings möchten wir am Ende dieses Kapitels Ihr Augenmerk noch auf eine andere Gruppe des Rosenthal-Experiments lenken, die häufig übersehen wird: die der Lehrer. Auch ihr Zutrauen trug entscheidend zum Lernerfolg ihrer Schüler bei. Falls Sie also Kinder haben oder Mitarbeiter, weil Sie eine Führungskraft in einem Unternehmen sind: Versuchen Sie doch einmal in ihnen mehr zu sehen, als sie schon sind. Wer weiß, vielleicht werden aus den Knirpsen so wahre Riesen, aus dem ein oder anderen Mitarbeiter die nächste Führungskraft. Und aus Ihnen eines Tages ein weltberühmter Musical-Held.

DIE SUPERSTAR-THEORIE

Wieso die Reichen immer reicher werden

Es wird uns ein ewiges Rätsel bleiben, wie man besonders schnell und mühelos zu Reichtum gelangt. Alles, was wir dazu in jüngster Zeit gelesen haben, entpuppte sich entweder als hehre Quacksalberei oder aber als raffinierter Trick, anderen das Geld aus der Tasche zu ziehen. Überhaupt scheint der zweite Weg die Erfolg versprechendste Masche zu sein.

Von Jack Welch, dem legendären ehemaligen Chef des US-Konzerns General Electric (GE), gibt es dazu eine schöne Anekdote. Seit er im Jahr 2000 offiziell in den Ruhestand überwechselte, bezog er ein jährliches Einkommen von 123 Millionen Dollar. Das liest sich so leicht, bedeutet aber, dass dem Mann jeden Monat mehr als zehn Millionen Dollar überwiesen wurden. Doch das war längst nicht alles. Wie US-Journalisten bald darauf enthüllten, ließ sich Welch den Abschied von seinem Ex-Arbeitgeber durch ein paar nützliche Dreingaben versüßen, wozu unter anderem das lebenslange kostenlose Wohnrecht für ein New Yorker Luxus-Apartment – inklusive Reinigungsservice, Verpflegung und Weinsammlung – sowie die Nutzung der firmeneigenen Jets zählt. Alles in allem ein Wert von noch einmal rund zwei Millionen Dollar pro Jahr. Zum Vergleich: Die Royal Family erhält vom britischen Staat jedes Jahr umgerechnet rund 56 Millionen Dollar – weniger als die Hälfte davon.

Aber auch ein anderer Vergleich sei gestattet: Im selben Jahr verdiente ein durchschnittlicher Arbeitnehmer in den USA insgesamt rund 36 000 Dollar. Oder anders ausgedrückt: Welch verdiente ungefähr das 3400-fache davon.

Verstehen Sie uns bitte nicht falsch, wir wollen hier wirklich keine Neiddebatte anzetteln. Das ist nicht unser Thema. Gleichwohl kommt man nicht umhin festzustellen, dass die Kluft zwischen den Reichen und dem Rest seit Jahren wächst. Seit den Siebzigerjahren haben sich allein die Einkommen zwischen der Mittelklasse und den Top-Verdienern enorm auseinanderentwickelt. Weltweit. 1991 verdiente etwa der Vorstandsvorsitzende eines US-Konzerns im Schnitt das 140-Fache seines Mitarbeiters. Etwas mehr als eine Dekade später, im Jahr 2003, lag diese Differenz schon beim Faktor 500. Aus den Reichen wurden die Superreichen. Die Mittelklasse dagegen blieb, was sie war: Durchschnitt.

Der Fachmann spricht dabei nüchtern von Asymmetrien, doch

lässt sich auch ganz ungeschminkt sagen, dass die Ungleichheit der Lebensverhältnisse ein kaum noch erklärbares, geschweige denn zu rechtfertigendes Ausmaß erreicht hat – aber leider auch künftig noch weiter aus dem Lot geraten wird. Bevor wir mit den Zahlen aufhören, noch ein aktueller Vergleich aus Deutschland: Wie das Deutsche Institut für Wirtschaftsforschung berichtete, gehörten 2009 bereits 22 Prozent der Deutschen der Gruppe der Niedrigverdiener an, vier Prozentpunkte mehr als noch 2000. Das sind all jene, die weniger als 70 Prozent des mittleren Einkommens zur Verfügung haben. Einem Paar mit zwei Kindern unter 14 Jahren bleiben dann netto monatlich und inklusive Kindergeld gerade mal 1800 Euro. Gleichzeitig ist der Anteil der Wohlhabenden (ab 3870 Euro monatliches Netto) deutlich gestiegen – von 16 Prozent im Jahr 2000 auf 19 Prozent 2008 und einem leichten Knick im Krisenjahr 2009. Tendenz 2011: erneut steigend. »Die Schere zwischen niedrigen und hohen Einkommen hat sich in Deutschland weit geöffnet«, lautete denn auch das Fazit der Forscher. Großer Verlierer sei die Mittelschicht. Damit entstehe eine »Statuspanik« derjenigen, die fürchten, aus der Mittel- in die Unterschicht abzusteigen.

Warum ist das so? Warum werden aus Millionären Milliardäre, während Durchschnittsverdiener in der Regel Durchschnittsverdiener bleiben?

Dazu gibt es eine interessante Theorie, die der Chicagoer Ökonom Sherwin Rosen schon 1981 entwickelte: die sogenannte Superstar-Theorie. Sie be-

> Von Erich Kosiol stammt das sogenannte *Äquivalenz-Prinzip*, das der Betriebswirt 1962 entwickelte. Danach soll sich ein gerechter Lohn einerseits an den Anforderungen des Jobs und andererseits an der erbrachten Leistung orientieren. Der Gedanke ist sicher nicht verkehrt, und die mit der Industrialisierung einhergehenden Akkordlöhne basierten tatsächlich auf dieser Idee. In einer Dienstleistungs- und Wissensgesellschaft aber lassen sich weder Anforderungen an Kreativität noch wahre Leistung exakt messen.

sagt: Dank der Medien, den damit verbundenen Popularitätsvorteilen sowie den Hebelwirkungen großer Unternehmen steigen die Gehälter von Topmanagern überproportional zu denen ihrer Mitarbeiter an. Das Rampenlicht, aber auch die Möglichkeit, mit wachsender Betriebsgröße mit größeren Summen zu hantieren, gestatten den Zugriff auf höhere Einkommen – was auch erklären kann, warum Topmanager Firmenübernahmen und Fusionen so attraktiv finden: Entweder gibt es eine satte Abfindung, oder sie erhalten einen saftigen Bonus. Vereinfacht könnte man auch sagen: Wenn du es erst einmal bis zur 500 000-Euro-Frage geschafft hast, steigert sich der Gewinn – anders als in der Günther-Jauch-Show – praktisch von allein. Und auf 16 000 Euro zurückfallen kann man auch nicht.

Der Vergleich ist bewusst gewählt. Auch Sherwin Rosen machte seine Hypothese damals an der Unterhaltungsbranche fest: Obwohl es zig annähernd ähnlich talentierte Künstler gebe, verdiene die große Mehrheit ihren Lebensunterhalt mit lausigen Gelegenheits-Gigs und schlecht bezahlten Engagements an unbekannten Bühnen. Wer es allerdings regelmäßig ins Fernsehen schaffe, mutiere alsbald zum TV-Superstar und könne sein ohnehin üppiges Salär oft noch mit hochdotierten Werbeverträgen oder lukrativen Buchdeals aufbessern.

Nun ist die glitzernde Medienwelt der Stars, Sternchen und Starlets sicher eine andere als die der nüchternen und auf Seriosität bedachten Wirtschaftslenker. Doch ist der sich selbst verstärkende Prozess, der dabei wirkt (und auch ein wenig an den Matthäus-Effekt erinnert, siehe nächste Seite), durchaus auf diese Nadelstreifenwelt übertragbar. So stellte beispielsweise Rakesh Khurana von der Harvard Business School fest, dass es 1980 zwar nur ein CEO auf das Titelblatt des US-Wirtschaftsmagazins ›Business Week‹ geschafft hatte – im Jahr 1999 waren es dann allerdings schon 19 Topmanager. Und als es für einen Konzernlenker erst einmal »als normal oder sogar notwendig galt, berühmt zu sein, wurde es auch leichter, ihn reich zu machen«, schrieb die ›Zeit‹ dazu.

Leider ist die Empfehlung, die sich daraus ableitet, entsetzlich trivial, sie klingt verdächtig nach Dieter Bohlen und ist auch leichter hingeschrieben als umgesetzt: Willst du reich werden – geh ins Fernsehen und werde ein Star!

DER MATTHÄUS-EFFEKT

Warum Erfolg und Erfolgschancen Hand in Hand gehen

Anders als die ARD-Sendung mit Frank Plasberg ist das Leben hart, aber unfair. Schon aus dem ersten Erfolg erwachsen häufig viele weitere Chancen, noch erfolgreicher zu werden. Mit der ersten Million in der Tasche braucht man meist nicht lange, um daraus eine zweite zu machen. Und wer es erst einmal ins Rampenlicht geschafft hat, stürzt selten wieder ab. Ausnahmen bestätigen zwar auch hier die Regel, häufiger aber gilt: Erfolg und Erfolgschancen gesellen sich gern. Mehr noch: Einmal da, befruchten sich beide wechselseitig und exponentiell.

Im Grunde genommen ist das ein jahrtausendealter Hut. Die Bibel erzählt uns dazu in etwa folgende Geschichte: Ein Mann muss verreisen und ruft seine drei Diener zu sich, um ihnen sein Vermögen anzuvertrauen. Dem ersten gibt er davon fünf Teile, der zweite bekommt zwei, der dritte einen. Der Erste, so zeigt sich, kann mit dem Geld gut umgehen, und schon nach kurzer Zeit hat er seinen Anteil verdoppelt. Auch der Zweite stellt sich geschickt an und vermehrt das Vermögen um 100 Prozent. Der Dritte jedoch ist anders. Er vergräbt das Geld lieber und denkt, dass er es so wenigstens nicht verlieren kann. Als der Mann nach einer Weile zurückkehrt, präsentieren die ersten beiden stolz ihren Erfolg. Dann kommt der Dritte an die Reihe, und sein Herr kreist unter der Decke. Auf der Bank hätte er zumindest Zinsen bekommen, schimpft und schnaubt er. So aber übergibt ihm dieser Taugenichts lediglich sein Geld von damals und etwas Dreck dazu. Da nimmt er ihm seinen Teil ab, schenkt ihn dem ersten Knecht und jagt den Wühlerich vom Hof.

Vermutlich kennen Sie die Geschichte. Sie steht im Matthäus-Evangelium in Kapitel 25 und gehört zu den bekanntesten Gleichnissen, die Jesus erzählt. Nicht zuletzt, weil der Vers 29 mit dem denkwürdigen Fazit endet: »Denn wer hat, dem wird gegeben, und er wird im Überfluss haben; wer aber nicht hat, dem wird auch noch genommen, was er hat.«

Das klingt nun wirklich unfair und so gar nicht göttlich gerecht. Um Missverständnissen aber vorzubeugen: Mit dem »haben« und »nicht haben« meint Jesus den Ertrag und nicht die Ausgangslage. Das wäre sonst wirklich gemein. Dennoch beschreibt die Anekdote aus dem Neuen Testament ziemlich treffend das Prinzip der sogenannten positiven Rückkopplung, das der Volksmund auch schon mal auf die weniger fromme Formel bringt: »Der Teufel scheißt immer auf den größten Haufen.«

Der eigentliche Entdecker des Matthäus-Effekts ist der amerikanische Soziologe Robert K. Merton, der ihm auch den Namen gab. Ob aus Neid oder echtem Wissensdurst heraus, wissen wir nicht, jedenfalls beschäftigte sich Merton 1968 mit der Frage, warum bestimmte Wissenschaftler häufiger in Büchern, Studien und Aufsätzen zitiert werden als andere. Dabei stellte er bald fest, dass der Bekanntheitsgrad keine unwesentliche Rolle spielt: Je prominenter einer seiner Kollegen war, desto höher die Wahrscheinlichkeit, dass er von anderen zitiert wurde, was seinen Ruhm wiederum weiter mehrte. Oder wie es die Amerikaner ausdrücken: »success breeds success«.

Der Effekt lässt sich in nahezu allen Lebensbereichen beobachten. Wer reich ist, profitiert von Steuererleichterungen mehr als ein Durchschnittsverdiener. Und werden die Steuern angehoben, können Millionäre wesentlich leichter ins steuergünstige Ausland wechseln als Otto Normal. Gute Schüler wiederum fallen in der Schule mehr auf und werden deshalb von den Lehrern meist auch stärker gefördert als die nervigen Problemfälle. Und Top-Entscheider, haben sie erst einmal einen gewissen Status erreicht, brauchen sich über ihre künftigen Jobs in der Regel kaum noch den Kopf zu zerbrechen.

Wir denken da etwa an Thomas Middelhoff. Nach seinem wohl nicht allzu freiwilligen Ausscheiden bei Bertelsmann bezog er zunächst den lukrativen Posten als Europachef des Londoner Investors Investcorp. Danach wurde er Chef von Arcandor, was zwar nicht erfolgreich war – Quelle ging pleite, Karstadt wurde insolvent –, ihm aber auch nicht schadete. Wie die ›Welt‹ berichtete, verließ Middelhoff Arcandor »als steinreicher Mann«. Oder Ex-Bundeskanzler Gerhard Schröder. Nach dem Ende seiner politischen Karriere 2005 fiel er sanft in den Chefsessel des Ostsee-Pipeline-Betreibers Nord Stream. Sein Kollege, Ex-Außenminister Joschka Fischer, wiederum gründete erst eine eigene Beratung und schloss dann 2009 einen Vertrag mit den Energieversorgern RWE und OMV, ebenfalls als politischer Berater. Auch er macht jetzt Lobbyarbeit, allerdings in Konkurrenz zu Schröder für den geplanten Bau der Nabucco-Pipeline, die Erdgas vom Kaspischen Meer über die Türkei in die EU transportieren soll.

Auch im kleineren Maßstab des Berufsalltags sind die Folgen des Matthäus-Effekts regelmäßig sichtbar. Da gibt es zum Beispiel diese junge Kollegin. Nicht besonders talentiert, nicht übermäßig klug, eher alles so lala, aber hübsch anzusehen ist sie. Der Chef mag sie jedenfalls und gibt ihr deshalb ein kleines Prestigeprojekt. Das meistert sie und fällt damit auch noch anderen Chefs auf. Prompt bekommt sie das nächste Projekt. Und so weiter. Während sich die anderen Kollegen um sie herum abrackern, um endlich auch mal herauszuragen, fallen ihr die Aufstiegschancen scheinbar nur so in den Schoß. Der Verlauf ihrer Karriere: steil. Der der anderen: flach. Dabei mögen die durchaus begabter und fleißiger sein. Es nutzt ihnen aber nichts.

Der Matthäus-Effekt liefert zweifelsfrei eine der wichtigsten Erklärungen für die natürliche Benachteiligung der meisten von uns. Oder wie es Soziologen euphemistischer ausdrücken: Er steht für »akkumulierte Vorteile«. Sicher, das ist jetzt vielleicht ein schwacher Trost für Betroffene. Es zeigt aber auch, wie wenig manch großartiger Erfolg tatsächlich von Fleiß, Begabung und Leistung abhängt. Oft wirkt er auf uns nur so, weil wir dazu neigen, großen Erfolgen überproportional mehr Bewunderung zu schenken als kleinen. Aber womöglich ist das für manchen ja ein Ansporn. Wenn das Leben schon unfair ist, dann seien Sie wenigstens hartnäckig.

DER GEWÖHNUNGS-EFFEKT

Weshalb Toleranz ein Karrierekiller ist

Der Deutsche trinkt im Schnitt vier Tassen Kaffee pro Tag. Das entspricht etwa 160 Litern im Jahr. Damit ist er noch vor Bier das beliebteste Getränk der Deutschen. Zu verdanken hat er das zahlreichen positiven Eigenschaften: Er schmeckt gut, regt an, belebt Körper und Geist. Der Vorteil des Kaffees ist aber zugleich sein Nachteil. Koffein hat nämlich zahlreiche Nebenwirkungen. Nimmt ein Mensch über längere Zeit hohe Dosen davon zu sich, verändern sich die Nervenzellen. Der Kaffee hemmt die körpereigenen Adenosin-Moleküle. Die verhindern normalerweise die Ausschüttung von belebenden Botenstoffen wie Dopamin oder Noradrenalin. Deshalb regt Kaffee auch an: Der Koffein-Kick ist also in Wahrheit ein Dopamin- und Noradrenalin-Kick. Bei regelmäßigem Konsum jedoch bilden die Nervenzellen mehr Rezeptoren für Adenosin – ihnen fehlt das Signal. Das geht so lange, bis ein neuer, höherer Ausgleichspegel gefunden ist. Im Fachjargon heißt dieses Phänomen *Toleranz*. Weniger vorgebildete Menschen sprechen vom Gewöhnungs-Effekt. Er entsteht bereits nach sechs bis 15 Tagen starken Koffeinkonsums. Setzt man den Kaffee dann abrupt ab, kann es zu regelrechten Entzugserscheinungen wie Kopfschmerzen oder Übelkeit kommen.

Der hier beschriebene Gewöhnungs-Effekt tritt auch im Job ein. Jede noch so anspruchsvolle Tätigkeit wird irgendwann langweilig, weil man sich daran gewöhnt. Besonders schlimm wirkt der Gewöhnungs-Effekt bei Leistung und Entlohnung: Chefs zum Beispiel haben die Angewohnheit, ihren besten Mitarbeitern immer mehr Arbeit aufzuhalsen, weil sie wissen, dass diese sie gut erledigen. Sicher, zunächst einmal ist das ein Kompliment. Wer dies aber stillschweigend toleriert, begeht einen folgenreichen Fehler: Mit der Zeit gewöhnt sich der Vorgesetzte daran, dass er seine Leistungsträger ständig weiter belasten kann – und es wird ihm weniger wert. Dann ist es bald vorbei mit dem Image des Leistungsträgers, zumal unter der ständig wachsenden Hochlast auch der Begabteste irgendwann scheitern muss. Leistung wird eher geschätzt, wenn sie rar ist. Letztlich handelt es sich dabei um ein uraltes Marktgesetz: Knappe Güter erzielen höhere Preise. Man tut sich also einen größeren Gefallen, ab und an Intoleranz zu lernen, und wohlbegründet (!) Nein zu sagen. Oder einen entsprechenden (Lohn-)Ausgleich zu fordern. Umgekehrt passiert sonst dasselbe wie beim Kaffee: Sagt man zu spät Nein, setzen beim Boss unmittelbar Entzugserscheinungen ein. Und bei so etwas sind Chefs nie sonderlich tolerant.

DER GEBURTSREIHENFOLGE-EFFEKT

Wieso Geschwister den Charakter beeinflussen sollen

Es gehört wohl zu den wichtigsten Fragen des Lebens, warum wir so wurden, wie wir sind – und wann die entscheidenden charakterlichen Weichen gestellt werden. Eine ganze Reihe von Ratgeberbüchern meint, diese Weichenstellung genau verorten zu können – nämlich im Kreißsaal. Nicht wenige Psychologen behaupten, unser Charakter werde bereits durch die Geburtsordnung bestimmt.

Als Pionier dieses Forschungszweigs gilt der österreichische Arzt Alfred Adler, der sich Anfang der Dreißigerjahre mit den Konsequenzen der Geburtsreihenfolge von Geschwistern beschäftigte. Ihm zufolge wird das erstgeborene Kind von den Eltern immer behandelt wie ein König. Es bekommt die ungeteilte Aufmerksamkeit und Zuneigung – bis womöglich ein Geschwisterchen auf die Welt kommt und gewissermaßen den Thron übernimmt. Im Optimalfall kommen die beiden Kinder gut miteinander aus und unterstützen sich gegenseitig; im Horrorszenario bekriegen sie sich und buhlen um die Zuneigung der Eltern. In jedem Fall habe die Konstellation Rückwirkungen auf den Charakter, meinte Adler. Dem Geburtsreihenfolge-Effekt zufolge sind Erstgeborene tendenziell konservativer und autoritätshöriger, Zweitgeborene hingegen kooperativer, aber auch ehrgeiziger.

Mitte des vergangenen Jahrhunderts entstand daraufhin eine Fülle von Studien zur Geburtsordnung. Jedoch gingen die Wissenschaftler immer wieder unterschiedlich vor und kamen so auch nicht zu einstimmigen Ergebnissen. Manche fanden im Gegen-

> Glaubt man Wissenschaftlern des Instituts für Evolutionswissenschaften im französischem Montpellier, wird die Veranlagung für Erfolg durch die Geburtsreihenfolge determiniert. 2009 prüften die Forscher die Kooperationsbereitschaft von 510 Studenten. Während eines Spiels bekamen diese 30 Geldeinheiten, die sie entweder weitergeben oder behalten konnten. Teilten sie mit einem Mitspieler, konnte dieser wiederum entscheiden, ob er die Gabe behielt oder teilte. Ergebnis: Im Schnitt gaben ältere Geschwister 25 Prozent weniger Geldeinheiten ab als Zweit- oder Drittgeborene. Die französischen Wissenschaftler meinten deshalb, Erstgeborene würden eher an sich selbst denken. Das mache sie zwar weniger vertrauenswürdig – aber auch erfolgreicher.

satz zu Adler Zweitgeborene konservativer, andere hielten Erstgeborene für sozialisierter, wieder andere glaubten, Erstgeborene scheuten das Risiko. Ein einziges Kuddelmuddel. Bis zum Jahr 1993. Dann brachten die Schweizer Psychiater Cécile Ernst und Jules Angst endlich etwas Licht ins Dunkel. Sie recherchierten alle Studien zu dem Thema, die zwischen 1946 und 1980 erschienen waren. Heraus kam eine Metastudie und echte Fleißarbeit, denn inzwischen gab es dazu über 1000 Arbeiten. Das Ergebnis allerdings war ernüchternd: Der Einfluss von Geburtsrang oder der Anzahl der Geschwister auf unsere Persönlichkeit lässt sich nicht nachweisen.

Wie bei kontroversen Themen üblich, dauerte es nicht lange, bis Wissenschaftskollegen die Studie von Ernst und Angst kritisierten. Tatsache bleibt jedoch: Bis heute gibt es keine ernst zu nehmende Untersuchung darüber, dass und wie sich die Geburtsordnung auf unseren Charakter auswirkt. Damit gehört der Geburtsreihenfolge-Effekt eher in die Kategorie der Schein-Effekte.

DER DUNNING-KRUGER-EFFEKT

Warum wir scheitern

Im Jahr 1995 spazierte McArthur Wheeler am helllichten Tag in zwei Banken in Pittsburgh und überfiel sie. Jedoch tat er dies, ohne sich vorher auch nur annähernd zu verkleiden oder zu vermummen. Noch am selben Abend wurde er von der Polizei verhaftet, eine Stunde zuvor hatten die Abendnachrichten Videoaufzeichnungen des Überfalls ausgestrahlt, und zahlreiche Zuschauer konnten ihn sofort identifizieren. Als ihm die Polizisten die Aufnahmen zeigten, war Wheeler fassungslos: »Aber ich habe doch extra den Saft getragen«, wunderte er sich. Die

Polizisten schauten sich ratlos an. »Saft? Was für einen Saft?«, fragten sie. »Na, Zitronensaft«, antwortete der überführte Bankräuber. Wheeler hatte sich den Saft vor seinem Raubzug extra ins Gesicht geschmiert. Er dachte, dass die Fruchtsäure auf seinem Gesicht einen ähnlichen Effekt habe wie auf Tinte und sein Gesicht für die Videokameras unsichtbar mache.

Die Geschichte haben wir uns nicht ausgedacht, sie ist wirklich wahr. Und angesichts einer solch hinreißend hirnrissigen Idee muss man einfach schmunzeln. Doch das wird der Sache nicht gerecht. Tatsächlich steckt wesentlich mehr dahinter. Wheeler, absolut sicher, mit seiner Zitronensafttaktik den Coup seines Lebens zu landen, war nicht einfach nur ein Idiot. Er war ein frühes Opfer des sogenannten Dunning-Kruger-Effekts.

Im Jahr 1999 führten die US-Psychologen David Dunning und Justin Kruger einige interessante Experimente durch. Sie wollten testen, wie verschiedene Studenten der Cornell Universität ihre geistigen Fähigkeiten einschätzten, etwa im Bereich logisches Denken oder Grammatik. Dunning und Kruger ließen die Teilnehmer verschiedene Tests durchlaufen – und das Ergebnis war stets dasselbe: Diejenigen, die besonders schlecht abgeschnitten hatten, schätzten sich selbst viel besser ein. Besonders intelligente Studenten hingegen unterschätzten ihre Leistungen regelmäßig. David Dunning und Justin Kruger formulierten daraufhin einen vierstufigen Effekt, der seitdem ihren Namen trägt. Danach sieht es so aus, dass inkompetente Menschen ...

1. regelmäßig ihr eigenes Können überschätzen, gleichzeitig aber
2. nicht in der Lage sind, das Ausmaß ihrer eigenen Inkompetenz zu erkennen, weshalb sie
3. ihre Kompetenz nicht steigern können und
4. die überlegenen Fähigkeiten von anderen immer wieder unterschätzen.

Zugegeben, das klingt ein wenig nach einem typischen Catch-22-Effekt (siehe Seite 225) und nach Populärwissenschaft, die es zweifelsohne ist. Jedenfalls erhielten die beiden Psychologen für ihre Entdeckung auch nur die satirische Auszeichnung des Ig-Nobelpreises. Trotzdem kommt man nicht umhin einzugestehen, dass das beschriebene Phänomen (leider) sehr verbreitet ist. Ganz oft bilden Inkompetenz und Ignoranz ein siamesisches Zwillingspaar, das jeden Anflug von Kritik und (Selbst-)Erkenntnis im Keim erstickt. Nicht nur Bankräuber sind daran gescheitert, sondern auch so manches Unternehmen.

DER KOBRA-EFFEKT

Weshalb gut gemeint es oft noch schlimmer macht

Es sollte die größte Sozialreform der Bundesrepublik werden: Als Peter Hartz 2002 dem damaligen Bundeskanzler Gerhard Schröder seine Pläne vorlegte, wie man die Arbeitsmarktpolitik in Deutschland effizienter gestalten und die Arbeitslosenzahlen halbieren könnte, entstand daraus ein Maßnahmenbündel, das heute nur noch *Hartz IV* genannt wird. Im Grunde war die Idee richtig: Mit pauschaleren Regeln sollte Bürokratie abgebaut werden; die Verfahren, um Menschen wieder in Arbeit zu bringen, sollten einfacher und schneller werden. In der Theorie jedenfalls. In der Praxis klappte es weitaus schlechter. Anfang Februar 2010 urteilte das Bundesverfassungsgericht schließlich: Die Leistungssätze für Hartz IV wurden völlig falsch berechnet.

Im Klartext hieß das: Die Pauschalierung wurde aufgehoben, es folgten zahlreiche Fälle von Einzelprüfungen, Einzelklagen und ein enormer bürokratischer Aufwand – für die Zwischenphase sowieso und die parallele Neuregelung erst recht. Auch wenn die Richter es sicher gut meinten: Ihr Urteil bedeutete de facto eine weitere Verschlimmbesserung von Hartz IV. Ein typischer Kobra-Effekt.

Der steht für alle Formen von Knapp-vorbei-ist-auch-daneben. Denn »gut gemeint« macht es ganz oft nur noch schlimmer. Dazu fallen uns gleich eine ganze Reihe von Beispielen ein: Werbeunterbrechungen, SB-Märkte, Windows Vista, Tomaten-Mozzarella-Eis, aus Raider wird Twix, Heckspoiler, Arschgeweihe, die Schlauchbootlippen von Chiara Ohoven. Oder auch Streugranulat. Sie erinnern sich? Zuerst wurde im Winter kräftig gesalzt, um Gehwege eisfrei zu machen. Auf manchen Hauptverkehrsstraßen wurden dabei bis zu eineinhalb Kilogramm Salz pro Quadratmeter aufgeboten. Doch das Tauwerk entpuppte sich bald als Pyrrhus-Sieg: Im Frühling starben die Pflanzen, Gebäude und Brücken verschlissen im Solebad schneller und selbst Seen wie der oberbayerische Schliersee wiesen auf einmal einen Salzwassergehalt auf, der dem des Atlantik verdächtig nahekam. Es lässt sich nicht genau datieren, wann die Städte deshalb von Streusalz auf Splitt, Granulat oder Sand umstiegen, um die winterliche Rutschpartie zu stoppen. Doch nach dem erneuten Abtauen kam alles noch viel schlimmer: Die Gehwege waren verschlammt, Splitt und Sand verstopften die Kanalisation, und die Kosten für die Straßenreinigung und Kanalreparaturen wirkten wie Streusalz in die Wunden der ohnehin klammen Kommunalkassen. In einigen Städten herrscht deshalb heute wieder striktes Granulatverbot, es darf ausschließlich gesalzt werden.

Falls Sie sich nun fragen, warum man das ausgerechnet Kobra-Effekt nennt: Seinen Namen bezieht das Phänomen der außerplanmäßigen Eskalation aus der Zeit der britischen Kolonialherrschaft in Indien. Damals herrschte im Land eine fürchterliche Schlangenplage, woraufhin der britische Gouverneur ein Kopfgeld auf jede erlegte Kobra aussetzte. Zunächst ging das gut: Die Inder begaben sich auf Schlangenjagd, deren Zahl dezimierte sich rapide. Bis einige pfiffige Geschäftemacher erkannten (Effekt Nummer eins), dass es durchaus lukrativ ist, die Kobras erst zu züchten, um sie anschließend zu enthaupten und abzukassieren. Natürlich sprach sich die Abzocke rasch herum, sodass einige Inder recht zügig zu einer ansehnlichen Stange Geld kamen. Doch dann flog der Trick auf, und die Prämie wurde sofort wieder abgeschafft. Zweiter Effekt: Kobrazüchten lohnte nicht mehr. Da die Viecher nicht schmeckten, ließen die Züchter alle Kobras, die sie noch nicht geköpft hatten, frei. Und das waren nicht gerade wenige. So kam es, wie es kommen musste: Es gab eine erneute Schlangenplage – nur war die noch schlimmer als die erste. Voilà, der Effekt hatte seinen Namen.

MURPHY'S LAW

Wieso alles schiefgeht, was schiefgehen kann

Der amerikanische Ingenieur John Paul Stapp war ein mutiger Mann. 1949 wollte die amerikanische Luftwaffe mithilfe eines raketenbetriebenen Schlittens herausfinden, welche Beschleunigungskräfte der menschliche Körper so eben noch verkraften kann. Stapp stellte sich für das Experiment freiwillig zur Verfügung. Doch bevor es losging, sollten an Stapps Gefährt 15 Sensoren befestigt werden, die ein Ingenieur namens Edward Murphy entwickelt hatte. Dummerweise wurden die Messgeräte falsch montiert – und der Versuch schlug fehl. Als John Stapp einige Tage später eine Pressekonferenz abhielt, gestand er, wenn auch peinlich berührt, die Versäumnisse ein. Jedoch nicht ohne seinen frustrierten Ingenieur Murphy zu erwähnen, dessen resignierte Reaktion auf den gescheiterten Versuch gelautet haben soll: »Wenn etwas schiefgehen kann, dann geht es schief.« Heute besser bekannt als: Murphy's Law.

Neben dem Grundgesetz handelt es sich hierbei um das bekannteste Gesetz hierzulande – allein die deutsche Version der Suchmaschine Google findet knapp vier Millionen Einträge mit Verweis auf Murphy's Law. Ursache dafür ist aber nicht nur die schöne Entstehungsgeschichte – es sind vor allem die zahlreichen Folgegesetze, die der US-Autor Arthur Bloch erstmals 1978 in seinem Buch ›Murphy's Law and Other Reasons Why Things Go Wrong‹ zusammengetragen hat. Das war übrigens kein Fehlschlag: Das Buch erschien bisher in 30 Ländern und wurde in 27 Sprachen übersetzt. Die populärsten neun Erweiterungen daraus lauten:

1. Nichts ist so einfach, wie es aussieht.
2. Alles dauert länger, als man glaubt.
3. Wenn mehrere Dinge schiefgehen können, geht ausgerechnet das schief, welches den größten Schaden verursacht.
4. Wenn etwas theoretisch nur auf vier Arten schiefgehen kann, die man tunlichst verhindert, taucht auf einmal eine fünfte Alternative auf.
5. Wenn man die Dinge sich selbst überlässt, wird alles nur schlimmer.
6. Wenn Sie etwas vorhaben, finden Sie immer noch etwas Dringenderes.
7. Jede Lösung schafft neue Probleme.
8. Es ist unmöglich, etwas idiotensicher zu machen – denn Idioten sind ungemein erfinderisch.
9. Mutter Natur ist ein Miststück.

Wir könnten uns vorstellen, dass Sie jetzt mindestens acht Mal stumm genickt haben. Willkommen im Club! Sie dürfen sogar noch zwei Mal: Wer weiterforscht, wird früher oder später auch auf Finagles Gesetz stoßen, das auf den US-Autor John Campbell Jr. zurückgeht. Vereinfacht ausgedrückt besagt es: Die Information, die du hast, ist nicht die Information, die du willst. Und die Information, die du willst, ist nicht die, die du brauchst. Kennt man ebenfalls. Aber wie sollte es auch anders sein? Wenn etwas schiefgehen kann ...

DER VORFÜHR-EFFEKT

Warum wir im entscheidenden Moment versagen

Erstens kommt es anders und zweitens als man denkt. Eine Erfahrung, die Christopher Köhler 2007 machen musste. Eine schmerzhafte dazu. Angefangen hatte alles mit dem Nageltrick des Nachwuchszauberers. Köhler nimmt dazu drei Bierdeckel. Dann bohrt er durch einen davon einen etwa fünf Zentimeter langen Eisennagel, die Spitze ragt nach oben. Nun bedeckt er alle drei Bierdeckel mit undurchsichtigen Plastikbechern und dreht sich um, während ein Freiwilliger die Becher mischt. Der Trick besteht darin, mit angeblich übersinnlichen Kräften zu erraten, unter welchem Becher der Nagel nicht steckt. Köhler wählt dazu allerdings eine etwas dramatische Geste: Er lässt mit voller Wucht seine flache Hand auf einen der Becher niedersausen, sodass dieser plattgedrückt wird. So eliminiert er auch den nächsten Becher, bis nur noch jener mit dem Nagel übrig bleibt. So weit jedenfalls die Theorie.

Eines Tages saß Köhler in einer Livesendung des Kölner Lokalfernsehsenders Center.TV, um seinen Trick zu präsentieren. Zuerst kalauerte er noch selbstbewusst, Kinder sollten den Trick bitte nicht zu Hause nachmachen. Danach ging er ans Werk. Beim ersten Becher ging noch alles glatt. Dann nicht mehr. Köhlers Hand kreiste über den letzten beiden Bechern, er zögerte, um die Spannung zu steigern, gaukelte vor, sich für einen entschieden zu haben, änderte dann seine Meinung und schlug zu. Genau: Autsch! Die Zuschauer sahen einen schmerzverzerrten Christopher Köhler, der sich einen Fünf-Zentimeter-Nagel aus der blutenden Handfläche zog.

Ein klassischer Vorführ-Effekt.

Tausend Mal probiert, tausend Mal ist nichts passiert – aber jetzt, da wir das Kunststück präsentieren wollen, klappt nichts mehr. Typisch. Funktioniert aber auch umgekehrt: Gerade eben zickte der Computer noch herum, das Auto sprang nicht an, der

Fernseher streikte – doch jetzt, wo der Techniker endlich da ist, geht das blöde Ding wieder.

Warum das so ist? Sagen wir so, zum Teil ist der Effekt unserer Nervosität geschuldet. Wenn der Stresspegel steigt, sinkt meist unsere Achtsamkeit, was wiederum die Fehlerwahrscheinlichkeit erhöht. Zum anderen basiert er schlicht auf Zufall und selektiver Wahrnehmung. Vermutlich haben wir das Kunststück auch schon einige Male in den Proben vergeigt – nur ist es uns da nicht so aufgefallen. Es hat ja keiner zugeschaut. Erst das Publikum verleiht der Blamage die Bedeutungsschwere. Und macht aus einem dummen Missgeschick einen magischen Vorführ-Effekt.

Was dagegen hilft? Viel Gelassenheit und noch mehr Humor. Fehler passieren. Sie machen uns erst menschlich. Und in der Regel sogar sympathisch.

FÜR SCHNELLE AHA-EFFEKTE:

MARSHMALLOW-EFFEKT
Wer seine Begierden im Zaum halten sowie auf unmittelbare Belohnung verzichten kann, hat im Leben mehr Erfolg.

HAWTHORNE-EFFEKT
Was wir können und was nicht, ist oft nur Ansichtssache.

10 000-STUNDEN-REGEL
Selbst die begabtesten Talente mussten rund zehn Jahre lang üben, um zur Weltspitze zu gehören.

AHA-EFFEKT
Damit aus einem Betriebsunfall eine große Entdeckung wird, braucht es einen zufälligen, externen Impuls.

RAIKOV-EFFEKT
Gute Ideen entstehen dann, wenn man sich in eine Person hineinversetzt, die das kann, was man gerade braucht.

ANDORRA-EFFEKT
Unser Können und Verhalten sind häufig das Resultat von Zuschreibungen.

PYGMALION-EFFEKT
Gutes Gelingen ist zum Großteil eine Folge dessen, was wir uns zutrauen und über uns denken.

SUPERSTAR-THEORIE
Dass die Kluft zwischen den Reichen und dem Rest weiter wächst, liegt unter anderem an den Medien und den damit verbundenen Popularitätsvorteilen.

MATTHÄUS-EFFEKT
Glück und Erfolg stecken an. Einmal da, vermehren sie sich nahezu automatisch und exponentiell.

GEWÖHNUNGS-EFFEKT
Haben wir uns erst einmal an eine Sache gewöhnt, wird sie uns immer weniger wert und wichtig.

GEBURTSREIHENFOLGE-EFFEKT
Erstgeborene erweisen sich angeblich als konservativer und autoritätshöriger, Zweitgeborene als kooperativer und ehrgeiziger.

DUNNING-KRUGER-EFFEKT
Inkompetente Menschen überschätzen regelmäßig ihr Können und unterschätzen die Fähigkeiten anderer.

KOBRA-EFFEKT
Egal, wie gut es mancher mit einer Idee meint: Am Ende kommt es doch viel schlimmer als zuvor.

MURPHY'S LAW
Wenn mehrere Dinge schieflaufen können, dann passiert das in der Regel in jenem Bereich, wo der größte Schaden entsteht.

VORFÜHR-EFFEKT
Tausend Mal probiert, tausend Mal hat's funktioniert. Doch kaum will man das auch anderen zeigen, geht es schief.

SCHLOSS UND GITTER

– Wie uns Medien beeinflussen –

Kennen Sie jemanden, der an der Schweinegrippe gestorben ist? Vermutlich nicht. Bislang starben erst etwa 260 Deutsche an dem H1N1-Virus. Weltweit forderte es rund 18000 Tote – an einer gewöhnlichen Grippe sterben allein in Deutschland durchschnittlich 20000 Menschen. Jedes Jahr. Verglichen damit war die mediale Alertheit in Sachen Schweinegrippe ungefähr so begründet wie die Hoffnung auf sinkende TV-Gebühren. Wochenlang warnte die Boulevardpresse vor einer Pandemie, berichtete reißerisch von immer neuen Todesfällen und trieb die Menschen massenweise in die Impfstuben. Jeder Huster, jedes Niesen wurde argwöhnisch beäugt: Auch noch Fieber dazu? Seuchenalarm! Und das ist nur ein Beispiel dafür, welche Macht die Medien über unseren Alltag haben: Kampagnen-Journalismus ist nur die moderne Fassung der mittelalterlichen Hexenjagd, das Sommerloch der Beweis dafür, dass sich nicht nur Weißraum, sondern auch Volkes Seele mit Trivialitäten aus dem Tierreich befüllen lassen (Krake Paul, Eisbär Knut, Kaiman Sammy), und wenn die Fernsehsender ihr Programm für *Breaking News* unterbrechen und die Live-Ticker millionenfach an die iPhones und Laptops in der Republik branden, dann ist die Welle zwar groß, aber nach ein, zwei Tagen nur noch Gischt übrig. Zudem beweisen uns die zahlreichen Fälle von Frauen prügelnden Altschauspielern, Jungsternchen auf Alkoholentzug und Topmodels mit verschneiten Nasennebenhöhlen, dass die vermeintlichen Hochglanz-Zelebritäten auch nicht glücklicher, geschweige denn besser sind als Krethi und Plethi. Aber werden wir davon klüger? Nein. Wie die folgenden Seiten beweisen.

173 Minuten verbringt der Deutsche täglich vor dem Fernseher.

43 Prozent der Deutschen lesen weniger als eine halbe Stunde täglich Zeitung.

67 Prozent der Deutschen über 15 Jahre surfen an sechs bis sieben Tagen pro Woche im Internet.

DAS HOSTILE-MEDIA-PHÄNOMEN

Warum wir Medien verurteilen

Diese verdammten Journalisten! Der ehemalige Bundeskanzler Gerhard Schröder unterstellte seinerzeit dem ›Spiegel‹, ihn gezielt aus dem Amt geschrieben zu haben. Der Regensburger Bischof Gerhard Ludwig Müller ging 2010 noch weiter und bezichtigte vorsichtshalber gleich alle deutschen Medien, eine Kampagne gegen die katholische Kirche zu reiten, weil die über die zahlreichen Missbrauchsfälle durch Geistliche berichtet hatten, Motto: Angriff ist die beste Verteidigung. Auch wenn das eher ein hoffnungsloses, wenn nicht gar unwürdiges Ablenkungsmanöver für einen Hochhirten war.

Ganz oft interpretieren wir in Berichte das, was wir glauben wollen. Das wusste schon der britische Philosoph Francis Bacon. In seinem Werk ›Novum Organum‹ schrieb er: »Der menschliche Verstand gleicht einem Spiegel mit unebener Fläche für die Strahlen der Gegenstände, welcher seine Natur mit der der Letzteren vermengt, sie entstellt und verunreinigt.« Die US-Psychologen um Robert Vallone von der Universität Stanford formulierten das 1985 etwas griffiger und tauften dieselbe Beobachtung Hostile-Media-Phänomen: Was nicht zu unserer Meinung passt, lehnen wir ab – besonders, wenn wir emotional involviert sind. Als hauptberufliche Journalisten räumen wir freilich ein, dass vollkommene Objektivität selbst in nüchternen Berichten eine Illusion ist – schon die Auswahl der erwähnten Fakten oder Gesprächspartner ist ein höchst subjektiver Prozess. Und selbst wenn es so etwas wie durchweg objektive Berichterstattung gäbe, wäre das für die Einschätzung der Leser, Zuhörer oder Zuschauer verhältnismäßig egal. Wie die Studie von Vallone nahelegt, spielen deren Emotionen bei der Lektüre eine gewichtige Rolle.

Man muss wissen, dass zur Zeit des Experiments der Konflikt zwischen Israel und dem Rest der arabischen Welt auf einem Siedepunkt angelangt war. 1982 hatten libanesische Milizen im

»Massaker von Sabra und Schatila« bis zu 3300 palästinensische Flüchtlinge getötet. Die Medien spekulierten im Nachhinein darauf, dass Israel den Massenmord womöglich zugelassen hatte. Diese geladene Atmosphäre bildete gleichsam die Kulisse des Experiments, für das Vallone und seine Kollegen insgesamt 144 Studenten gewinnen konnten. 68 von ihnen waren auf der Seite der Israelis, 27 aufseiten der Araber und 49 hatten gemischte Gefühle. Die Wissenschaftler baten diese Gruppe nun, sich einige Berichte amerikanischer Nachrichtenkanäle über das Massaker anzusehen und im Anschluss deren Qualität und Ausgewogenheit zu bewerten.

Erstaunlicherweise passierte dabei Folgendes: Wer pro Israel war, unterstellte den Medien, sich ungerechtfertigt auf die Seite der Araber geschlagen zu haben. Wer die arabische Seite unterstützte, glaubte hingegen, die Medien bevorzugten die Israelis – und das, obwohl alle Teilnehmer ein und dieselben Berichte gesehen hatten. Vallone erklärte sich diese Diskrepanz damit, dass Gefühle im Spiel waren und den eigentlichen Nachrichtenkern überstrahlten. Anders gesagt: Je stärker die Emotionen zu einem bestimmten Thema, desto eher vermuten Medienkonsumenten in den Berichten Vorurteile ihrer Einstellung gegenüber. Sie ignorieren unbewusst jene Punkte, denen sie zustimmen, und konzentrieren sich umso stärker auf die abweichenden Meinungen. Dabei sollte man meinen, dass ein seriöser und objektivierter Bericht genau dieses Kriterium erfüllen muss: auch die andere Seite zu Wort kommen lassen.

Das Hostile-Media-Phänomen scheint sich zu verstärken, je größer die Reichweite des Mediums ist. Als Marco Dohle und Tilo Hartmann von der Uni Düsseldorf 2008 in einem Experiment 230 Studierenden einen Text zum Thema Studiengebühren zu lesen gaben, suggerierten sie der einen Hälfte ihrer Probanden, der Zeitungsartikel stamme aus einem Blatt mit hoher Auflage, die anderen dachten, der Text sei aus einer kleinen Lokalzeitung. Massenpublikationen wie ›Bild‹, ›Spiegel‹ oder das Fernsehen insgesamt dürfte das Resultat wenig erfreuen: Der Text mit vermeintlich wenig Lesern fand bei den Studenten mehrheitlich Zustimmung, den Beitrag aus der überregionalen Presse hingegen lehnten sie größtenteils ab.

DER CSI-EFFEKT

Wie Krimiserien Gerichtsurteile beeinflussen

Zum Glück hat Anthony Zuiker damals auf seine Frau gehört. In den Neunzigerjahren arbeitete der Amerikaner noch als Lastwagenfahrer in Las Vegas. Eines Tages wollte er eigentlich mit ein paar Kumpels Basketball spielen, doch seine Ehefrau überredete ihn zu einem gemütlichen Fernsehabend. Da gebe es diese Serie, die er unbedingt sehen müsse. Zuiker kam, sah – und kurz darauf änderte sich sein Leben. Grundlegend.

Auf Discovery Channel lief damals die Dokumentarserie ›The New Detectives‹, in der Gerichtsmediziner von Kriminalfällen berichteten. Zuiker sah die Sendung und wusste: Das ist die Idee, auf die ich gewartet habe! Wenig später setzte er sich an die Entwicklung eines Drehbuchs – und dieses fand den Weg in die Arme des amerikanischen Starproduzenten Jerry Bruckheimer, der daraus eine der erfolgreichsten TV-Serien aller Zeiten machte. Anthony Zuiker ist heute steinreich, Drehbuchautor und Produzent von »Crime Scene Investigation«, kurz: CSI.

Das Schema der Episoden ist stets ähnlich. Am Anfang wird eine Leiche entdeckt, Gerichtsmediziner analysieren mit modernster Technik Fußspuren, Fingerabdrücke und DNA-Proben, am Ende wird der Täter immer gefasst. Seit September 2000 läuft die Serie in den USA mit großem Erfolg. Das Format wurde längst an zahlreiche europäische Sender verkauft und erreicht auch hierzulande regelmäßig hohe Einschaltquoten.

Nun sagen weltweit beliebte Serien immer auch etwas über

die jeweilige Zeit aus, in der sie produziert werden. Und je erfolgreicher sie sind, desto weitreichender die Spuren, die sie hinterlassen. Ende der Achtzigerjahre etwa beeinflusste ›L. A. Law‹ eine ganze Generation von Juristen, die davon träumten, Jurys mit Charme und Chuzpe für sich einnehmen zu können. Heute sorgt die amerikanische Krimiserie für den »CSI-Effekt«.

Geprägt hat den Ausdruck die amerikanische Kriminologin Monica Robbers. Sie bemerkte, dass mit den steigenden Zuschauerzahlen der Serie die Geschworenen bei realen Gerichtsverhandlungen immer unrealistischere Erwartungen an die Forensik und ihre Möglichkeiten stellten. Flankiert wird diese Beobachtung durch Studien Evan Durnals von der Universität von Central Missouri. 2010 stellte er in umfangreichen Untersuchungen fest, wie sehr das amerikanische Justizwesen bereits vom CSI-Effekt geprägt wird. In einem Mordprozess war der Jury beispielsweise aufgefallen, dass ein blutverschmierter Mantel zwar als Beweisstück diente, jedoch nicht auf DNA-Spuren untersucht worden war. Die Geschworenen beharrten nun darauf, dass dies den Angeklagten überführen könne – übersahen aber, dass der bereits zugegeben hatte, am Tatort gewesen zu sein. Der DNA-Test hätte also nichts bewiesen, was nicht schon längst bekannt war.

Ähnlich verhielt es sich bei einer Umfrage, die Monica Robbers 2008 erstellt hatte. 62 Prozent der Anwälte und 69 Prozent der Richter beklagten darin, dass die Geschworenen falsche Vorstellungen von der Arbeit eines Gerichtsmediziners haben. Jeder Zweite gab an, dass die Auswahl einer passenden Jury dadurch länger dauere. Nicht, weil sich niemand freiwillig melde, sondern weil es so schwer sei, Geschworene zu finden, die ihre Kriminalvorstellungen nicht allein aus Fernsehserien speisten. Und nicht zuletzt schauen freilich auch Verbrecher gelegentlich fern. Seitdem die Autoren solcher TV-Formate intensiv mit der Polizei zusammenarbeiten, um ein möglichst realistisches Bild zu zeichnen, verraten sie letztlich auch Kapitalverbrechern, worauf diese zu achten haben. Entsprechend tragen Mörder nun häufiger Handschuhe und verwenden häufiger Bleiche, um ihre DNA-Spuren zu verwischen – allesamt Lektionen aus CSI. Das macht den Job der Ermittler am Tatort nicht gerade leichter.

Wenigstens eine positive Nebenwirkung lässt sich allerdings auch erkennen: So sorgte der CSI-Effekt dafür, dass in den vergangenen fünf Jahren die Zulassungszahlen für biologische, chemische und medizinische Fächer an amerikanischen Universitäten stark gestiegen sind. Es gibt deutlich mehr Interesse für den Beruf des Forensikers. Auch wenn dessen Alltag am Ende nur wenig mit dem seiner Fernsehvorbilder zu tun hat.

DER WERTHER-EFFEKT

Warum Selbstmorde unerwähnt bleiben sollten

Gelbe Hose, gelbe Weste, blauer Rock – diese eigenwillige Farbkombination wählte Johann Wolfgang Goethe für den Helden des Romans ›Die Leiden des jungen Werther‹. Die Handlung der Geschichte: Der angehende Jurist Werther hat sich unsterblich in Lotte verliebt, die allerdings schon mit Albert verlobt ist. Also beklagt sich Werther bei einem Freund immer wieder in Briefen über seine unerfüllte Sehnsucht. Das Ende ist tragisch: Weil Werther nicht ohne Lotte leben will, erschießt er sich. Nicht unbedingt eine der brillantesten Ideen Goethes. Denn damit ging alles erst los.

Als die Erstausgabe 1774 erschien, war Goethe noch weitgehend unbekannt. Das änderte sich schlagartig. Nicht trotz, sondern wegen der tragischen Handlung. Für die Jugendlichen der damaligen Zeit war Werther ein echter Held. Und so entstand erstmals so etwas wie Merchandising: Es gab Werther-Mode und Werther-Tassen. »Die Wirkung dieses Büchleins war groß«, schrieb Goethe später, »ja ungeheuer.« Wie wahr! Parallel zur

Werther-Mode häuften sich kurz nach Erscheinen des Buchs in verschiedenen Ländern Europas die Suizide junger Männer. Viele trugen dabei gelbe Hose, gelbe Weste und blauen Rock. Andere hatten den Roman in der Tasche, als sie aus dem Leben schieden. Manche Mütter gaben daraufhin Goethe die Schuld: »Auch mein Sohn hatte mehrere Stellen im Werther angestrichen. Von euch wird Gott Rechenschaft fordern«, klagte eine.

Man könnte dieses Drama abtun als Phänomen der damaligen Zeit. Und läge damit dramatisch daneben. Die Gesetzmäßigkeit gibt es nach wie vor. Auch wenn das Medium Buch inzwischen von Fernsehen, Radio und Internet überholt wurde – den Nachahmersog lösen sie ebenfalls aus. Als Werther-Effekt benannt hat ihn ein Amerikaner, der Soziologe David Philipps. Genau 200 Jahre nach dem Erscheinen von Goethes Werk veröffentlichte er eine Studie, in der er zum Schluss kam, dass es einen kausalen Zusammenhang gibt zwischen der Berichterstattung über Selbstmorde und Suiziden in der Gesamtbevölkerung.

Als sich zum Beispiel der Ku-Klux-Klan-Boss Daniel Burros am 1. November 1965 umbrachte und die Medien landesweit darüber schrieben, gab es im selben Monat 1710 weitere Selbstmorde. Ein Jahr zuvor, im November 1964, waren es 1639, ein Jahr danach, im November 1966, 1665. Bei 26 von 33 untersuchten Suiziden fand Philipps Hinweise auf einen klaren Werther-Effekt – und zwei weitere Wirkungsketten: Zum einen stieg die Zahl der Selbstmorde umso stärker, je mehr Medien über den Selbstmord berichtet hatten. Füllte der Fall nur einen Tag die Schlagzeilen, kletterte die Suizidrate im Schnitt um 29 Nachahmer; berichteten die Blätter zwei Tage über den Selbstmord, motivierte das bereits 35 Lebensmüde, dem Beispiel zu folgen; bei drei Tagen waren es ganze 82. Zum anderen entdeckte Philipps einen deutlichen Zusammenhang mit der Popularität des Opfers: Je prominenter das war, desto größer die Zahl der Nachahmer. Trauriger Höhepunkt: Nach dem Selbstmord der US-Schauspielerin Marilyn Monroe brachten sich in den USA 198 Menschen mehr um, als statistisch gesehen normal ist.

Den Schluss daraus zu ziehen, dass die Medien deshalb gar nicht mehr über den Freitod von Prominenten berichten dürfen, wäre allerdings genauso verkehrt. Es sind Personen des öffentlichen Lebens, entsprechend groß ist das Bedürfnis der Gesellschaft, etwas über die Hintergründe ihres gewählten Ablebens zu erfahren. Psychologen mahnen Medien im Sinne des Werther-Effekts aber zu größerer Sensibilität: Es komme darauf an, *wie* über den Selbstmord berichtet werde.

So fand der österreichische Psychiater Gernot Sonneck schon in den Achtzigerjahren heraus, dass sich selbstmordgefährdete Jugendliche von einer ganz bestimmten Art der Berichterstattung beeinflussen lassen: Besonders heikel ist es demnach, den Selbstmord als etwas Heldenhaftes und Erleichterndes zu schildern. Deshalb sollte zum Beispiel der Begriff »Freitod« konsequent vermieden werden, da er den Selbstmord tendenziell verklärt und verherrlicht. Dass sich Jugendliche in diesem Sinne von drastisch formulierten Berichten positiv beeinflussen lassen, zeigt das Beispiel Kurt Cobains. Als sich der Frontmann und Gitarrist der amerikanischen Rockband Nirvana am 5. April 1994 in Seattle eine Kugel in den Kopf jagte, schilderten die Medien grausame Details: Cobains Gesicht sei so entstellt gewesen, dass er nur anhand seiner Fingerabdrücke identifiziert werden konnte. Bei der Trauerfeier wurde den Fans zudem ein Tonband von Cobains Witwe Courtney Love vorgespielt, die nicht nur den Tod ihres Mannes beklagte, sondern ihn auch für seine Feigheit beschimpfte. Effekt: Die Selbstmordwellen blieben aus.

Ganz anders dagegen die Berichterstattung über den Selbstmord Robert Enkes. Als sich der an schwerer Depression erkrankte Nationaltorhüter am 10. November 2009 an einem Bahnübergang im niedersächsischen Eilvese vor einen Zug warf, breitete vor allem die ›Bild‹-Zeitung sämtliche Details aus: Enkes letzte Stunden, Fotos seines geparkten Autos. Die rührende Trauerfeier wurde live im Fernsehen übertragen, eine Schülerin sang das Lied von Enkes Verein (»96, alte Liebe«). Enkes Ableben wurde in einer Weise heroisiert, die zwar die tiefe Anteilnahme der

Menschen mit einem Idol spiegelte, jedoch die damit verbundenen Gefahren völlig verantwortungslos ausblendete. Hinter vorgehaltener Hand bestätigen denn auch Experten, dass in den Monaten danach die Zahl der Selbstmörder auf deutschen Bahnstrecken sprunghaft anstieg.

DER STREISAND-EFFEKT

Wieso Widerstand zwecklos ist

Klaus Kleinfeld galt als Chef zum Anfassen. Mit nur 47 Jahren lenkte er schon die Geschicke von Siemens – immerhin dem größten deutschen Technologiekonzern –, trotzdem ließ er sich von seinen Kollegen duzen. Ein Sympathieträger, ein Arbeitersohn, und obwohl ein Top-Manager, auch ein Mensch wie du und ich.

Das Foto, das 2005 zu seiner Amtseinführung erschien, passte jedoch nicht so recht ins Bild: Es zeigt den neuen Konzernchef, wie er sich lässig gegen ein Geländer lehnt, mit einer Rolex am Handgelenk. Deren Listenpreis: 3270 Euro. Irgendwann müssen Kleinfeld Bedenken gekommen sein: »Ob eine solche Uhr die richtige Botschaft transportiert? Erinnert sie nicht doch zu sehr an einen Lebemann?« Man kann nur spekulieren, was genau in ihm vorgegangen sein mag, jedenfalls verschwand die Luxusuhr vom Handgelenk und von den Fotos, die der Presse zugestellt wurden. Wegretuschiert, weil Kleinfeld die Uhr »zu dominant« erschien, so jedenfalls die offizielle Stellungnahme.

Der Effekt war jedoch ein ganz anderer: Die Uhr wurde *das* Thema in den Medien. Das ›Abendblatt‹ enthüllte, der ›Spiegel‹ sekundierte, weitere Medien sprangen auf den rollenden Zug auf, das Internet war plötzlich voll von Hohn und Spott, und Kleinfeld stand da wie einer, dem Schein wichtiger ist als Sein.

Aus dem 47-jährigen »Aufsteiger aus dem Arbeiterviertel« war ein falscher Fuffziger geworden, ein schnöder Bilder-Manipulator. Sein Pressesprecher mühte sich um Schadensbegrenzung. Doch selbst die PR-Offensive via »Bild«, auf eine Gehaltserhöhung zu verzichten, wurde als pure Augenwischerei entlarvt. Was als einfache Retusche begann, endete als totales Image-Desaster. Typisch für den Streisand-Effekt.

Der tritt vorzugsweise im Internet auf und beschreibt, kurz gesagt, das Phänomen, dass der Versuch, negative Informationen über sich zu entfernen, eine noch viel stärkere Verbreitung nach sich zieht. Statt Klatsch und Tratsch zu unterdrücken, breitet er sich durch sogenannte Spiegelungen und Zitierungen erst recht aus – und endet in dem, was die Internet-Gemeinde heute einen *Shitstorm* nennt: Es hagelt jede Menge Mist und schlechte Presse.

Seinen Namen verdankt der Effekt übrigens der Sängerin Barbra Streisand, die seinerzeit den Fotografen Kenneth Adelman und die Webseite Pictopia.com auf 50 Millionen US-Dollar verklagte, weil dort eine Luftaufnahme ihres Hauses zwischen 12 000 anderen Fotos von der Küste Kaliforniens zu finden war. Adelman behauptete, er habe das Anwesen am Strand lediglich fotografiert, um Küstenerosionen für das »California Coastal Records Project« zu dokumentieren. Und was passierte? Genau: Das Bild wurde durch den Rechtsstreit erst so richtig bekannt. Wie der Journalist Paul Rogers später bemerkte, wurde die Aufnahme von Streisands Haus im Internet zu einem der beliebtesten Fotos für eben diese Küstenregion. Mit dem Versuch, ihre Privatsphäre zu schützen, hatte die Sängerin das genaue Gegenteil erreicht – und der Richter lehnte all ihre Forderungen ab. Schlimmer sogar: Aus der Geschichte wurde der Streisand-Effekt, über den nun auch wir schreiben und Sie später vielleicht einmal reden. Wirklich dumm gelaufen.

Dagegen unternehmen lässt sich leider nicht viel. Oder besser gesagt: Genau das – tun Sie nichts! Wer Imagekorrekturen im Netz vornehmen will, sollte äußerst diskret vorgehen. Besser, Sie ignorieren einen leichten Fauxpas und lassen Gras über die

Sache wachsen. Hätte Kleinfeld einfach ein zweites Foto knipsen lassen – ohne Rolex –, hätte er besser dagestanden. Und vielleicht auch mehr Zeit für seinen eigentlichen Job gefunden statt für spätere Schadensbegrenzung.

DER CLOONEY-EFFEKT

Weshalb wir Prominenz so anziehend finden

Es gibt da diese herrlich zynische Szene zu Beginn von ›Up in the Air‹, die man in einem so nachdenklichen und hintersinnigen Film gar nicht erwarten würde: Der Vielflieger Ryan Bingham, gespielt von George Clooney, steht mit seiner zierlichen Novizin in der Warteschlange vor den Sicherheitsschaltern am Flughafen und doziert über die Vorzüge von Asiaten. »Die packen effizient, haben nie viel Gepäck dabei und tragen immer Slipper«, lässt Autor Walter Kirn seinen Helden sagen – woraufhin der von seiner jungen Kollegin Rassismusvorwürfe über sich ergehen lassen muss. Binghams schlagfertige Antwort: »Ich bin wie meine Mutter: Ich denke in Schubladen. Das geht schneller.«

Es ist wie bei typischen Loriot-Sketchen: Zuerst schmunzelt man über so viel tumbe Unverfrorenheit. Dann merkt man: »Ich bin ja genauso!« Und es stimmt leider, das Schubladendenken liegt uns Menschen im Blut (siehe auch Halo-Effekt, Seite 143). So entstehen Denkmuster wie: Wer ständig seinen Schreibtisch vollschlampt, arbeitet und denkt genauso unstrukturiert. Oder: Wo unverschämt gut aussehende Männer wie George Clooney (1997 und 2006 immerhin zum *sexiest man alive* gekürt) hinziehen, muss es schön sein.

Und damit wären wir auch schon mitten im Clooney-Effekt, dem der Schauspieler sicher unfreiwillig seinen Namen gegeben hat. Seit sich der Hollywood-Beau am Comer See eine elegante

Ferienvilla zugelegt hat, brummt dort der Immobilienmarkt, genauso wie am Lago Maggiore, der mit nur 20 Fahrminuten quasi um die Ecke liegt. An den Gestaden der Bergseen reihten sich zwar schon immer ebenso traumhafte wie teure Villen aneinander, doch seit Clooney dort hin und wieder haust, haben die Preise Höhen erklettert, die selbst Reinhold Messner zu hoch wären.

Wir wollen allerdings nicht verheimlichen, dass es sich bei dieser Kausalkette ebenso gut um einen Pitt-Effekt handeln könnte. Der Schauspieler Brad Pitt betrat nahezu zeitgleich wie sein Kollege Clooney die Bühne des Feriendomizils um Como. Und auch Pitt schart reihenweise weibliche Fans um sich, die bei solchen Kaufentscheidungen in der Regel den Ausschlag geben. Warum das Phänomen also ausgerechnet Clooneys Namen trägt – wir wissen es nicht. Wo wir aber schon einmal in der Gegend sind, schlagen wir gleich noch den Versace-Effekt vor. Der ist eher das Gegenteil vom Schubladendenken und deshalb wesentlich cleverer und auch lukrativer: Kaum zogen die US-Schauspieler am Comer See ein und die Immobilienpreise an, verkaufte die Familie Versace ihre Villa – für rasante 30 Millionen Euro.

DAS KLEINE-WELT-PHÄNOMEN 2.0

Warum jeder über maximal drei Ecken erreichbar ist

Angesichts heutiger Echtzeit-Kommunikation über E-Mail, Twitter und sozialer Netzwerke wie Facebook oder Xing erscheint das Experiment geradezu fossil. Aber 1967 war es eine echte Sensation, eine bahnbrechende Erkenntnis mit phantastischem Potenzial. Damals untersuchte der Harvard-Professor Stanley Milgram die Funktionsweise sozialer Netzwerke. Dabei handelte es sich natürlich um reale Beziehungen, keine virtuellen. Das Internet war da noch gar nicht erfunden.

Der Psychologe wollte herausfinden, ob eine zufällig ausgewählte Person einen ihr völlig Unbekannten ausschließlich über indirekte zwischenmenschliche Beziehungen erreichen kann. Konkret wählte Milgram einen befreundeten Aktienhändler in Boston als Zielperson aus. Anschließend sollten 160 Probanden aus den weit entfernten Orten Omaha und Wichita versuchen, diesem Mann einen Brief zu schreiben. Seine Adresse war jedoch unbekannt, weshalb die Teilnehmer versuchen sollten, den Brief einem ihrer Bekannten weiterzuleiten, der womöglich näher an der Zielperson dran war als sie selbst. Dieser Bekannte und die folgenden sollten genauso vorgehen. Und tatsächlich: Der erste Brief war bereits nach vier Tagen am Ziel. Binnen weniger Tage trudelten weitere Zuschriften ein, wobei im Schnitt nie mehr als sechs Stationen zwischen dem Absender und dem Empfänger lagen. Das Ergebnis wurde als das Kleine-Welt-Phänomen bekannt. Oder wie man es damals auf die einfache Formel brachte: Jeder kennt jeden über maximal sechs Ecken.

Weil die Vorstellung Ende der Sechzigerjahre sensationell war, dass – zumindest theoretisch – jeder Maisbauer in Mexiko mit Frank Sinatra über sechs Ecken bekannt ist, wurde das Experiment einige Male wiederholt. 1968 etwa wurden in einem vergleichbaren Versuch 217 Pakete verschickt, von denen 64 binnen weniger Tage ihr Ziel erreichten. Zwei Jahre darauf sollten 270 weißhäutige Absender einen Brief an eine schwarze Zielperson schicken und umgekehrt. Obwohl es 1970 in den USA noch starke Ressentiments zwischen den ethnischen Bevölkerungsgruppen gab, erreichte auch hier ein Teil der Post bei im Schnitt sechs Zwischenstationen den Empfänger. Allerdings längst nicht alle: So kamen bei einem Afroamerikaner nur 13 Prozent der Briefe an, im umgekehrten Fall waren es immerhin schon 33 Prozent.

Entsprechend stark war die Kritik an Milgrams Untersuchung. Zu hoch sei die Rate der verschollenen Briefe und zu sehr blieben die Versuche auf Nordamerika beschränkt. Wissenschaftlich lässt sich die These also kaum halten. Man darf durchaus bezweifeln, dass jemand aus, sagen wir, Buxtehude dieselbe

Chance gehabt hätte, den Bostoner Börsenhändler binnen sechs Kontakten zu erreichen. Die Erfolgsaussichten dürften eher im Promillebereich liegen – damals jedenfalls.

Heute jedoch sieht das anders aus. Als der amerikanische Psychologe Duncan Watts einige Dekaden später in einem gigantischen Experiment 61000 Freiwillige aus 166 Ländern dafür gewann, E-Mails so lange weiterzuleiten, bis diese 18 vorbestimmte Personen erreichten, von denen sie lediglich Namen, Beruf und Wohnort kannten, brauchten die Mails kaum noch sechs Umleitungen. Oft vergingen nur wenige Stunden, schon machte es »ping« im Postfach des Empfängers. Eine O2-Studie unter der Leitung von Jeff Rodrigues aus dem Jahr 2008 kam gar zu dem Ergebnis, dass soziale Netzwerke im Internet die Milgram'schen sechs Ecken auf drei reduziert haben.

Wir halten selbst diesen Wert für überholt. Milgrams kühne Vision von der kleinen Welt ist im digitalen Dorf längst Realität. Virtuelle Netzwerke wie Xing oder LinkedIn visualisieren inzwischen, wer der Freund eines Freundes eines Freundes eines Freundes ist und welche Freunde man ansprechen kann, um eine bis dahin unbekannte Person direkt zu erreichen. Mehr noch: Heute kann jeder auf diesem Planeten, der über einen Laptop und einen Internetanschluss verfügt, beispielsweise dem twitternden US-Präsidenten Barack Obama über den Mikroblogging-Dienst eine direkte Nachricht schicken (die Chance, dass er darauf antwortet, bleibt freilich weiterhin gering). Via Facebook bleiben wir mit alten Freunden ebenso in Kontakt, wie wir in nur wenigen Klicks neue finden können. Man muss sich das mal vorstellen: Wäre Facebook heute ein eigener Staat, so läge er – gemessen an der Einwohnerzahl – auf Platz drei der größten Länder der Welt, hinter China und Indien. Über 600 Millionen Mitglieder hat das Netzwerk inzwischen – und selbst diese Zahl dürfte bereits veraltet sein, wenn dieses Buch erscheint, denn jeden Monat kommen rund 200000 neue Mitglieder dazu.

Die Welt ist klein geworden, kleiner als sie Milgram damals skizzierte. Jedoch – und das ist die eigentliche Tragik – nicht für alle Menschen auf diesem Planeten. Die entscheidende Einschränkung liegt heute weniger in der Größe des persönlichen Netzwerks – vielmehr liegt sie im Zugang zu den modernen Netzwerken selbst. Ohne Internet kein Anschluss. Und während andere miteinander chatten, skypen, twittern, muss der mexikanische Offline-Maisbauer weiterhin hoffen, dass jemand seinen Brief weiterleitet. Vorausgesetzt, der weiß mit der Schneckenpost überhaupt etwas anzufangen.

DER PROTEUS-EFFEKT

Wieso virtuelle Avatare unser Verhalten verändern

Selbstporträts auf Facebook
Typische Motivauswahl

Der »Alte vom Meer« war nicht nur äußerst weise und gerissen, sondern zudem auch ziemlich maulfaul. Lieber hütete der griechische Gott Proteus seine Robben auf den Inseln Karpathos und Pharos, als den Menschen mit ein paar überirdischen Prophetien aus der profanen Patsche zu helfen. Und falls diese doch einmal versuchten, ihm ein paar Weissagungen zu entlocken, entzog er sich ihnen, indem er sich in allerlei Zeugs verwandelte. Mal schlüpfte er in die Gestalt von Löwen, mal waren es Schlangen, Leoparden, Eber oder gar Bäume und Elemente wie Wasser oder Feuer. Der mythische Meeresgreis gilt seitdem als Meister der Verwandlung, der jede beliebige Form annehmen konnte – so wie die Menschen heute im Internet.

Avatare, wie die Alter Egos der Generation @ heißen, finden sich überall im Web: als Profilbilder in sozialen Netzwerken wie Twitter oder Facebook, als Phantasiewesen in Online-Spielen wie »World of Warcraft« oder gar als zweites Ich in virtuellen Parallelwelten wie dem Second Life. Eher klein geratene Brillenschleichen verwandeln sich dort zu muskelbepackten Hünen in schillernden Rüstungen, Mauerblümchen avancieren zu vollbusigen Amazonen mit wallenden Blondmähnen, die keine Brigitte-Diät je so hingehungert bekommen könnte. Die digitale Metamorphose wird zur Bühne für multiple Persönlichkeiten und zum Seelenspiegel für das menschlichste aller Gefühle: jemand anderer, zumindest aber mehr zu sein, als man wirklich ist.

»Proteische Persönlichkeiten« nannte der amerikanische Psychologe Robert J. Lifton im Jahr 1993 erstmals solche Verhaltensweisen, woraus der US-Soziologe Jeremy Rifkin sieben Jahre später einen populären Begriff für den vernetzten Menschen des 21. Jahrhunderts machte. Im positiven Sinne beschreibt der Effekt den modernen Menschen als extrem anpassungsfähig und flexibel. Man könnte aber auch sagen, dass der Typ kaum noch über einen klar umrissenen Charakter verfügt, sondern ständig in diverse Rollen schlüpft und sich aufführt, als sei er Legion.

Man kann das moralisch bewerten – oder einfach beobachten, was mit Menschen passiert, die sich so verhalten. Und tatsächlich: Wissenschaftler haben erst einmal nur Letzteres getan und dabei prompt den Proteus-Effekt entdeckt. Demnach können wir im Netz spielerisch beeinflussen, wie uns andere sehen und damit, wie wir auf sie wirken – umgekehrt wirken die künstlichen Alter Egos aber auch auf uns, auf unsere Psyche und unser Verhalten.

Nick Yee, ein pfiffiger Hongkong-Chinese mit raffiniertem Grinsen und eigener Webseite, fand zum Beispiel im Rahmen seiner Dissertation an der Stanford-Universität heraus, dass Nutzer eines besonders attraktiven Avatars irgendwann begannen, im Netz ihr (reales) Leben bereitwilliger vor Fremden auszubreiten, auch wurden sie schneller gegenüber andersgeschlechtlichen Bekanntschaften intim. In einer zweiten Studie zeigte sich, dass sich Nutzer eines auffällig großen Avatars wiederum zunehmend unfair bis aggressiv in virtuellen Verhandlungen zeigten – besonders gegenüber Teilnehmern mit einem eher kleinwüchsigen Kunst-Ich.

Das war 2007 und zu diesem Zeitpunkt eher noch ein Laborversuch. Zwei Jahre später beobachtete Yee jedoch seine Probanden erneut – diesmal im realen Leben. Und siehe da: Ihre virtuell antrainierten Verhaltensmuster behielten sie auch hier mehrheitlich bei – insbesondere dann, wenn die virtuellen Spielwelten zuvor eine besonders realistische Umgebung erschaffen hatten.

Im Dezember desselben Jahres, also auch 2009, experimentierte das Forscher-Duo Jorge Peña von der Universität von Texas in Austin sowie Jeffrey Hancock von der Cornell-Universität zufällig ebenfalls in Sachen Avatare. Okay, ganz zufällig war das nicht: In dem Jahr erzeugte die virtuelle Parallelwelt Second Life enormen medialen Rummel. Die Kids strömten reihenweise dorthin, die Unternehmen folgten, weil sie sich viel Geld versprachen, und die ersten Geschichten über Linden-Dollar-Millionäre – die Währung dort – gab es auch. Peña und Hancock forschten zwar nicht auf der Second-Life-Plattform, erzeugten für ihre Versuche aber ebenfalls eine künstliche Welt, ließen ihre Probanden dort ein wenig spielen und diskutieren und beobachteten sie anschließend unter realen Bedingungen. Auch hier passierte Erstaunliches: Wer zuvor in die Rolle eines schwarz gekleideten Avatars (ähnlich dem typischen Anzug eines Managers) geschlüpft war, zeigte sich hinterher wesentlich aggressiver und weniger teamfähig als jene Teilnehmer, die einen weiß gekleideten Avatar gesteuert hatten. Natürlich ging es dabei nicht um reine Schwarz-Weiß-Malerei. Ob das Resultat mit der Farbe oder vielmehr mit den damit verbundenen Assoziationen zusammenhing, testete das Duo deshalb in einem zweiten Versuch. Nun sollten die Probanden mit einer Figur durch die Kunstwelt navigieren, deren weißes Gewand stark an eine Robe des Ku-Klux-Klan erinnerte. Und tatsächlich – auch diese Versuchsteilnehmer verhielten sich hinterher herrischer und intoleranter als zuvor. In der Fachsprache würde man auch sagen: Sie wurden durch ihr virtuelles Ich *geprimt*.

Wer jetzt meint, das ließe sich mit dem Hinweis auf die Kunstwahrheiten klinisch reiner Laborwelten abtun, der irrt. So berichtet etwa eine gewisse »Miki« in einem Online-Forum, dass sie bislang an sozialer Angst und Agoraphobie, also dem Unwohlsein vor bestimmten Orten, gelitten habe. Vor einem Jahr sei sie Second Life beigetreten und habe sich eine große, attraktive und bestens gekleidete Avatarin zugelegt. Dort habe sie ein Leben geführt, das ihr real nicht möglich war: Sie war beliebt, gesellig, heiratete sogar online. Inzwischen habe ihr die Simulation auch im realen Leben geholfen, einfacher auf Menschen zuzugehen und Fremde anzusprechen. Oder wie Miki sagt: »Ich glaube, dass der Avatar mir mehr Selbstvertrauen gegeben hat.«

Die Versuchung ist groß, dass auch wir uns alle nun künstliche Super-Avatare erschaffen, um ein besseres und selbstbewussteres Kohlenstoff-Selbst zu werden. Bevor Sie jedoch den Versuch starten, seien Sie noch einmal an Proteus erinnert: Der göttliche Greis war dazu in der Lage – fand es aber schicker, Robben zu hüten. Womöglich verbirgt sich hier das wahre Zweitleben.

FÜR SCHNELLE AHA-EFFEKTE:

HOSTILE-MEDIA-PHÄNOMEN
Je stärker wir uns für eine Sache engagieren, desto eher vermuten wir in der Berichterstattung darüber Vorurteile gegen unsere Einstellung.

CSI-EFFEKT
Populäre TV-Krimiserien sorgen in den USA dafür, dass Geschworene einer Gerichtsverhandlung unrealistische Erwartungen an die Forensik und deren Möglichkeiten stellen.

WERTHER-EFFEKT
Sobald Medien intensiv über einen spektakulären Selbstmord berichten, löst das weitere Selbstmorde aus.

STREISAND-EFFEKT
Wer versucht, negative Informationen über sich im Internet zu entfernen, erreicht nur, dass diese erst recht verbreitet werden.

CLOONEY-EFFEKT
Siedelt sich erst einmal eine Zelebrität in einer bestimmten Gegend an, dauert es nicht lange, bis alle dahin wollen und die Immobilienpreise irrwitzig steigen.

KLEINE-WELT-PHÄNOMEN 2.0
Dank dem Internet kennt heute jeder jeden über maximal drei Ecken. Theoretisch.

PROTEUS-EFFEKT
Künstliche Alter Egos im Internet, sogenannte Avatare, ermöglichen Nutzern nicht nur in virtuelle Rollen zu schlüpfen – sie prägen auch deren Psyche im realen Leben.

DANKSAGUNG

Ehre, wem Ehre gebührt – an dieser Stelle möchten wir uns bedanken. Und zwar bei allen, die dieses Buch unterstützt oder erst ermöglicht haben. Dazu zählen vor allem unsere Partnerinnen Silke und Isabel. Ohne eure ebenso aufmunternden wie kritischen Worte, die liebevolle Unterstützung sowie den Verzicht auf eure zeitweise mental abwesenden Männer hätten wir dieses Buch sicher nicht schreiben können. Ihr seid der beste Beweis für den Michelangelo-Effekt. Oder in einem Wort und von ganzem Herzen: Danke!

Außerdem bedanken wir uns bei unserer Agentin Bettina Querfurth für ihre Unterstützung sowie bei unserer Lektorin Katharina Festner für ihre wertvollen Anmerkungen. Ohnehin sind wir dem ganzen dtv-Team zu Dank verpflichtet – wir hatten von Anfang an das Gefühl, dass der Verlag an uns und unser Projekt geglaubt und es mit Kräften unterstützt hat.

Ein spezieller Dank gebührt natürlich ebenso unseren Freunden und Bekannten, deren zahlreiche Anregungen hier eingeflossen sind, darunter: Michaela Pelz, Birgit Permantier, Markus Spieker, Uwe Volkmer und Thomas Wendt. Ihr alle seid ein weiterer Beleg für das Feel-Good-Do-Good-Phänomen und – mal so ganz unbescheiden – für den Exzellenz-Effekt.

Jochen Mai & Daniel Rettig

LITERATUR

Dan Ariely: Denken hilft zwar, nützt aber nichts, Droemer/Knaur 2010

Hanno Beck: Die Logik des Irrtums. Wie uns das Gehirn täglich ein Schnippchen schlägt, Frankfurter Allgemeine Buch 2008

Ori und Rom Brafman: Kopflos: Wie unser Bauchgefühl uns in die Irre führt – und was wir dagegen tun können, Campus 2008

Robert Cialdini: Die Psychologie des Überzeugens, Huber 2007

Andreas Edmüller/Thomas Wilhelm: Manipulationstechniken, Haufe 2009

Gerd Gigerenzer: Bauchentscheidungen: Die Intelligenz des Unbewussten und die Macht der Intuition, Goldmann 2008

Malcolm Gladwell: Blink! – Die Macht des Moments, Piper 2010

Malcolm Gladwell: Überflieger. Warum manche Menschen erfolgreich sind – und andere nicht, Campus 2009

Uwe Jean Heuser: Humanomics: Die Entdeckung des Menschen in der Wirtschaft, Campus 2008

Jonah Lehrer: Wie wir entscheiden. Das erfolgreiche Zusammenspiel von Kopf und Bauch, Piper 2009

Martin Lindstrom: Buyology. Warum wir kaufen, was wir kaufen, Campus 2009

Jochen Mai: Die Karriere-Bibel, dtv 2008

Jochen Mai: Die Büro-Alltags-Bibel, dtv 2009

Friedhelm Schwarz: Verstehen Sie Ihren Verstand? Gehirnforschung für den Alltag, Haufe 2010

Richard Thaler, Cass Sunstein: Nudge. Wie man kluge Entscheidungen anstößt, Econ 2009

LINKS

Chicago Tribune: Who Do You Think You Are?
http://www.changingcourse.com/pressrelease/chicagotribune03302005.htm

Die Zeit: Frauen sind auch nur Männer
http://www.zeit.de/zeit-wissen/2007/01/Titel-Frauen-Maenner?page=1

FAZ: Ich werde schaden
http://www.faz.net/s/Rub7F74ED2FDF2B439794CC2D664921E7FF/Doc~EBAAA0BCEC6544EE1AC30A2FB15439B54~ATpl~Ecommon~Scontent.html

Harris Cooper: The Effects of Summer Vacation on Achievement Test Scores
http://rer.sagepub.com/content/66/3/227.abstract

Psychology Today: The Water Cooler Effect
http://www.psychologytoday.com/blog/reality-mining/200911/the-water-cooler-effect

Sagepub: The Priming Effects of Avatars in Virtual Settings
http://crx.sagepub.com/content/36/6/838.short

The Halo Effect: When Your Own Mind is a Mystery
http://www.spring.org.uk/2007/10/halo-effect-when-your-own-mind-is.php

Universität Lüneburg: Confirmation Bias
http://perso.uni-lueneburg.de/index.php?id=187

Wall Street Journal: The Superstar Effect
http://online.wsj.com/article/SB10001424052702303960604575158122511930684.html

Wikipedia: List of cognitive biases
http://en.wikipedia.org/wiki/List_of_cognitive_biases

Wikipedia: List of effects
http://en.wikipedia.org/wiki/List_of_effects

World Volunteer Web: Volunteering helps improve health
http://www.worldvolunteerweb.org/news-views/news/doc/volunteering-helps-improve-health.html

STICHWORTVERZEICHNIS